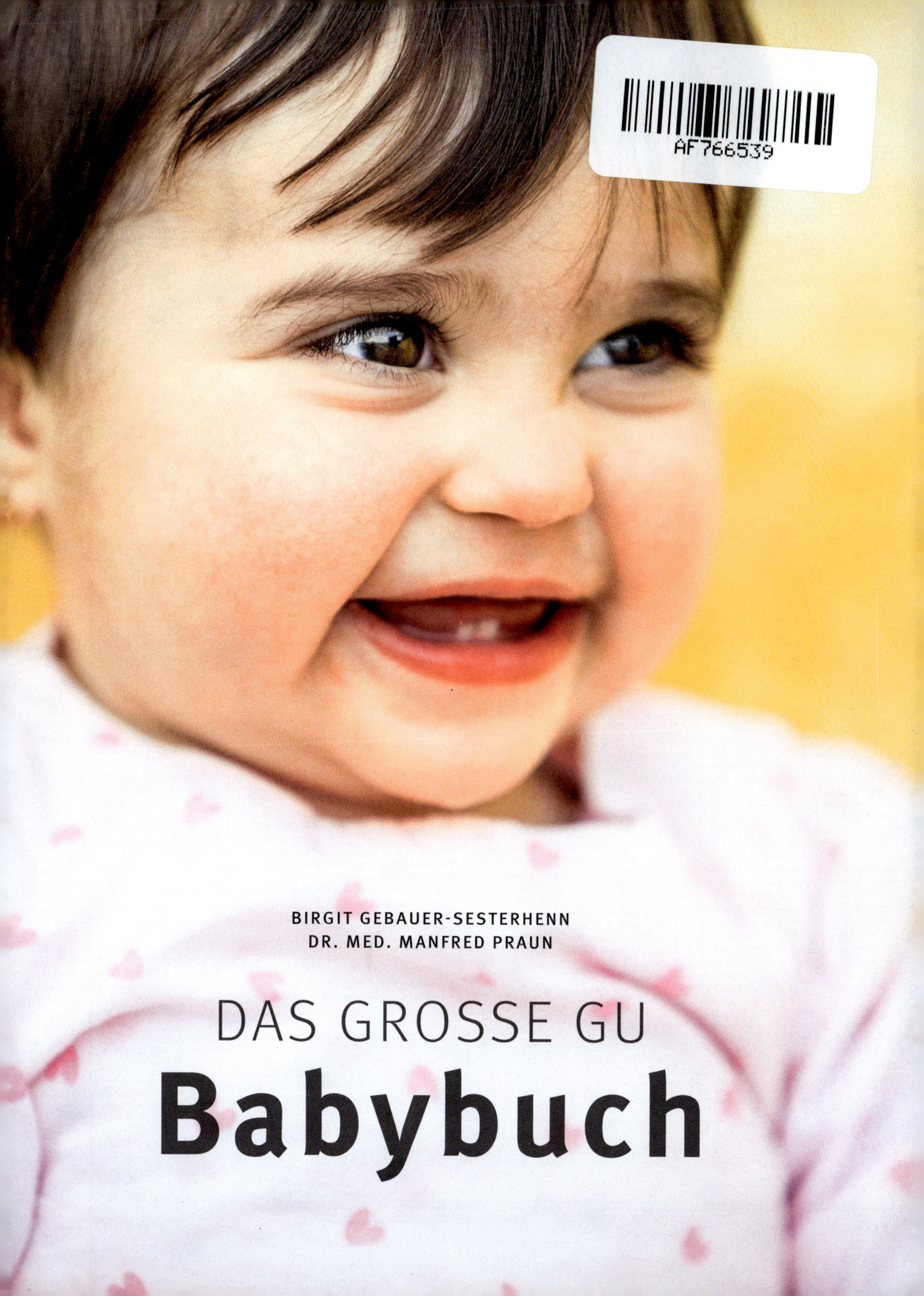

BIRGIT GEBAUER-SESTERHENN
DR. MED. MANFRED PRAUN

DAS GROSSE GU Babybuch

EIN WORT ZUVOR

Ist es bald so weit, und die Geburt Ihres ersten Kindes steht bevor? Sicher sind Sie schon ein wenig aufgeregt … Und bestimmt haben Sie viele Fragen zu allem, was mit dem Baby an Neuem auf Sie zukommen wird. Keine Sorge, das ist ganz normal und geht vielen anderen werdenden Eltern genauso.
Gerade einmal ein bis zwei Generationen rückblickend betrachtet, wohnten Erwachsene und Kinder, Altgewordene und Neugeborene gemeinsam unter einem Dach. »Ganz nebenbei« lernten schon die jungen Mädchen den Umgang mit einem Neugeborenen kennen. Mit den gesellschaftlichen Veränderungen hin zur Kleinfamilie ist es für junge Mütter und Väter heute zunehmend schwer, sich das nötige Wissen für das Leben mit dem Baby anzueignen. Geburtsvorbereitungs- und Säuglingspflegekurse vermitteln hilfreiche Informationen. Und vielleicht wollen Sie die Zeit vor der Geburt nutzen, um entspannt auf dem Sofa zu sitzen und in einem Babybuch zu lesen?
Der vorliegende Ratgeber unterstützt Sie bereits bei den Vorbereitungen, die vor der Geburt getroffen werden müssen: Was sollten Sie alles an Babyausstattung besorgen? Wie sieht ein gesunder Schlafplatz aus? Und er begleitet Sie auf dem gemeinsamen Weg mit Ihrem Kind nach der Geburt bis zum ersten Geburtstag. Blättern Sie doch mal im Kapitel zur Entwicklung des Kindes (ab Seite 93): Für mich ist es immer wieder faszinierend zu sehen, welche Fortschritte ein Baby in den ersten Lebensmonaten macht.
Wenn die Betreuung durch uns Hebammen acht Wochen nach der Geburt endet, haben Sie mit diesem Ratgeber einen tollen »Begleiter«, der Ihnen in vielen Situationen weiterhilft: Warum schreit mein Baby? Schläft es ausreichend? Bekommt es die nötige Förderung? Mit jedem neuen Entwicklungsschritt Ihres Babys tauchen auch immer neue Fragen auf. Das Buch gibt Ihnen fundierte Antworten und unterstützt Sie, Ihren persönlichen Weg zu finden.
Auch wenn die Ankunft des Babys Ihre bisherige Zweierbeziehung gehörig durcheinanderbringt und eine große Verantwortung auf Sie zukommt, brauchen Sie keine Angst zu haben. Sie werden mit der Zeit ganz selbstverständlich in Ihre neue Rolle als Mutter oder Vater hineinwachsen. In dieser oft recht turbulenten Zeit bietet Ihnen dieser Ratgeber eine hervorragende Unterstützung für ein wunderbares erstes Lebensjahr mit Ihrem Kind. Genießen Sie diese Zeit!

Claudia Dachs, Beirätin für den Bildungsbereich im Deutschen Hebammenverband

EIN WORT ZUVOR

Nach der Geburt meiner ersten Tochter Paulina wurde ein Video aufgezeichnet. Erschöpft von den Geburtsstrapazen hört man mich sagen: »So etwas tue ich mir nie wieder an!« Nicht nur die Geburt war anders verlaufen, als ich es mir vorgestellt hatte. Stillschwierigkeiten? Schreibaby? Wochenbettprobleme? Baby-Blues? Schlaflose Nächte? So hatte ich mir das Muttersein nicht vorgestellt! Heute weiß ich, dass die meisten Probleme hausgemacht waren und es mit mehr Hintergrundwissen gar nicht so weit gekommen wäre. Deshalb musste dieses Buch geschrieben werden. Und keine Sorge, wenn die Entwicklung Ihres Babys hier und da von der im Buch beschriebenen Norm abweicht. Setzen Sie sich nicht zu sehr unter Druck. Vertrauen Sie auf Ihren mütterlichen beziehungsweise väterlichen Instinkt sowie auf Ihr Bauchgefühl und kombinieren Sie beides mit einer Spur Gelassenheit – Ihr Baby wird es Ihnen danken.
Übrigens war mein »Nie wieder« nach Paulinas Geburt nur von kurzer Dauer. 21 Monate später kam unser Sohn Samuel auf die Welt, nach weiteren zwei Jahren Nesthäkchen Sophie. Und beide Male war alles anders, noch schöner. Weil ich gelernt habe, ihre Signale zu verstehen und auf ihre Bedürfnisse einzugehen. Kinder sind ein Geschenk – und alle Eltern sollten dankbar sein, dass sich diese kleine Seele ausgesucht hat, bei ihnen groß zu werden. Ich wünsche Ihnen viel Freude, Harmonie und Glück im ersten gemeinsamen Jahr mit Ihrem Baby!

Birgit Gebauer-Sesterhenn

Als kleiner Junge habe ich meinen Vater, der Internist war, öfter auf Hausbesuchen begleitet. So wusste ich schon bald, dass auch ich diesen Beruf wählen wollte. Und eines war klar: Meine zukünftigen Patienten sollten Kinder sein. An ihnen beeindruckte mich nicht nur ihre Fröhlichkeit, die sie trotz aller Krankheit nie verloren, sondern vor allem ihr Lebenswille und ihre Kraft. Nach knapp zehn Jahren Krankenhaustätigkeit wollte ich die andere Seite der Kinderheilkunde erfahren: Wie erlebt ein junger Mensch vom Säugling bis zum Jugendlichen seine Kindheit mit allen Freuden, Krankheiten und Entwicklungsschritten? Natürlich ist auch das Umfeld der Kinder entscheidend – die Fragen, Sorgen und Nöte der Eltern verdienen Unterstützung. Ich wünsche mir, dass Sie auf den folgenden Seiten ebensolche Tipps und möglichst viele Antworten auf Ihre Fragen finden.

Dr. med. Manfred Praun

Ein Wort zuvor 3

WIR WERDEN EINE FAMILIE! 11

Aus zwei werden drei ... 12

Flitterwochen mit dem Baby 13
So schön, dass du da bist 13
Der Herzenskleber 14
Bonding braucht Zeit 14
Aus einem Paar werden Eltern 15
Kein Grund zum Verzweifeln 15
Willkommen, neuer Mitbewohner 16
Reden ist Gold 16
Auskommen mit dem Einkommen 17

Die Wartezeit aufs Baby nutzen 18

Das gehört in Babys Schrank 19
Hauptsache bequem 19
»Secondhand« als erste Wahl 20
Die Babyausstattung 21
Vor der Geburt willkommen 21
Was sonst noch sinnvoll ist 22
Das Tragetuch 23
Schnuller 24
Problematik Dauernuckeln 24
Kleine Schnullerkunde 24
Argumente pro Schnuller 27
Argumente kontra Schnuller 28
Der passende Schlafplatz 28
Dein Bett ist auch mein Bett 28
Das sollten Sie außerdem berücksichtigen 30
Vorsorgen für die Zeit nach der Geburt 30
Formale Angelegenheiten 31
Fragen & Antworten 32

Eine Familie ist geboren 34

Die Geburt und die erste Zeit danach 35
Babys Höchstleistungen 35
Geburt durch Kaiserschnitt 35
Geburt mit Zange oder Saugglocke 36
Der Apgar-Test 38
pH-Wert-Messung 38
Augenprophylaxe 38
Die erste Vorsorgeuntersuchung 39
Das erste Bad 39
Das Leben mit Baby meistern 40
Babys Gesundheit fördern 40
Pucken 43
Windel 44
Welches Modell passt für uns? 44
Wegwerfwindeln 44
Stoffwindeln 45
Wickeln in Seitenlage – so geht's 46
Pflege zarter Babyhaut 48
Die ersten Tage im Babyleben 52
Zuerst hellwach ... 52
... und dann sooo müde! 52
Der Wärmehaushalt 52
Das Schlafbedürfnis 54
Das Kindspech 54
Roter Urin 55
Geschwollene Brustdrüsen (Hexenmilch) 55
Schmieraugen 55
Verstopfte Nase 56
Die Neugeborenengelbsucht 56
Hodenhochstand 57
Schädelverformung (Plagiozephalos) 57
Hautprobleme bei Babys 58
Fragen & Antworten 62

Das Wochenbett 64

Das Frühwochenbett: »Andenken« an die Geburt 65

Der Bauch 65
Der Damm 66
Die Kaiserschnittnaht 68
Die Nachwehen 71
Gebärmutterrückbildung 72
Der Wochenfluss 73
Der »Baby-Blues« 75
Andere Auswirkungen der Hormonumstellung 76
Darm und Verdauung 77
Hämorrhoiden 79
Das Handgelenk 79

Wochenbettgymnastik 80

Alles zu seiner Zeit 80
Multitalent Beckenboden 81
Der Beckenboden nach der Geburt 82
Erweiterte Wochenbettgymnastik 83

Rückbildung 84

Kleines Programm für zu Hause 84

Fruchtbarkeit nach der Geburt 86

Mit Sicherheit richtig entscheiden 86

Verhütung nach der Geburt 86

Welche Varianten gibt es? 87
Pearl-Index 87

Verhütungsmethoden im Vergleich 88

Fragen & Antworten 90

VOM SÄUGLING ZUM KLEINKIND 93

Der erste Monat 94

So entwickelt sich ein Baby 94

So fördern Sie Ihr Baby spielerisch 100

Fragen & Antworten 102

Der zweite Monat 104

So entwickelt sich ein Baby 104

So fördern Sie Ihr Baby spielerisch 108

Fragen & Antworten 110

Der dritte Monat 112

So entwickelt sich ein Baby 112

So fördern Sie Ihr Baby spielerisch 114

Fragen & Antworten 116

Der vierte Monat 118

So entwickelt sich ein Baby 118

So fördern Sie Ihr Baby spielerisch 120

Fragen & Antworten 122

Der fünfte Monat 124

So entwickelt sich ein Baby 124

So fördern Sie Ihr Baby spielerisch 126

Fragen & Antworten 128

Der sechste Monat 130

So entwickelt sich ein Baby 130

So fördern Sie Ihr Baby spielerisch 132

Fragen & Antworten 134

Der siebte Monat 136

So entwickelt sich ein Baby 136

So fördern Sie Ihr Baby spielerisch 138

Fragen & Antworten 140

Der achte Monat 142

So entwickelt sich ein Baby 142

So fördern Sie Ihr Baby spielerisch 144

Fragen & Antworten 146

Der neunte Monat 148

So entwickelt sich ein Baby 148

So fördern Sie Ihr Baby spielerisch 150

Fragen & Antworten 152

Der zehnte Monat 154

So entwickelt sich ein Baby 154

So fördern Sie Ihr Baby spielerisch 156

Fragen & Antworten 158

Der elfte Monat 160

So entwickelt sich ein Baby 160

So fördern Sie Ihr Baby spielerisch 162

Fragen & Antworten 164

Der zwölfte Monat 166

So entwickelt sich ein Baby 166

So fördern Sie Ihr Baby spielerisch 168

Fragen & Antworten 170

BABYS ERNÄHRUNG IM ERSTEN JAHR 173

Lebenselixier Muttermilch 174

Stillen – von Anfang an das Beste 175

Stillen kann (fast) jede 175

Milchproduktion und Stillen 176

Brustpflege 177

Muttermilch – optimal angepasst 177

Die wichtigsten Stilltipps 180

Die Stillpositionen 180

Fragen & Antworten 184

Probleme beim Stillen 186

Richtig essen in der Stillzeit 190

Energiespender für Stillende 190

Getränke 191

Fragen und Antworten 192

Fertigmilch als Alternative 194

Die richtige Säuglingsnahrung für das Baby 195

Dem Alter entsprechend 195

Die Basis: Kuhmilch 195

Kontrollierte Qualität 195

Was sonst noch drinsteckt 196

Fertigmilchnahrungen im Überblick 196

Spezielle Fertigmilchnahrungen 198

Milch von anderen Säugetieren 200

Alternative Milcharten 200

Alles rund ums Fläschchen 201

Die Flasche 201

Der Sauger 202

Die Zubereitung 203

Die Trinkmenge 204

Verlassen Sie sich auf Ihr Gefühl! 205

Reinigung von Fläschchen und Saugern 205

Fragen & Antworten 206

Babys erster Brei 208

Schritt für Schritt zur Beikost 209

Wie funktioniert der Wechsel auf Beikost? 209

Schritt 1: Die erste Tagesmahlzeit ersetzen 210

Schritt 2: Die zweite Tagesmahlzeit ersetzen 217

Schritt 3: Die dritte Tagesmahlzeit ersetzen 219

Wie viel soll mein Kind essen? 220

Getränke fürs Baby 220
Ab dem zehnten Lebensmonat 221
Fragen & Antworten 222

SCHLAF, KINDCHEN, SCHLAF 225

Sanft ins Land der Träume 226

Schlaf – ein echtes Lebenselixier 227
Ausreichend Schlaf ist für Babys besonders wichtig 227
Die Schlafphasen 228
Babys schlafen anders 228
Was brauchen Babys, um gut schlafen zu können? 230
Das Einschlafen 231
Das Durchschlafen 236
Schlafstörungen bei Babys 238
Tod im Schlaf – der plötzliche Kindstod 240
Vorbeugen – aber wie? 240
Fragen & Antworten 242

SOS – MEIN BABY IST KRANK 245

Größere und kleinere Wehwehchen 246

Windeldermatitis 247
Wunder Po (Irritative Dermatitis) 247
Windelsoor 248
Fieber 249
Fiebermessgeräte 252
Der Fieberkrampf 253
Dreitagefieber 254
Fieber ohne erkennbaren Grund 254
Wenn der Bauch Probleme macht 255
Verstopfung 255
Durchfall 256
Erbrechen 257
Spucken im Schwall (Reflux) 258
Blähungen 260
Was Babys sonst noch plagt 263
Husten/Bronchitis 263
Schnupfen 267
Giemen 270
Weinen/Schreien 271
Zahnen 273
Impfungen 275
Was geschieht durch die Impfung? 275
Wie läuft eine Impfung ab? 276
Die Standardimpfungen 277
Impfen – nicht notwendig? 278
Der Impfkalender 279
Die Hausapotheke – für zu Hause und unterwegs 280

ZUM NACHSCHLAGEN 281

Bücher, die weiterhelfen 282
Adressen, die weiterhelfen 281
Sachregister 283
Impressum 288

WIR WERDEN EINE FAMILIE!

Es ist so weit: Sie erwarten ein Baby und werden bald eine kleine Familie sein! Ihnen und Ihrem Partner steht nun eine aufregende Zeit bevor – im wahrsten Sinne des Wortes. Denn kaum etwas wird Ihr Leben je wieder so umkrempeln wie die Geburt des ersten Kindes. Doch was bedeutet es eigentlich, eine Familie zu sein?

AUS ZWEI WERDEN DREI **12**

DIE WARTEZEIT AUFS BABY NUTZEN **18**

EINE FAMILIE IST GEBOREN **34**

DAS WOCHENBETT **64**

AUS ZWEI WERDEN DREI ...

Mit so viel Spannung erwartet – endlich bist du da! Die kommenden Tage und Wochen werden ganz schön aufregend in Ihrem Leben als Eltern. Und wenn wir ehrlich sind, wird es von nun an spannend bleiben, denn Elternsein hört niemals auf. Es heißt, so lange, wie das Baby im Bauch heranwächst, so lange dauert es auch, bis Eltern und Baby zu einer Familie zusammenwachsen. Mindestens, würden wir mal sagen ...

FLITTERWOCHEN MIT DEM BABY

An dieser Stelle erst mal einen ganz herzlichen Glückwunsch an Sie, liebe Eltern! Sie haben Großartiges vollbracht und neues Leben geschenkt. Das, was gerade passiert ist, ist einfach ganz wundervoll – im wahrsten Sinne des Wortes.
Für viele werdende Eltern ist die Schwangerschaft ein ganz großer Schritt im Leben. Mit der Geburt ist es endlich so weit: Das Baby ist da. Es ist ein unvergesslicher Augenblick, wenn Sie nach der Geburt Ihr Baby das erste Mal in den Armen halten. Wenn Sie es anschauen, an ihm schnuppern, seinen leisen Tönen lauschen und seinen ganzen Körper festhalten.
In diesen Momenten laufen alle Sinne auf Hochtouren. Viele frischgebackene Mamas und Papas sind von dem Geburtserlebnis geradezu überwältigt. Sie fühlen sich gleichzeitig erschöpft, unendlich froh, erleichtert, von Herzen dankbar und überflutet von Hormonen – es ist geschafft. Wunderbar!
Zahlreiche wissenschaftliche Studien belegen, dass besonders die ersten beiden Stunden nach der Geburt zu den ganz kostbaren Augenblicken im Babyleben zählen. Ebenso wertvoll sind sie für die jungen Eltern. In diesen intimen Minuten nach der Geburt passiert für alle Beteiligten eine ganze Menge, denn hier startet bereits ein intensives Kennenlernen.

So schön, dass du da bist

Unmittelbar im Anschluss an die Geburt ist ein Säugling für eine Weile hellwach und sehr gut ansprechbar. Das Baby kommt mit vielen Milliarden Nervenzellen (Neuronen) auf die Welt, und jede davon beginnt nun mit der Kontaktaufnahme zu anderen: Direkter Hautkontakt, zärtliche Berührungen und Liebkosungen, vertraute Stimmen und Mamas (und Papas) ganz besonderer Geruch lösen ein regelrechtes Feuerwerk in Babys Gehirn aus. Dies ist der Beginn einer Vernetzung, die ein ganzes Leben lang anhält. So eine tiefe gegenseitige Wahrnehmung und das unwiderstehliche Interesse einander kennenzulernen wird durch eine besondere Hormonlage gefördert, die sich bereits während der Schwangerschaft angebahnt hat. Oxytocin heißt das Bindungshormon, das der weibliche Körper bereits während der Schwangerschaft produziert. Unter der Geburt schüttet der weibliche Körper dann ganz viel davon aus. Übrigens fließt auch beim Sex reichlich Oxytocin, daher nennt man dieses Hormon auch noch Liebes- oder Kuschelhormon.
Nach der Geburt unterstützt Oxytocin nicht nur die Kontraktionen der Gebärmutter, sondern fördert auch den Milcheinschuss und hilft dabei, stressige Momente zu dämpfen. Damit nicht genug. Es gibt noch eine ganz wundervolle Aufgabe: Oxytocin schafft die Basis für unser Bindungsverhalten, es bringt unsere Gefühle in Fluss.
Wenn ein Neugeborenes direkten Hautkontakt spüren darf und zum Beispiel nackt auf Mamas oder Papas Bauch liegen kann, wird auch der kleine Körper von einer Extraportion Oxytocin durchflutet. Je mehr davon fließt, desto besser für alle, denn das sorgt auf allen Ebenen für einen harmonischen Start ins Familienleben.

Der Herzenskleber

Unmittelbar nach der Geburt braucht ein Neugeborenes Liebe, Schutz, Wärme und Zuwendung. Es benötigt einen sicheren Hafen, in dem es sich geborgen fühlen kann. Im Idealfall übernehmen die Eltern die Position der Hafenmeister, die ihren Nachwuchs liebevoll in die Arme schließen. Eben genau hier beginnt der Bindungsaufbau: Bonding ist das emotionale Band, das Eltern und Kind verbindet und ein Leben lang zusammenhält. Je stärker das Bonding, der Herzenskleber, desto besser die Bindung. Diese innere Bindung zwischen Eltern und Neugeborenem sichert dem Baby das Überleben und sorgt dafür, dass sich sein Urvertrauen entwickeln kann. Auf Elternseite legt Bonding einen Grundstein dafür, dass Mutter und Vater Stärke und Mut entwickeln und die Bereitschaft, für ihr Kind alles zu geben. Es fängt an beim Schlaf und hört in Notsituationen vermutlich erst beim eigenen Leben auf. Eltern machen sich stark wie Löwen – ihr Nachwuchs wird sicher und liebevoll geschützt.

Ruhe, Nähe und Hautkontakt sind entscheidend für den ersten Bindungsaufbau.

Bonding braucht Zeit

Auch wenn die ersten Minuten und Stunden eine ideale Voraussetzung für das zarte Knüpfen der emotionalen Bindung sind, so ist dies kein Zeitfenster von wenigen Stunden. Bonding ist vielmehr ein Prozess, der Zeit braucht. Keine Angst, wenn Sie Ihr Baby in den ersten Stunden nicht in den Arm nehmen konnten, falls eine Frühgeburt oder medizinisch notwendige Maßnahmen Ihnen einen Strich durch die Rechnung machten. Bonding kann nachgeholt werden und zwar ab dem Moment, in dem Sie Ihr Baby auf den Arm nehmen können, es wahrnehmen und spüren. Es zählen die gemeinsamen Schmusestunden und Kuscheleinheiten, also die ungestörte intime Zeit mit Ihrem Baby. Wenn dies anfangs zu kurz gekommen ist, darf es im Anschluss noch intensiver sein. Jetzt ist nichts wichtiger als Sie und Ihr Baby und dass Sie sich in Ruhe kennenlernen dürfen.

Hebammen bezeichnen die ersten Tage mit dem Baby zu Hause gern als »Babyflittern«. Eltern und Baby können sich hoffentlich in aller Ruhe kennenlernen und das Gefühl genießen, ab jetzt eine Familie zu sein. Oder

erst noch zu werden? Aus einem Duo wird im Laufe der Zeit ein Trio, und Ihr Baby macht Sie beide jetzt zu Eltern. Damit gibt es eine neue Aufgabe in Ihrem Leben – Vatersein und Muttersein. Für diese Rolle brauchen Sie keine Bühne, keine Texte zum Auswendiglernen und auch kein großes Publikum. Für diese Rolle kann man sich nicht groß vorbereiten wie für eine Schulabschlussprüfung oder den Führerschein. In diese Rolle wächst man hinein, täglich ein bisschen mehr. Es ist wunderbar, wenn Sie als Eltern zu zweit sind und sich gegenseitig unterstützen können.
Wenn Sie die Elternrolle allein antreten müssen, weil Sie von Ihrem Partner getrennt sind oder dieser vielleicht sogar verstorben ist: Nur Mut – Sie werden es schaffen! Ihr kleiner Star belohnt Sie und Ihren Einsatz unmittelbar durch die große Liebe, die er Ihnen entgegenbringt. Hilfreiche Begleiter auf dem Weg ins Familienleben sind Geduld und Gelassenheit. Nicht immer ist es leicht mit den neuen anderen Umständen, und irgendwie erlebt man jede Situation ein erstes Mal. Es gibt noch keinen reichen Erfahrungsschatz, aus dem Sie schöpfen können. Keine Sorge, so geht es vielen. Es ist noch kein Meister vom Himmel gefallen – das gilt auch für frischgebackene Mamas und Papas.

AUS EINEM PAAR WERDEN ELTERN

Zugegeben – die Vorstellung, eine Familie zu gründen und ein Baby zu bekommen, ist für viele wunderbar, und manche können es kaum erwarten: In den schönsten Träumen klingt alles nach purer Harmonie. Ganz ehrlich: So läuft es in echt natürlich nicht. Oder zumindest nicht immer. Es dauert seine Zeit, bis alle in der neu gegründeten Familie ihren Platz gefunden haben und sich darin wohlfühlen. Miteinander leben besteht nicht nur aus heiler Welt und eitel Sonnenschein. Neben dem Licht gibt es auch Schatten, und wer sagt, dass Schatten schlecht ist? Soll heißen: Es geht rund in den nächsten Jahren, und es wird bunt. Es wird gelacht, und es fließen Tränen, vor Freude und manchmal auch aus Kummer. Alles darf sein, niemand ist perfekt. Mit Gelassenheit geht's leichter.

Kein Grund zum Verzweifeln

Manchmal ist es eine echte Zerreißprobe für alle. Beide Eltern bringen unterschiedliche Vorstellungen von Familienleben mit sich, jeder kommt aus einem anderen Zuhause und hat Familie unterschiedlich erlebt. Ob wir wollen oder nicht – so manche Muster übernehmen wir aus unserer Herkunftsfamilie. Oftmals gibt es Erwartungshaltungen, wie der Partner als Mutter oder Vater zu sein hat – vielleicht so, wie man es daheim selbst erlebt hat –, oder eben auch nicht. Tatsächlich kann es Zeiten geben, in denen es ganz und gar nicht so läuft, wie man es sich so schön ausgemalt hat. Enttäuschung und Frust sind vorprogrammiert, und schon rumpelt es im neuen Familienbund. Unsere kleine Familie – läuft da etwas schief? Wir sagen: »Nein!« Es dauert eben eine Weile, bis aus einem Duo ein Trio wird. Bis sich alles eingespielt hat.

Schließlich gibt es jetzt vollkommen neue Umstände: Schlafmangel und mitunter Schlafneid, erhöhtes Arbeitsaufkommen, vielleicht gepaart mit einer Art Arbeitseifersucht auf den berufstätigen Partner, frühe Tagschichten und ein ungewohntes Nachtleben sowie Wochenenden, die so gar nicht mehr sind wie früher ... Manchmal fühlt es sich an, nichts geschafft zu haben, obwohl man permanent auf den Beinen war und kaum Zeit zum Ausruhen hatte. Auch das ist normal. Liebe Mütter, liebe Väter – bitte nicht vergessen: Eltern leisten Außergewöhnliches! Sie helfen einem kleinen neuen Menschen, auf der Erde anzukommen, Wurzeln zu schlagen und im Laufe der nächsten Jahre hoffentlich auch Flügel zu bekommen. Das ist eine der schönsten Aufgaben der Welt – wer kann da sagen, er wäre »nur« Mutter oder »nur« Vater?

KINDER, WIE DIE ZEIT VERGEHT

Fragen Sie mal Eltern von erwachsenen Kindern oder Großeltern, was sie mit ihrem jetzigen Erfahrungsschatz heute anders machen würden, wenn sie noch mal kleine Kinder hätten. Vielfach kommen dann Aussagen wie »ich würde mir mehr Zeit nehmen«, »ich würde die Arbeit Arbeit sein lassen«, »ich würde mich mehr den Kindern widmen«. Warum? Weil die Kinder schneller groß werden, als man denkt. Viele Eltern wünschen sich, rückblickend betrachtet, sie hätten die Zeit mit ihren Kindern intensiver genutzt. Warum haben sie es damals nicht getan? Es zählt der Moment – im Hier und Jetzt. Gestern ist vorbei, und was morgen kommt, wissen wir nicht. Denn morgen kann schon wieder alles anders sein.

Willkommen, neuer Mitbewohner

Sobald das Baby da ist, haben Sie auch einen neuen Mitbewohner. Allein das Herrichten des neuen Kinderzimmers ist für werdende Eltern eine Herzensangelegenheit: Da wird mit viel Liebe gestrichen, genäht, dekoriert und eingerichtet. Das Baby soll sich bei seiner Ankunft einfach rundum wohlfühlen. Machen Sie sich nicht zu viel Arbeit: Ihr Baby braucht im ersten Jahr noch gar keinen eigenen Raum. Es hat sowieso nur eines im Blick: seine Eltern, egal, wie es drumherum aussieht. Ihr Baby klinkt sich einfach in seine neue Wohngemeinschaft ein und wird mit Ihnen glücklich sein, so wie Sie sind. Ab jetzt steht das Leben als Familie auf dem Programm. Es darf also »gemenschelt« werden. »Negative« Gefühle wie Wut, Angst und Scham dürfen genauso herauskommen wie Freude und Glück, denn auch sie haben ihre Berechtigung.

Reden ist Gold

Darf ich dir mal erzählen, wie es mir geht? Wer kennt sie nicht – die Erwartungen an unsere Partner, frei nach dem Motto: Höre die Dinge, die ich nicht sage, und erfülle sie, damit ich zufrieden bin! Weit gefehlt! Anstatt »Nie bist du da, dauernd bist du unterwegs. Ständig muss ich alles alleine machen ...!« könnte man es ja auch so formulieren: »Ich bin so überfordert, ich wünschte, du wärst bei mir.« Oder ganz schlicht: »Ich vermisse dich.« Reden Sie miteinander und trauen Sie sich, konkret zu formulieren, wonach Sie sich jetzt, in diesem Moment sehnen. Sie können sich sicher sein, dass man Sie von Herzen gern unterstützen wird, wenn Sie es schaffen, vorwurfsfrei zu kommunizieren. Keine Angst, denn Sie und Ihr Partner (oder Ihr Umfeld) sind ein gutes Team – und das ist jetzt noch wichtiger als zuvor.

Auskommen mit dem Einkommen

Das typische Rollenbild von einer Mutter, die den ganzen Tag zu Hause und für die Kinder da ist, und einem Vater, der das Geld ranschafft, gibt es nicht mehr. Viele Elternpaare teilen sich die Aufgaben Erziehung und Job gemeinschaftlich. Selbstverständlich können auch Mütter nach der Geburt wieder in den Beruf einsteigen, und genauso selbstverständlich können Väter daheim bleiben und sich um den Nachwuchs kümmern.
Homeoffice wirkt auf den ersten Blick genial, wenn das möglich ist. Gleichzeitig ist es auch unglaublich schwer in der Umsetzung. Nicht selten haben Sie dann zwei Chefs – den alten Arbeitgeber im Nacken und den Juniorchef neben dem Schreibtisch ...
Nicht nur das kann anstrengend sein, sondern auch die Verteilung der Arbeit zu Hause. Im Idealfall besprechen werdende Eltern die Situation schon vorher: Wer bleibt beim Kind? Wer kümmert sich um das monatliche Einkommen? Wer kann einspringen, wenn kurzfristig Hilfe benötigt wird? Auch die Alltagsdinge gehören besprochen: Wer übernimmt das tägliche Kochen, Waschen, Einkaufen und alles andere? Es ist sinnvoll, sich abzusprechen. Überhaupt – miteinander zu reden und gemeinsame Entscheidungen zu treffen wird von nun an immer wichtiger. Auch wenn die Absprachen noch so banal erscheinen, ist reden Gold wert. Die gemeinsame Kommunikation zügig umzusetzen und annähernd den gleichen Kurs zu fahren, ist ein Garant für ein harmonisches Familienleben. Denn Sie beide sind ab jetzt Kapitän auf dem Familienschiff. Am besten bestimmen Sie also gemeinsam den Kurs – möglichst in die gleiche Richtung.

Mit liebevoller Zuwendung helfen Sie Ihrem Neugeborenen beim Ankommen.

DIE WARTEZEIT AUFS BABY NUTZEN

Solange das Baby im Bauch wohnt, braucht es keine Kleidung, keine Windeln, kein Bett und keinen Kinderwagen. Sobald es aber das Licht der Welt erblickt hat, sollte idealerweise alles parat stehen. Dann haben Sie die Möglichkeit, sich nach der Entbindung uneingeschränkt um Ihr Neugeborenes und um sich selbst zu kümmern.

DAS GEHÖRT IN BABYS SCHRANK

Die Konfektionsgröße von Babys und Kleinkindern lässt sich ganz leicht ermitteln, da sie sich an der ungefähren Körperlänge des Kindes orientiert. Dabei liegen zwischen den einzelnen Konfektionsgrößen immer etwa sechs Zentimeter. Das bedeutet: Wenn Ihr Baby mit 52 Zentimeter Länge das Licht der Welt erblickt, wäre die nächstpassende Größe 56.
Kommt es mit 48 Zentimetern auf die Welt, würde es vermutlich in Strampler der Größe 50 passen, während Frühgeborene sich in Größe 44 wohlfühlen, sehr kräftige Kinder jedoch wahrscheinlich Kleidergröße 62 brauchen. Da Sie jetzt noch nicht wissen, wie groß Ihr Baby sein wird, wenn es auf die Welt kommt, können Sie sich kurz vor dem Geburtstermin die ungefähre Größe Ihres Babys von Ihrem Frauenarzt sagen lassen. Er kann die Größe per Ultraschallgerät errechnen. Wenn Sie dann absehen können, in welche Richtung Ihr Baby tendiert, können Sie gezielter einkaufen gehen.
Auch wenn es noch so verlockend und schön ist, in Babygeschäften herumzustöbern – kaufen Sie lieber nicht zu viel Kleidung in kleinen Größen ein. Zum einen können Sie vielleicht davon ausgehen, das eine oder andere Kleidungsstück zur Geburt geschenkt zu bekommen. Zum anderen wächst Ihr Baby sehr schnell aus diesen kleinen Größen heraus. Viele Eltern bedauern es sehr, wenn sie die schönen Kleidungsstücke ihrem Baby nur dreimal anziehen konnten, weil sie schon bald zu klein geworden waren.

DIE ERSTE GARDEROBE

Für die ersten acht bis zehn Lebenswochen könnte diese Grundausstattung ausreichend sein:

- 3 bis 5 Bodys, die sich idealerweise vorn/seitlich öffnen lassen
- 4 bis 6 Strampler
- 6 bis 7 dünne Pullover bzw. T-Shirts (je nach Jahreszeit), unter den Strampler
- 1 Jacke für draußen (je nach Jahreszeit dicker oder dünner)
- 1 bis 2 Erstlingsmützen, die auch die Ohren bedecken (Gr. 34 oder kleiner)
- 1 Paar dickere Wollsöckchen oder Wollschuhe
- 7 bis 8 Spuckwindeln
- Für Winterbabys zusätzlich noch 1 bis 2 Strumpfhosen, 1 Schneeanzug, Handschuhe

Hauptsache bequem

Achten Sie beim Kauf von Babykleidung darauf, dass sie bequem ist und problemlos an- und ausgezogen werden kann. Wenn Sie Bodys kaufen, ist es sinnvoll, solche zu wählen, die an der Seite zugebunden werden. Auf diese Weise müssen Sie sie nicht über das Köpfchen ziehen. Sinnvoll sind Pullis und T-Shirts, die seitlich am Kragen oder hinten aufgeknöpft werden können. So kann der Kopf leichter durchschlüpfen. Übrigens sind Druckknöpfe wesentlich einfacher zu handhaben als normale Knöpfe. Wichtig ist es auch, auf Schadstofffreiheit zu achten, da neue Kleidung häufig mit vielen chemischen Stoffen behandelt wurde.

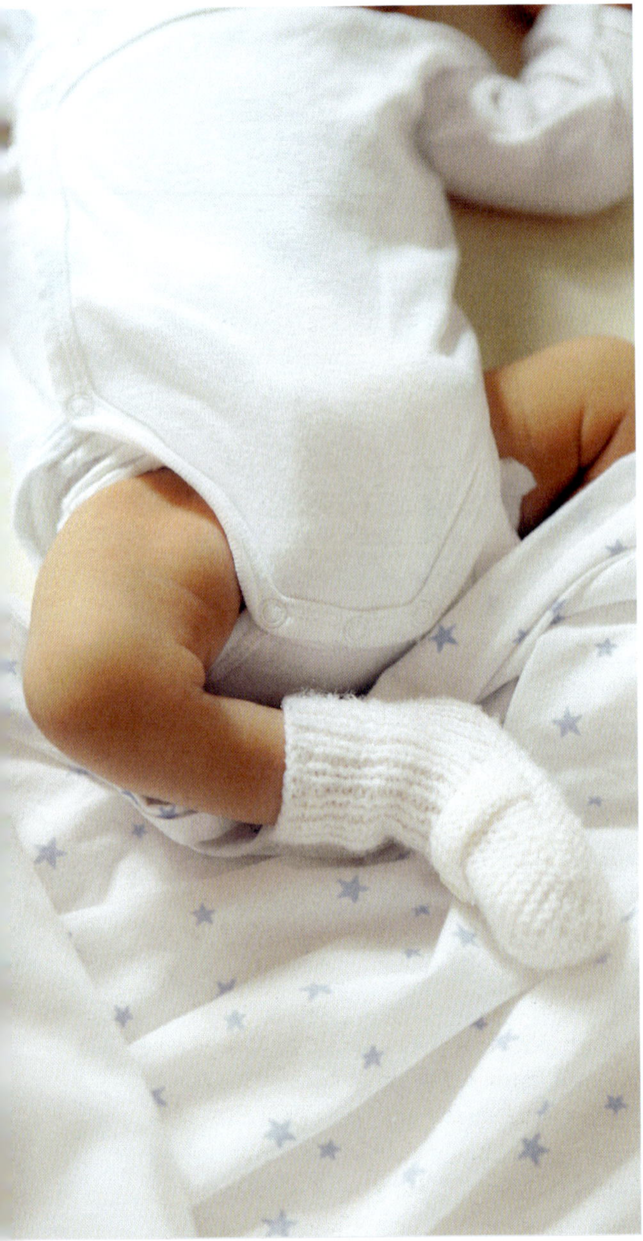

Ihr Baby freut sich, wenn sich Body & Co. leicht und schnell an- und ausziehen lassen. Ideal sind daher Modelle, die sich an der Seite auf- und zuknöpfen beziehungsweise binden lassen.

TIPP: WECHSELWÄSCHE

Wenn die Wäsche noch sauber ist, brauchen Sie Ihr Neugeborenes nicht täglich neu anzuziehen. Auch Umkleiden vor dem Schlafengehen ist nicht nötig, denn ein Strampelanzug eignet sich als Tag- und Nachtwäsche. Ein Schlafanzug ist erst dann sinnvoll, wenn die Babys ihren Tag-Nacht-Rhythmus gefunden haben und das »Ins-Bett-Bringen« zu einem Ritual wird.

»Secondhand« als erste Wahl

Sollten Sie das Glück haben, dass Ihnen eine Freundin Babykleidung leiht oder überlässt, zögern Sie nicht, das Angebot anzunehmen. Auch wenn eventuell einzelne Teile dabei sind, die Ihnen auf Anhieb nicht gefallen – gratis oder für einen günstigen Preis liegen sie gut im Schrank und sind zur Hand, wenn einmal Kleidernotstand ausbricht und Sie gerade keine Zeit zum Waschen haben. Wenn Ihr Baby sich zum Beispiel als Spuckbaby entpuppt, steht ein Kleiderwechsel trotz aller Vorsichtsmaßnahmen mit Lätzchen & Co. mehrmals am Tag auf dem Programm. Außerdem hat gebrauchte Kleidung den Vorteil, dass alle Farbstoffe und sonstige Chemikalien, die eventuell Hautreaktionen beim Baby auslösen könnten, bereits ausgewaschen sind.
Gebrauchte Kleidung ist damit auf jeden Fall schadstoffärmer als neue. Deshalb lohnt es sich übrigens auch, Basare und Kleidermärkte zu besuchen, auf denen gebrauchte Babykleidung und Zubehör günstig angeboten werden.

DIE BABYAUSSTATTUNG

Ganz gleich, ob Sie sich eine komplette neue Babyausstattung im Babyfachhandel zulegen oder einzelne gebrauchte Möbel in die Wohnung holen: Ein »Nest« rund ums Baby zu schaffen, macht den meisten werdenden Eltern viel Spaß. Sicher kann man zu Beginn auf das eine oder andere noch verzichten. Bei manchen Dingen lohnt es sich allerdings, wenn diese schon frühzeitig im Haus sind, denn sie könnten Ihnen die erste wichtige Kennenlernphase mit Ihrem Baby erleichtern.

Vor der Geburt willkommen

- Eine Wiege, ein Stubenwagen oder ein Babybalkon (kleines Babybettchen, das auf die Höhe der Elternmatratze ans Bett gestellt wird).
- Eine dünne Babydecke (70 × 140 Zentimeter), zum Beispiel aus reiner Schurwolle oder Baumwolle.
- Ein Kinderwagen, damit Sie und Ihr Baby so bald wie möglich Luft und Sonne tanken können.
- Eine Babyschale fürs Auto: Die werden Sie nicht nur brauchen, um nach der Entbindung wieder nach Hause zu kommen. Erfahrungsgemäß liegt (später sitzt) ein Baby etwa für die ersten eineinhalb Jahre in dieser Babyschale. Der ADAC testet regelmäßig die neuen Modelle und bewertet sie in Kategorien wie Sicherheit und Komfort.
- Ein Schlafsack, der zur Größe Ihres Babys passt. Achten Sie beim Kauf darauf, dass die Halsöffnung nicht größer als das Köpfchen ist und auch die Öffnungen für die Arme nicht zu groß sind. Sonst besteht die Gefahr, dass Ihr Baby in den Schlafsack hineinrutscht. Wählen Sie eine Größe, die etwa seiner Körperlänge minus zehn Zentimetern entspricht. Dann kann es in den nächsten Wochen noch hineinwachsen. Tipp: Wenn sich der Schlafsack am Fußende durch Knöpfe oder einen Reißverschluss öffnen lässt, können Sie Ihr Baby auch wickeln, ohne es komplett ausziehen zu müssen. Das ist besonders nachts hilfreich.
- Ein Windeleimer. Geeignet sind kleine Behälter, die einen gut schließenden Deckel haben. Es reicht eine Eimergröße, die die Windelmenge von ein bis zwei Tagen umfasst. Spätestens dann sollte der Eimer geleert werden.
- Ein Badethermometer. Es hilft Ihnen, beim Waschen oder Baden die richtige Temperatur zu finden.
- Ein digitales Fieberthermometer.
- Eine Tragehilfe fürs Baby. Das kann entweder ein großes spezielles Babytuch (siehe Seite 23) oder ein Babytragesack sein, der später dann zu einem Rucksack umfunktioniert werden kann. Beides ist übrigens eine hervorragende Idee als Geschenk zur Geburt!

NICHT NÖTIG: EIN KOPFKISSEN

Säuglinge brauchen kein Kopfkissen. Im Gegenteil: Es besteht die Gefahr, dass durch das Kissen die Atmung des Babys beeinträchtigt wird.

Was sonst noch sinnvoll ist

- Eine Wickelkommode. Sie können natürlich auch auf der Waschmaschine, dem Küchentisch, dem Bett oder auf dem Boden wickeln. Aber der Platz, den Sie Ihrem Baby als Wickelplatz einrichten, sollte nicht nur für Ihr Baby, sondern auch für Sie komfortabel sein, denn Sie werden hier in Zukunft relativ viel Zeit verbringen. Und erfahrungsgemäß sind Wickelkommoden die erste Wahl, da sie die richtigen Maße mitbringen (Höhe, Breite und Tiefe), um ein Baby bequem zu wickeln. Bestenfalls hat die Wickelkommode Schubladen oder Ablagefächer für Dinge, die immer schnell parat sein sollten, wie Windeln, Creme und Kleidung. Beim Aufbauen der Kommode wäre es natürlich praktisch, wenn ein Wasserhahn in der Nähe ist. Vielleicht können Sie sogar noch einen zweiten Wickelplatz im Bad einrichten (etwa mithilfe eines Aufsatzes auf der Badewanne oder auf der Waschmaschine). Dieser zweite Platz ist praktisch, wenn das Baby aus der Wanne kommt – es kann dann sofort im warmen Badezimmer versorgt und angezogen werden.
- Ein Stillkissen. Die richtige Haltung beim Stillen ist das A und O, um Fehlhaltungen und damit verbundene Rückenprobleme der Stillenden zu vermeiden. Stillkissen gibt es in vielen verschiedenen Varianten mit unterschiedlichen Füllungen. Probieren Sie aus, welche Größe und welches Füllmaterial (etwa Dinkelspelz oder Kunststoffkügelchen) Ihnen zusagen. Achten Sie darauf, dass es nicht zu schwer ist. Denn wenn Sie mit Ihrem Baby auf dem Arm einen idealen Stillplatz einrichten wollen, werden Sie dankbar sein, wenn das Stillkissen nicht dreimal schwerer ist als Ihr Baby.
- Eine Spieluhr fürs Baby. Manchmal legen sich Schwangere eine Spieluhr auf den Bauch und spielen ihrem Baby auf diese Weise eine schöne Melodie vor. Wählen Sie eine langsame und beruhigende Melodie aus. Immer wieder ist zu beobachten, dass Babys später in ihrem Bettchen kein Auge zumachen, wenn Spieluhren eher laut vor sich her lärmen.
- Eine Babynagelschere. Sie hat abgerundete Spitzen, sodass man beim Nägelschneiden die zarten Finger oder Zehen des Babys nicht verletzt.
- Etwa zehn Waschlappen und ein großes Kapuzenhandtuch (etwa 1 × 1 Meter), um das Baby nach dem Baden einzuwickeln.
- Eine weiche Babyhaarbürste für sanfte Babykopfmassagen.

TIPP: HEIZSTRAHLER

Gerade im Winter sind Heizstrahler oder Wärmelampen über dem Wickeltisch eine gute Möglichkeit, schnell angenehme Temperaturen zu schaffen. Wenn Sie sich einen Heizstrahler anschaffen möchten, achten Sie auf ein Modell, das für den Wickeltisch geeignet ist. Bei diesen Geräten ist um jede Heizschlange ein feines Metallnetz gewickelt, damit keine Splitter herabfallen können, falls eine der Heizschlangen zu Bruch gehen sollte.

DAS TRAGETUCH

Einen Säugling zu tragen ist in allen Kulturen verbreitet. Zwei Drittel der Weltbevölkerung tragen ihre Babys – und geben ihnen damit Halt und Sicherheit und fördern das Urvertrauen.

Sobald man ein Neugeborenes hochhebt, zieht es instinktiv seine Beinchen an und spreizt sie auseinander, damit es sich eng an den Körper des Tragenden schmiegen kann. Da sich ein Baby nicht aus eigener Kraft am Körper der Mutter festhalten kann, braucht es eine feste Unterstützung – etwa durch ein Tragetuch. Da es viele verschiedene Möglichkeiten gibt, ein Tragetuch zu binden, ist es immer hilfreich, wenn Sie sich die unterschiedlichen Möglichkeiten von einem Experten zeigen lassen.

Die Vorteile des Tragens

Sie können durch das Tragen im Tragetuch das Bedürfnis Ihres Babys nach Nähe erfüllen und haben gleichzeitig Ihre Hände frei. Häufig getragene Babys entwickeln weniger Verlustängste, weinen seltener und sollen früher selbstständig werden. Mithilfe des Tragetuchs sind Sie außerdem mobiler als mit Kinderwagen (etwa auf Treppen, in Bus und Bahn, unterwegs in den Bergen oder am Strand). Außerdem ist das Tragetuch leicht verstaut, wenn man es gerade nicht benötigt. Nachteil: Mit Baby am Bauch sind Sie eingeschränkter in der eigenen Beweglichkeit – das Bücken, Beugen oder In-die-Hocke-Gehen fällt schwerer beziehungsweise braucht etwas Training.
Bereits ab dem ersten Tag kann ein Baby mit Tragehilfe am Körper getragen werden. Gute Tragehilfen verteilen das Gewicht des Babys ideal, sodass die Muskeln der Eltern mit zunehmendem Gewicht des Säuglings trainiert werden und sich der Situation anpassen. Beliebt ist etwa die Wickelkreuz-Trage oder die Wiegehaltung.

SCHNULLER

Nicht ohne Grund heißen Babys in den ersten Lebensmonaten Säuglinge. Das Saugen an ihren Fingern, Nuckeltüchern oder den Ohren eines Kuscheltiers befriedigt ihr Saugbedürfnis und lässt sie leichter entspannen. Entspannte Babys sind ruhiger und glücklich – also ist man gern bereit, diesem Saugbedürfnis nachzugeben.

Problematik Dauernuckeln

Sobald ein Baby etwas zum Saugen über längere Zeit in den Mund steckt, wirken große Zugkräfte auf die beiden Kiefer. Das gilt für einen klassischen Schnuller genauso wie für den Daumen. Letzterer ist sogar noch problematischer, wenn er dauerhaft (also einige Stunden) über einen längeren Zeitraum (über viele Monate oder gar Jahre) zwischen die Zähne kommt. Denn: Das Saugen am Daumen findet unter stetigem Kraftaufwand statt. Das bedeutet, dass die Zähne des Oberkiefers nach vorn gedrückt werden, während gleichzeitig die unteren Zähne nach hinten verschoben werden. Dadurch kann – wenn über längere Zeit genuckelt wird – der sogenannte »Lutschbiss« entstehen: Die oberen Zähne stehen deutlich vor. Mitunter entwickelt sich sogar ein regelrechtes Loch zwischen den oberen und unteren Schneidezähnen (»Schnullertor«). Eine spätere kieferorthopädische Korrektur ist meist unumgänglich.

Kleine Schnullerkunde

Die Palette der kleinen Sauger, die in den Regalen der Drogeriemärkte zu finden sind, ist bunt und variantenreich. Worauf sollte man beim Schnullerkauf achten? Ein wichtiges Entscheidungskriterium ist der Steg oder Saugerhals. Das ist das Verbindungsstück zwischen dem Saugkörper (also dem Lutschteil) und dem Schild (als Schild bezeichnet man die Mundplatte, die außen vor den Lippen bleibt). Die Größe dieses Stegs ist maßgeblich dafür, wie weit Ober- und Unterkiefer geöffnet werden müssen, um das Lutschteil in den Mund zu bekommen, daran zu saugen und auch noch schlucken zu können.
Da ein Baby nicht mit offenem Mund saugt, umschließen die Lippen diesen Steg vollständig. Je dünner und flacher der Steg ist, desto weniger weit bleiben Ober- und Unterkiefer beim Saugen in geöffneter Position. Aus dieser Tatsache lässt sich ableiten, dass solche Schnullermodelle, die einen flachen und dünnen Steg zwischen Schild und Lutschteil besitzen, weniger Druck auf den Kiefer ausüben und folglich günstiger sind als solche, deren Steg sehr dick ist oder gar so rund wie ein Finger.

Das Material

Aus welchem Material der Schnuller Ihrer Wahl sein sollte, ist im wahrsten Sinne des Wortes Geschmackssache: Latex hat einen Eigengeschmack, den Sie aber etwas neutralisieren können, wenn Sie den Schnuller für drei Minuten in Milch auskochen (leider verbunden mit dem Nachteil, dass er dann schneller altert).

- Latex ist ein Naturmaterial und fühlt sich angenehm weich an. Latexschnuller haben eine bräunliche Farbe, sind sehr elastisch und reißfest. Häufiger Gebrauch und das damit verbundene Auskochen lassen sie allerdings nach einigen Wochen alt, schlaff und unappetitlich aussehen, weshalb offizielle Empfehlungen lauten, Latexschnuller alle vier bis sechs Wochen auszutauschen.

- Silikonsauger bestehen aus hochwertigem, sehr strapazierfähigem Kunstoff, der sowohl Dauernuckeln als auch häufiges Auskochen problemlos mitmacht. Silikonschnuller sind transparent und geruchsneutral. Aber: Silikon ist nicht so elastisch wie Latex, was eine erhöhte Saugkraft erfordert, die sich auch auf die Zahnstellung auswirkt, wenn ein Kind länger schnullert. Außerdem lässt sich das Material leichter durchbeißen. Darum sind Silikonschnuller normalerweise nur in den Größen 1 und 2 erhältlich.

Die Größe

Die Hersteller bieten unterschiedliche Schnullergrößen an. Während es Latexschnuller in den Größen 1 bis 3 gibt (die Größen richten sich nach dem Babyalter in Monaten), wird der Silikonsauger nur in den kleinen Größen angeboten. Ob man aber bereits nach ein bis zwei Monaten zum nächstgrößeren Schnuller wechseln muss, ist umstritten. Der Hersteller des Schnullers mit abgewinkeltem Schaft (siehe Seite 26) betont, dass der kindliche Kiefer hauptsächlich bis zum dritten Lebensmonat wächst, danach verändert sich ein Kiefer lediglich in der Tiefe, nicht jedoch in Breite und Länge. Das bedeutet, dass ein Schnuller nicht »mitwachsen« muss – im Gegenteil. Ein zu großer Schnuller erfordert beim Schlucken und Saugen einen enormen Kraftaufwand, der Zahnfehlstellungen begünstigt.

SCHADSTOFF BISPHENOL A

Achten Sie unbedingt darauf, dass Sie einen Schnuller kaufen, der frei von Bisphenol A ist (das gilt übrigens auch für Spielzeug, Plastikfläschchen und Sauger). Diese hormonartigen Schadstoffe können das empfindliche Gleichgewicht der natürlichen Hormone von Babys stören und werden mit vielen Krankheiten (Unfruchtbarkeit, Brustkrebs, Hirnentwicklungsstörung) in Verbindung gebracht, die oft erst zu einem späteren Zeitpunkt im Leben auftreten. Die Mundplatte des Schnullers sollte nicht aus Polycarbonat besteht, denn dieser Kunststoff wird aus Bisphenol A hergestellt.

Die Form

Es sind vier verschiedene Schnullermodelle auf dem Markt:

- **Kirschförmig geformte Schnuller:** Diese Schnuller haben ein ballonförmiges, also rundes Lutschteil, in Anlehnung an die Form einer Brustwarze. Es gibt kein »Oben« und »Unten«, das Baby kann den Schnuller beliebig im Mund drehen. Leider haben solche Schnuller in der Regel einen sehr dicken Verbindungssteg zwischen Saugkörper und Mundschild und sind daher nicht zu empfehlen. 1
- **Symmetrisch geformte Schnuller:** Hierbei handelt es sich um Modelle, deren

Ober- und Unterseite gleich (länglich) geformt ist. Weder die dem Gaumen noch die der Zunge zugewandte Seite hat eine spezielle Form und Funktion. Auch hier für eine gesunde Kieferentwicklung bitte auf einen möglichst flachen Verbindungssteg achten! 2

- **Kiefergerecht geformter Schnuller 1:** Bei diesen Schnullern ist der Lutschteil an der unteren Seite etwas abgeflacht. Diese Form soll an eine Brustwarze erinnern, die sich stark verformt, wenn das Baby daran saugt. Die Zunge soll wenig verdrängt werden, während sich die runde obere Schnullerseite dem Gaumen anpassen soll. Auch hier gilt: Achten Sie auf einen flachen Verbindungssteg! 3
- **Kiefergerecht geformter Schnuller 2:** Die Form dieser Schnuller erinnert an eine Treppe. Der Verbindungssteg ist außerordentlich flach und zudem noch abgewinkelt. Durch diese spezielle anatomische Form drückt der Saugkörper nicht so stark auf die Zunge, und das Schlucken

1

2

4

3

5

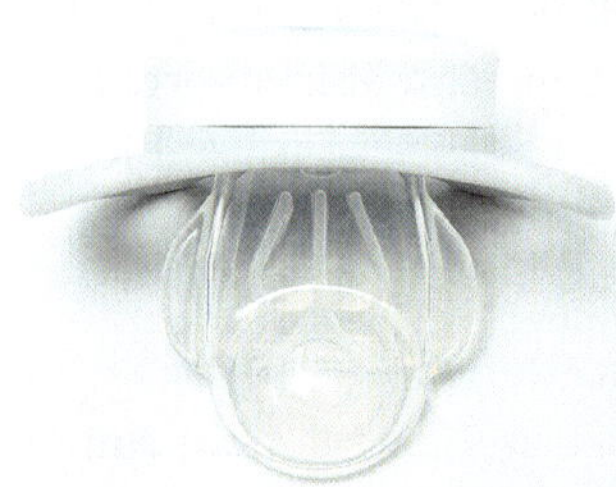

SCHNULLERN, ABER WIE?

Viele Eltern glauben, solange ihr Baby keine Zähne hat, kann ein Schnuller auch keine Zahnfehlstellungen hervorrufen. Das stimmt so weit. Aber auch ohne Zähne kann der Schnuller für Fehlstellungen sorgen – und zwar für Kieferfehlstellungen. Außerdem gilt es, zwei Dinge zu berücksichtigen:
Erstens: Der Saugreflex nimmt in der Regel im zweiten Lebenshalbjahr ab, und das Bedürfnis des Kauens kommt auf. Es ist daher nicht notwendig, das Saugbedürfnis durch einen Schnuller zu verlängern. Nichts spricht ab ca. dem achten Monat gegen einen Beißring oder ein Schmusetuch.

Zweitens: Erfahrungsgemäß verhalten sich die wenigsten Eltern so, wie oben beschrieben (und von den Zahnärzten gewünscht). Denn warum sollte man einem Baby den Schnuller wegnehmen, wenn doch alle damit glücklich sind? Die Problematik liegt in der Zukunft: Wenn das Baby in seinem Schnuller einmal einen verlässlichen Freund und Tröster gefunden hat, wird es ihn später kaum freiwillig wieder abgeben. Und weil Eltern die Strapazen der Schnullerabgewöhnung so lang wie möglich hinauszögern, schnullern viele Kinder noch im Kindergartenalter – mit negativen Folgen für die Zähne und die Sprachentwicklung.

wird nicht beeinträchtigt. Selbst wenn ein Kind, das bereits die ersten Zähne hat, an diesem Schnuller saugt, wird die Öffnung zwischen oberen und unteren Schneidezähnen so klein wie möglich gehalten. 4

- **Kiefergerecht geformter Schnuller 3**: Er hat seitliche Flügel gegen Fehlstellungen. Dieser Schnuller hat seitlich noch kleine »Flügelchen«, die den Saugdruck auf das Zahnfleisch und die Zähne minimieren sollen. Durch die Verbreiterung des Saugteils soll sich der Druck, der beim Saugen entsteht, gleichmäßiger verteilen und somit besser vor Zahn- und Kieferfehlstellungen schützen. 5

Die Pflege

Kochen Sie jeden Schnuller grundsätzlich vor der ersten Benutzung aus. Geben Sie ihn dafür in einen Topf mit reichlich kochendem Wasser und lassen Sie ihn etwa zehn Minuten kochen. Das Sterilisieren steht immer dann an, wenn der Schnuller auf den Boden gefallen ist, wenn ein anderes Kind ihn in den Mund genommen hat oder wenn er sonst unappetitlich oder schmutzig zu sein scheint. Wichtig: Schnuller lieber einmal zu viel als einmal zu wenig auskochen. Stecken Sie den Schnuller Ihres Babys nie in Ihren eigenen Mund, um ihn sauber zu lecken!

Argumente pro Schnuller

Es gibt viele Babys, die bestens ohne Schnuller auskommen und auch nicht am Daumen lutschen. Dann ist natürlich auch kein Schnuller notwendig. Eltern, die überlegen, ob sie einen Schnuller anbieten möchten, sollten Folgendes bedenken: Für viele Babys ist der Schnuller ein idealer Trostspender – allzeit bereit und schnell

einsetzbar. Das rhythmische Saugen daran beruhigt und hilft dem Baby, Erlebtes zu verarbeiten und abzuschalten. Damit ist er eine willkommene Einschlafhilfe.
Wissenschaftliche Studien belegen, dass Babys, die während ihres Nachtschlafs am Schnuller saugen dürfen, ein geringeres Risiko haben, am plötzlichen Kindstod zu sterben. Ein Grund dafür könnte sein, dass die Säuglinge durch das regelmäßige Saugen automatisch ihre Atmung in Gang halten.

Argumente kontra Schnuller

Während es anfangs nicht immer leicht ist, den Schnuller anzubieten, ist es später nicht immer leicht, den Schnuller wieder loszuwerden. Gerade die Anfangsphase kann sehr viel Kraft kosten – manche Eltern stehen mitunter 20-mal in einer Nacht auf, nur um ihrem Säugling den aus dem Mund gefallenen Schnuller zu reichen. Aber auch das Abgewöhnen ist eine strapaziöse Angelegenheit. Hinzu kommt, dass ein Kind manchmal vorschnell den Schnuller in den Mund geschoben bekommt, ohne dass seine Eltern überhaupt realisieren, warum das Baby gerade quengelig agiert.
Beliebte Schmuse- und Lutschtücher sind Püppchen aus naturbelassener oder pflanzengefärbter Seide. Der Vorteil: Das Baby kann selbst danach greifen und daran lutschen. Seide ist sehr anschmiegsam, lässt sich leicht waschen und trocknet schnell.

DER PASSENDE SCHLAFPLATZ

Manche Eltern haben mit viel Freude und Liebe zum Detail über Tage oder Wochen ein wunderschönes Kinderzimmer eingerichtet – und wo schläft das Baby? Im Elternbett. Da ist's einfach am schönsten. Ihre Nähe ist Ihrem Baby vertraut, eng an Sie geschmiegt fühlt es sich sicher und geborgen. Auch viele Eltern fühlen sich wohl, wenn ihr Baby in der Nacht bei ihnen im Schlafzimmer schläft.

Dein Bett ist auch mein Bett

Früher alltäglich und in vielen Völkern immer noch aktuell ist das gemeinsame Schlaflager. Heutzutage heißt es Familienbett. Im Internet gibt es zahlreiche Bauanleitungen, wie man aus einem Doppelbett ein noch breiteres zimmern kann.

GANZ SICHER GEMEINSAM SCHLAFEN – SO GEHT'S

- Im Bett schlafen nur Nichtraucher, denn die Atemluft von Rauchern kann dem Säugling schaden.
- Das Baby schläft in Rückenlage und stets auf beiden Seiten gut geschützt.
- Das Baby darf nicht unter die Schlafdecke der Eltern gelangen, sondern hat einen eigenen Schlafsack.
- Die Matratze darf nicht zu weich sein und hat keine große Ritze, in die es hineinrutschen könnte (weiche Sofas oder Wasserbetten sind tabu).
- Wer alkoholisiert ist, unter Drogen oder starken Medikamenten (besonders Schlafmittel) steht, schläft in einem anderen Bett.
- Tiere schlafen nicht im Familienbett.

Alle Schläfer sollten sich auf einer Höhe befinden, notfalls geht's auch auf dem Boden (mit Lattenrost als Unterlage). Aber ist es in Ordnung, wenn unser Baby mit uns im Bett schläft? Würde man ein Baby fragen, wäre die Antwort vermutlich klar: Was gibt es Schöneres, als ganz dicht bei Mama und Papa zu liegen, ihren Atem zu spüren, ihren Duft zu riechen und ihre Streicheleinheiten zu genießen? Wenn auch Mama und Papa ihren kleinen Schatz am liebsten ganz nah bei sich haben möchten und sich ein Familienbett für beide Eltern richtig anfühlt, was spricht dann dagegen? Wissenschaftler sagen: Co-Sleeping erhöht das Risiko für den plötzlichen Kindstod (SIDS). Dieses Risiko ist sogar noch höher, wenn ein oder beide Elternteile rauchen. Außerdem heißt es: Es besteht das Risiko, dass Eltern im Schlaf das Kind erdrücken können; dass das Baby unter die Schlafdecke der Eltern rutscht; dass es aus dem Bett fällt und dass es überhitzen kann. Familienbett also für immer tabu? Nein. Denn wenn Sie grundlegende Maßnahmen einhalten, können die Bedenken weitgehend ausgeräumt werden. Sogar die Weltgesundheitsorganisation (WHO) und Unicef ermutigen junge Eltern zum Bed-Sharing. Dafür spricht zum Beispiel. die Tatsache, dass stillende Mütter, die direkt bei ihrem Baby schlafen, häufiger und länger stillen. Diese Tatsache kann das Risiko des SIDS um bis zu 50 Prozent reduzieren. Außerdem zeigen zahlreiche Videoaufzeichnungen, dass Eltern im Schlaf vermutlich so etwas wie einen Schutzmechanismus haben, der instinktiv davon abhält, das Baby im Schlaf zu erdrücken. Nicht zuletzt sind es auch die elterlichen Berührungen, die intuitiv im Schlaf stattfinden, die vor dem plötzlichen Kindstod schützen können.

Ebenso kann Ihr Baby in der Wiege oder einem Stubenwagen schlafen. Meist reicht dieser Schlafplatz für ein halbes Jahr, dann ist ein Umzug in ein anderes Bett erforderlich. Bei der Anschaffung eines Kinderbettchens sollten Sie Folgendes berücksichtigen:

- Sinnvoll sind Kinderbetten, die sich später zum Juniorbett umbauen lassen. Das heißt, man kann die Gitterseitenwände abmontieren und durch normale Seiten- und Kopfteile ersetzen, sobald das Kind groß genug ist.
- Der Lattenrost sollte höhenverstellbar sein. Warum? Solange Ihr Baby sich noch nicht dreht, aufsetzt oder hochzieht, ist es sehr viel komfortabler, wenn der Lattenrost ganz oben eingerastet ist. So kommen Sie, ohne sich tief bücken zu müssen, ans Baby. Später, wenn Ihr Sprössling mobiler ist, wird der Lattenrost nach unten gesetzt, sodass das Baby im Sitzen oder

DER BABYBALKON

Die Alternative zum eigenen Bettchen und Familienbett ist der Babybalkon. Eine Erweiterung des Elternbetts, meistens einen Meter lang und ca. 50 Zentimeter breit. Seine Matratze wird auf Höhe der Elternmatratze eingestellt. So ein Babybalkon erlaubt direkte Nähe zum Elternteil und ist für stillende Mütter ideal, um nicht das Bett verlassen zu müssen.

Stehen nicht aus dem Bett fallen oder aus ihm herausklettern kann.
- Der Abstand zwischen den einzelnen Gitterstäben darf maximal sieben Zentimeter betragen, nur dann ist gewährleistet, dass Ihr Baby sein Köpfchen nicht zwischen zwei Gitterstäben einklemmen kann.
- Ältere Babys, die schon klettern können, steigen auch gern mal aus dem Bettchen heraus. Um ihnen die Möglichkeit zu geben, alleine aus dem Bett zu steigen, sollten Sie ein Bett kaufen, bei dem man an der vorderen Seite zwei Gitterstäbe, die »Schlupfsprossen«, herausnehmen kann.
- Wenn das Kinderbett Rollen hat, sollten diese feststellbar sein.
- Ideal sind Bettgestelle, die aus unbehandeltem Holz gefertigt wurden. Möglicherweise verwendete Lacke oder Farben müssen ungiftig sein.
- Reine Latex- oder Schaumstoffmatratzen sind häufig sehr weich. Das Baby sollte nicht tiefer als etwa zwei Zentimeter in die Matratze einsinken. Wichtig ist, dass die Unterlage garantiert schadstofffrei ist und in einem Rahmen fest aufliegt.

Das sollten Sie außerdem berücksichtigen

- Gleichgültig, für welchen Schlafplatz Sie sich entscheiden, die Hauptsache besteht darin, dass der Schlafplatz sicher ist und eine ausreichende Luftzirkulation bietet. Von Experten wird ausdrücklich davon abgeraten, das Baby dauerhaft im Kinderwagen oder in einer Babytragetasche schlafen zu lassen.
- Legen Sie Ihr Baby im ersten Lebensjahr zum Schlafen immer auf den Rücken! In dieser Position kann es am besten atmen. Tagsüber, wenn Ihr Baby wach ist, sollten Sie es dagegen immer mal wieder in die Bauchlage bringen (wenn Sie in der Nähe sind). Diese Lage fördert seine Nacken- und Rückenmuskulatur und insgesamt die motorische Entwicklung.
- Dicke Bettdecken dürfen nicht im Kinderbett liegen, da sie zu Überwärmung führen können (Gefahr des plötzlichen Kindstods). Hinzu kommt das Risiko, dass sich das Kind die Decke über den Kopf zieht und keine Luft mehr bekommt.
- Bettdecken bitte auch nicht festbinden! Es besteht die Gefahr, dass sich der Säugling in den Strippen verfängt oder unter die festgebundene Decke rutscht und erstickt.
- Berücksichtigen Sie, dass das Bett wegen übermäßiger Zugluft oder zu starker Sonneneinstrahlung nicht direkt am Fenster stehen sollte.
- Nachts beträgt die optimale Temperatur im Kinderschlafzimmer um die 18 °C, und die optimale Luftfeuchtigkeit liegt bei etwa 60 Prozent. Bei zu trockener Luft schaffen ein Luftbefeuchter oder feuchte Handtücher über der Heizung Abhilfe.

VORSORGEN FÜR DIE ZEIT NACH DER GEBURT

Hebammen sind ein Segen für Neugeborene und ihre Mütter – informieren Sie sich daher so früh wie möglich darüber, welche Nachsorgehebamme in Ihrer Nähe zu Ihnen nach Hause kommen kann. Freiberuflich

arbeitende Hebammen haben begrenzte Kapazitäten und sie werden immer weniger! Damit Sie im Wochenbett gut versorgt sind, müssen Sie sich abhängig von Ihrem Wohnort möglichst früh um eine Hebamme bemühen. Sie kontrolliert die Gebärmutterrückbildung, unterstützt Sie beim Stillen und gibt Tipps zur Babypflege.
Wenn Sie Ihr Baby stillen möchten, können Sie sich auch mit einer Still- und Laktationsberaterin in Ihrer Nähe austauschen (Adressen siehe Seite 282).
Sollten Sie vorhaben, direkt nach der Geburt nach Hause zu gehen, beachten Sie bitte, dass am dritten Lebenstag bei Ihrem Baby der Suchtest auf Stoffwechselerkrankungen (Screening-Karte) und Mukoviszidose durchgeführt beziehungsweise wiederholt werden muss. Das Hör-Screening wird in der Regel bei der U2 im Krankenhaus durchgeführt. Andernfalls vereinbaren Sie bitte einen separaten Termin beim Kinder- oder Hals-Nasen-Ohren-Arzt.
Zwischen dem dritten und zehnten Lebenstag Ihres Babys steht die zweite Vorsorgeuntersuchung (U2) an. Hat diese noch nicht in der der Klinik stattgefunden, ist es wichtig, dass Sie dafür zeitnah einen Termin bei Ihrem Kinderarzt vereinbaren. Stellen Sie auch Ihre eigene Versorgung sicher: Die Abschlussuntersuchung beim Frauenarzt ist in einem Zeitraum von vier bis sechs Wochen nach der Entbindung vorgesehen.

Formale Angelegenheiten

- **Standesamt:** Die Geburt Ihres Kindes muss innerhalb von sieben Werktagen beim zuständigen Standesamt angemeldet werden. Für die Anmeldung brauchen Sie die Geburtsbescheinigung von der Ent bindungsklinik oder der Hebamme. Bei Unverheirateten muss die Vaterschaftsanerkennung vorliegen. Die kann bereits vor der Geburt beim zuständigen Jugendamt – kostenlos – angemeldet wer-den. Nach telefonischer Vereinbarung reicht dann auch eine Vollmacht aus, um die Geburtsurkunde abzuholen.
- **Krankenkasse:** Die Krankenkasse, bei der Ihr Kind versichert werden soll, muss eine Kopie der Geburtsurkunde bekommen. Diese ist auch wichtig, damit Mutterschaftsgeld gezahlt wird.
- **Arbeitsamt:** Jeder Familie steht unabhängig von ihrem Einkommen Kindergeld zu. Einen Antrag auf staatliches Kindergeld erhalten Sie beim Arbeitsamt oder – falls Sie im öffentlichen Dienst beschäftigt sind – vom Arbeitgeber. Den ausgefüllten Antrag senden Sie zusammen mit einer Kopie der Geburtsurkunde dorthin zurück. Bei verspäteter Antragstellung: Kindergeld wird sechs Monate rückwirkend gezahlt.
- **Elterngeld:** Das Elterngeld muss schriftlich bei den zuständigen Elterngeldstellen der Bundesländer beantragt werden. Jeder Elternteil kann für sich einmal einen Antrag auf Elterngeld stellen. Der Antrag muss nicht sofort nach der Geburt des Kindes gestellt werden, rückwirkende Zahlungen werden jedoch nur für die letzten drei Monate vor Beginn des Monats geleistet, in dem der Antrag auf Elterngeld eingegangen ist. (Mehr Informationen finden Sie auf Seite 282.)

FRAGEN & ANTWORTEN

Es braucht ein ganzes Dorf, um ein Kind großzuziehen – was tun, wenn kein Dorf zur Verfügung steht?

Manchmal wünscht man sich als Neu-Eltern einfach nur einen lieben Menschen, der zuhört, ohne gleich gut gemeinte Ratschläge zu erteilen. Gleichgesinnte, die verstehen. Oder einen lieben Menschen, der mit dem Baby eine Runde spazieren geht. Oder jemanden, der den Einkauf erledigen kann und daraus ein gesundes Essen zubereitet. Wer auf die Hilfe von seinen eigenen Eltern, Geschwistern, Freunden und netten Nachbarn zählen kann, ist reich beschenkt. Aber manchmal gibt es diese Unterstützung nicht. Dann muss man überlegen, ob man sein eigenes Dorf aufbaut: Hebammen bieten vielleicht Rückbildungskurse an, wo Sie andere Mütter treffen können, oder sie wissen von anderen Müttern in der Nähe, in der Praxis vom Kinderarzt gibt's eventuell Flyer von Babykursangeboten wie PEKiP (Prager-Eltern-Kind-Programm) oder Babymassage, schauen Sie auf Plakate und Aushänge in Ihrer Stadt, ob es Müttertreffs gibt oder Ähnliches.

Gibt's Anregungen, was Eltern nach der Geburt noch fürs Baby brauchen könnten?

Wir haben uns mal umgehört, worüber sich andere Mamas und Papas als Geburtsgeschenk sehr gefreut haben. Da wären zum Beispiel die pragmatisch praktischen Präsente wie die kleinen Liebesdienste: Babysitten oder Bespaßen der größeren Geschwister (z. B. mit einem tollen Ausflug), Übernahme von Einkäufen nach Mamas Liste (und am besten noch gleich das Altglas entsorgen), Gutschein für klaren Durchblick in Form von Fenster putzen, Gutschein für Kinderwagenschieben, damit Mama mal wieder entspannt duschen kann. Oder wie wäre es mit nützlichen Helfern, die man früher oder später ganz sicher brauchen kann, wie einer Tube naturreiner Wundcreme, Babymassageöl oder einem Babyöl gegen Bauchweh und Blähungen, Heilwolle für wunde Brustwarzen oder schöne Leintücher und wollene Wickel für Umschläge und Wadenwickel? Sehr beliebt sind auch Geschenke, um Erinnerungen festzuhalten, z. B. Abdruckset für Babyfüße, professionelles Fotoshooting, Fotoalbum für Babyfotos. Selbstgemachtes kommt auch gut an, zum Beispiel ein paar Gläser der Lieblingsmarmelade, eine Dose voll Stillkugeln zum Naschen, Schnullerketten oder warme Wollsöckchen. Auch immer eine super Investition, vielleicht wenn sich mehrere zusammenschließen wollen: Gutschein für einen Babymassagekurs, Babyschwimmen oder PEKiP-Kurs.

Woher weiß ich, dass mein Kind nachts atmet?

Tatsächlich fährt der kindliche Organismus seine Aktivität im Schlaf so sehr herunter, dass es manchmal gar nicht so leicht zu sehen ist, ob das Baby noch atmet. Aber es gibt einige Tricks, mit deren Hilfe Sie feststellen können, ob alles in Ordnung ist: Feuchten Sie Ihren Zeigefinger an und halten Sie ihn unmittelbar vor das Näschen Ihres schlafenden Babys. Dort können Sie seinen Atem ganz sanft fühlen. Wenn Sie Ihre Hand auf den Brustkorb des Babys legen, spüren Sie dessen leichte Auf-und-ab-Bewegungen. Und wenn Sie Ihren Finger mit sanftem Druck vorsichtig auf die Stirn des Babys pressen, wird die Druckstelle erst weiß, dann aber sofort wieder rosig – ein deutliches Zeichen für eine gute Kreislaufregulation.

Ich habe gehört, dass Calendula zarte Babyhaut pflegt, gleichzeitig aber gelesen, dass Calendula allergische Reaktionen auslösen kann. Was ist jetzt richtig?

Botanisch betrachtet, gehört die Pflanze zur Familie der Korbblütengewächse. Viele Mitglieder dieser Pflanzengruppe enthalten sogenannte Sesquiterpenlactone, die Allergien auslösen können. Aber die Calendula enthält diese Stoffe nicht. Darum sind Allergien auf Calendula sehr selten, selbst wenn Allergien auf andere Korbblütler vorliegen.

Darf ich auch bei Temperaturen unter null mit meinem Baby an die frische Luft gehen?

Ja, vorausgesetzt, Sie haben es gut gegen die Kälte eingepackt. Das bedeutet: Mütze, Halstuch, Handschuhe und warme Winterbekleidung schützen es am ganzen Körper vor der Kälte. Sehr kalte Luft ist meist auch sehr trocken und kann beim Baby dazu führen, dass seine Gesichtshaut austrocknet und spannt. Cremen Sie daher alle Körperstellen, die der Kälte ausgesetzt sind (vor allem das Gesicht), mit einer gut fettenden »Wind-und-Wetter-Creme« ein. Bei diesen Temperaturen ist es sinnvoll, wenn Sie Ihrem Säugling ein erwärmtes Kirschkernsäckchen in den Kinderwagen legen.

Was zeichnet einen guten Kinderarzt aus?

Im Idealfall haben Sie bereits vor der Geburt die Adresse eines guten Kinderarztes zur Hand. Denn sobald das Baby da ist, steht auch schon die erste Vorsorgeuntersuchung an. Informieren Sie sich, wer den Ruf hat, ein guter Kinderarzt zu sein. Fragen Sie andere Mütter in der Nachbarschaft, im Geburtsvorbereitungs- oder Babymassagekurs. Es sollte ein Mediziner sein, der Ihnen sympathisch ist und von dem Sie sich gut beraten fühlen. Denn diese Person soll Ihr Begleiter für die kommenden Jahre sein. Wenn Sie einen Termin vereinbaren möchten, sollten Sie nicht wochenlang darauf warten müssen. Im Idealfall (von Notfällen mal abgesehen) kann der Arzt die Termine einhalten, und die Wartezeit in der Praxis beträgt nicht länger als eine halbe Stunde. Wenn das Wartezimmer kinderfreundlich ausgestattet ist, fällt das Warten leichter. Ein guter Kinderarzt bemüht sich um die Aufmerksamkeit Ihres Kindes und versucht, Vertrauen zu ihm aufzubauen. Er spricht Ihr Kind freundlich an und wärmt sein Stethoskop vor, bevor er es auf die nackte Babyhaut legt. Wichtig: Berücksichtigen Sie bei der Wahl des Kinderarztes seine Leistungsangebote. Immer mehr Ärzte bieten alternative Behandlungen an, etwa in klassischer Homöopathie. Besonders bei Kindern ist es immer einen Versuch wert, die Krankheit auf natürliche Weise zu behandeln, statt gleich schwere Geschütze aufzufahren.

EINE FAMILIE IST GEBOREN

Endlich ist es so weit, und der lang ersehnte Tag ist da! Alles Warten hat ein Ende: Das Baby ist geboren. Willkommen, kleiner Schatz! Gemeinsam mit Ihrem Baby haben Sie eine tolle Leistung vollbracht. Freuen Sie sich, dass Sie Ihr Baby endlich im Arm halten dürfen, und genießen Sie diese kostbare erste Zeit nach der Geburt!

DIE GEBURT UND DIE ERSTE ZEIT DANACH

Über viele Schwangerschaftswochen hatten Sie einen kleinen »Untermieter« in Ihrem Bauch. Dort war es nicht zu hell und nicht zu dunkel, kuschelig warm, nicht zu laut und nicht zu leise. Er konnte am Daumen lutschen, verspürte keinen Hunger und genoss durch die enge Begrenzung seiner Höhle die ständige Anwesenheit seiner Mutter. Es mangelte ihm an nichts. Wen wundert es bei dieser Vorstellung, dass so manches Baby am liebsten noch länger dort drinnen geblieben wäre?

Babys Höchstleistungen

Auch Ihr Baby hat mit der Geburt eine wunderbare Leistung vollbracht. Ganz gleich, ob es ein wenig zögerlich mitgearbeitet hat oder ob es zur Kategorie der »Schnelldurchläufer« gehört, Fakt ist: Jetzt ist es endlich da und macht erst einmal große Augen. Sicher ist auch Ihr Baby neugierig, wen es ab jetzt erwarten kann, und sucht vielleicht Blickkontakt zu Ihnen.
Um nun richtig glücklich sein zu können, wünscht es sich außerhalb seiner gewohnten Umgebung die gleichen Bedingungen: Es sollte nicht zu hell, nicht zu dunkel sein, kuschelig warm, nicht zu laut und nicht zu leise – vor allem aber möchte ein Säugling seine Mutter spüren und am liebsten für immer so nah bei ihr sein wie bisher. Um dieses Bedürfnis sehr bald erfüllen zu können, sollten Sie wenn möglich Ihr Baby gleich nach der Geburt in Ihre Arme schließen und auf Ihren freien Oberkörper legen.

SICHERE BINDUNG

Wissenschaftler haben festgestellt, dass Eltern und andere Bindungspersonen über drei Fähigkeiten verfügen müssen, damit sie eine gute Bindung zum Baby aufbauen können:
Feinfühligkeit, um aufmerksam und angemessen auf das Baby zu reagieren.
Verlässlichkeit, damit das Baby lernt, dass es auf seine Eltern zählen kann.
Vorhersehbarkeit, damit das Baby allmählich die Sicherheit entwickelt, dass seine Eltern in ähnlichen Situationen ähnlich reagieren.

Dieser innige Hautkontakt vermittelt Ihrem Kind Geborgenheit, und es kann auf Vertrautes zurückgreifen – es kann seine Mutter fühlen, riechen, hören und sehen.

Geburt durch Kaiserschnitt

Bei einer spontanen Geburt spürt das Baby, dass eine Veränderung bevorsteht. Es fühlt die Wehen, den erhöhten Herzschlag der Mutter und ihre Verarbeitung des Schmerzes. Das Baby weiß instinktiv, dass es bald seine gewohnte Umgebung verlassen muss. Bei einem Kaiserschnitt ist dies nicht so sehr der Fall. Hier liegt das Baby in der Gebärmutter, ohne etwas von der bevorstehenden Geburt zu ahnen, bis sich diese überraschend öffnet. Fremde Hände heben das Baby heraus. Auf einmal ist es hell und ungewohnt laut, die Temperatur ist eine andere, und der bisher vertraute, enge Schutzraum ist nicht mehr da. »Was ist hier eigentlich los?«

Blitzgeburt fürs Baby

»Kaiserlich« entbundene Babys erleben die Geburt anders als solche, die durch den natürlichen Geburtskanal das Licht der Welt erblicken. Manche Kinder, die durch einen Kaiserschnitt geboren wurden, empfinden ihre Geburt als so plötzlich, dass sie anfangs nicht realisieren, dass sie überhaupt geboren sind. Dies kann sich beispielsweise durch ein unruhiges Verhalten äußern. Um das Gefühl zu bekommen, auf der Welt »gelandet zu sein«, ist es daher wichtig, sobald wie möglich die körperliche Nähe zu den Eltern spüren zu dürfen.

Papas Einsatz

Wenn ein Vater an der Schwangerschaft teilhaben konnte, wird dem Baby seine Stimme vertraut vorkommen. Alles Vertraute nach der Geburt hilft dem Säugling dabei, sich zu entspannen und sich geborgen und sicher zu fühlen. Aus diesem Grund ist es natürlich wunderbar, wenn der Partner nach einem Kaiserschnitt in den ersten Minuten das Baby übernehmen kann. Wenn es dem Kind gut geht, dürfen Sie es natürlich sehen und begrüßen, bevor es von der Hebamme und dem Arzt untersucht und versorgt wird. In der Regel ist der Partner willkommen, bei der ersten Untersuchung dabei zu sein, und bekommt das Baby nach wenigen Minuten auf den Arm, während Ihre Bauchwunde vernäht wird.

> **NICHT FÜR IMMER**
>
> Viele Frauen haben die Sorge »einmal Kaiserschnitt – immer Kaiserschnitt«. Dies ist nicht der Fall. Drei von vier Frauen haben trotz eines Kaiserschnitts beim nächsten Kind eine spontane Geburt.

Geburt mit Zange oder Saugglocke

Es kommt immer wieder vor, dass der Geburtsverlauf in der Ausschiebephase (früher auch Austreibungsphase genannt) stockt, weil aufgrund einer Wehenschwäche oder akuter Erschöpfung der Mutter nichts mehr vorwärtsgeht. Mitunter liegt das Baby schon tief im Becken und steht »vor der Tür«, wie die Geburtshelfer sagen. Erfahrungsgemäß hilft in diesen Fällen ein Geburtsinstrument, um dem Baby den Weg auf die Welt zu bereiten.

Die Zange

Als Geburtszange bezeichnet man zwei große Metalllöffel, die in die Scheide eingeführt und am Köpfchen des Babys angelegt werden. Sobald die Zange positioniert ist, zieht der Geburtshelfer vorsichtig synchron zu den Wehen und holt das Baby auf die Welt. Voraussetzung für den Einsatz der Zange sind ein vollständig geöffneter Muttermund und ein Köpfchen, das schon fast am Ziel ist.

Die Saugglocke

Dieses Geburtsinstrument kann auch dann eingesetzt werden, wenn das Kind noch weiter oben im Becken liegt. Dabei handelt es sich um eine Art Metallschüssel, die am Hinterkopf des Babys angelegt wird. Mithilfe einer Pumpe wird ein Vakuum zwischen Kopf und Glocke erzeugt, und das Baby dann mit jeder weiteren Wehe aus dem Geburtskanal gezogen.

Babys »Nachwehen«

Viele Kinder, die mit Saugglocke, Zange oder Kaiserschnitt entbunden wurden, haben nach der Geburt unruhige Schlafphasen und weinen viel. Das ist nachvollziehbar, denn auf irgendeine Weise müssen sie ihr Geburtserlebnis verarbeiten. Hinzu kommt, dass Saugglockenkinder durch schmerzhafte Hämatome und eine mehr oder weniger große Beule schlichtweg Kopfschmerzen haben können (bitte nicht zu viel am Köpfchen streicheln). Oft hilft es den Babys, wenn sie Halt verspüren und die Fürsorge bekommen, die sie bisher gewohnt waren. Schließen Sie also Ihr Baby in die Arme und halten Sie es behutsam an Ihren Körper, sodass es sich geborgen und Ihnen ganz nah fühlt.

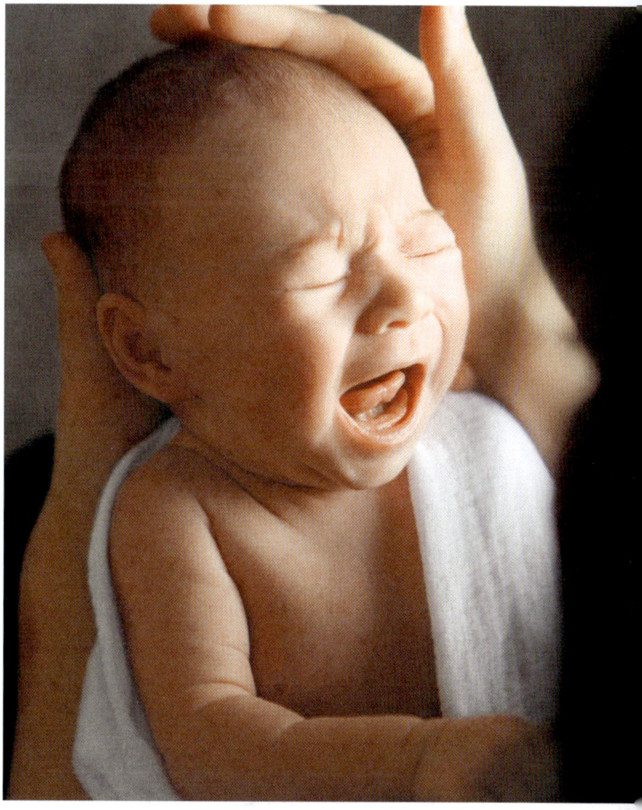

Nach einer anstrengenden Geburt brauchen Babys viel Halt und körperliche Nähe.

Alles andere als rosig

Kaum ein Kind kommt mit einer rosigen Gesichtsfarbe auf die Welt. Im Gegenteil: Die meisten Babys sind direkt nach der Geburt eher blass oder bläulich. Das verwundert nicht, wenn man bedenkt, dass erst mit den ersten eigenen Atemzügen Sauerstoff ins Blut kommt – und damit Farbe ins Gesicht. Solange das Neugeborene noch nicht abgenabelt ist, muss seine Lunge den Körper nicht allein mit Sauerstoff versorgen. Mit nachlassender Nabelschnurpulsation bekommt ein Baby seine rosige Farbe – das beginnt meist zuerst am Rumpf, danach am Kopf, später dann an Armen und Beinen. Spätestens wenn die Nabelschnur nicht mehr pulsiert, fangen die meisten Babys an zu schreien, und dieses Schreien ist willkommen, denn es liefert den Hinweis, dass es von nun an selbstständig atmen kann. Babys, die unmittelbar nach der Geburt abgenabelt werden, bekommen vom Geburtshelfer Startversuche, um den Schrei ertönen zu lassen. In der Regel wird es dafür sanft abgerubbelt, um seine Atmung zu stimulieren. In seltenen Fällen dient dazu manchmal auch noch der klassische Klaps auf den Po.

Der Apgar-Test

Der Zustand des Neugeborenen wird beim sogenannten Apgar-Test dreimal in kurzen Abständen beobachtet: das erste Mal eine Minute nach der Geburt und dann noch fünf und zehn Minuten nach der Geburt. Für das jeweilige Ergebnis gibt es Punkte, und zwar pro Kriterium von null bis zwei. Insgesamt werden fünf Kriterien abgefragt, sodass sich eine Höchstpunktzahl von zehn Punkten ergibt, die auf den bestmöglichen Gesundheitszustand des Babys hindeutet. Aber es besteht kein Grund zur Sorge, wenn Ihr Baby geringfügig unter der Höchstgrenze liegt: Die wenigsten Babys erreichen beim ersten Test sofort nach der Geburt einen Apgar-Wert von 10. Wichtiger als das erste sind das zweite und dritte Testergebnis. Bei einem gesunden Kind und einer »normalen« Geburt lautet der Standard-Apgar in der Regel 9/10/10. Für diesen Test müssen Sie nicht auf Ihr Baby verzichten. Die Geburtshelfer sind so routiniert, dass ein geschulter Blick aufs Baby für die Bewertung ausreicht. Das Ergebnis finden Sie im Mutterpass und im Vorsorgeheft.

FÜNF KRITERIEN

Um 1950 entwickelte die Amerikanerin Virginia Apgar dieses nach ihr benannte Schema. Aus ihrem Namen lassen sich die fünf zu beobachtenden Kriterien ableiten:

A steht für Atmung
P steht für Puls
G steht für Grundtonus (Bewegung und Muskelspannung)
A steht für Aussehen (Hautfarbe) und
R steht für Reflexe.

pH-Wert-Messung

In vielen Kliniken wird neben dem Apgar-Wert auch der pH-Wert des Blutes ermittelt. Manche messen darüber hinaus den Kohlendioxid- und Sauerstoffpartialdruck im Blut, was genauere Aussagen über die Sauerstoffversorgung während der Geburt zulässt. Dazu werden einige Tropfen Blut aus der Nabelschnur entnommen, idealerweise nach dem Abnabeln und vor der Geburt der Plazenta.

Augenprophylaxe

Um die Augen des Neugeborenen vor möglichen schweren Augeninfektionen zu schützen, bieten einige Kliniken prophylaktisch Augentropfen an. Dabei handelt es sich um eine Silbernitratlösung, die nur mit Zustimmung der Eltern in jedes Auge getropft wird. Dank dieser Vorgehensweise konnte bereits vor über hundert Jahren die Anzahl der Erblindungen nach Augenentzündungen bei Neugeborenen deutlich reduziert werden. Auslöser dafür sind bei der Geburt übertragene Erreger der Geschlechtskrankheit Gonorrhö. Erfahrungsgemäß bereiten die Tropfen dem Baby einen brennenden und unangenehmen Schmerz, mitunter schließt es eine Weile die Augen. Vorübergehende Bindehautentzündungen sind als Folge nicht selten. Es ist auch denkbar, mit dieser Behandlung bis zur U2 zu warten. Eine eventuell vorhandene Augenentzündung kann auch dann noch behandelt werden.

BEWERTUNG DES AGPAR-TESTS

	0 Punkte	1 Punkt	2 Punkte
• **Atmung**	Keine	Flach	Regelmäßig
• **Puls**	Nicht feststellbar	Unter 100	Über 100
• **Grundtonus**	Schlaff, keine Bewegung	Wenig Bewegung	Aktive Bewegung
• **Aussehen**	Blass/blau	Rosa Körper, Arme/Beine blau	Ganz rosa
• **Reflexe**	Keine	Macht Grimassen	Schreit

Die erste Vorsorgeuntersuchung

In der ersten Stunde nach der Geburt ist die erste Vorsorgeuntersuchung, die U1, durch einen Kinderarzt oder Geburtshelfer fällig (mehr dazu auf Seite 98).

Das erste Bad

Manche Kliniken bieten jetzt auch ein Bad für das Neugeborene an. Es dient weniger der Reinigung als der Entspannung. Das warme Wasser erinnert an die Zeit in Mamas Bauch. Sollte das Baby noch Käseschmiere am Körper haben, wird diese ganz bewusst nicht abgewaschen. Diese Schicht, die Babys Haut im Bauch der Mutter vor dem Fruchtwasser schützte, zieht nach der Geburt in die Haut ein. Sie ist ein natürlicher Hautschutz, der genutzt werden sollte und nicht dringend abgewaschen werden muss. Nach dem Bad gibt es häufig die erste Windel, bevor das Baby wieder im Arm seiner Mutter landet. Nach so vielen Strapazen auf einmal sind für Mutter und Kind nun erst einmal Entspannung und Erholung wünschenswert.

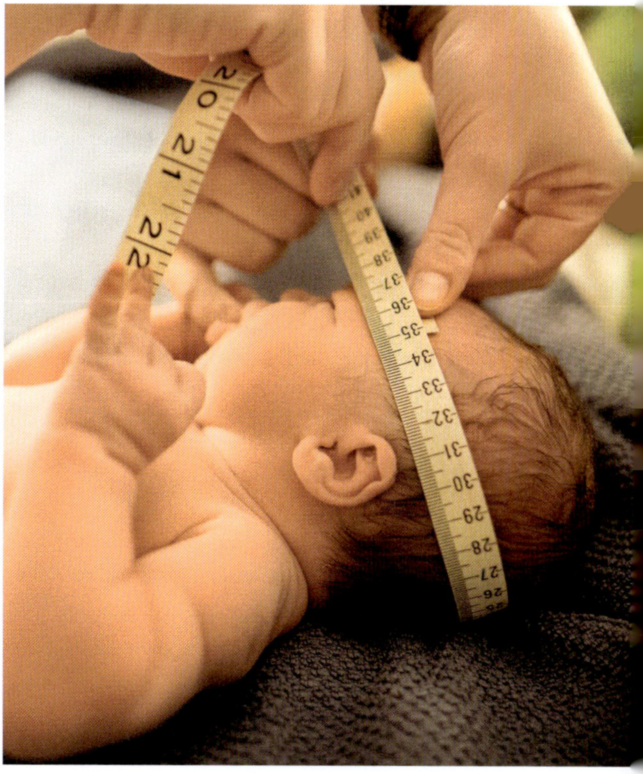

Bei der ersten Vorsorgeuntersuchung U1 steht neben dem Prüfen der Apgar-Werte auch das Messen von Körperlänge und Kopfumfang sowie Wiegen auf dem Programm.

DAS LEBEN MIT BABY MEISTERN

Am wohlsten fühlt sich ein Neugeborenes, wenn sich das Leben außerhalb des Mutterleibs vom Leben darin nicht allzu sehr unterscheidet. So hat es beispielsweise ein großes Bedürfnis nach Wärme, sehnt sich aber auch nach einer ihm bekannten Begrenzung. Kommen Sie den Bedürfnissen Ihres Babys entgegen, indem Sie es stets warm halten – aber natürlich nicht so warm, dass es ins Schwitzen kommt. Schaffen Sie ihm eine Begrenzung, indem Sie ihm zum Beispiel anstelle eines Strampelanzugs einen Pucksack anziehen oder es in eine Babydecke einschlagen. Dafür wird der ganze Körper samt Ärmchen »eingepuckt«, sodass nur noch das Köpfchen herausschaut (siehe Seite 43).

Babys Gesundheit fördern

Sosehr Sie sich auch bemühen, Ihrem Baby optimale Bedingungen für seine Ankunft zu schaffen, es gibt immer einige Dinge, die auf das Neugeborene zukommen und unvermeidbar sind. Hierzu zählt die Gesundheitsprophylaxe. Um bestimmten Erkrankungen aus dem Weg zu gehen oder Störungen von vornherein auszuschließen, empfehlen Kinderärzte folgendes Grundprogramm.

Vitamin K

Dieses fettlösliche Vitamin nennt man umgangssprachlich auch »Blutgerinnungsvitamin«. Vitamin-K-Mangel kann zu gefährlichen Blutungen führen, im schlimmsten Fall sogar zu Gehirnblutungen. Zugegeben, das kommt sehr selten vor. Dennoch: Erwachsene sind in der Lage, dieses Vitamin selbstständig im Darm zu produzieren. Der Darm eines Neugeborenen kann dies noch nicht in dem Ausmaß wie der eines Erwachsenen. Sobald der Säugling gestillt wird oder mit Vitamin K angereicherte Milchnahrung erhält, bekommt er das wichtige Vitamin. Vorausgesetzt, im kindlichen Darm gibt es eine intakte Fettverdauung und Fettaufnahme. Da es keine gesicherten Untersuchungen gibt, wie hoch der Vitamin-K-Gehalt der Muttermilch ist, und da dieser täglich stark variieren kann, sollten Sie Ihrem Kind Vitamin K zuführen. Ihr neugeborenes Baby bekommt zwei Milligram Vitamin K (Konakion MM; MM = Mischmicellen) in Tropfenform verabreicht. Und zwar dreimal: das erste Mal in den ersten 24 Stunden nach der Geburt sowie noch je einmal bei der U2 und U3. Die Vitamin-K-Gaben können Sie im gelben Vorsorgeheft nachlesen.

ALTERNATIVE

Die gängige Vitamin-K-Dosis (dreimal zwei Milligramm) ist unnatürlich hoch. Aus anthroposophischer Sicht ist eine tägliche, niedrig dosierte Vitamin-K-Gabe ausreichend, um Mangelzustände zu verhindern. Wenn Sie sich für diese Variante interessieren, können Sie folgende Rezeptur in der Apotheke herstellen lassen: Phytomenadion (PHEOR) 6,26 mg, Oleum amygdalarum ad 20,0. Preis: etwa sieben Euro für 20 Milliliter. Träufeln Sie Ihrem Baby davon zwölf Wochen lang täglich einmal vor einer Stillmahlzeit zwei Tropfen in den Mund.

Vitamin D

Vitamin D ist notwendig, damit der Körper die Mineralien Kalzium und Phosphat aus dem Darm aufnehmen und in den Knochen einlagern kann. Fehlt das Vitamin, kann es zu Knochenerweichung bis hin zur Knochenverformung (Rachitis) kommen. Zum Teil kann Vitamin D mit der Nahrung zugeführt werden, einen anderen Teil kann der menschliche Organismus in der Haut durch Sonnenlichtbestrahlung selbst produzieren und anschließend in Leber und Niere in die aktive Form umwandeln. Da aber in unseren Breitengraden – vor allem im Winter – wenig Sonnenlicht vorhanden ist, empfiehlt die Deutsche Gesellschaft für Ernährung (DGE), Vitamin D in Tablettenform zu verabreichen. Dabei bekommt das Baby im gesamten ersten Lebensjahr und im darauffolgenden Winter täglich 500 Internationale Einheiten (IE). Das erfolgt in Form einer kleinen Tablette, die in etwas Wasser auf einem kleinen Löffel aufgelöst und dann verabreicht wird. Vitamin D gibt es aber auch als Öl. Später kann die Vitamin-D-Versorgung durch den Aufenthalt im Freien sowie durch die gezielte Auswahl von Vitamin-D-reichen Nahrungsmitteln gedeckt werden, wie zum Beispiel eihaltige Teigwaren, Margarine, Lachs und Nüsse.

Homöopathische Variante

Homöopathisch therapierende Kinderärzte empfehlen gern eine Rachitisprophylaxe, deren Rohstoffe aus der Natur kommen. In der Apotheke gibt es die Produkte Apatit/Phosphorus compositum (Tropfenform) und Conchae/Quercus compositum (Pulverform) zu kaufen. Dabei handelt es sich um verschiedene Kalke, deren Einsatz einer Rachitis vorbeugen kann. Die zusätzliche Bezeichnung »S« steht für Säuglinge, »K« für Kleinkinder ab dem achten Monat. Die Dosierung erfolgt nach Absprache mit dem Kinderarzt. Ansonsten gilt: Täglich sollen dem Baby morgens drei bis fünf Tropfen Apatit/Phosphorus compositum nüchtern mit etwas Muttermilch gegeben werden. Abends bekommt es vor der letzten Mahlzeit eine erbsengroße Menge Conchae/Quercus compositum, die in Wasser oder Milch aufgelöst wird. Wichtig: Die Tropfen enthalten pro Gramm Flüssigkeit (Dilution) 18 Vol.-% Ethanol, also Alkohol!

Fluorid

Viele Kinderärzte verordnen Fluoridtabletten, die ab dem zehnten Lebenstag gegeben werden sollen. Meist bekommen Mütter, die in einer Klinik entbinden, schon dort ein Rezept, auf dem ein gängiges Fluoridpräparat (mit Vitamin D kombiniert) verschrieben wird.

Was ist Fluorid?

Fluorid ist ein Salz, das unter anderem in Mineralien vorkommt. Es ist aber auch in geringen Mengen im Wasser und in der Luft enthalten, was erklärt, warum Fluorid in fast allen pflanzlichen und tierischen Geweben zu finden ist.

Wovor soll Fluorid schützen?

Einige Studien haben gezeigt, dass Fluorid die Zähne vor Karies schützen kann. Karies entsteht, wenn Bakterien auf den Zahnbelägen Zucker in organische Säuren umwandeln. Diese Säuren zerstören den Zahnschmelz – und schlimmstenfalls entsteht ein Loch im Zahn. Fluorid härtet den Zahnschmelz, sodass die Säuren weniger Chancen haben, ihn zu zerstören. Studien haben aber auch bewiesen, dass eine frühe Gabe von Fluorid den Zahndurchbruch erleichtert. Außerdem kann das Fluorid vom Körper dann bereits frühzeitig in den Zahnschmelz eingebaut werden.

ZAHNSCHUTZ

Die meisten Kinderärzte raten, Fluoridtabletten, kombiniert mit Vitamin D, ab dem zehnten Lebenstag zu verabreichen, was allerdings von einem Großteil der Zahnärzte abgelehnt wird. Sie empfehlen wiederum die Verwendung einer fluoridhaltigen Zahnpasta mit Durchbruch des ersten Zahnes.
Wenn Sie Säuglingsmilchnahrung mit Mineralwasser anrühren, achten Sie auf den Fluoridgehalt im Wasser. Liegt er über 0,3 mg/l (für Babys von 0–6 Monaten) beziehungsweise zwischen 0,3 und 0,7 mg/l (für Babys von 6–12 Monaten), ist keine weitere Tablettengabe notwendig. Egal, ob mit oder ohne Fluoridgabe: Verzichten Sie bei der Babynahrung auf Zucker. Das gilt natürlich auch für zuckerhaltige Säuglingsmilchnahrungen. Ab Durchbruch des ersten Zahnes ist die regelmäßige Zahnpflege mithilfe spezieller Baby- und Kinderzahnbürsten – in der ersten Zeit ohne Zahnpasta – sehr ratsam.

Da in Deutschland das Trinkwasser nicht mit Fluorid angereichert wird (wie das etwa in einigen Teilen der Schweiz der Fall ist), wird empfohlen, Kindern zusätzlich Fluorid in Tablettenform zu verabreichen. Babys von null bis zwölf Monaten bekommen dementsprechend täglich eine Gabe von 0,25 Milligramm (unabhängig vom Fluoridgehalt des Trinkwassers), die in der Regel mit der empfohlenen Vitamin-D-Gabe in einer Tablette verabreicht wird.

Was sagen die Kritiker?

Kritiker sind der Meinung, Fluorid sei ein Zellgift, welches nachweislich Organe wie Nieren, Herz und Leber schädigen könne, krebsauslösend wirke und wenig Wirkung gegen Karies zeige. Und so tauchen immer wieder verwirrende Meldungen auf: Während die Weltgesundheitsorganisation (WHO) Ende der 60er-Jahre eine pauschale Trinkwasserfluoridierung als die sinnvollste Maßnahme für eine Kariesprophylaxe empfahl, haben sich – wegen seit Langem bestehender Bedenken – viele Länder von der Empfehlung distanziert, unter anderem Deutschland, die Niederlande und die ehemalige Sowjetunion.
Anfang des Jahrtausends machten Schlagzeilen die Runde, in denen es hieß, Belgien wolle sämtliche Fluoridpräparate vom Markt nehmen und unter Verbot stellen. Als im Jahr 2000 die Deutsche Gesellschaft für Zahn-, Mund- und Kieferheilkunde eine neue Empfehlung veröffentlichte, in der sie von den Fluoridtabletten abriet (siehe Kasten links), war die Verwirrung für die Verbraucher komplett.

PUCKEN

Unter Pucken versteht man eine uralte Wickelmethode, bei der das Baby vom Hals bis zu den Zehenspitzen eng in ein Tuch gewickelt wird.

Die Idee dahinter ist, dass der Säugling eine Begrenzung spüren soll, ähnlich wie er es während der Schwangerschaft erleben durfte. Bei jeder Bewegung im Mutterleib konnte das wachsende Baby seine Höhle ertasten und spüren, und ebendieses Gefühl hat ihm vermutlich Sicherheit und Halt gegeben. Mit der Geburt ändert sich diese räumliche Begrenzung abrupt – die enge Höhle verändert sich in eine weite, helle, geräuschvolle Welt ohne Begrenzung. Ärmchen und Beinchen können sich auf einmal lang machen und sich ausstrecken, und nichts begrenzt die Umwelt. Das kann bei manchen Babys Angst auslösen.
Bereits seit vielen Jahrzehnten versuchen Eltern, ihrem Baby durch das Pucken zusätzliche Geborgenheit zu geben. Auf eine spezielle Art in eine weiche Dekce oder ein leichtes Tuch eingewickelt zu werden, schenkt vielen Babys vertrauten Halt und Sicherheit. Darum finden viele Babys leichter in den Schlaf, und auch gegen Blähungen und Bauchweh soll die Ummantelung mit Stoff helfen.
Dies gilt allerdings nur für Babys, die sich so verpackt auch wohlfühlen. Andere Babys sind sehr unglücklich, wenn sie am ganzen Körper eng gewickelt im Bettchen liegen müssen, und fühlen sich in ihrer Bewegungsfreiheit eingeschränkt. Denn der Wunsch nach Freiheit und der Drang, sich fortzubewegen, wachsen mit jedem Tag mehr. Auch der Berufsverband der Kinder- und Jugendärzte hat sich 2012 gegen ein zu enges Pucken ausgesprochen, erst recht an heißen Sommertagen. Es besteht die Gefahr, dass der Säugling seine Körperwärme nicht an die Umgebung abgeben kann und es dadurch zu einer Überwärmung oder einer Dehydrierung kommen kann.
Auch für die Entwicklung der jungen Hüfte ist das Pucken nicht förderlich, da das Baby lang gestreckt statt in der embryonalen Haltung liegen muss. Für Eltern heißt das: Probieren Sie es aus. Hebammen kennen sich bestens aus und beraten jederzeit gern. Ein hervorragender Kompromiss sind die sogenannten Pucksäcke. Sie begrenzen Babys Arme und Schultern, geben aber ausreichend Platz an den Beinchen, sodass ein Baby bequem strampeln kann.

WINDEL

Plastik oder Stoff? So einfach ist es schon lang nicht mehr, denn der Windelmarkt ist bunt und vielfältig: Einweg- oder Mehrwegwindeln, gebleicht oder ungebleicht, bunt oder einfarbig, mit oder ohne Knöpfe, Mikrofaser, Baumwolle oder Hanf – das Angebot ist riesig. Längst gibt es neben den herkömmlichen Wegwerfwindeln bestens ausgetüftelte Wickelsysteme, die über viele Jahre verwendet werden können und nachhaltig sind. Eine Entscheidung für DIE perfekte Windelart oder DAS optimale Wickelsystem lässt sich kaum treffen, denn wie immer stehen Vor- und Nachteile nebeneinander. Eine Beratung vom Experten kann bei der Auswahl helfen. Auch im Internet gibt es eine Vielzahl guter Clips und Links, in denen ausführlich über die Handhabung dieser Systeme berichtet wird.

Welches Modell passt für uns?

Grundsätzlich können Sie zwischen zwei Arten von Windelarten wählen: Es gibt Stoffwindeln, die nach Gebrauch gewaschen und wiederverwendet werden können, und Einwegwindeln, die nach Gebrauch im Müll landen. Es macht natürlich Sinn, sich die Entscheidung im Vorhinein gut zu überlegen. Was möchten Sie für Ihr Baby? Es spürt den direkten Hautkontakt mit dem Windelmaterial. Manches fühlt sich einfach angenehmer, weicher und natürlicher an. Die Windel muss gut sitzen und vor allem dicht halten, auch über Nacht. Das Material soll für empfindliche Babyhaut gesund und verträglich sein – frei von Chemikalien und Bleichmitteln. Manche Kinder werden früher trocken, andere brauchen etwas länger – aber erfahrungsgemäß sind es mindestens zwei Jahre, in denen ein Baby rund um die Uhr eine Windel trägt.
Soll das Wickeln möglichst unkompliziert verlaufen? Wie sieht es mit der Beschaffung aus, gibt es einen Super- oder Drogeriemarkt in der Nähe? Wie ist es mit der Entsorgung, reicht die Restmülltonne, oder muss eine neue beantragt werden? Können die Stoffwindeln alle zwei bis drei Tage gewaschen und getrocknet werden? Gibt's Platz für Wäscheständer oder Trockner? Welches System ist Ihrem Partner am sympathischsten? Denken Sie auch an andere Personen, die Ihr Baby wickeln werden, wie Oma, Opa, Babysitter oder Erzieherinnen in der Kita. Neben Hautverträglichkeit, Komfort und Ökobilanz zählt möglicherweise auch noch der finanzielle Aspekt.

Wegwerfwindeln

Die Handhabung ist sehr einfach. Die Windeln sind fix angezogen und ruckzuck entsorgt. Wegwerfwindeln sind eher dünn und tragen nicht auf, machen keinen dicken Windelpo. Damit hat ein Baby viel Bewegungsfreiheit. Moderne Wegwerfwindeln sind mittlerweile sehr saugfähig und halten zuverlässig trocken, auch über viele Stunden. Die Nachteile: Wegwerfwindeln produzieren enorm viel Müll. Allein in Deutschland werden pro Tag mehrere Millionen Wegwerfwindeln entsorgt! Biowegwerfwindeln werden aus nachwachsenden Rohstoffen hergestellt und umweltschonend produziert. Sie sind frei von Duftstoffen, und manche Marken sind sogar kompostierbar. Es gibt Babys, die auf die nicht natürlichen Materialien in der Windel mit einem wunden Po reagieren. Und: Durch die enorm hohe Saugkraft bei gleichzeitig hohem Tragekomfort fühlen sich die Kinder stets trocken. Das ist natürlich wunderbar, kann aber den Prozess des Sauberwerdens verzögern. Kosten: Durchschnittlich investieren Eltern etwa 900 Euro in Wegwerfwindeln, bis ein Kind trocken ist.

Stoffwindeln

Hier gibt es mittlerweile zahlreiche unterschiedliche Wickelsysteme auf dem Markt, die aber alle etwas gemeinsam haben: einen Saugkern (Einlage), der die Flüssigkeit sammelt und speichert, und eine Wasser abweisende (zum Beispiel aus Schurwolle) oder eine wasserundurchlässige Außenschicht. Viele Wickelsysteme sind mitwachsend und können von Geburt an bis zum Sauberwerden verwendet werden. Durch Druckknöpfe, Klettverschlüsse oder geschicktes Falten lassen sie sich auf die Größe des Kindes anpassen. Stoffwindeln haben den Vorteil, dass sie angenehm zu tragen sind und sich auch für empfindliche Babyhaut eignen. Sollten Sie eine größere Familie mit weiteren Kindern planen, können Sie Stoffwindeln wiederverwenden. Stoffwindeln und Wickelsysteme sind so gut, dass sie auch jederzeit gebraucht erworben und wieder verkauft werden können. Schutzeinlagen landen mit der Ausscheidung in der Toilette, Saugeinlagen im Müll, der Rest lässt sich waschen. Stoffwindeln produzieren weit weniger Müll – dagegen stehen die höheren Energiekosten, die beim Waschen und Trocknen anfallen, wenn Luft und Sonne nicht ausreichen.

Es gibt klassische Komplettsysteme, die genauso einfach anzuwenden sind wie eine Einwegwindel und genauso gut trocken halten. Das überzeugt und beeindruckt meist auch andere Familienangehörige. Nachteil: Sie sind teuer in der Anschaffung und machen einen dickeren Windelpo. Andere Mehrwegwickelsysteme erinnern an das Wickeln vor der Ära von Pampers & Co. Hier werden Mullwindeln und/oder saugfähige Moltontücher aus reiner Baumwolle geschickt gefaltet, angelegt und durch eine wasserundurchlässige Überhose abgedichtet. Das erfordert Übung – und manchmal auch Überezeugungsarbeit. Eltern können bei diesem System selbst entscheiden, wie dick die Einlage werden soll (manche Kinder pieseln mehr als andere) und welche Einlage sie wählen möchten. Die kann aus Baumwolle oder Bambusfaser sein, genauso gut kann auch mal der ein oder andere günstige

GRUNDAUSSTATTUNG

Zur Grundausstattung des Mehrwegwindelsystems gehören immer eine Anzahl Windeleinlagen (mindestens 30 Stück) sowie wasserundurchlässige Überhöschen (mindestens vier bis sechs Stück), damit Sie nicht jeden zweiten Tag waschen müssen. Je nach System (Komplettsystem oder Faltsystem) liegen die Anschaffungskosten bei 150 (Faltsystem) bis 900 Euro (Komplettsystem).

Waschlappen zweckentfremdet werden.
Mit so einem System können Sie die Kosten reduzieren, erst recht, wenn es für weitere Kinder genutzt werden soll.
Sollten Sie sich für das Mehrwegwickelsystem entscheiden, können Sie sich diverse Starterpakete von den Firmen bestellen und ausprobieren. Vielleicht ist auch für Sie ein passendes System dabei. Und: Viele Paare nutzen die Vorteile von beiden Windelarten, zum Beispiel Stoffwindeln zu Hause und Einwegwindeln unterwegs und auf Reisen.

Wickeln in Seitenlage – so geht's

Egal, ob Wegwerfwindel oder Stoffwindel: Viele Eltern heben beim Wickeln unwillkürlich die Beine des Kindes nach oben, um die Windel zu entfernen und den Po zu säubern. Dabei entsteht ungewollt ein Zug auf die Hüftgelenke, der die weitere Hüftreifung unter Umständen behindern kann. Wickeln in Seitenlage ist die hüftschonendere Alternative. Das Wickeln über die Seitenlage ist der Anfang vom Drehen: Gestalten Sie deshalb das Wickeln als Beginn der später vom Kind selbst ausgeführten Drehbewegung vom Rücken auf den Bauch:

- **Schritt 1:** Legen Sie Ihr Kind in Rückenlage vor sich und ziehen Sie es aus, bis Sie bequem an die Windel kommen. Öffnen Sie die Windel und reinigen Sie das Genital und die Beinfalten mit einem feuchten Tuch. Das kann ein Waschlappen mit lauwarmem Wasser sein oder ein mit Öl

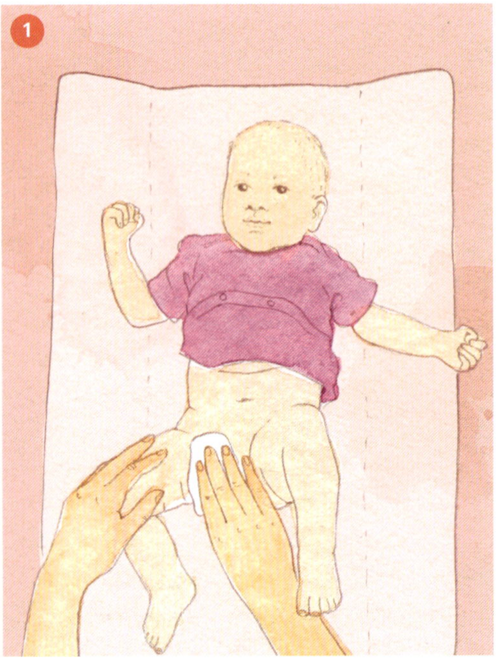

1

Reinigen Sie den Po gründlich.

2

Drehen Sie Ihr Baby sanft zur Seite.

oder Lotion getränktes Papiertuch. Wichtig bei Mädchen: Wischen Sie Stuhl- und Cremereste immer von vorn nach hinten ab, also von der Scheide zum After, und nie andersherum. So verhindern Sie, dass Keime aus dem Stuhl in die Scheide gelangen und dort eventuell eine Infektion auslösen. Achten Sie auch darauf, sämtliche Stuhlreste vorsichtig aus den äußeren Genitalorganen herauszuwischen.
Bei Jungen gilt: Heben Sie den Hodensack vorsichtig an und reinigen Sie auch den Bereich darunter gründlich. Nach dem Reinigen unterstützen Sie Ihr Kind behutsam dabei, sich in die Seitenlage zu drehen. Warten Sie, bis Ihr Kind auf Ihr Bewegungsangebot reagiert.

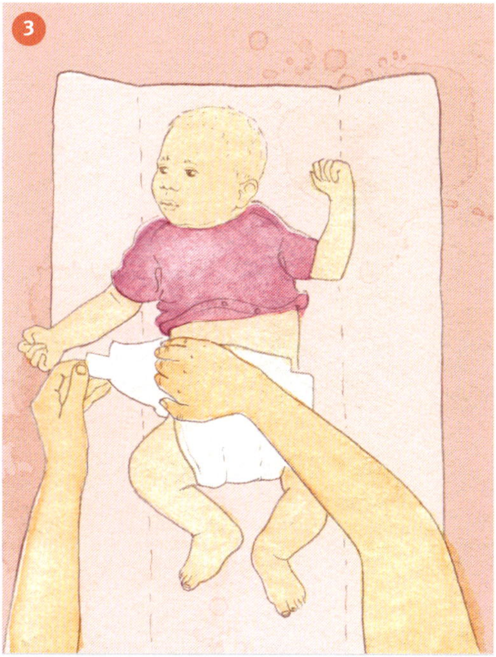

Verschließen Sie die Windel.

TIPP: WINDELSERVICE UND ZUSCHUSS

Wer sich das Waschen sparen möchte, kann einen professionellen Windeldienst in Anspruch nehmen. Dieser liefert frische Windeln und nimmt die verschmutzten mit. So ein Dienst ist nicht immer billig, aber oft den Preis wert. Auch interessant: Viele Gemeinden gewähren Eltern einen Zuschuss, wenn sie Mehrwegwindelsysteme nutzen. Infos finden Sie im Internet, zum Beispiel unter dem Stichwort Windelzuschuss oder direkt bei Ihrer Gemeinde.

- **Schritt 2:** Entfernen Sie die Windel, indem Sie sie seitlich einklappen und Ihr Kind über den Teil der Windel drehen. Das Kind liegt nun nicht mehr auf der Windel, und Sie können die Windel entsorgen. Reinigen Sie nun den Po. (1)
- **Schritt 3:** Nun nehmen Sie die neue Windel und legen die aufgeklappte Rückseite an Po und unteren Rücken. (2)
- **Schritt 4:** Unterstützen Sie Ihr Kind dabei, sich zurück auf den Rücken zu drehen. Jetzt können Sie die Windel am Bauch verschließen. (3) Sie sitzt richtig, wenn zwischen Bauch und Windelrand ein Fingerbreit Platz bleibt. Sie soll zwar an der Haut anliegen, aber nicht einengen. Das prüfen Sie nach, indem Sie mit zwei Fingern am Bein und am Bauchabschluss entlangfahren. Achten Sie darauf, dass die Windelränder an den Beinen nicht nach innen umgeklappt sind, damit die Windel nicht ausläuft.

Pflege zarter Babyhaut

Die zarte Babyhaut ist fünfmal dünner als die eines Erwachsenen und auch in ihrer Funktion als Schutzbarriere gegen äußere Einflüsse noch nicht vollständig entwickelt. Cremes, Öle & Co. sollten deshalb nur aus natürlichen Rohstoffen bestehen.

Von Cremes und Puder

Lassen Sie sich nicht irritieren, wenn Ihre Mutter, Schwiegermutter oder Oma anmerkt, dass Creme auf dem Popo Ihres Babys fehle. Früher wurde ein Baby nach jedem Wickeln dick eingecremt – mit dem Erfolg, dass die Kinder vielfach wund waren. Heute geht der Trend zur Natürlichkeit, denn eine gesunde Haut braucht keine Creme. Im Gegenteil: Je fetter die Creme, desto mehr werden die Poren der Haut verschlossen. Und je künstlicher ihre Inhaltsstoffe, desto mehr Hautirritationen sind auf der empfindlichen Babyhaut zu erwarten. Hinzu kommt das permanente feuchtwarme Milieu in der Windel, welches ein ideales Brutklima für Keime und Bakterien bieten kann. Sollte allerdings der Po des Babys tatsächlich einmal wund sein, muss er großzügig eingecremt werden, damit Stuhl und Urin nicht an die offenen Hautstellen gelangen. Dafür gibt es spezielle Salben mit dem entzündungshemmenden Spurenelement Zink (siehe Seite 248). Hier kann Sie Ihr Kinderarzt beraten. Noch ein Tipp: Auch wenn Sie gern fürs Baby einkaufen, halten Sie Ihr Sortiment an Babypflegeprodukten klein – und zwar in jeder Hinsicht. Manche Cremetöpfe sind nämlich so groß, dass ihr Inhalt mindestens für die nächsten drei Jahre ausreichen würde – dann aber längst alt und ranzig wäre.

Ab in die Badewanne!

Normalerweise ist in den ersten Tagen nach der Geburt kein Bad zur Reinigung für das Baby nötig (bitte warten, bis der Nabelschnurrest abgefallen ist). Aber sobald der Nabel gut verheilt ist, ist der Zeitpunkt fürs erste Vollbad gekommen. So ein Bad kann in einer großen Badewanne, in einem Babybadeeimer, in einer Babywanne und sogar im Waschbecken stattfinden. Ganz gleich, wo Sie Ihr Baby baden wollen: Sie müssen währenddessen bequem stehen können. Das Badewasser muss körperwarm sein, die Temperatur also zwischen 36 und 37 °C liegen. Zur Überprüfung können Sie Ihr trockenes Handgelenk ins Wasser halten – erscheint Ihnen die Temperatur angenehm, wird sie auch für Ihr Baby gut sein. Absolute Sicherheit bringt ein Badethermometer. Wenn Sie die Wassertemperatur noch etwas erhöhen möchten, das heiße Wasser bitte nur dann nachlaufen lassen, wenn noch kein Baby in der Wanne ist. Lassen Sie so

BADEN – WIE OFT?

Es ist erfahrungsgemäß vollkommen ausreichend, wenn Sie Ihr Baby etwa ein- bis zweimal pro Woche baden (es sei denn, es ist vollkommen schmutzig, weil die Windel ausgelaufen ist). Gerade in den ersten Wochen dient ein warmes Vollbad bei Babys, die es mögen, weit mehr der Entspannung als der Säuberung.

viel Wasser in die Wanne ein, dass der Babykörper komplett darin eintauchen kann – und sich fast so fühlt wie damals in Mamas Bauch. Wenn Sie Ihr Baby auf Ihrem Unterarm liegend ins Wasser eintauchen, können Sie mit der freien Hand einen Waschlappen über Babys Körper wandern lassen. Besonders gründlich, aber sanft sollte der kleine Körper hinter den Ohren, unter dem Kinn, im Nacken, unter den Achseln und im Genitalbereich gereinigt werden. Bei Bedarf können Sie auch das Köpfchen waschen. Wenn etwas Wasser in die Ohren gelangt, ist das nicht schlimm. Aber achten Sie darauf, dass Ihr Baby nicht mit dem Gesicht untertaucht.

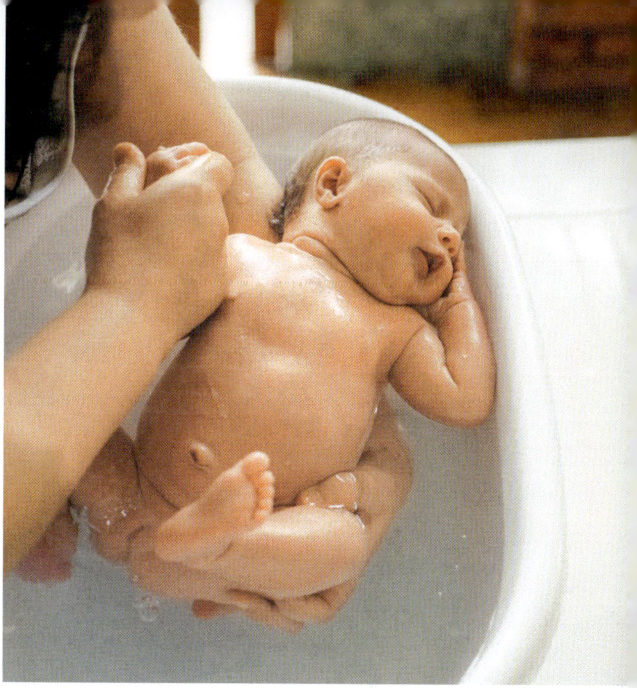

Beim Baden ist es wichtig, dass Ihr Baby sich ganz geborgen fühlt: Umgreifen Sie es sicher mit Ihrem linken Arm.

Baden im Babybadeeimer

»Geborgen wie in Mamas Bauch« lautet die einfache Bademethode, die von den Niederlanden nach Deutschland geschwappt ist. Dabei handelt es sich um einen Badeeimer aus transparentem Kunststoff, in dem das Baby eine Sitzposition einnimmt, was an die Zeit im Mutterleib erinnern soll. Tatsächlich ist die Handhabung anfangs ungewohnt (am besten lassen Sie es sich von Ihrer Hebamme vorführen). Aber wenn Ihr Baby einmal Gefallen daran gefunden hat, macht es einen Riesenspaß. Vorteil gegenüber der klassischen Babywanne: Sie können Ihr Baby in einer bequemen aufrechten Haltung baden. Das Baby kann nicht so leicht vom Arm rutschen und somit unfreiwillig abtauchen. Während des Badens kann der Säugling bis zu den Schultern im Wasser sein. Dadurch kühlt er nicht so schnell aus. Durch die geringe Wasseroberfläche kann die Wassertemperatur etwa für zehn bis 15 Minuten konstant warm gehalten werden. Das Baden in so einem Eimer hat außerdem den Vorteil, dass der Eimer auch im gefüllten Zustand noch gut zu tragen ist. Dies ist für Wöchnerinnen nicht unwichtig. Der positive Nebeneffekt: Es ist keine zweite Person notwendig, die beim Baden helfen muss.

Baden – mit oder ohne?

Grundsätzlich ist ein Badezusatz nicht nötig. Falls Sie sich doch dafür entscheiden, sollten Sie unbedingt ein Produkt mit Rohstoffen in Bioqualität wählen, das ausschließlich hautfreundliche und natürliche Inhaltsstoffe wie feine Öle und Duftessenzen enthält, die sehr gut verträglich sind. Seien Sie bei der Verwendung eines Badezusatzes eher sparsam.

Die Nabelpflege

Sobald das Neugeborene abgenabelt ist, wird der Nabelschnurrest mit einer Plastikklemme verschlossen. Erfahrungsgemäß fällt der Rest zwischen dem siebten und 14. Tag von allein ab, in Ausnahmefällen auch schon früher. Was die Pflege des Nabels betrifft, so können Sie davon ausgehen, dass jede Hebamme, Kinderkrankenschwester oder auch der Kinderarzt seine eigene Philosophie hat, wie man mit dem Nabel umgeht. Im Grunde muss der Nabel gar nicht extra gepflegt werden. Wichtig ist, dass der Nabelgrund, also die Stelle am Bauch, aus der der Nabel herauskommt, sauber gehalten wird. Dies ist besonders in den ersten Tagen nach der Geburt wichtig, wenn der Nabelschnurrest eintrocknet und abfällt. Kommt es in dieser Zeit zu Verunreinigungen, könnte sich der Nabelgrund mit Keimen infizieren, die schlimmstenfalls direkten Zugang zu den inneren Organen haben. Eine Infektion lässt sich daran erkennen, dass der Nabelgrund gerötet ist. Wenn Sie unsicher sind, fragen Sie Ihre Nachsorgehebamme.

Luftig und trocken

Ziel der Pflege ist es, den Nabel trocken zu halten. Deshalb ist eine sogenannte offene Pflege sinnvoll. Das heißt, dass der Nabel nicht in Verbände oder Nabelbinden eingepackt wird, sondern an der Luft heilen kann. Falls der Nabelschnurrest durch Urin oder Stuhl verschmutzt ist, können Sie ihn vorsichtig mit Wasser und/oder mit Calendulatinktur (gibt's in der Apotheke) säubern. Calendulatinktur reinigt gut, wirkt Entzündungen entgegen und hemmt das Keimwachstum. Sollte sich bereits eine kleine lokale Rötung am Nabelgrund zeigen, können Sie diese mit einem nicht brennenden Wundspray (gibt's ebenfalls in der Apotheke) behandeln. Doch sobald sich die Rötung ausbreitet, sollten Sie den Nabel Ihrem Kinderarzt oder der Hebamme zeigen. Ist der Nabelschnurrest bereits abgefallen, sollten Sie den Nabelgrund in den ersten drei bis vier Tagen einmal täglich mit Calendulatinktur betupfen. Dies kann vor möglichen Entzündungen schützen. Wichtig ist, dass Sie sich grundsätzlich die Hände waschen, bevor Sie den Nabelschnurrest anfassen und den Nabelgrund behandeln.

Wickeln trotz Nabelschnurrest

Achten Sie darauf, dass die Windel nicht über den Bauchnabel reicht. Das feuchte Milieu der Windel würde den Abtrocknungsprozess verzögern. Außerdem könnten Urin oder Kot die kleine Wunde infizieren. Falls die Windel noch etwas zu groß ist, können Sie den Windelrand einfach einmal nach innen umschlagen, damit er unter dem Nabel platziert ist und nicht über dem Nabelschnurrest liegt.

Das Nabelgranulom

Wenn der Nabelschnurrest abgefallen ist, können sich gelegentlich Wucherungen von Bindegewebe im eigentlichen Bauchnabel bilden (Nabelgranulom). Sie können nässen und Entzündungen hervorrufen. Wenn Sie unsicher sind, wie es sich mit dem Nabel Ihres Babys verhält, sollten Sie den Nabel Ihrem Kinderarzt oder der Hebamme zei-

BADEN – LIEBER NICHT

Solange der Nabelschnurrest noch nicht abgefallen ist, sollten Sie Ihr Baby nicht baden. In diesen Tagen heißt es, den Nabel trockenzulegen statt zu befeuchten, denn die Feuchtigkeit könnte Bakterien einen guten Nährboden bieten.

gen. Sollte eine Behandlung notwendig sein, sieht diese in der Regel folgendermaßen aus: Das Wuchern des Nabels kann zum Beispiel homöopathisch oder durch Austrocknung unterbunden werden. Mit einem Silbernitratstift kann die Wundstelle verätzt werden. Das klingt dramatischer, als es ist. Für das Baby ist diese Behandlung, die weniger als eine Minute dauert, schmerzlos.

Die Nagelpflege

Die Fingernägel Ihres Babys können bereits nach wenigen Tagen erstaunlich lang sein. Mitunter sind sie auch schon so scharfkantig, dass sich das Baby selbst sein Gesicht verkratzt, wenn es mit seinen Fingern spielt und diese zum Gesicht führt. Immer wieder hört man, dass Babynägel in den ersten Tagen und Wochen nach der Geburt nicht geschnitten, sondern nur gezupft werden sollen. Dadurch soll verhindert werden, dass die Nägel einreißen. Leider kann es bei dieser Methode, die Nägel zu kürzen, häufiger zu einer Nagelbettentzündung kommen. Um dies zu vermeiden, befürworten wir das Kürzen der Fingernägel mit einer speziellen Babynagelschere. Sie zeichnet sich dadurch aus, dass sie an den Spitzen abgerundet ist.

Wichtig: Achten Sie darauf, dass Sie die Fingernägel halb rund schneiden, Fußnägel gerade. Es hat sich bewährt, die Nägel dann zu schneiden, wenn das Baby schläft. In den Schlafphasen halten die Babys ihre Hände ruhig und ziehen sie nicht ruckartig zurück. Sollte es trotz gekürzter Nägel immer noch vorkommen, dass sich das Baby kratzt, empfiehlt es sich, ihm dünne Baumwollhandschuhe (Fäustlinge) anzuziehen oder einfach eine dünne Socke über seine Händchen zu stülpen.

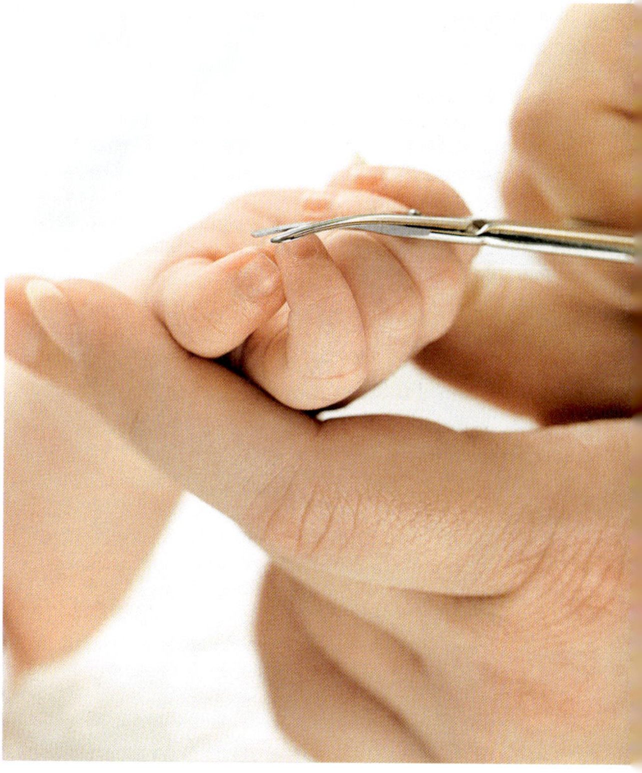

Schneiden Sie Ihrem Baby die Nägel am besten, wenn es schläft. Dann hält es Hände und Füße still.

DIE ERSTEN TAGE IM BABYLEBEN

Die ersten Minuten nach der Geburt sind unglaublich spannend. Oft schauen Neugeborene mit großen Augen in die Welt – so, als hätten sie eine Menge von ihrer Reise zu erzählen. Dabei wirken die Blicke gar nicht verängstigt, sondern fast schon vertraut, gerade so, als wollte es sagen: »Hallo, hier bin ich. Und das bist also du – dich habe ich schon viele Wochen lang gehört. Du bist mir vertraut. Schön, dich kennenzulernen.«

Zuerst hellwach ...

Neugeborene können aber nicht nur erstaunlich wach gucken, sondern auch schon erstaunlich gut saugen! Gerade in der ersten halben Stunde nach der Geburt ist Ihr Baby hellwach – und mit einem enormen Saugreflex ausgerüstet: wichtige, kostbare Zeit, während der das Baby das erste Mal an die Brust gelegt werden sollte. So kann es nicht nur seinem Saugbedürfnis nachgeben, sondern gleichzeitig noch so nah wie möglich bei seiner Mutter sein.

... und dann sooo müde!

Müde von den Strapazen der Geburt und dem ersten Saugen an der Brust, wird Ihr Baby danach vermutlich einschlafen. Und auch Ihnen als Eltern wird es vielleicht nicht viel anders gehen: Nach den Aufregungen der letzten Stunden oder gar Tage, dem Glück, das Baby in den Armen zu halten, und der Erleichterung über die glückliche Geburt folgt der Wunsch nach Ruhe. Zufrieden und erschöpft genießen die meisten Eltern den Anblick ihres Neugeborenen und dösen selbst ein wenig. In diesem Moment scheint es unwahrscheinlich, dass es einmal anders sein könnte.

Der Wärmehaushalt

Gerade in dieser ersten Zeit nach der Geburt ist es wichtig, dass Ihr Baby von einer gleichbleibenden Wärme umgeben ist, damit alle Körperfunktionen auch außerhalb des Mutterleibs reibungslos funktionieren. Denn Neugeborene können ihre Temperatur nur in gewissem Maße selbst regulieren. Ist ihnen zu warm, fangen sie an zu schwitzen und bekommen einen hochroten Kopf. Wenn es ihnen zu kalt ist, kann ihre Körpertemperatur deutlich absinken. Das Problem besteht darin, dass Babys sich nicht immer bemerkbar machen, wenn ihnen zu warm oder zu kalt ist. Manche schlafen einfach weiter und erdulden den Zustand.

TEMPERATUR-CHECK

Prüfen Sie besonders in den Anfangstagen immer wieder, ob Ihr Baby noch wohltemperiert ist: Wenn Kopf und Fingerchen rosig durchblutet und warm sind, ist erfahrungsgemäß alles in Ordnung. Eine geeignete Stelle, um die Körpertemperatur zuverlässig ermitteln zu können, ist der Nacken des Babys. Hat er in etwa die gleiche Temperatur wie Ihre warme Hand, ist Ihr Baby richtig gekleidet. Überprüfen Sie auch regelmäßig die Temperatur in Babys Bettchen, indem Sie auch unter die Decke oder in seinen Schlafsack fühlen.

Extrawärme für die Kleinsten

Je reifer und schwerer ein Neugeborenes ist, desto stabiler ist seine Körpertemperatur. Andersherum bedeutet das aber auch, dass Frühchen und Kinder, die für ihr Geburtsalter zu klein sind (SGA-Kinder = Small for Gestational Age), zusätzliche Wärme von außen brauchen. Geeignete Wärmespender sind kleine Kirschkernsäckchen (gibt's im Drogeriemarkt oder in der Apotheke), die für einige Minuten im Backofen (oder auf dem Kachelofen) erwärmt werden und dann einsatzbereit sind. Tipp: Stellen Sie ein hitzebeständiges Glas mit Wasser in den Backofen, wenn Sie das Kirschkernsäckchen erwärmen. Das verhindert, dass die Kirschkerne brüchig werden. Unbedingt vermeiden sollten Sie Wärmflaschen als Wärmespender. Leider kommt es immer wieder vor, dass Neugeborene starke Verbrennungen durch das Anlegen von zu heißen Wärmflaschen direkt auf der Haut erleiden oder sich sogar durch das Auslaufen von heißem Wasser verbrühen, weil die Wärmflasche nicht dicht oder nur schlecht verschlossen war.

Ein Schutz für den Kopf

Generell weist der kindliche Kopf im Verhältnis zum restlichen Körper eine große Oberfläche auf, sodass es hier schnell zu einem Wärmeverlust kommen kann. Je nach Umgebungstemperatur (im Winter mehr als im Sommer) können auch die Fontanellen dazu beitragen, dass ein Baby Wärme abgibt. Doch warum hat Ihr Baby eigentlich diese »offenen Stellen« am Kopf? Damit der kindliche Kopf durch den engen Geburtskanal passt, müssen sich die einzelnen knöchernen Platten des Schädels übereinanderschieben. Nach der Geburt kehren sie in ihre Ausgangsstellung zurück. Dieser »Trick« kann aber nur funktionieren, wenn die Schädelnähte des Babys nicht verknöchert sind. Deshalb sind in der Schädelmitte und am Hinterkopf die beiden Fontanellen zu sehen. An diesen Stellen ist der Schädel noch nicht mit Knochen verschlossen, sondern das Gehirn wird lediglich von einer harten Hirnhaut (Dura mater) geschützt. Innerhalb der nächsten Wochen und Monate werden die Fontanellen nach und nach immer kleiner. Und um den ersten Geburtstag herum weist der Schädel schließlich keine offenen Schädelnähte und in der Regel auch keine tastbaren Fontanellen mehr auf.

Eine Mütze für Neugeborene muss sein, denn das Wärmebedürfnis der Kleinsten ist groß.

Das Schlafbedürfnis

Die meisten Babys sind in den ersten zwölf bis 24 Stunden so müde von den Strapazen der Geburt, dass sie den Rest ihres Geburtstags regelrecht verschlafen. Manche Neugeborenen gehören aber zu der munteren Sorte, die nach ein bis zwei Stunden Schlaf wieder fit ist, auf Mamas Arm will und Hunger hat. Sie verlangen schon jetzt in regelmäßigen Abständen – mitunter alle zwei Stunden – nach Milch, um ihren Körper mit den Nährstoffen zu versorgen, die er für die Erhaltung seines Stoffwechsels momentan dringend braucht. Im Mutterleib konnte das Baby noch keinen Nahrungsspeicher anlegen. Übrigens wird in den ersten Tagen die aufgenommene Nahrung umgehend für die Lebenserhaltung benötigt – was reinkommt, wird sofort verbraucht. Das erklärt, warum manche Babys in der ersten Zeit so häufig gestillt werden wollen. Und die Babys, die den Tag ihrer Geburt verschlafen haben? Sie erwachen nach einem ausgiebigen Schlaf und haben dann ebenfalls nur noch eines im Sinn: so schnell wie möglich an Mamas Brust und ihren Hunger stillen!

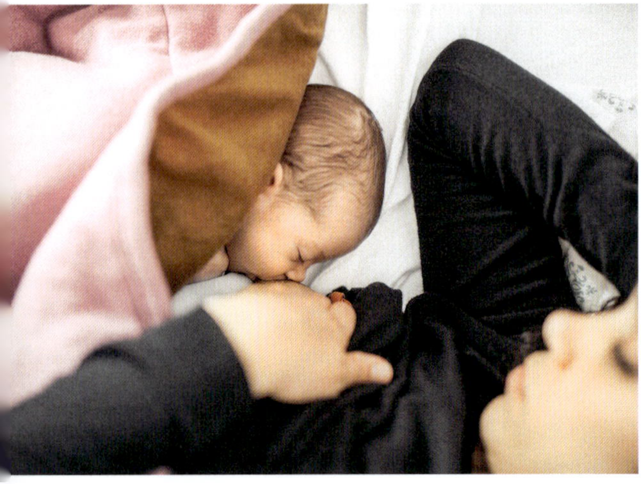

In den ersten Tagen nach der Geburt ist häufiges Stillen normal. Stellen Sie sich auf acht bis zwölf Stillmahlzeiten ein.

Das Kindspech

Wenn ein Neugeborenes zum ersten Mal seinen Darm entleert, ist grünschwarzer Stuhl in der Windel, dessen klebrige und zähe Konsistenz ein wenig an Teer erinnert. Dabei handelt es sich um das sogenannte »Kindspech« (Mekonium). Es enthält sämtliche Bestandteile, die das Baby im Mutterleib geschluckt hat: Fruchtwasser, abgestorbene Hautzellen, Darmschleimhaut, Käseschmiere, Lanugohaare und noch so einiges mehr. Die Reinigung eines mit Kindspech verschmierten Babypos ist für Ungeübte gar nicht so einfach. Doch reichlich warmes Wasser und etwas Öl helfen, die klebrige Masse dann doch abwischen zu können.

Im Laufe der kommenden Tage wird das Kindspech mit jedem Stuhl immer heller, bis schließlich nach drei bis vier Tagen (manchmal sogar schon nach ein bis drei Tagen) der erste ockerfarbene »Milchstuhl« auftritt. Voraussetzung dafür ist, dass das Baby ausreichend Muttermilch beziehungsweise Fertigmilchnahrung zu sich nimmt. Der Übergang vom Kindspech zum (Mutter-)Milchstuhl ist übrigens ein wichtiger Schritt im Leben des Babys: Die Mutter kann daran erkennen, dass ihr Säugling ausreichend Milch erhält.

Roter Urin

Doch nicht nur der Darm entleert sich und sondert in den ersten Tagen nach der Geburt das Kindspech ab. Auch die Blase gibt nun das ab, was sich in ihr gesammelt hat. Erschrecken Sie also nicht, wenn Sie in der Windel einen hellroten Urinfleck, den sogenannten »Ziegelmehlurin«, vorfinden. Dieser Urin wird von vielen Neugeborenen ausgeschieden. Der Ziegelmehlurin ist ein Zeichen dafür, dass Nieren und Blase entschlacken und alle noch vorhandenen Giftstoffe abgeben. Außerdem zeigt der kindliche Körper so, dass er sehr bald einen Nachschub an Flüssigkeit (über die Milch) benötigt.

Geschwollene Brustdrüsen (Hexenmilch)

Manchmal haben gestillte Babys nach wenigen Tagen geschwollene Brustdrüsen. Verantwortlich für die Schwellung sind die mütterlichen Hormone, die mit der Milch auf das Baby übergehen. Während der letzten Wochen der Schwangerschaft bildete die werdende Mutter Hormone, welche ihre Brust auf die Produktion von Milch vorbereiten sollten und gleichzeitig die Brust vergrößerten. Diese Hormone bewirken, dass sich auch beim Neugeborenen (sowohl bei Mädchen als auch bei Jungen) die Brust vergrößern kann. Mitunter kann auf leichten Druck hin sogar Milch entleert werden (Hexenmilch). Dies ist kein Grund zur Sorge. Sie sollten aber trotzdem niemals an der Brust drücken oder quetschen, denn sie kann sehr druckempfindlich sein. Um zu verhindern, dass die Kleidung Druck auf Babys Brust ausübt und Schmerzen verursacht, können Sie kleine Wattepads auf die Brustwarzen legen. Die Watte mildert ein wenig den Druckschmerz, der in etwa mit dem des Milcheinschusses vergleichbar ist. Fragen Sie Ihre Nachsorgehebamme um Rat. Diese Brustdrüsenschwellung dauert in der Regel maximal ein bis vier Wochen. Kalte Umschläge mit einigen Tropfen Lavendelöl oder Quarkwickel lindern die Beschwerden. Holen Sie sich für diese Behandlung auf jeden Fall zuvor den Rat Ihrer Nachsorgehebamme oder Ihres Kinderarztes ein.

Schmieraugen

Immer wieder haben Neugeborene wenige Tage nach der Geburt verklebte Augen: Ein gelbes Sekret verklebt die Wimpern und sitzt in den Augenwinkeln – im Extremfall bekommt das Neugeborene die Augen gar nicht mehr auf. Grund dafür sind meist zu enge und in der Folge verstopfte Tränenkanäle. Ursache kann etwa eine Verschiebung der Gesichtsknochen während der Geburt oder ein Anschwellen der Schleimhäute sein. Als Behandlung reicht es normalerweise aus, wenn Sie das Sekret behutsam aus dem Auge wischen. Dazu sollten Sie einen Wattepad mit einer 0,9-prozentigen Salzlösung tränken (gibt's in der Apotheke) und das Augenlid von außen nach innen sauber wischen – bitte nicht umgekehrt, da sonst die Keime ins Auge gerieben werden könnten. Ebenso hilfreich sind Heilpflanzenextrakte, die ins Auge getropft werden, etwa Augentrost (Euphrasia) oder Ringelblume (Calendula).

Lassen Sie sich von Ihrer Hebamme oder dem Kinderarzt beraten. Es kann aber auch eine bakterielle Infektion vorliegen, bei der in der Regel zu Beginn dann jedoch meist nur ein Auge stark gerötet ist. In diesem Fall sollten Sie den Arzt aufsuchen, der das Auge mit oder ohne vorherige Abstrichentnahme lokal mit antibiotischen Tropfen behandeln kann.

Verstopfte Nase

Manche Neugeborenen niesen in den ersten Tagen auffällig oft. Dies ist in der Regel kein Schnupfen, der durch Viren ausgelöst ist. Meistens handelt es sich um Fruchtwasser, das noch in den oberen Atemwegen steckt. Wenn sich dann auch noch kleine Staubpartikel in der Nase ansammeln, bilden sich Krusten, die das Nasenloch verstopfen. Abhilfe schaffen wenige Tropfen Muttermilch oder Kochsalzlösung, die Sie in die Nasenlöcher träufeln (siehe Tipp).

Die Neugeborenengelbsucht

Bei allen Neugeborenen tritt in den ersten Lebenstagen eine Gelbfärbung der Haut in mehr oder minder ausgeprägter Form auf, die von einer vermehrten Ablagerung von Bilirubin in der Haut herrührt. Bilirubin ist ein gelbes Abbauprodukt des roten Blutfarbstoffs Hämoglobin. Üblicherweise steigt der Bilirubinwert im Blut zwischen dem dritten und sechsten Lebenstag auf maximal 15 mg/dl und fällt dann bis zum zehnten Lebenstag wieder auf den Normalwert (unter 1 mg/dl) ab. Davon abzugrenzen ist die unphysiologische Neugeborenengelbsucht, die durch andere Einflüsse erheblich verstärkt werden kann. Häufigste Ursachen sind die Unverträglichkeit zwischen mütterlichem und kindlichem Blut (Mutter Rhesus negativ – Kind Rhesus positiv, Mutter Blutgruppe 0 – Kind Blutgruppe A oder B) sowie Erkrankungen akuter oder chronischer Art. Auch geburtstraumatische Verletzungen (siehe Seite 37) können einen vermehrten Anfall von Bilirubin verursachen. Solange die Neugeborenengelbsucht in einem normalen Rahmen bleibt, muss sie nicht behandelt werden. Achten Sie jedoch darauf, dass Ihr Baby ausreichend Flüssigkeit zu sich nimmt, da dadurch die Ausscheidung von Stuhl und Urin in Gang kommt und die Wiederaufnahme des Bilirubins im Darm vermindert wird. Es ist immer sinnvoll, das Neugeborene ins Sonnenlicht zu legen, ohne es dabei direkter Sonnenstrahlung auszusetzen (Sonnenbrandgefahr). Das natürliche Sonnenlicht fördert den Abbau von Bilirubin. Wenn der Bilirubinwert im Blut zwischen dem dritten und sechsten Tag jedoch auf über 15 bis 20 mg/dl ansteigt, wird eine Fototherapie notwendig (siehe Seite 57). Bei gestillten Säuglingen kann es zu einer milden, dafür aber lang anhaltenden und für den Babykörper harmlosen Gelbfärbung der Haut,

TIPP: MUTTERMILCH HEILT

Muttermilch ist ein Allheilmittel für das Baby. Bei einer verstopften Nase können Sie einfach einige Tropfen Milch aus der Brust streichen und mithilfe einer Pipette in Babys Nase träufeln. Muttermilch hilft auch bei wundem Po.

der Muttermilchgelbsucht (Muttermilch-Ikterus), kommen. Bestandteile der Muttermilch hemmen die Aktivität eines Enzyms, das den Bilirubinabbau ermöglicht. Ein Abstillen ist deswegen nicht erforderlich.

Fototherapie

Hierbei liegt Ihr Kind mit abgedeckten Augen (Gefahr von Netzhautschäden) im Wärmebettchen und wird mit Licht einer bestimmten Wellenlänge bestrahlt. Der Blaulichtanteil der Fototherapie wandelt das in der Haut angereicherte Bilirubin ohne Hilfestellung der Leber in wasserlösliche Substanzen um, sodass es anschließend über Darm und Nieren ausgeschieden werden kann.

Hodenhochstand

Dies ist eine Fehllage eines oder sogar beider Hoden. Der Hoden ist nicht im Hodensack tastbar und versteckt sich meist im Leistenkanal. In seltenen Fällen ist er überhaupt nicht tastbar. Nach den neuen Therapieleitlinien muss ein Hodenhochstand bis zum sechsten, spätestens bis zum zwölften Lebensmonat behandelt werden. Zum einen, weil die Fortpflanzungsfähigkeit des Jungen darunter leiden kann, und zum anderen, weil im Extremfall der Hoden entarten kann. Ob ein Hodenhochstand behandelt werden muss, ist abhängig vom Ausmaß der Fehllage. Als Therapie werden Hormone eingesetzt, die als Spritze oder auch als Nasenspray verabreicht werden können. In einigen Fällen ist auch eine Operation nötig. Lassen Sie sich von Ihrem Kinderarzt beraten.

Schädelverformung (Plagiozephalus)

Seit man Eltern empfiehlt, ihr Baby in Rückenlage schlafen zu lassen, um dem plötzlichen Kindstod vorzubeugen (siehe dazu Seite 240), hat sich die Sterberate in Deutschland von etwa 4:2000 Kindern auf 1:2000 Kinder reduziert. Die Nebenwirkung dieser Lageempfehlung können Schädelverformungen sein. Etwa eines von 60 Babys weist solch eine Verformung auf. Bei sehr vielen Babys ist der Hinterkopf auffällig platt gedrückt, aber auch ein- oder beidseitige Verformungen sind nicht selten. Daher sollte die Rückenlage regelmäßig durch eine wechselnde Lagerung in Seiten- und Bauchlage unterbrochen werden. Lassen Sie Ihr Baby aber nicht unbeaufsichtigt, wenn es auf der Seite oder auf dem Bauch liegt. Auffallend häufig leiden unter diesen lagebedingten Schädelverformungen Mehrlinge sowie Säuglinge, die durch eine Zange oder Saugglocke auf die Welt kamen; außerdem solche Babys, die sich kaum bewegen oder eine bevorzugte Kopfhaltung haben oder eine eingeschränkte Hals-Wirbelsäulen-Beweglichkeit. Rund 80 Prozent normalisieren sich mithilfe geeigneter Therapiemethoden. Die lagebedingte Schädelverformung kann aber auch Spätfolgen mit sich bringen, etwa Hör- und Sehstörungen, Lern-, Sprach- und Verhaltensstörungen sowie ein erhöhtes Risiko einer Entwicklungsverzögerung.
Geeignete Behandlungsmöglichkeiten stellt die Physio- oder Manualtherapie dar, ebenso die Osteopathie. Sollte keine Besserung bis zum sechsten Lebensmonat erreicht werden, ist eine Helmtherapie zu erwägen.

Hautprobleme bei Babys

In den ersten Tagen nach der Geburt laufen eine ganze Menge Umstellungsprozesse in Babys Körper ab, die sich häufig auf der Haut des Neugeborenen bemerkbar machen. Damit Sie einen möglichen Ausschlag Ihres Babys richtig deuten können, hier eine Übersicht über die Hauterscheinungen sowie Informationen, was Sie im Einzelnen dagegen tun können.

Blutschwämmchen

Eine recht bekannte und häufige Hauterscheinung bei Neugeborenen und Säuglingen ist das Hämangiom. Es kann an fast jeder Körperstelle auftreten und betrifft etwa zwei Prozent aller Neugeborenen, Mädchen häufiger als Jungen. Bei Hämangiomen handelt es sich um winzig kleine bis hin zu sehr großen gutartigen, erhabenen Gefäßgeschwülsten, die entweder angeboren sind oder in den ersten Tagen oder Wochen nach der Geburt auftreten. In der Regel wachsen die Blutschwämmchen in den ersten sechs bis zwölf Monaten unterschiedlich schnell, ehe im Alter von etwa einem Jahr ein Wachstumsstillstand eintritt. Bei Hämangiomen im Gesicht und Windelbereich ist wegen der schnellen Wachstumstendenz eine engmaschige Kontrolle durch den Kinderarzt nötig. Im Alter von zwei bis neun Jahren haben sich 90 Prozent aller Hämangiome von selbst zurückgebildet. Eine Behandlung ist in den meisten Fällen nicht erforderlich.

Milchschorf

Darunter versteht man kleine, borkenartige, gelblichfettig glänzende harte Krusten und Schuppen, die fest an der Kopfhaut haften. Überwiegend sind der behaarte Kopf und die Wangen betroffen. Die Säuglinge leiden oft unter starkem Juckreiz. Der Name erklärt sich aus der Tatsache, dass die trockenen Krusten ein wenig an übergekochte angetrocknete Milch erinnern. Milchschorf bildet sich meist erst nach dem dritten Lebensmonat und heilt häufig bis zum zweiten Lebensjahr ab. Bei 50 Prozent der betroffenen Kinder verschwindet der Milchschorf bis zum Ende des ersten Lebensjahrs von selbst. Die genauen Ursachen für die Bildung von Milchschorf sind noch nicht vollständig bekannt. Abhilfe schafft eine sanfte Massage der Kopfhaut mit einem Babypflegeöl (alternativ auch Olivenöl) oder Mandelölsalbe. Lassen Sie das Öl über Nacht einwirken. Am nächsten

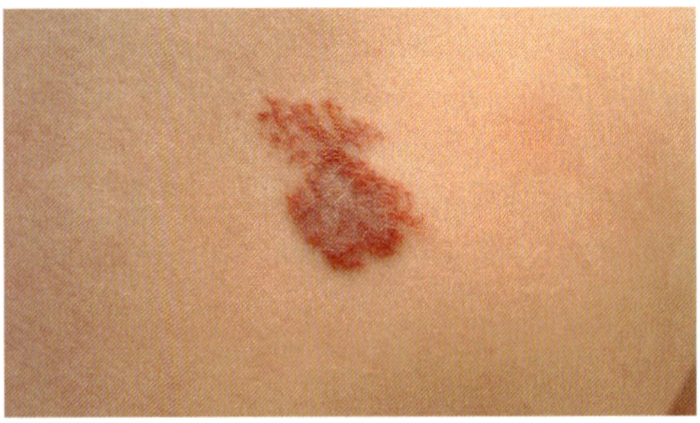

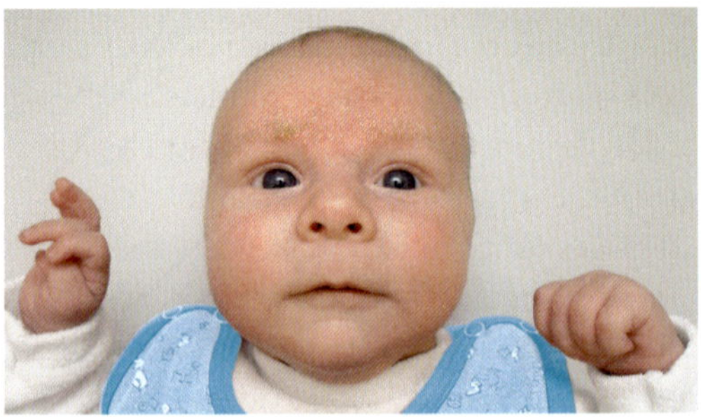

Morgen können Sie versuchen, die eingeweichten Schuppen vorsichtig mit einem Kamm zu lösen. Das Abkratzen der Wunden ist nicht empfehlenswert, da sich die Hautstellen entzünden können. Um das Öl beziehungsweise die Salbe wieder zu entfernen, hilft ein mildes Shampoo.
Davon abzugrenzen ist der Kopfgneis, der nur den behaarten Kopf betrifft und keine Allgemeinsymptome verursacht und ein Erscheinungsbild des seborrhoischen Ekzems (siehe Seite 59) darstellt. Eine Behandlung ist nur selten notwendig.

Milien

Milien sind klein (stecknadelkopfgroß), weißgelblich und erinnern an Grieß. Sie treten vor allem im Gesicht an der Nasenspitze und an den Wangen auf. Bei Milien handelt es sich um Zysten, eine Art Taschen, die sich an den Talgdrüsenausgängen bilden. Diese Taschen füllen sich mit Hornmaterial, nicht mit Talg – das unterscheidet Milien von Pickeln. Wenn man mit dem Finger sanft darüberstreicht, spürt man, dass sich Milien hart anfühlen.
Bei 60 bis 70 Prozent aller Neugeborenen finden sich Milien auch am Zahnfleisch. Treten sie am Übergang zwischen hartem und weichem Gaumen auf, spricht man von der Epstein-Perle. Ebenso bilden sich Milien manchmal an der Zahnleiste. Milien erscheinen etwa zeitgleich mit der Neugeborenenakne und verschwinden im gleichen Zeitraum wieder. Das ist auch der Grund, warum diese Hautveränderungen nicht extra behandelt werden sollten – auf keinen Fall daran drücken oder aufritzen.

Mongolenfleck

Dabei handelt es sich um eine dunkle, blauschwarze, unscharf begrenzte angeborene Verfärbung, die vor allem auf dem unteren Rücken auftritt. Auch wenn dieser Fleck im ersten Moment irritieren kann, besteht kein Grund zur Sorge, denn diese Pigmentierung ist völlig harmlos. Erfahrungsgemäß verblasst sie in den ersten Lebensjahren vollständig, spätestens bis zur Pubertät. Wie der Name schon sagt, deutet der Fleck auf eine mongolische Abstammung hin. Ein Mongolenfleck wird nicht behandelt.

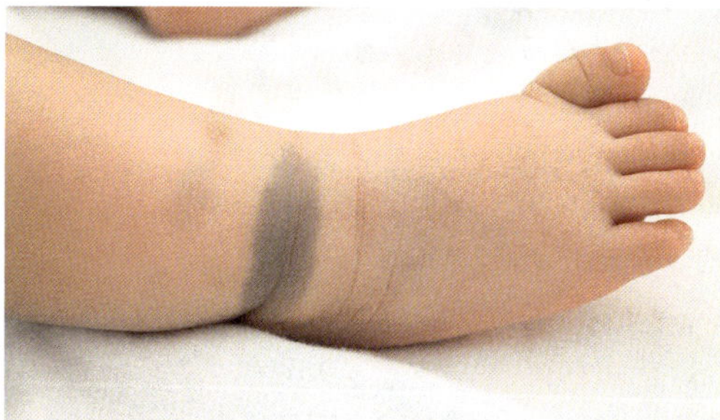

Neugeborenenakne

Dabei handelt es sich um kleine Pusteln und Pickelchen, die eine rötliche Farbe annehmen. Die Neugeborenenakne kann von Geburt an sichtbar sein, in der Regel erscheint sie zwei bis vier Wochen nach der Geburt und verschwindet nach einigen Wochen wieder. Wenn man auch milde Erkrankungsformen berücksichtigt, ist die Neugeborenenakne bei 20 Prozent aller Neugeborenen nachweisbar. Die Pusteln treten meist im Gesicht, bevorzugt an den Wangen und seltener an der Stirn, auf. Der Oberkörper ist nicht betroffen. Der Erkrankung liegt eine gesteigerte Talgdrüsensekretion durch vermehrte Bildung kindlicher männlicher Geschlechtshormone zugrunde, die sich in den folgenden Wochen zurückbildet. Entscheidend hierfür ist der abrupte Abfall des mütterlichen Östrogenspiegels nach der Geburt, wodurch die kindliche Hormonausschüttung ausgelöst wird, die die Pusteln »sprießen« lässt. Sie sollten auf keinen Fall an diesen Pickelchen herumdrücken. Verzichten Sie in dieser Phase außerdem darauf, das Gesicht des Babys mit

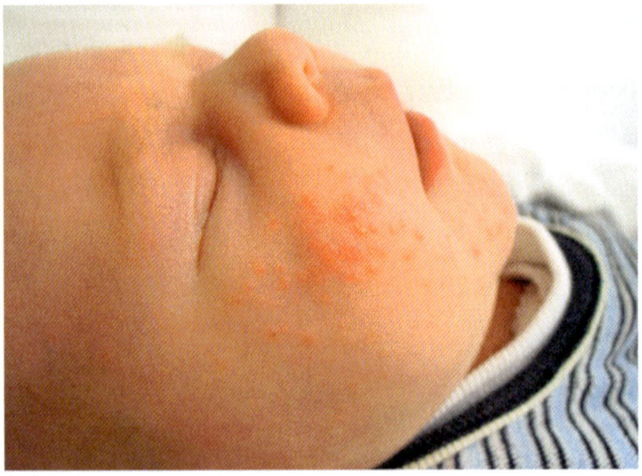

Cremes oder Salben zu pflegen. Eine spezielle Behandlung ist nicht notwendig. Nur bei stark ausgeprägter Pustelbildung ist eine infektionshemmende Therapie zu erwägen. Deutlich seltener ist die Säuglingsakne, die erst im Alter von drei bis sechs Monaten auftritt und schwerer verläuft.

Neugeborenen-Exanthem

Dieser Hautausschlag tritt gewöhnlich am zweiten und dritten Tag nach der Geburt bei bis zu 60 Prozent der reif geborenen Kinder auf. Er wird sichtbar in Form von kleinen Pusteln, Pickelchen und roten Flecken, die vorwiegend auf der oberen Körperhälfte auftauchen, wobei Hand- und Fußflächen ausgespart sind. Die Ursache ist vermutlich eine überschießende Reaktion des unreifen Immunsystems auf Hautkeime. Erfahrungsgemäß verschwindet der Ausschlag nach 14 Tagen von selbst.

Seborrhoisches Ekzem

Die Hauterkrankung ist durch Rötungen mit feuchten Schuppen gekennzeichnet. Sie beginnt im Gesicht und kann sich auf den Oberkörper, Hautfalten und den Windelbereich ausbreiten. Der Knopfgneis ist eine Sonderform und betrifft nur den behaarten Kopf. Die Hautveränderungen treten zwischen der dritten und sechsten Lebenswoche auf und sind damit, im Gegensatz zur Neurodermitis (atopischen Dermatitis), deutlich früher sichtbar und jucken nicht. Die Symptome bilden sich nach Wochen bis Monaten wieder zurück und bedürfen nur einer Hautpflege mit Feuchtigkeit spendenden Pflegemitteln. Auch zinkhaltige Cremes können hilfreich sein. Die Krusten am Kopf können mit Babyöl oder einer Mandelölsalbe über Nacht behandelt und am nächsten Tag mit einem Babyshampoo abgelöst wer-

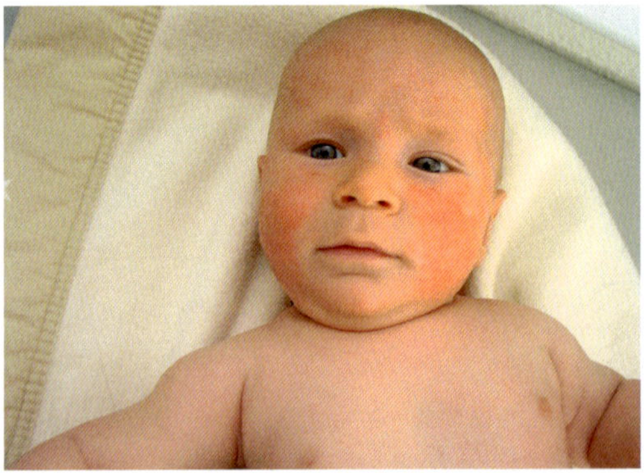

den. Nur bei ausgeprägter Erscheinung ist eine spezielle Therapie notwendig. Bitte fragen Sie hierzu Ihren Kinderarzt.

Storchenbiss

Hierbei handelt es sich um eine scharf begrenzte Rotfärbung der Haut, die durch eine vermehrte Ansammlung von Blutgefäßen verursacht wird. Vier von zehn Neugeborenen haben solch eine Hautveränderung. Besonders häufig kommt sie im Nacken und auf dem Hinterkopf vor, aber sie tritt auch im Bereich der Mittellinie des Gesichts – also an der Stirn zwischen den Augen bis hin zur Nasenwurzel – auf. Ein Storchenbiss ist nicht erhaben, sondern auf demselben Niveau wie die Haut. Bei Druck verfärbt sich die Hautveränderung weißlich. In der Regel verblassen Storchenbisse innerhalb der ersten Lebensjahre. Die Hauterscheinungen im Nacken bleiben dagegen einige Jahre sichtbar. Übrigens stammt die Bezeichnung Storchenbiss von den früheren Erzählungen, dass der Klapperstorch die Babys bringen würde. Die rötlichen Flecken im Nacken wurden als Bissspuren des Schnabels interpretiert.

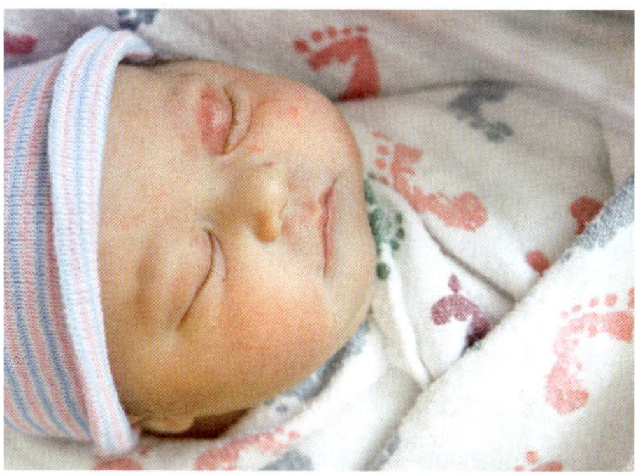

Trockene Haut

Anhand seiner Hautfarbe können die Geburtshelfer einen Eindruck bekommen, ob das Baby erst nach dem errechneten Geburtstermin kam (»übertragen ist«) oder eher ein paar Tage früher geboren wurde. Bei Babys, die einige Tage oder gar Wochen vor dem geplanten Termin auf die Welt kommen, ist die Haut meistens noch mit der schützenden Käseschmiere (Vernix caseosa), einer Art Fettfilm, überzogen. Nach ein paar Tagen verschwindet dieser schützende Pflegefilm, und die Haut wirkt empfindlich und faltig. In der Regel ist sie dann auch stark gerötet, ähnlich wie bei einem Sonnenbrand, und wird trocken und spröde. Dies ist aber kein Grund zur Sorge. Am Bauch, den Beinen oder den Füßen kann sie auch stark schuppen, in seltenen Fällen lassen sich sogar kleine Hautfetzen abziehen. Bei Babys, deren Haut so trocken ist, hat sich als wohltuende Behandlung eine Massage mit einem naturreinen Öl, etwa Mandel- oder Traubenkernöl (erhältlich in der Apotheke, im Naturkostladen oder im gut sortierten Drogeriemarkt), bewährt. Vermischen Sie eine kleine Menge dieses Öls mit einem Tropfen echtem Rosenöl (das klappt gut in einem Eierbecher). Bevor Sie diese Ölmischung auf Babys Körper verteilen, sollten Sie Ihre Hände mit sehr warmem Wasser anfeuchten. Verreiben Sie dann einige Tropfen des Öls in Ihren Händen und massieren Sie nun vorsichtig Babys Körper. Das tut Ihrem Baby in mehrfacher Hinsicht gut: Sie pflegen die Haut, schützen sie vor weiteren Einrissen, und Ihr Baby bekommt eine wohltuende Massage.

FRAGEN & ANTWORTEN

Woher soll ich wissen, wann ich mein Baby wickeln muss?

Eine frische Windel ist auf jeden Fall dann fällig, wenn Sie riechen können, dass Ihr Baby gerade sein »großes Geschäft« erledigt hat. Ansonsten sollten Sie Ihr Baby spätestens alle drei bis vier Stunden wickeln, damit der Babypo nicht zu lang in der nassen Windel liegt. Eine volle, schwere Windel ist nicht nur unangenehm fürs Baby, da sie hart wird, sondern führt auch zu einem wunden Po und kühlt den Körper aus. Bewährt hat sich außerdem, Babys nach jeder Mahlzeit zu wickeln, da es einen direkten Zusammenhang zwischen dem Saug- und Entleerungsreflex gibt.

Muss beim Wickeln eines Jungen die Vorhaut am Penis zurückgeschoben werden?

Nein. Die Vorhaut ist anfangs noch sehr eng, sodass meist nur eine winzige Öffnung sichtbar ist. Das Manipulieren oder gewaltsame Zurückschieben kann zu schmerzhaften Verletzungen bis hin zur Narbenbildung oder zu einer Infektion führen.

Meine Freundin föhnt den Po ihres Babys, bevor sie ihm eine frische Windel anzieht. Ist das sinnvoll?

Ja, wenn der Po noch sehr feucht ist, etwa dann, wenn Sie ihn vorher mit viel Wasser reinigen mussten. Für gewöhnlich lieben es Babys, am Po geföhnt zu werden – die Luft ist schön warm, und der Föhn macht außerdem noch interessante Geräusche. Aber aufgepasst: Wenn Sie den Föhn niedrig halten und Ihr Kind in einem weiten Bogen pieselt, kann die Feuchtigkeit im Föhn zu einem elektrischen Schlag führen. Dieses Wissen sollte Sie nicht vom Föhnen des Pos abhalten, sondern verdeutlichen, wie wichtig es ist, den Föhn nur in ausreichendem Abstand vor dem Po hin und her zu schwenken. Oder Sie halten schützend Ihre Hand vor den Föhn, was den Vorteil hat, dass Sie gleichzeitig fühlen können, ob die Temperatur stimmt.

Wie kann man Reinigungstücher selbst herstellen?

Ganz einfach: eine Küchenpapierrolle mit einem Messer in der Mitte durchschneiden und in eine Dose mit Deckel legen – ideal ist ein Eisbehälter. In den Deckel mit einem Messer ein großes X oder Kreuz schlitzen. Dann eine Lösung aus etwa 500 ml Wasser, 2 EL Babyshampoo, 2–4 EL Mandel-, Calendula-, Jojoba- oder Babyöl, 1 TL gemahlene parfümfreie Seife sowie 1 Teelöffel Apfelessig (es sei denn, das Baby hat einen wunden Windelausschlag) darauf verteilen. Die Küchenrolle gut in der Flüssigkeit eintauchen und tränken und die Papprolle in der Mitte entfernen. Den Deckel aufsetzen und das erste Tuch durch den gekreuzten Schlitz ziehen. Selbst gemachte Reinigungstücher sparen Geld, Müll und Plastik.

Wie, wo und vor allem wie oft soll ich mein Baby baden?

Eine extra Babybadewanne muss nicht sein. Sicher ist es praktisch, aber eine kleine Wäschewanne tut's auch. Und so manche Mutter setzt ihr Baby schlichtweg ins Waschbecken. Seit einigen Jahren gibt es auch kleine Babybadeeimer. In ihnen sollen sich Babys besonders wohlfühlen (siehe dazu auch Seite 49). Noch vor 40 Jahren wurde ein Baby täglich gebadet. Doch heute geht die Empfehlung dahin, das Baby ein- bis zweimal pro Woche zu baden. Unnötig ist dabei auch ein Badezusatz im Wasser. Auch sonst ist eigentlich kein extra Waschprodukt nötig. Sollten Sie dennoch eines verwenden wollen, so wählen Sie Produkte ohne Konservierungsstoffe und ohne synthetische Duftstoffe.

Ich habe gehört, dass eine Zangen- oder Saugglockengeburt ganz schön heftig ist fürs Baby. Stimmt das?

Formulieren wir es mal so: Eine Zangen- oder Saugglockengeburt geht nicht spurlos an Ihrem Baby vorüber. Die Anwendung so eines Geräts unter der Geburt ist in den ersten Tagen danach deutlich erkennbar. Beim Einsatz einer Zange haben viele Babys im Bereich zwischen Ohren und Schläfen rotblaue Flecken. Saugglockenkinder dagegen haben meist eine sogenannte Geburtsgeschwulst am Kopf – einen kreisrunden, tennisballgroßen rotblauen Fleck. Außerdem wurde der ganze Kopf durch den starken Zug in die Länge gezogen. Viele Eltern erschrecken bei diesem Anblick, können aber unbesorgt sein: Die riesige Beule ist meistens nach einigen Tagen verschwunden. In Ausnahmefällen kann es passieren, dass sich die Beule mit Blut füllt und somit ein großer Bluterguss entsteht (Kephalhämatom). Doch nur 0,5 bis 3 Prozent aller Saugglockenbabys weisen dieses Hämatom auf, das durchaus schmerzempfindlich sein kann. Viele Babys wollen diese Kopfseite offensichtlich nicht belasten und nehmen deshalb erst einmal eine einseitige Vorzugshaltung ein. Auch wenn die sichtbaren Male beider Geburtsinstrumente sich rasch zurückbilden, sollten Sie davon ausgehen, dass Ihr Baby eventuell Kopfweh haben kann. Gehen Sie also bitte behutsam mit dem Köpfchen um. Achten Sie auch auf Anzeichen einer Neugeborenengelbsucht, die bei Neugeborenen mit einem Hämatom stärker ausgeprägt sein kann.

Immer wieder entdecke ich eine Kruste (Popel) in der Nase meines Babys. Sollte man die herausholen? Und wenn ja, wie geht das am besten?

Sie sollten die Krusten nur dann entfernen, wenn sie Ihr Baby beim Atmen behindern. Ob das so ist, können Sie hören. Recht unkompliziert lassen sich die Krusten mit folgendem Trick herausholen: Nehmen Sie ein Wattepad und teilen Sie es, sodass Sie zwei dünne Hälften in den Händen halten. Feuchten Sie Ihre Finger an und rollen Sie eines der halbierten Pads zu einer dünnen Schlange auf. Führen Sie nun vorsichtig ein Ende ins Nasenloch und bewegen Sie es hin und her. Mit etwas Glück »angeln« Sie die Kruste heraus. Das funktioniert auch mit einem Papiertaschentuch. Bitte nicht mit Ihrem Finger ins zarte Nasenloch, da die Nasenschleimhaut verletzt werden könnte.

DAS WOCHENBETT

Von nun an bis acht Wochen nach der Geburt spricht man vom Wochenbett – eine Schonzeit der besonderen Art. Hebammen empfehlen, die erste Woche im Bett und die zweite Woche ums Bett herum zu verbringen. Und den Alltag wirklich erst ab der dritten Woche allmählich wieder aufzunehmen.

DAS FRÜHWOCHENBETT: »ANDENKEN« AN DIE GEBURT

Die ersten zehn Tage nach der Geburt bezeichnen Geburtshelfer als das Frühwochenbett. Mutter und Kind sollen sich jetzt von den Strapazen der Geburt erholen, eventuelle Wunden können heilen, und die Milchbildung kommt in Gang. Das Wochenbett ist eine wichtige Schonzeit, die Mütter sich wirklich nehmen dürfen. Widmen Sie sich in dieser besonderen Zeit nur Ihrem Baby und Ihrem Körper.

Der Bauch

Nach der Geburt fühlt sich der Bauch ganz ungewohnt an, so weich und voluminös wie ein aufgegangener Hefeteig. Wenn Sie Ihren Finger fest hineindrücken, verschwindet er fast in der weichen Bauchdecke. Viele Frauen halten sich ihren Bauch automatisch unterhalb des Nabels, wenn sie das erste Mal aufstehen. Weil sie das Gefühl haben, er könnte sonst nach vorn fallen. Innerlich passiert in den Stunden und Tagen nach der Geburt enorm viel: Alle Organe schätzen den wiedergewonnenen Platz und gehen in ihre ursprüngliche Position zurück.
Auch äußerlich hat sich Ihr Bauch verändert: Vermutlich ist die dunkle Linie (Linea fusca) zwischen Bauchnabel und Schambein noch sichtbar. Wenn durch den großen Bauchumfang während der Schwangerschaft Dehnungsstreifen entstanden sind (die sogenannten Schwangerschaftsstreifen), wirkt die Haut jetzt leicht wellig. Aber keine Sorge – das bleibt nicht so. Die braune Linie verblasst in den nächsten Tagen und kehrt erst bei einer erneuten Schwangerschaft zurück. Die Schwangerschaftsstreifen bleiben zwar bestehen, werden aber blasser.

Das können Sie tun

Eine sanfte Bauchmassage mit Öl hilft Ihnen, sich Ihrer Bauchmuskeln wieder bewusst zu werden. Streichen Sie im Liegen oder unter der Dusche zwischendurch mit kreisenden Bewegungen über Ihren Bauch oder zupfen Sie mit zwei Fingern die Haut an der Bauchfalte entlang. Das regt die Durchblutung an. Legen Sie sich in den ersten Tagen nach der Geburt immer wieder einmal auf den Bauch, denn damit können Sie Damm und Beckenboden entlasten. Dafür schieben Sie sich am besten ein Kissen unter die Hüfte, sodass der Po erhöht ist. Wenn Sie dann noch den Kopf auf einem Kissen ablegen, kann sich Ihr Körper gut entspannen. Diese Liegeposition entlastet die Bauchdecke, fördert gleichzeitig die Rückbildung der Gebärmutter und bringt den Wochenfluss in Gang.

Besserung in Sicht?

Geduld, Geduld! Niemand erwartet von Ihnen, dass Sie das Krankenhaus mit flachem Bauch verlassen oder gleich wieder in Ihre Lieblingsjeans hineinpassen. Ihr Bauch hat sich bis zum Ende der Schwangerschaft nach und nach maximal gedehnt – und braucht nun seine Zeit, um wieder kleiner zu werden. Nicht umsonst heißt es: Neun Monate kommt er, neun Monate geht er. Um den Bauchumfang zu reduzieren, helfen die sanften Übungen aus der Wochenbettgymnastik ab Seite 80.

Der Damm

Fast jede Frau, die ein Kind geboren hat – besonders wenn es ihr erstes Kind ist –, fühlt sich wund im Dammbereich. Durch die Dehnung des Gewebes gibt es fast immer kleine Risse oder Abschürfungen im und um den Schamlippenbereich herum, und mit großer Wahrscheinlichkeit ist der Bereich auch noch geschwollen. Vielleicht haben Sie auch eine größere Geburtsverletzung wie einen Dammriss oder einen Dammschnitt. Ob mit oder ohne Geburtsverletzung – in diesen Tagen benötigt Ihr Unterleib viel Zuwendung und gute Pflege.

Die Pflege der Dammnaht

Damit der Kopf des Babys leichter austreten konnte, musste der Scheidenausgang maximal gedehnt werden. Gleichgültig, ob es zu einem Schnitt oder Riss kam – eine Dammnaht schmerzt. Wie stark die Schmerzen sind und wie lang sie anhalten, hängt von mehreren Faktoren ab: etwa der Länge und Tiefe der Wunde, der Nahttechnik und der persönlichen Wundheilung. Ebenso individuell ist das persönliche Empfinden des Wundseins. Nehmen Sie sich bei Gelegenheit einmal Zeit und sehen Sie sich Ihren Damm an, vielleicht ungestört im Bad oder im Bett. Machen Sie es sich bequem und halten Sie einen kleinen Spiegel zwischen die Beine. Wenn Sie sich den Genitalbereich anschauen, werden die bisher nur gefühlten Verletzungen und Schmerzen konkreter: Sind die Schamlippen noch stark geschwollen? Sind sie gerötet? Stören vielleicht Hämorrhoiden? Wie groß ist die Naht, wie verläuft der Faden, und wie liegen die Wundränder aneinander? Tatsächlich sind viele Frauen anschließend positiv überrascht. Denn ihr Damm fühlt sich meistens deutlich wunder und verletzter an, als er aussieht. Doch noch viel verblüffender ist, wie schnell die Verletzungen oftmals verheilen, sodass zuweilen auch erfahrene Hebammen und Geburtshelfer von der raschen Wundheilung im Genitalbereich beeindruckt sind.

Was fördert den Heilungsprozess?

Jetzt heißt es: Entlasten Sie Ihren Damm! Jede Wunde kann besser heilen, wenn nicht an ihr gedrückt oder gezerrt wird. Vermeiden Sie deshalb in den ersten Tagen nach der Geburt direktes Sitzen auf dem Damm, schon gar nicht im Schneidersitz. Zur Schonung der Dammnaht sollten Sie sich immer über die Seite aufsetzen oder hinlegen. Das gilt nach einer Spontangeburt genauso wie nach einem Kaiserschnitt.

Sitzring – lieber nicht

Um den Damm beim Sitzen zu entlasten, empfahl man früher den Wöchnerinnen, sich auf einen Gummisitzring, etwa einen aufgeblasenen Schwimmreifen, zu setzen. Heute wird dieser nicht mehr empfohlen, weil auch hierbei die Dammnaht unnötig belastet werden kann. Das Sitzen auf einem zusammengerollten und zum Kreis gelegten Handtuch sorgt besser für Erleichterung. Generell empfehlen Geburtshelfer, in den ersten Tagen nach der Geburt wenn möglich überhaupt nicht zu sitzen, sondern zu liegen! Je weniger Sie sitzen, desto schneller kann Heilung eintreten.

Kälte
Jede Schwellung klingt schneller ab, wenn sie gekühlt wird. Versuchen Sie deshalb, Ihren Damm zu kühlen. Dazu können Sie einen Coldpack (ein mit Gel gefülltes Kissen, gibt's in der Apotheke) nehmen, den Sie aber nie direkt auf die Wunde legen sollten, da sonst die Gefahr der Unterkühlung besteht. Wickeln Sie den Coldpack in eine dünne Mullwindel oder in ein Tuch. In der Klinik sollten Sie sich alle paar Stunden einen neuen Kühlbeutel geben lassen. Tipp für zu Hause: Tauchen Sie einen frischen Waschlappen in klares Wasser und legen Sie ihn in einem Gefrierbeutel für kurze Zeit ins Gefrierfach. Holen Sie ihn heraus, bevor er ganz erstarrt ist. Ebenso können Sie auch einen Gefrierbeutel mit Wasser füllen, verschließen und im gefrorenen Zustand auf die Wunde legen. Sie sollten diese Kühlpackungen immer in ein Tuch einschlagen, bevor sie direkt auf die Wunde gelegt werden, ansonsten ist die Gefahr der Unterkühlung sehr groß.

Luft
Jede Wunde heilt schneller, wenn sie offen der Luft ausgesetzt ist. Bei einer Dammverletzung ist das nicht immer leicht, zumal der Bereich die meiste Zeit dick in Vliesbinden verpackt ist. Dieses permanent feuchtwarme Milieu kann die Heilung behindern. Gerade deshalb sollten Sie Ihrem Genitalbereich hin und wieder ein Luftbad gönnen. Legen Sie sich dafür ohne Slip ins Bett, am besten auf ein doppelt gelegtes Handtuch (wegen des Wochenflusses), und stellen Sie die Füße auf der Matratze auf. Eine wärmende Decke können Sie bei Bedarf wie ein Zelt über Ihre Beine legen. Achten Sie beim Bindenkauf darauf, dass diese so wenig Plastik wie möglich enthalten. Ohne Folie kann die Luft besser zirkulieren und die Heilung besser stattfinden.

TIPP: ARNIKA-GLOBULI

Längst hat sich auch die Verwendung von Arnika als Globuli (Potenz D6, dreimal täglich drei Stück unter der Zunge zergehen lassen) in der Wundheilung durchgesetzt. Hebammen, Frauenärzte und Homöopathen wissen, dass Arnika-Globuli Nahtschmerzen lindern, Wunden abschwellen lassen und den Heilungsprozess sinnvoll unterstützen.

Heilende Calendula
Die gelbe Ringelblume, auch Calendula, ist eine der Pflanzen für eine schnelle Wundheilung. Sie wirkt keimtötend und entzündungshemmend, reinigend und abschwellend. Außerdem fördert sie das Heilen von Wunden und kurbelt das Wachsen neuer Zellen an. Tipp: Geben Sie einen Schuss Calendula-Essenz auf einige Binden und lagern Sie diese im Kühlschrank. Wenn Sie Ihren Damm kühlen möchten, können Sie die gekühlten Binden auflegen.

Sitzbad
Ab dem vierten bis fünften Tag nach der Geburt kann ein Sitzbad für Linderung sorgen. Wichtig: Baden Sie den Genitalbereich auf keinen Fall früher, da sonst das Nahtmaterial weich werden und die Naht aufge-

hen könnte. Aber auch ohne Dammnaht kann ein Sitzbad erholsam sein. Wenn Sie ein Sitzbad nehmen möchten, lassen Sie warmes Wasser in die Dusch- oder Badewanne einlaufen und setzen sich dann für zehn bis 15 Minuten hinein. Lassen Sie nur so viel Wasser einlaufen, bis der Wasserstand Ihren Bauchnabel erreicht hat, wenn Sie sich in die Wanne setzen. Als Badezusatz eignen sich Eichenrinde, Kamille oder Meersalz (ein Teelöffel pro Liter Wasser). Fragen Sie Ihre Nachsorgehebamme, welche Sitzbadmischung in Ihrem Fall die richtige ist. Eine in vielen Fällen bewährte Mischung besteht beispielsweise aus Schafgarbe, Geranie, Lavendel extra, türkischer Rose und Kamille blau. In dieser Frage kann Ihnen auch der Apotheker weiterhelfen.

Spülungen

Gut möglich, dass die Dammnaht beim Wasserlassen brennt. Um diese Schmerzen zu mildern, sollten Sie zeitgleich eine Spülung machen. Füllen Sie vor dem Toilettengang ein größeres Gefäß (etwa 0,5 bis einen Liter) mit frischem, lauwarmem Wasser und geben Sie einige Tropfen Calendula-Essenz (Apotheke) dazu. Schütten Sie, während Sie urinieren, dieses Wasser von oben zwischen den Beinen durch über Ihren Schambereich. Auf diese Weise spülen Sie den Urin von der Wunde, das brennende Gefühl nimmt ab. Außerdem trägt die Spülung dazu bei, dass Sie nach dem Toilettengang ein frisches Gefühl haben.

Cremen

Um das Dammgewebe geschmeidiger zu machen, kann es etwa vier bis sechs Wochen nach der Geburt sinnvoll sein, den Damm zu massieren. Dazu können Sie Dammöl verwenden oder ein Narbengel oder Narbenöl (gibt's in der Apotheke).

Ab wann geht's wieder besser?

Je nach Grad der Verletzung wird es Ihnen nach fünf Tagen deutlich besser gehen. Erfahrungsgemäß haben viele Frauen nach zehn bis 14 Tagen gar keine Probleme mehr mit einer Dammverletzung.

Die Kaiserschnittnaht

Zur Entstehung des Begriffs »Kaiserschnitt« gibt es verschiedene Versionen: Die plausibelste könnte sein, dass der spätere Kaiser Julius Cäsar im Juli 100 oder 102 v. Chr. als erster Mensch auf diese Art entbunden wurde. Auch wenn dies wohl eine Legende ist – tatsächlich gab es ein römisches Gesetz, welches besagte, dass verstorbenen schwangeren Frauen das ungeborene Kind aus dem Bauch geschnitten werden sollte, um das Kind zu retten oder zumindest Mutter und Kind einzeln begraben zu können.

TIPP: SCHONGANG

Wenn Sie eine so große Geburtsverletzung haben, dass Sie vor Schmerzen kaum sitzen können, braucht Ihr Körper Ruhe, Ruhe und nochmals Ruhe. Geben Sie ihm Gelegenheit, sich zu erholen, und die Zeit, die er benötigt, um die Wunden heilen zu lassen. Schonen Sie sich und bleiben Sie in den ersten Tagen überwiegend im Bett.

Ein Kaiserschnitt bedeutet heute einen operativen Eingriff. Die Naht kann bis zu 15 Zentimeter lang sein und verläuft unmittelbar über dem Schamhaarbereich. »In der Bikinizone«, sagen die Geburtshelfer und meinen damit, dass die Narbe später selbst dann kaum noch zu sehen sein soll, wenn die Mutter wieder einen Bikini trägt. Während früher die Wunde dick verpackt und mit einem großen Pflaster zugeklebt wurde, neigt man heute dazu, die Wunde nur noch einen Tag lang mit einem Pflaster zu schützen, anschließend soll die Wunde »offen« heilen, also ohne Pflaster.

Ein respektvoller Blick

Der erste Blick auf die Naht ist für die meisten Mütter mit einer Mischung aus Unsicherheit und Respekt verbunden. Immer wieder berichten Frauen, dass sie sich zuerst gar nicht trauten, auf die Wunde zu sehen. Andere Frauen wiederum sind sehr interessiert am Nahtverlauf und werfen sofort einen Blick darauf – was gar nicht so einfach ist, denn meistens verdeckt der Wöchnerinnenbauch den Schnitt. Wer sich mit einem Spiegel behilft, kann die Naht sehen: so kurz wie möglich oberhalb des rasierten Schambereichs. Der Faden, mit dem die äußere Hautschicht vernäht wurde, ist normalerweise durchsichtig und aus Kunststoff. Er muss nicht mehr gezogen werden, sondern löst sich nach acht bis zehn Tagen von selbst auf. Je nach Operateur liegt noch eine Drainage in der Wunde. Das heißt, ein dünner Schlauch guckt aus der Wunde hervor, an dessen Ende eine Plastikflasche hängt. Darin sammelt sich das Wundsekret, das aus der Kaiserschnittnaht tröpfelt. Nach etwa einem Tag wird diese Drainage gezogen, sofern nichts mehr nachgelaufen ist.

NACHWEHEN

Natürlich haben mit Kaiserschnitt entbundene Mütter auch Wochenfluss und mehr oder weniger stark ausgeprägte Nachwehen. Um sicher zu sein, dass sich die verletzte Gebärmutter zurückbildet, geben die meisten Kliniken nach der Operation ein Wehenmittel. Ob und wie lang es verabreicht wird, hängt von der Klinik ab.

Der »sanfte« Kaiserschnitt

Ein deutlicher Trend geht heute dahin, einen »sanften« Kaiserschnitt nach Misgav-Ladach durchzuführen. Das Adjektiv »sanft« im Namen dieser Operationsmethode ist jedoch relativ, denn es geht alles andere als sanft zu bei der »Jerusalem-Methode« oder »Misgav-Ladach«. Diese beiden Namen stammen übrigens von der Stadt beziehungsweise dem Krankenhaus, in dem diese Operationstechnik entwickelt wurde.

Alles andere als sanft

Anders als beim herkömmlichen Kaiserschnitt, bei dem Bauchdecke und Gebärmutter mit Skalpell und Schere »scharf« geöffnet werden, werden hier die Gewebeschichten vor allem »stumpf« durch kräftige Dehnung mit der Hand voneinander getrennt: Der Operateur reißt nach einem Schnitt in die Haut vorsichtig mit seinen

Händen die einzelnen Schichten bis zur Gebärmutter auf. Auch die Gebärmutter wird nur mit einem kurzen Schnitt geöffnet und dann mit den Fingern aufgedehnt. Das geschieht aber nur genau so weit, dass das Baby geboren werden kann. Beim Verschluss verlässt sich der Arzt auf die Elastizität von Adern, Muskeln und Nerven. Er näht deshalb nur die Gebärmutterschnittstelle zu, jedoch nicht das aufgedehnte Bauchfell sowie die gerade Bauchmuskulatur. Erst die oberste Hautschicht wird wieder vernäht.
Dadurch fällt beispielsweise auch die Drainage weg, wie sie beim normalen Kaiserschnitt üblich ist. Die Vorteile des sanften Kaiserschnitts sind eine verkürzte Operationsdauer, die Schonung von Blutgefäßen (geringerer Blutverlust) und Nervenbahnen, ein geringerer Schmerzmittelbedarf und eine raschere Erholung der Frau.

Der Umgang mit der Naht

Die Naht muss zu Beginn täglich kontrolliert werden. Der behandelnde Arzt wirft regelmäßig einen Blick auf die Wunde und überwacht den Verlauf der Heilung. Im Idealfall bestehen die kommenden Tage aus einer Mischung aus Ruhe und Bewegung, Letztere allerdings nur in Maßen. Auch wenn Sie sich müde und schlapp fühlen, sollten Sie regelmäßig zur Toilette gehen. Zum einen, um die Blase zu leeren, wodurch gleichzeitig der Wochenfluss abfließen kann, die Gebärmutter sich zurückbildet und Sie der Restharnbildung vorbeugen. Zum anderen beugen Sie mit täglicher Bewegung einer Thrombose vor. Außerdem halten Sie Ihren Kreislauf stabil. Doch bitte nichts überstürzen: Beim ersten Gang wird Ihnen die Stationsschwester im wahrsten Sinne des Wortes unter die Arme greifen.

Mit der Belastung klarkommen

In den ersten zwei Tagen treten meist noch so starke Schmerzen auf, dass die Mütter sich gern helfen lassen, um aus dem Bett zu kommen, das Baby aus seinem Bettchen zu heben, es anzulegen und zu wickeln. Aber bereits am dritten Tag versorgen die meisten Mütter ihren Säugling selbst.

Die Verdauung in Schwung bringen

Während der Schwangerschaft wurde durch das wachsende Baby der Darm nach oben verschoben. Sobald das Baby samt Fruchtwasser und Plazenta geboren ist, verkleinert sich die Gebärmutter, und der Darm hat wieder Platz, sich auszubreiten und seine ursprüngliche Position einzunehmen.

Ab wann geht's wieder besser?

Frauen, die eine Kaiserschnittentbindung hatten, bleiben in der Regel für vier bis fünf Nächte im Krankenhaus, bei Bedarf auch länger. Die Kaiserschnittnaht heilt meist so schnell, dass nach einer Woche nur noch eine feine Linie mit etwas Wundschorf zu sehen ist. In diesem Bereich schmerzt der Bauch normalerweise noch, wenn Druck ausgeübt wird. Die Haut darüber und darunter kann sich noch einige Zeit nach der Operation taub anfühlen – in seltenen Fällen sogar für immer.
Etwa am vierten Tag nach der Geburt können sich die meisten Frauen wieder vorsich-

tig bücken, nach weiteren drei bis vier Tagen geht es deutlich besser.

Die Nachwehen

Wenn das Baby da ist, ist die Geburt vorüber – könnte man meinen. Tatsächlich ist sie für Geburtshelfer aber erst abgeschlossen, wenn die Plazenta komplett geboren ist. Dann ist der Zeitpunkt gekommen, den frischgebackenen Eltern zu gratulieren. Für die Mutter ist die Geburt aber noch nicht ganz vorbei – es gibt noch Nachwehen.

Der Umgang mit den Nachwehen

Um zu verstehen, welche Maßnahmen geeignet sind, die Nachwehen zu lindern, sollte man verstehen, warum es überhaupt zu Nachwehen kommt. Zu Beginn der Schwangerschaft hatte die Gebärmutter etwa die Größe einer Faust, während sie am Ende der Schwangerschaft die Größe eines Basketballs aufbrachte. Wenn das Baby geboren ist, muss die Gebärmutter wieder zu ihrer Ursprungsgröße zurückkehren. Und das geschieht mithilfe der Nachwehen. Nachwehen sind nichts anderes als Gebärmuttermuskelkontraktionen, die für die Wöchnerin spürbar sind. Erfahrungsgemäß werden sie von Erstgebärenden als nicht so heftig empfunden. Ihre Intensität steigt nach jeder Schwangerschaft und Geburt an. Mitunter können sie als so heftig erlebt werden, dass sie mit Geburtswehen vergleichbar sind.

Schmerzmittel

Wie sollten Sie mit den Nachwehen umgehen? Entweder Sie halten die Schmerzen aus oder Sie lassen sich ein Schmerzmittel geben. Erstgebärende kommen normalerweise ohne Schmerzmittel gut klar. Wenn Sie jedoch Ihr zweites oder drittes Kind geboren haben, wird man Ihnen in der Klinik vermutlich gleich ein Schmerzmittel anbieten. Bewährt haben sich Zäpfchen. Es gibt auch homöopathische Alternativen, die die Schmerzen lindern. Neben Arnika sind dies etwa Chamomilla, Caulophyllum oder Cuprum – fragen Sie Ihre Hebamme.

WAS TUN BEI STARKEN SCHMERZEN?

Je mehr Kinder eine Frau geboren hat, desto selbstverständlicher kommen Schmerzmittel zur Behandlung der Nachwehen auf den Nachttisch – zumindest in Krankenhäusern. Viele Frauen nehmen das Angebot gern an. Aber vertragen sich die Medikamente mit dem Stillen? Geburtshelfer sind sich einig: Die Wirkstoffe gehen in die Muttermilch über. Werden die Schmerzmittel allerdings in Maßen dosiert, wirkt sich das nicht negativ aufs Baby aus. Tapfer sein in allen Ehren – wenn Sie das Gefühl haben, mit einem Schmerzmittel die Nachwehen besser aushalten zu können, dürfen Sie das Angebot bedenkenlos annehmen.

Wärme und nochmals Wärme

Während des Wochenbetts sollten Sie ständig eine Wärmflasche parat haben. Außerdem ist ein wärmender Nierengürtel aus Schurwolle hilfreich, notfalls genügt auch ein Wollschal. Wärme löst Verspannungen,

Gönnen Sie sich zur Entspannung bei starken Nachwehen einen Kräutertee.

und ein warmer Unterleib ist eine gute Voraussetzung dafür, dass die Nachwehen weniger schmerzhaft verlaufen.

Kräutertee: sanfte Hilfe aus der Natur
Eine Mischung aus Anis, Fenchel, Kümmel und Majoran, die in dieser Kombination auch häufig Basis eines Milchbildungstees sind (gibt's in der Apotheke), hilft, die Krämpfe zu lösen.

Ab wann geht's wieder besser?
Zugegeben – hier brauchen Sie Geduld. In den ersten ein bis zwei Tagen können die Nachwehen sehr stark sein, aber bereits nach drei bis vier Tagen klingen sie in der Regel ab. Etwa eine Woche nach der Geburt sind sie bei den meisten Wöchnerinnen kaum noch spürbar.
Ein kleiner, aber wichtiger Trost: Je stärker die Nachwehen ausfallen, desto zügiger bildet sich die Gebärmutter zurück und umso weniger Wochenfluss tritt auf.

Gebärmutterrückbildung

Unmittelbar vor der Geburt hatte die Gebärmutter den Rippenbogen erreicht. Doch schon wenige Stunden danach ist sie mithilfe der Nachwehen bereits so klein, dass sie als feste Kugel in der Nähe des Bauchnabels zu spüren und zu tasten ist. Von nun an zieht sie sich täglich um etwa einen Fingerbreit zurück. Den Höhenstand der Gebärmutter überprüft die Hebamme jeweils bei der Nachsorge. Das ist dann immer auch eine gute Gelegenheit, sich mit ihr darüber auszutauschen, welche Rückbildungsmaßnahmen für Sie sinnvoll sind.

Was unterstützt die Gebärmutterrückbildung?

Folgende Maßnahmen helfen dabei, dass sich die Gebärmutter zurückbildet:

Häufiges Anlegen
Gerade hier, beim perfekten Zusammenspiel der Hormone, wird deutlich, wie gut die Natur auf die Geburt und die Zeit danach vorbereitet ist: Sobald eine Wöchnerin ihr Baby an der Brust anlegt, schüttet der Körper die Hormone Prolaktin und Oxytocin aus, die die Milch zum Fließen bringen (siehe Seite 176 f.). Letzteres Hormon ist aber zusätzlich noch für das Zusammenziehen der Gebärmutter, die Nachwehen, verantwortlich. Je häufiger Sie Ihr Baby zum Stillen anlegen, desto schneller bildet sich die Gebärmutter zurück und umso schneller sind die Nachwehen vorbei. Das spüren viele Mütter unmittelbar: Sobald das Baby an ihrer Brust saugt, bekommen sie Nachwehen.

OHNE STILLEN

Immer wieder heißt es, dass beim Stillen Hormone freigesetzt werden, welche die Rückbildung der Gebärmutter fördern. Was ist mit Müttern, die nicht stillen? Auch bei diesen Frauen entwickelt sich die Gebärmutter zurück, nur dauert das im Vergleich zu Stillenden ein paar Tage länger.

Entlastung in der Bauchlage

Nutzen Sie die Zeit zwischen Geburt und Milcheinschuss und legen Sie sich so oft wie möglich auf den Bauch. Um die Position etwas zu erhöhen, können Sie sich auch bäuchlings auf ein kleines Kissen legen. In dieser Position wird Druck auf den Uterus ausgeübt, was die Rückbildung unterstützt. Dabei kann das Blut abfließen, und Sie entlasten Ihren Damm (siehe Seite 65).

Die Blase entleeren

Gehen Sie regelmäßig zur Toilette, um Ihre Blase zu entleeren. Eine volle Harnblase steht der Gebärmutterrückbildung nämlich im Weg. Warten Sie also nicht, bis Sie Harndrang verspüren, sondern gehen Sie möglichst alle zwei Stunden. Problem: Oft fällt das Urinieren nach der Geburt schwer, und die Blase wird nur halb geleert, was die Restharnbildung fördert und das Risiko einer Blasenentzündung erhöht. Versuchen Sie deshalb, durch eine optimale Sitzhaltung und einen kleinen Trick Ihre Blase möglichst komplett zu entleeren: Setzen Sie sich dafür aufrecht und mit geradem Rücken auf die Toilette. Öffnen Sie Ihre Beine möglichst weit und wippen Sie nun mit dem Becken ein wenig vor und zurück. Auf diese Weise bekommen Sie auch die letzte Flüssigkeitsmenge aus der Blase.

Ab wann geht's wieder besser?

Bereits nach etwa zehn Tagen ist die Gebärmutter von außen nicht mehr zu tasten, da sie sich in ihre Ausgangslage, ins kleine Becken, zurückgezogen hat.

Der Wochenfluss

Die Plazenta war während der Schwangerschaft dafür zuständig, die Nährstoffe aus dem mütterlichen Blutkreislauf in den kindlichen Organismus zu transportieren. Mit einer Größe von etwa zwei Handflächen haftete sie von innen an der Gebärmutterwand. Nach der Geburt löste sie sich durch die Nachwehen und wurde geboren (daher auch die Bezeichnung »Nachgeburt«). An der Stelle, an der sie vorher an der Gebärmutterinnenwand anhaftete, ist nun eine offene Wunde, die blutet. Und zwar so lang, bis die Wunde verheilt ist. Dieses Blut verlässt zusammen mit Schleimhautresten den Körper und ist als sogenannter Wochenfluss (Lochien) sichtbar. Gewöhnlich dauert er sechs bis acht Wochen an, wobei die stärksten Blutungen in den ersten drei bis vier Tagen nach der Geburt auftreten, bis sie nach und nach abklingen. In den ersten Tagen nach der Geburt ist das Blut hellrot – ein Zeichen dafür, dass die Wunde noch sehr frisch ist. Wenn Sie zur Toilette gehen, kann es sein, dass geronnenes Blut aus der Scheide fließt. Es sammelt sich im Liegen in der Gebärmutter an und fließt nun in kleinen Klümpchen (die an ein Stück Leber erinnern) ab. Erschrecken Sie nicht – das ist völlig normal. Geben Sie Ihrer Nachsorgehebamme eine Rückmeldung darüber. Sie wird gegebenenfalls noch einmal den Höhenstand der Gebärmutter kontrollieren, um den Verlauf der Rückbildung zu überprüfen. Außerdem schafft sie sich so Gewissheit, dass sich kein Wochenflussstau anbahnt. Wenn der erste große Schwung Wochenfluss vorüber ist, ändert sich auch dessen Farbe: Aus dem anfänglichen Hellrot wird nach wenigen Tagen ein Rosa, das nun immer mehr mit Schleim vermischt ist, bis er nach etwa einer Woche bräunlich aussieht. Übrigens: Es ist durchaus nicht ungewöhnlich, dass der Wochenfluss immer wieder einmal für einige Stunden nicht fließt, dann aber nach dem Stillen, Toilettengang oder Umhergehen wieder in Fluss kommt.

MEINUNGSWANDEL

Noch bis vor wenigen Jahren gab es einen Aufschrei der Hebamme, wenn eine Mutter ihr Baby unter ihrer Decke schlafen lassen wollte, da der Wochenfluss als hochinfektiös galt. Seine Keime wurden unter anderem für Brustentzündungen verantwortlich gemacht. Man ging davon aus, dass die Wöchnerin ihre Hände nach dem Toilettengang schlecht gewaschen hatte. Außerdem galt: kein Sex, kein Vollbad. Mittlerweile hält man den Wochenfluss nicht mehr für hochgradig ansteckend. Fakt ist aber, dass er, wie alle anderen organischen Stoffe auch, ein guter Nährboden für Bakterien ist. Hygiene ist also jetzt besonders wichtig und Händewaschen nach jedem Toilettengang Pflicht! Und achten Sie darauf, dass Ihr Baby nicht unbedingt dort schläft, wo sonst Ihr Po liegt.

Der Umgang mit dem Wochenfluss

Unmittelbar nach der Geburt werden Sie so stark bluten, dass Sie sich dicke Vlieswindeln zwischen die Beine legen müssen. Am besten sogar zwei Stück, die der Länge nach ein bisschen überlappen. Dieses Windelpaket ist so dick, dass herkömmliche Unterwäsche zu eng ist. Die meisten Kliniken stellen deshalb Einmalunterhöschen zur Verfügung. Wichtig: Wechseln Sie diese Vlieswindeln zu Beginn alle zwei bis drei Stunden. Zum einen behindert das feuchtwarme Milieu die Wundheilung im Dammbereich, zum anderen beginnt der Wochenfluss sehr bald, unangenehm zu riechen, wenn er mit Luft in Kontakt kommt. Erfahrungsgemäß werden Sie dann bald den Wunsch haben, sich untenherum frisch zu machen.

Spülungen

Wenn Sie Ihren Genitalbereich regelmäßig nach jedem Toilettengang mit Wasser spülen, können Sie dadurch Ihr Wohlbefinden steigern. Füllen Sie sich dafür am besten noch vor dem Wasserlassen eine Plastikflasche oder einen Messbecher mit warmem Wasser und gießen Sie dieses während des Wasserlassens von vorn über den Schambereich (siehe auch Seite 68). Anschließend sollten Sie sich sanft trocken tupfen.

Ab wann geht's wieder besser?
Nach etwa drei bis vier Wochen nimmt der Wochenfluss eine gelbliche Farbe an. Bis dahin ist er mengenmäßig so weit zurückgegangen, dass herkömmliche Slipeinlagen ausreichen.

Der »Baby-Blues«

Manchmal bricht es um den dritten Tag nach der Geburt über die Wöchnerin herein: das »Tal der Tränen«. Dann schlägt scheinbar von jetzt auf gleich die Stimmung um: Eben noch war sie himmelhoch jauchzend glücklich, schließlich ist die Geburt vorüber, die Wehen sind vorbei, das Baby liegt in ihren Armen, und die Glückwünsche von lieben Freunden oder der Familie kommen gut an. Und dann? Dann braucht es nur einen kleinen Auslöser – vielleicht war der Tee zu heiß, der Strampler des Babys an den Füßen zu groß, oder der Partner äußerte ein falsches Wort. Dann fließen plötzlich die Tränen. Was ist nur los?
Jetzt ändert sich der Hormonspiegel sehr schnell: Das Hormon, das für die Aufrechterhaltung der Schwangerschaft zuständig war, wird rapide heruntergefahren, während andere Hormone, die für Nachschub bei der Milch sorgen sollen, in kürzester Zeit von null auf hundert hochschießen. Diese enormen Schwankungen im Hormonhaushalt bringen auch die Emotionen ins Wanken. Hinzu kommt zuweilen das Gefühl der totalen Erschöpfung. Wenn dann noch Nachwehen oder eine Dammverletzung schmerzen, reicht die kleinste Kleinigkeit aus … Noch etwas kann den »Baby-Blues« beeinflussen: die Angst vor der Verantwortung, von nun an immer für diesen kleinen Menschen zuständig zu sein. Aber auch Gedanken wie »Werde ich eine gute Mutter sein?«, »Wie verläuft unsere Partnerschaft?« oder »Was passiert mit meinem früheren Job?« können auf einmal

TIPP: PARTNERHILFE

Wenn ein Baby frisch geboren ist, setzt schlagartig für alle Beteiligten eine neue, bisher ungewohnte Situation ein. Die Gefühle fahren Karussell, gesteuert von den Hormonen. Idealerweise kann der Partner mit dieser Situation umgehen. Dazu muss er gewappnet sein, indem er weiß, was nun auf ihn zukommen kann – etwa, dass seine Partnerin von jetzt auf gleich in Tränen aufgelöst vor ihm sitzt, ohne dass es dafür einen wirklichen Grund gibt. Wichtig ist, dass sich der Partner nun nicht in einen Erklärungsnotstand manövrieren lässt (warum er mal eben mit seinem Kollegen telefonieren musste oder warum das Einkaufen so lang dauerte), denn darum geht es nicht. Es sind die Hormone, die bei der Mutter alles durcheinanderwirbeln. Das Beste, was Sie in dieser Situation tun können: Zeigen Sie liebevolle Zuwendung und Verständnis. Eine Umarmung ist in diesen Momenten wie Balsam für die Seele. Worte des Lobes und der Anerkennung über die ausgetragene Schwangerschaft und die vollbrachte Geburt wirken Wunder! Statt Konfliktlösetechniken sind Zuhören und Verständnis angesagt.

hochkommen. Kurzum: Mit der Geburt ist die Schwangerschaft beendet – aber jetzt geht das Familienleben erst los!

Der Umgang mit den »Heultagen«

Nehmen Sie die Berg-und-Tal-Fahrt Ihrer Emotionen an. Das ist nichts Schlimmes. Lassen Sie die Tränen einfach fließen. Ihre Gefühle und Hormone fahren Achterbahn mit Ihnen, und wer sitzt da schon gern freudestrahlend im Waggon? Eine sehr große Hilfe kann Ihr Partner sein. Bitten Sie auch Ihre Hebamme um ein aufarbeitendes Gespräch. Sie kennt die Situation zur Genüge und wird Ihnen gern weiterhelfen.

Ab wann geht's wieder besser?

Normalerweise ist der Baby-Blues innerhalb von ein bis zwei Tagen überstanden, in Einzelfällen kann er auch ein bis zwei Tage länger dauern. Hält die Verstimmung mehrere Wochen an und kommen noch andere körperliche Beschwerden wie Kopfschmerzen oder Kreislaufprobleme dazu, könnte es sich um eine Wochenbettdepression handeln. Vor allem Depressionen beziehungsweise Psychosen um den zehnten bis 30. Tag sind sehr ernst zu nehmen! In diesem Fall bitte unbedingt die Hebamme oder Ihren Frauenarzt um Rat fragen.

Wochenbettdepression

Der medizinische Fachbegriff der Wochenbettdepression lautet postpartale Depression (von lateinisch post = nach, und partus = Entbindung, Trennung). Eine Wochenbettdepression kann jederzeit in den ersten beiden Jahren nach der Geburt auftreten. Typische Kennzeichen: Energielosigkeit, ständige Traurigkeit, zwiespältige Gefühle gegenüber dem Kind, Gefühl der inneren Leere, leichte Reizbarkeit, körperliche Beschwerden wie Zittern, Herzschmerzen, Schwindel, Schlafstörungen sowie mitunter Ängste und Panikattacken. Wochenbettdepressionen sind sehr ernst zu nehmen und dringend behandlungsbedürftig.

Andere Auswirkungen der Hormonumstellung

Die Achterbahnfahrt der Hormone sorgt nicht nur für die Rückbildung der Gebärmutter und für die Milchbildung. Sie bringt auch manche Nebenwirkungen mit sich. Mitunter auch solche, auf die wir Frauen gern verzichten könnten.

Haarausfall

»Wenn das so weitergeht, habe ich bald überhaupt keine Haare mehr auf dem Kopf!« Diesen Satz hören Nachsorgehebammen immer wieder. Zum Glück können sie Entwarnung geben: Der Haarausfall nach der Geburt hängt in der Regel mit der Hormonumstellung zusammen. Der enorme Östrogenabfall nach der Geburt

NEUE HAARPRACHT

Die Hormonumstellung kann sich auch positiv auf das Haarwachstum auswirken. Viele Wöchnerinnen sind begeistert, weil ihr Haar nach der Geburt deutlich dicker und fülliger geworden ist. Auch möglich: Vorher glattes Haar wird auf einmal lockig und umgekehrt.

TIPP: ABFÜHRMITTEL

Abführmittel helfen gegen Darmträgheit. Nach einer Schwangerschaft und Geburt ist aber der Darm nicht träge. Vielmehr kann ein psychologischer Schutz der Wöchnerin bestehen, die ihren Unterleib nicht noch einmal einem Pressdruck aussetzen möchte. Darum sind Abführmittel, die oral eingenommen werden, auch wenig hilfreich. Schließlich liegt das Problem genau am anderen Ende. Außerdem können orale Abführmittel in die Muttermilch übergehen und beim Baby für Bauchschmerzen und Blähungen sorgen. Hier ist die Nachsorgehebamme gefragt. Sie kann der Mutter Mut machen, den Darm zu entleeren, und der Wöchnerin erklären, dass der Schließmuskel wieder einwandfrei funktioniert und Stuhlgang kein Problem mehr darstellt.

und der Wegfall der Plazentahormone sind dafür verantwortlich. Manchmal ist es auch ein Eisenmangel, der den Haarausfall begünstigt. Aber keine Sorge, es fallen jetzt zwar viele Haare aus, doch die kommen alle wieder nach. Eine Kopfmassage oder innerlich aufbauende Substanzen wie Kieselerde oder Aufbaukalk (gibt's in der Apotheke) morgens und abends kurbeln das Wachstum der Haare wieder an.

Ab wann geht's wieder besser?

Gewöhnlich ist der Haarausfall vier bis sechs Monate nach der Geburt am stärksten. Doch etwa zur selben Zeit hat sich Ihr Hormonhaushalt wieder reguliert, und der Haarausfall lässt langsam nach.

Schweißausbrüche

Es gibt immer wieder Wöchnerinnen, die sich fühlen wie in den Wechseljahren: Sie schwitzen so stark, dass sie sich, vor allem nachts, komplett umziehen müssen. Wenn in der Schwangerschaft viel Wasser im Körper eingelagert wurde, verlässt dieses nun über sämtliche Poren den Körper wieder.

Ab wann geht's wieder besser?

In der Regel sind die starken Schweißausbrüche spätestens zwei bis drei Wochen nach der Geburt vorüber.

Darm und Verdauung

Nach der Geburt hat der Darm endlich wieder Platz, sich auszudehnen: Er rückt sich in seiner Ausgangslage zurecht. Mitunter kann es vorkommen, dass er etwas träge arbeitet. Wann genau Sie nach der Geburt das erste Mal wieder Stuhlgang haben, hängt davon ab, ob Sie vor der Geburt einen Einlauf bekommen haben oder nicht. Falls ja, können Sie um den dritten Tag mit Stuhlgang rechnen, falls nein, schon etwas früher.

Die Angst vor dem Toilettengang

Viele Wöchnerinnen mit einer Dammverletzung haben Sorge, dass beim Stuhlgang die Dammnaht wieder aufreißen könnte. Doch das ist der falsche Ansatz. Wenn der Darm nicht regelmäßig entleert wird, füllt er sich immer mehr. Dabei wird der Inhalt im Enddarm noch fester, und das Entleeren kann schmerzhaft werden.

Der Umgang mit der Verdauung

Wenn Sie die Angst, beim Stuhlgang zu pressen, überwunden haben, bringen viel Flüssigkeit und die richtige Ernährung den Darm wieder in Schwung.

Flüssigkeit

Sie benötigen viel Flüssigkeit, um die Milchbildung anzuregen. Gleichzeitig muss aber auch noch der Wasserverlust ausgeglichen werden, der durch das vermehrte Schwitzen entsteht. Beides – das Stillen wie das Schwitzen – raubt dem Körper enorm viel Wasser, mit der Folge, dass der Darminhalt eindicken kann. Deshalb sollten Sie nun darauf achten, die tägliche Trinkmenge in Form von stillem Mineralwasser und milden Kräutertees (kein Salbei- oder Minztee) auf zwei bis drei Liter zu erhöhen.

Die richtige Ernährung

Es ist nicht unbedingt ratsam, jetzt verstärkt eine ballaststoffreiche Kost zu sich zu nehmen, also zu übermäßig viel Vollkornprodukten, Rohkost oder Kohlgemüse zu greifen. Zum einen quellen die Faserstoffe im Darm auf und erhöhen damit die Menge des Stuhlgangs. Zum anderen können extrem ballaststoffreiche Nahrungsmittel bei Ihnen und Ihrem Kind Blähungen verursachen. Viel wichtiger ist es, dem Körper ausreichend Flüssigkeit zuzuführen, um den Stuhlgang geschmeidig zu halten. Geeignete Flüssigkeiten sind kohlensäurereduziertes Mineralwasser oder ungesüßter Tee. Zusammen mit dem Blut, das Sie während der Geburt verloren haben, sind dem Körper auch die wichtigen Elektrolyte Magnesium und Kalium verloren gegangen. Beide Mineralien sorgen dafür, dass der Darm beweglich bleibt und der Darminhalt weitertransportiert wird. Deshalb sollten Sie jetzt verstärkt zu Nahrungsmitteln greifen, die reich an Kalium und Magnesium sind. Kalium steckt unter anderem in Kartoffeln, Fleisch, Hülsenfrüchten, Tomaten und Bananen, während sich Magnesium in Beeren, Nüssen, Getreide, Fleisch und in Bananen findet. Wer seine Elektrolyte nicht ausschließlich über die Nahrung zuführen kann oder möchte, darf gelegentlich zu Magnesiumtabletten greifen. Diese sollten allerdings kein Ersatz für eine gesunde Ernährung sein.

TIPP: SANFTE HILFE

Wenn Sie Angst vor dem Toilettengang haben, kann Ihnen ein Einlauf auf sanfte Weise helfen. Durch ihn können Sie ganz ohne Nebenwirkungen von unten her Ihren Enddarm entleeren.

Bauchmassage

Eine tägliche Bauchmassage wirkt auf den Darm wie eine Einladung, wieder aktiv zu werden. Außerdem kann sie die Gebärmutterrückbildung positiv unterstützen und Ihnen dabei helfen, sich wieder mit Ihrem Bauch vertraut zu machen. Für so eine Massage können Sie ein gut duftendes Massageöl benutzen, ebenso wie Reste eines Schwangerschaftsöls oder ein Babypflegeöl. Massieren Sie Ihren Bauch mit warmen Händen und sanftem Druck im Uhrzeigersinn um den Nabel herum.

RISS DRITTEN GRADES

Eine besondere Situation liegt dann vor, wenn Sie einen Dammriss dritten Grades haben, also der Damm bis zum Schließmuskel eingerissen ist. Die Situation erfordert besondere Maßnahmen, die Sie mit Ihrer Hebamme und dem Arzt, der die Wunde versorgt hat, besprechen sollten.

Hämorrhoiden

Die knotigen Gebilde am Afterausgang, die »äußere Hämorrhoiden« genannt werden, sind eine Art Krampfadern am After. Je nach Ausprägung können sie stark jucken, das Sitzen und Laufen erschweren oder beim Stuhlgang richtige Schmerzen verursachen. Die dicken Venen können aufplatzen, sodass eine hellrote Blutung im Stuhl sichtbar ist. Es gibt Frauen, die vor der Schwangerschaft noch nie Probleme damit hatten, und nach der Geburt sind die Hämorrhoiden auf einmal da. Sie entstehen in der Regel durch den behinderten Blutfluss während der Schwangerschaft und das starke Pressen während der Geburt.

Das können Sie tun

Ganz wichtig: Reinigen Sie den Genitalbereich nach jedem Stuhlgang gründlich. Danach sollten Sie eine Salbe auf der Basis von Hamamelis und Myrte auftragen, die für eine Abschwellung der Adern sorgt. Fragen Sie Ihre Hebamme danach. Außerdem gilt auch hier: Viel trinken, um den Stuhlgang weich zu halten. Nur so entsteht beim Toilettengang kein übermäßiger Pressdruck. Wenn die Hämorrhoiden nach der Geburt stark geschwollen sind, kann ein Sitzbad mit Eichenrinde (aus der Apotheke) die Schwellung lindern. Außerdem können Sie mit gezielten Übungen Ihren Beckenboden trainieren und damit das Gewebe festigen.

Das Handgelenk

Je nach Bewegung und Haltung kann sich ein starkes Ziehen bis hin zum Stechen im Gelenk bemerkbar machen, mitunter so stark, dass Sie mit der betroffenen Hand nichts mehr anfassen wollen. Immer wieder klagen Wöchnerinnen über diese Symptome und die damit verbundenen Schmerzen. Vermutlich liegt hier eine Überbeanspruchung der Sehnen und Bänder vor. Genauso ist denkbar, dass die Hormonumstellung dazu beiträgt, Bänder und Sehnen lockerer werden zu lassen.

Der Umgang mit den Schmerzen

Achten Sie auf die Haltung des Handgelenks, denn vor allem beim Stillen kann es vorkommen, dass Sie über längere Zeit eine bisher ungewohnte Haltung einnehmen, bei der sich das Handgelenk in einer untypischen Position befindet. Bei anfangs täglich acht bis zwölf Stillmahlzeiten, kann das die Handgelenke ganz schön beanspruchen. Orthopäden verschreiben in extremen Fällen eine Salbe beziehungsweise eine Gelenkschiene, die verhindert, dass das Gelenk zu stark belastet wird. Doch am besten achten Sie selbst darauf, welche neuen, ungewohnten Bewegungen Sie ausführen. Dann können Sie diese, wenn möglich, abstellen.

WOCHENBETTGYMNASTIK

Bereits ab dem zweiten Tag nach der Geburt können – und sollten – frisch gebackene Mütter mit der Wochenbettgymnastik beginnen. Dabei handelt es sich um leichte Übungen, die den Stoffwechsel ankurbeln, den Kreislauf auf Trab bringen und zudem noch der Thromboseprophylaxe dienen (dies ist besonders wichtig für alle Frauen, die mit Kaiserschnitt entbunden haben). Solange es noch Geburtsverletzungen gibt, stehen Fitness und Kondition nicht auf dem Programm.

Alles zu seiner Zeit

Wann genau Sie sich fit genug fühlen, um mit der Wochenbettgymnastik zu beginnen, hängt vom Grad Ihrer Geburtsverletzung ab. Wenn Sie zum Beispiel einen großen Dammschnitt oder -riss haben, sollten Sie sich und Ihrem Körper noch einige Tage Ruhe gönnen. Haben Sie dagegen die Geburt gut überstanden und fühlen sich fit – dann geben Sie sich einen Ruck und beginnen am zweiten Tag nach der Geburt mit den hier beschriebenen Übungen.

Legen Sie sich so auf den Rücken, dass Ihre Wirbelsäule gerade ist. Die Beine sind lang ausgestreckt und etwas geöffnet, die Fußspitzen fallen locker zu den Seiten. Beide Hände liegen auf dem Bauch, die linke Hand unterhalb Ihrer linken Brust. Schließen Sie die Augen und atmen Sie ganz bewusst: Lassen Sie die Luft durch die Nase ein- und durch den Mund wieder ausströmen. Spüren Sie, wie sich beim Einatmen

Je zehnmal ein- und ausatmen.

Lunge und Zwerchfell ausdehnen, sodass sich Brust und Bauch heben. 1

Setzen Sie sich nun behutsam über die Seite auf. Die Beine liegen ausgestreckt eng nebeneinander.
Stützen Sie sich nach hinten mit lang ausgestreckten Armen ab und kreisen Sie mit dem Becken abwechselnd nach links und rechts. Ziehen Sie den Bauchnabel nach innen, das aktiviert automatisch den Beckenboden. Ziel der Übung ist es, dass Sie sich Ihres Beckens wieder bewusst werden. 2

Legen Sie sich jetzt über die Seite auf den Rücken, die Beine sind ausgestreckt, die Arme liegen parallel zum Körper. Überkreuzen Sie die Füße.
Jetzt kommt es darauf an, Muskelspannung aufzubauen und zu halten: Atmen Sie dafür entspannt einige Male durch die Nase ein und durch den Mund wieder aus. Beim nächsten Ausatmen spannen Sie in der unteren Körperhälfte von unten nach oben der Reihe nach Ihre Muskeln an: zuerst in den Füßen, dann die Unterschenkel, die Oberschenkel und zuletzt den Po. Halten Sie diese Spannung für etwa zehn Sekunden – und lassen Sie dabei Ihren Atem fließen.

Danach die Muskeln wieder entspannen und bei Bedarf lockern. 3

Bleiben Sie auf dem Rücken liegen. Winkeln Sie das rechte Bein an und stellen Sie den rechten Fuß auf dem Boden ab. Strecken Sie das linke Bein gerade nach oben – und zwar so, dass der Oberschenkel des gestreckten linken Beins parallel zum aufgestellten rechten verläuft. Spannen Sie nun den Fuß des gestreckten Beins für fünf bis zehn Sekunden an, indem Sie die Zehen zusammenkrallen.
Die Spannung wieder loslassen und den Fuß über die Zehen dehnen. Mit dem anderen Bein anschließend ebenso üben.
Variante: Begeben Sie sich in die gleiche Ausgangsposition und dehnen Sie den Fuß des gestreckten Beins über die Zehenspitzen. Lassen Sie den Fuß nun im Fußgelenk kreisen. Das Bein danach lockern und die Übung mit dem anderen Bein wiederholen. Pro Fuß 20 Wiederholungen. 4

Multitalent Beckenboden

Die Muskulatur des Beckenbodens muss zum einen sehr stabil und fest sein (bei Schwangeren lastet sogar das Gewicht des Babys auf ihr), zum anderen muss sie aber auch dehnbar und flexibel sein. Denn sie ist nicht etwa aus einem durchgängigen Strang, sondern für die Ausgänge von Harnröhre, Scheide und After unterbrochen. Um Blase und Darm entleeren zu können, muss die Beckenbodenmuskulatur ganz locker sein. Besonders elastisch ist sie während der Geburt: Sie ist so weich und dehnbar, dass sie sogar ein Baby heraustreten lässt.

2

Je zehnmal nach rechts und links kreisen.

3

Zehn- bis 15-mal wiederholen.

4

Zehnmal pro Fuß wiederholen.

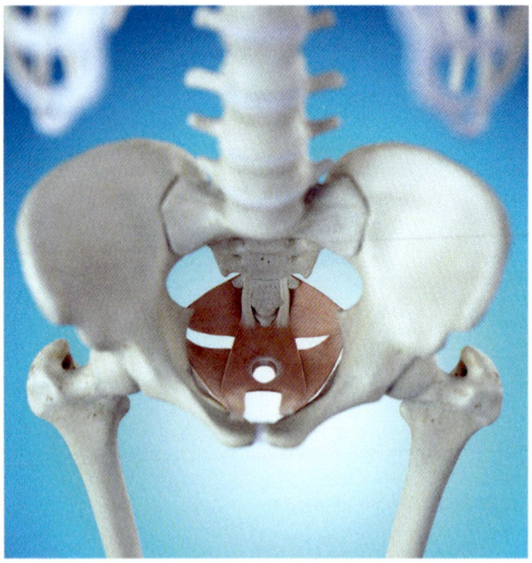

DER BECKENBODEN

Über viele Jahre wurde dem Beckenboden keine Beachtung geschenkt. Zu Unrecht, denn er hat – vor allem im weiblichen Körper – eine sehr wichtige Funktion. Unter dem Beckenboden versteht man eine Muskelschicht, die von innen das knöcherne Becken auskleidet. Damit bildet die Beckenbodenmuskulatur im wahrsten Sinne des Wortes den Boden der Bauchhöhle. Sie sorgt also dafür, dass die Organe nicht unten zwischen den Beckenknochen »herausfallen« können. Wie eine Art Hängematte trägt sie das Gewicht der inneren Organe wie Blase, Darm und Gebärmutter.

Der Beckenboden nach der Geburt

Durch das Gewicht des Babys und verschiedene hormonelle Veränderungen ist der Beckenboden nach der Geburt ausgedehnt wie ein Gummiband ohne Spannkraft. Bliebe er in diesem Zustand, würde das langfristig zu einer Senkung der inneren Organe führen. Das hätte die unangenehme Folge, dass unfreiwillig (nicht steuerbar) Urin abginge – und zwar bereits beim Husten, Niesen oder jeder Art von körperlicher Anstrengung. So weit muss es aber nicht kommen. Denn die Natur hat es so eingerichtet, dass die Elastizität zurückkommt, wenn die Muskeln frühzeitig und regelmäßig trainiert werden. Deshalb sollten Sie schon bald mit der Wochenbettgymnastik beginnen (siehe Seite 80) und einige Wochen später mit der Rückbildung fortfahren.

Unnötige Belastungen vermeiden

Achten Sie nach der Geburt darauf, dass Sie unnötige Belastungen vermeiden. Tragen Sie Ihr Baby so hoch wie möglich am Körper. Das gilt auch für das Tragen von schweren Gegenständen. Stehen Sie möglichst mit hüftbreit geöffneten Beinen und leicht gebeugten Knien und geradem Rücken. Wenn Sie Ihr Baby aus dem Bettchen heben, sollten Sie genauso stehen, denn dies wirkt sich positiv auf die Beckenbodenmuskulatur aus. Leicht gebeugte Knie und eine leicht geöffnete Schrittstellung geben Ihnen außerdem mehr Standfestigkeit.

Die Chance der Rückbildung

Die Teilnahme an einem Kurs für Rückbildungsgymnastik ist nicht nur unbedingt empfehlenswert, sondern steht jeder Frau zu, die Kosten dafür übernimmt die Krankenkasse. Am besten wenden Sie sich für weitere Informationen an Ihre Nachsorgehebamme oder Ihren Frauenarzt.

Erweiterte Wochenbettgymnastik

Zehn bis 14 Tage nach der Geburt sollten Sie folgende zwei Übungen in Ihr tägliches Programm aufnehmen, um gezielt die Beckenbodenmuskulatur zu trainieren.

Mithilfe des »Vierfüßlerstands« können Sie Ihre Beckenbodenmuskeln lockern. Gehen Sie so in den Vierfüßlerstand, dass Ihre Hände genau unter den Schultern auf dem Boden stehen.
Lassen Sie den Kopf entspannt hängen.
Atmen Sie tief ein, sodass die Luft bis zum Beckenboden strömt.
Spannen Sie beim Ausatmen alle Muskeln im Unterleib an (Harnröhre, After, Scheide) und machen Sie einen Katzenbuckel. Lösen Sie die Spannung, wenn alle Luft entwichen ist, und atmen Sie mit lockerem Beckenboden wieder tief ein.
Fahren Sie im gleichen Rhythmus fort: Tief und entspannt einatmen, Beckenboden anspannen und dabei langsam ausatmen. 1

Für die sogenannte »Fahrstuhlübung« legen Sie sich mit geradem Rücken auf den Boden. Winkeln Sie nun Ihre Beine so an, dass die Fersen möglichst nah am Po stehen. Machen Sie zwei bis drei tiefe Atemzüge. Beim letzten Ausatmen spannen Sie die Beckenbodenmuskulatur an und kippen das Becken in Richtung Oberkörper.
Stellen Sie sich vor, dass das Schambein zum Bauchnabel kippt und der Bauchnabel in Richtung Rücken gezogen wird. Wichtig: Kein Hohlkreuz machen!
Diese Position zehn Sekunden halten – dabei gleichmäßig ein- und ausatmen. 2

1

Von der Ausgangsstellung ausgehend ...

1

... sechsmal anspannen und wieder entspannen.

2

Sechsmal zehn Sekunden halten.

Marschieren Sie los.

Zehnmal wiederholen.

RÜCKBILDUNG

Ab etwa der sechsten Woche nach der Geburt sollten Mütter mit der Rückbildungsgymnastik beginnen. Im Gegensatz zur Wochenbettgymnastik steht hier nicht mehr nur das Training der Beckenbodenmuskulatur auf dem Programm, sondern auch noch die Kräftigung der Muskeln sowie die Stärkung Ihrer Kondition und Koordination.

Kleines Programm für zu Hause

Nehmen Sie sich die Zeit für diese wichtigen Übungen – im Idealfall zweimal pro Woche 20 bis 30 Minuten, und zwar über mehrere Wochen. Je häufiger und intensiver Sie das kleine Programm absolvieren, desto kräftiger wird Ihr Beckenboden, desto größer Ihr Körperbewusstsein und umso besser Ihre allgemeine Fitness.

Aufwärmen

Damit Sie sich keine Muskelverletzung zuziehen, sollten Sie sich vor dem Sportprogramm unbedingt aufwärmen. Legen Sie eine flotte Lieblingsmusik in den CD-Spieler ein und legen Sie los.
Marschieren Sie auf der Stelle, nehmen Sie dabei die Arme schwungvoll mit und heben Sie die Knie so weit wie möglich hoch. Schaffen Sie es bis zur Körpermitte? Versuchen Sie, das Tempo beizubehalten – etwa für ein bis zwei Songlängen. Sie sollen dabei ins Schwitzen kommen! (1)

Wenn Sie nach dem Marschieren noch nicht richtig warm sind, können Sie sich zum »Trockenradeln« auf den Rücken legen. Eine Übung besteht aus zehnmal vorwärts- und zehnmal rückwärtsradeln. (2)

Fünf- bis zehnmal pro Seite wiederholen.

20-mal wiederholen.

Jetzt geht's los

Legen Sie sich über die Seite auf den Rücken und winkeln Sie die Beine an. Legen Sie die Arme neben dem Körper ab. Atmen Sie gleichmäßig ein und aus. Nun bauen Sie Schritt für Schritt eine Grundspannung auf: Beim Ausatmen kippen Sie Ihr Becken nach vorn (Scheide/Schambein in Richtung Bauchnabel) und halten in Bauch und Scheide die Spannung. Dabei das Weiteratmen nicht vergessen.
Geben Sie nun Druck auf Ihre Fersen, sodass Ihr Oberkörper bis zu den Schultern langsam vom Boden abhebt. Atmen Sie dabei ruhig und gleichmäßig weiter.
Halten Sie die Grundspannung im Beckenboden und lassen Sie die Finger Ihrer linken Hand am Bein entlang zum linken Fuß über den Boden krabbeln. Unten angekommen, wandern die Finger wieder langsam zurück. Zuerst den Oberkörper ablegen, Spannung im Beckenboden lösen, das Becken ablegen, die Beine ausgleiten lassen. Die Übung anschließend mit der rechten Hand wiederholen: Die Finger krabbeln auf dem Boden am Bein entlang zum rechten Fuß. 3

Legen Sie sich auf den Rücken und stellen Sie die Beine möglichst nah am Po auf. Lassen Sie Ihre Knie wie Schmetterlingsflügel nach recht und links fallen. Spannen Sie in dieser Position Ihre Scheidenmuskulatur an. Das gelingt am besten, wenn Sie sich vorstellen, dass Sie mit der Scheide etwas auflesen möchten. Entspannen Sie die Muskeln wieder, um sie dann erneut anzuspannen. Nach 20 Wiederholungen lassen Sie die Beine langsam ausgleiten. Bleiben Sie ein paar Augenblicke ausgestreckt auf dem Rücken liegen und entspannen Sie bewusst alle Muskeln. 1
Wenn sich Ihre Bauchmuskeln etwas gekräftigt haben, können Sie im Anschluss an die Schmetterlingsübung die Schulterbrücke üben. Dazu legen Sie sich auf den Rücken, stellen die Beine nah am Po auf und legen die Arme rechts und links neben dem Körper ab. Spannen Sie den Beckenboden an und heben Sie langsam Po und Oberkörper vom Boden ab, indem Sie die Fersen in den Boden stemmen. Halten Sie diese Position einige Atemzüge und kommen Sie kontrolliert auf den Boden zurück.

FRUCHTBARKEIT NACH DER GEBURT

Wenn Sie Ihr Baby gar nicht oder nur kurz stillen, können Sie damit rechnen, dass Ihre Fruchtbarkeit fix zurückkehrt. Studien zeigen, dass die Hälfte aller nicht oder nur teilstillenden Frauen in den ersten sechs bis acht Wochen nach der Geburt wieder ihre Periodenblutung hat. Wenn Sie voll stillen, ist es anders: Wenn das Baby an der Brust saugt, schüttet das mütterliche Gehirn das Hormon Prolaktin aus, welches die Milchbildung ankurbelt. Zeitgleich werden andere Hormone unterdrückt, die für Eireifung und Eisprung zuständig sind. Ohne Eireifung gibt's auch keine Periode.
Doch aufgepasst: Stillen bedeutet nicht automatisch Unfruchtbarkeit! Nur wenn ganz bestimmte Voraussetzungen erfüllt sind, dürfen Sie davon ausgehen, aktuell unfruchtbar zu sein, und können somit auf Verhütung verzichten. So ist zum Beispiel wichtig, wie oft Sie am Tag und vor allem in der Nacht stillen. Fakt ist: Je häufiger ein Kind an die mütterliche Brust angelegt wird, desto größer ist die Chance, dass der Eisprung hinausgezögert wird. Wenn Sie regelmäßig stillen und den natürlichen hormonellen Nebeneffekt der Verzögerung des Eisprungs als Verhütungsmethode nutzen möchten, sollten Sie sich unbedingt mit den Regeln der sogenannten LAM – Methode (Lactational-Amenorrhoea-Method = Methode des stillbedingten Ausbleibens der Regel) vertraut machen. Sie gehört in die Körperbeobachtungsmethode Natürliche Familienplanung nach Sensiplan (NFP).

Mit Sicherheit richtig entscheiden

Müde? Hungrig? Durstig? Darauf zu antworten ist leicht. Heute fruchtbar? Wer weiß das schon … Dabei gibt ein Frauenkörper in den drei bis vier Jahrzehnten zwischen Pubertät und Menopause täglich Signale, anhand derer jede Frau erkennen könnte, ob sie fruchtbar ist oder nicht. Diese körperlichen Anzeichen sind vor allem der Zervixschleim und die morgendliche Aufwachtemperatur. Aber auch Mittelschmerz, Brustspannen, erhöhte Libido und vieles mehr geben Aufschluss. Dieses Wissen ist kein Hexenwerk – sondern folgt logischen Regeln. Eine Frau, die diese Regeln einmal erlernt hat und täglich etwa drei Minuten Zeit in eine einfache Körperbeobachtung investiert, weiß Bescheid über sich und ihren Zyklus, und zwar besser als jede App, jeder Verhütungscomputer und jeder Frauenarzt. Das einmal gelernte Wissen begleitet eine Frau durch die fruchtbaren Jahre. Und sie kann es zu ihren Zwecken nutzen: zur Verhütung, zur geplanten Empfängnis, als Vorhersage, wann die nächste Periode kommt und ob sich der Wechsel anbahnt. Dieses Wissen kann jede Frau in wenigen Stunden erlernen, zum Beispiel mit einer NFP-Beraterin (Adressen siehe Seite 282). Übrigens: Bei der Beratung sind auch die Partner willkommen – Verhütung geht immer beide etwas an.

VERHÜTUNG NACH DER GEBURT

Etwa sechs Wochen nach der Geburt sollten Sie Ihren Frauenarzt aufsuchen, damit er die Abschlussuntersuchung durchführen kann. Auch wenn es Ihnen gut geht, sollten Sie diesen Termin unbedingt wahrnehmen und Blut, Urin, Blutdruck und Gewicht kontrollieren lassen. Bei einer körperlichen Untersuchung stellt der Arzt fest, ob sich die Gebärmutter vollständig zurückgebildet hat. Dies ist in der Regel auch der Zeitpunkt, um über eine geeignete Verhütungsmethode zu sprechen.

Welche Varianten gibt es?

Verhütungsmethoden lassen sich in verschiedene Kategorien einteilen:

- **Hormonelle Methoden:** Sie unterdrücken den Eisprung, verhindern den Aufbau der Gebärmutterschleimhaut und/oder verändern den Zervixschleim, sodass eine Befruchtung nicht möglich ist.
- **Mechanische Methoden:** Barrieren (etwa ein Kondom oder ein Diaphragma) verhindern, dass die Spermien zur Eizelle dringen können.
- **Chemische Methoden:** Ihre Wirkstoffe töten Spermien ab oder machen sie bewegungsunfähig, sodass eine Befruchtung nicht möglich ist.
- **Die Körperbeobachtungsmethode NFP** nach Sensiplan (siehe Seite 86).

Pearl-Index

Der US-Arzt Raymond Pearl entwickelte Anfang der 1930er-Jahre ein Maß für die Sicherheit, mit dem verschiedene Verhütungsmethoden untereinander vergleichbar wurden, den Pearl-Index. Je niedriger der Index, desto sicherer ist die Verhütungsmethode. Wenden 1000 Frauen über ein Jahr lang die gleiche Verhütungsmethode an und werden in der Zeit zwei Frauen schwanger, beträgt der Pearl-Index (PI) 2. Wichtig zu wissen: So ganz klappt es mit der Vergleichbarkeit nicht, denn die Angaben können je nach Produkthersteller oder Studie schwanken. Außerdem gibt es Unterschiede in der Methodensicherheit (sagt aus, wie sicher die Methode bei 100 Prozent korrekter Anwendung ist) und Gebrauchssicherheit (sagt aus, wie hoch die Möglichkeit von Anwendungsfehlern ist; Pille vergessen, Kondom falsche Größe). Daher sollten Sie die im Folgenden angegebenen Indizes als Richtwert sehen.

VERHÜTUNGSCOMPUTER UND APPS

Für viel Geld gibt's kleine »Verhütungscomputer«, die anzeigen, an welchen Tagen eine Frau schwanger werden kann und wann nicht. Deutlich billiger sind die neuen Zyklus-Apps. Doch hier ist äußerste Vorsicht geboten, denn: Kein Computer und keine App kann Ihnen verlässlich prognostizieren, ob Sie morgen oder übermorgen fruchtbar oder unfruchtbar sind! Im Gegenteil: Viele Apps arbeiten mit Algorithmen, die auf Falschwissen aufgebaut sind. Bereits nach wenigen Wochen wagen sie es, Angaben über Fruchtbarkeit zu machen, die auf Durchschnittswerten der letzten Zyklen basieren. Das ist ungefähr ähnlich zuverlässig wie ein Wetterbericht über 14 Tage im Voraus. Unser Zyklus ist nicht kalkulierbar. Das einzig Regelmäßige an unserem Zyklus ist das Unregelmäßige.

VERHÜTUNGSMETHODEN IM VERGLEICH

Hormonelle Verhütung	Wirkt wie?	Vorteile? Nachteile?	Für wen geeignet?
Pille (Kombinationspräparat) Kosten: ca. 10–15 € pro Monat rezeptpflichtig Pearl-Index: 0,1–0,9	Östrogene und Gestagene wirken dreifach: • Schleimpfropf vor dem Muttermund erschwert Spermieneinlass • Eisprung wird unterdrückt • Gebärmutterschleimhaut wird nicht ausreichend aufgebaut	Bei regelmäßiger Einnahme sehr sicher. Tägliches Pillenschlucken nötig. Übliche Nebenwirkungen: Gewichtszunahme, Thrombose, keine Lust auf Sex, Stimmungsschwankungen, Kopfschmerzen	Nicht geeignet für Stillende (Hormonersatzstoffe können über Muttermilch aufs Baby übergehen). Ebenso wenig für Raucherinnen sowie bei Übergewicht, Diabetes, Migräne, Hypertonie und wenn Thrombose in der Familie vorliegt.
Verhütungspflaster Kosten: ca. 12–15 € pro Monat rezeptpflichtig Pearl-Index: 0,9	Östrogene und Gestagene wirken dreifach: • Schleimpfropf vor dem Muttermund erschwert Spermieneinlass • Eisprung wird unterdrückt • Gebärmutterschleimhaut wird nicht ausreichend aufgebaut	Sehr sichere Methode. Allerdings muss jede Woche ein neues Pflaster geklebt werden, z. B. auf Po, Oberschenkel oder Bauch. Übliche Nebenwirkungen: Gewichtszunahme, Thrombose, keine Lust auf Sex, Stimmungsschwankungen, Kopfschmerzen	Für alle, die auch mal vergessen, die Pille zu schlucken. Nicht geeignet für Stillende. Ebenso wenig für Raucherinnen sowie bei Übergewicht, Diabetes, Migräne, Hypertonie und wenn Thrombose in der Familie vorliegt.
Verhütungsring Kosten: ca. 12–18 € pro Monat rezeptpflichtig Pearl-Index: 0,4	Östrogene und Gestagene wirken dreifach: • Schleimpfropf vor dem Muttermund erschwert Spermieneinlass • Eisprung wird unterdrückt • Gebärmutterschleimhaut wird nicht ausreichend aufgebaut	Der Ring liegt entlang der Scheide und gibt dort für drei Wochen Hormone über die Vaginalhaut ab. Dann folgen eine Woche Pause und die Blutung. Hormondosierung ist geringer als bei Pille und Pflaster; insgesamt weniger Nebenwirkungen. Der Ring ist kaum spürbar. Wirkt auch bei Erbrechen und Durchfall sicher.	Für alle, die auch mal vergessen, die Pille zu schlucken. Nicht geeignet für Stillende. Ebenso wenig für Raucherinnen sowie bei Übergewicht, Diabetes, Migräne, Hypertonie und wenn Thrombose in der Familie vorliegt.
Hormonrpirale einmalige Kosten für Spirale und das Einsetzen ca. 450 € Pearl-Index: 0,16	Ein T-förmiges Kunststoffteil ist mit Hormonersatzstoffen (Gestagene) beladen und wirkt lokal im Uterus. Ein Schleimpfropf versperrt den Eingang in die Gebärmutter, sodass der Spermieneinlass erschwert wird. Außerdem wird der Aufbau der Schleimhaut reduziert.	Einmal gelegt, bleibt sie für drei oder fünf Jahre in der Gebärmutter. Da sie lokal wirkt und über den Blutkreislauf bzw. Stoffwechsel geht, ist die Hormondosierung niedrig. Eventuelle Nebenwirkungen: Kopf- und Bauchschmerzen, Traurigkeit, Gewichtszunahme.	Da hier nur eine Hormonsorte vorkommt, ist sie für alle Frauen geeignet und auch nach einer Geburt (frühestens sechs bis acht Wochen nach der Geburt einsetzbar, wenn der Wochenfluss vorbei ist).
»Mini«-Pille (Monopräparat) Kosten pro Monat: ca. 12–15 € rezeptpflichtig Pearl-Index: 0,5–3	Enthält nur Gestagene. Es fehlt die zweite Hormonsorte (Östrogene)! Östrogenersatzstoffe sind für viele Nebenwirkungen zuständig, aber auch wertvoll für Knochen und Wohlbefinden, sie schützen vor Herzinfarkt und Schlaganfall.	»Mini« heißt nicht klein oder wenig – die Nebenwirkungen können groß sein! Es kann zu Stimmungsschwankungen und Traurigkeit kommen. Es fehlt der natürliche hormonelle Schutz vor Schlaganfall und Herzinfarkt. Es gibt ein erhöhtes Osteoporoserisiko im Alter.	Stillende können diese Präparate nehmen, da künstliche Gestagene keine nachweisbaren Wirkungen aufs Baby haben. Ebenso geeignet für Raucherinnen, Diabetikerinnen sowie bei Übergewicht und Bluthochdruck (Hypertonie).

Hormonelle Verhütung	Wirkt wie?	Vorteile? Nachteile?	Für wen geeignet?
Dreimonatsspritze Kosten: ca. 30 € im Monat Pearl-Index: 0,3–1,4	Ebenfalls ein Monopräparat wie die »Mini-Pille« mit gleichen Nebenwirkungen und Folgen, aber noch stärker ausgeprägt. Darf nur in Ausnahmefällen länger als ein Jahr angewendet werden.	Wird einmal alle drei Monate gesetzt und ist eine Hormonwucht. Vorzeitiges Beenden der Wirkung unmöglich. Bei jahrelanger Anwendung hohes Risiko für Osteoporose belegt. Blutung bleibt i. d. R. aus.	Für alle Frauen und theoretisch auch für Stillende. In der Praxis aber unüblich, da es Methoden gibt, die weniger Nebenwirkungen mitbringen.
Verhütungsstäbchen einmalige Kosten von ca. 300 € für 3 Jahre rezeptpflichtig Pearl-Index: ca. 0–0,08	Wie die »Mini«-Pille ein Monopräparat mit ähnlichen Nebenwirkungen. Ein 4–5 cm langes Kunststoffstäbchen wird auf der Innenseite des Oberarms unter die Haut eingesetzt.	Wirkt bis zu drei Jahre, kann aber jederzeit gezogen werden. Übliche Nebenwirkungen sowie unregelmäßige Blutungen, Kopfschmerzen und Stimmungsschwankungen möglich.	Für alle Frauen und theoretisch auch für Stillende, aber nicht für Frauen mit Stillproblemen.

Lokal wirkende Verhütung	Wirkt wie?	Vorteile? Nachteile?	Für wen geeignet?
Kupferspirale/Kupferkette Kosten: einmalig ca. 400 € für Präparat und Einsetzen Pearl-Index: ca. 0,3–0,8	Kupferionen verhindern den Aufbau der Gebärmutterschleimhaut und sollen Spermien abtöten. Keine hundertprozentige Methode. Es kann trotzdem zur Befruchtung kommen, aber Einnistung nicht möglich.	Spirale und Kette können drei oder fünf Jahre in der Gebärmutter liegen. Manche Frauenkörper stoßen den Fremdkörper aus, stärkere Blutung und starke Bauchschmerzen möglich.	Für alle Frauen.
Kondom/Frauenkondom Kosten: ca. 1 € Frauenkondom ca. 4 € nicht rezeptpflichtig Pearl-Index Kondom: 2–12	Dünner Überzug aus Latex oder auch latexfrei verhindert den Kontakt mit den Schleimhäuten und versperrt Spermien den Weg in den Uterus.	Einziges Mittel, das vor Geschlechtskrankheiten schützt! Günstig, kein Medikament, spontan. Etwas Übung nötig, kurze Unterbrechung beim Liebesspiel.	Für alle geeignet! Ohne gesundheitliche Nebenwirkungen! Ideal in Kombination mit Diaphragma. Achtung: Nicht mit ölhaltigen Gleitmitteln benutzen.
Diaphragma Kosten: ca. 40 € ca. 2 Jahre haltbar nicht rezeptpflichtig Pearl-Index: ca. 1–20	Kleine Latexkappe ab ca. 5 cm Durchmesser, bestrichen mit spermienabtötendem Gel, die in die Scheide eingeführt wird. Legt sich vor den Gebärmutterhals und verhindert den Spermieneinlass in die Gebärmutter.	Das Diaphragma ist hormonfrei. Pluspunkt: Es kann bis zu 2 Stunden vor dem Verkehr in die Scheide eingesetzt werden und somit muss das Liebespiel nicht unterbrochen werden. Ideale Kombination zusammen mit Kondom.	Für alle! Wer das chemisch spermizide Gel nicht verträgt, kann auf biologische (Zitronensäure-)Gele zurückgreifen. Meist bieten Frauengesundheitszentren Beratung dafür an, leider nur wenige GynäkologInnen.

Körperbeobachtung	Wirkt wie?	Vorteile? Nachteile?	Für wen geeignet?
Natürliche Familienplanung (NFP) nach Sensiplan Kosten: Kurs mit Material ca. 300 € einmal im Leben nicht rezeptpflichtig Pearl-Index: 0,4	Es handelt sich um eine Methode zur Körperbeobachtung. Die Frau lernt, die körperlichen Zeichen wie Zervixschleim und Temperatur täglich zu ermitteln und auszuwerten.	Chemie- und hormonfrei. Einmal gelernt, über Jahrzehnte ohne Folgekosten anwendbar. Frau muss sich das Wissen aneignen und täglich ca. drei Minuten investieren und Ergebnisse im Zyklusblatt notieren.	Für alle Frauen. Die Methode gibt Aufschluss über den eigenen Zyklus, der immer wieder anders aussieht. Dient als Verhütungsmethode genauso bei Kinderwunsch – der Zyklus bleibt gleich.

FRAGEN & ANTWORTEN

Bleibt die bräunliche Linie zwischen Schambein und Nabel nach der Geburt sichtbar?

Nur für einige Wochen. Sie ist ein Zeichen für die Hormonumstellung während der Schwangerschaft. Bei dunkelhaarigen und braunäugigen Frauen zeigt sich diese Pigmentierung am deutlichsten. Spätestens wenn sich die Hormone wieder eingependelt haben, Ihr Baby abgestillt und die erste Menstruation da ist, verblasst die sogenannte Linea fusca. Normalerweise ist sie sechs Monate nach der Geburt dann ganz verschwunden.

Ich habe rund um den Bauch Schwangerschaftsstreifen. Verschwinden die irgendwann wieder?

Leider nein. Schwangerschaftsstreifen treten genau dort auf, wo sich das Bindegewebe durch den wachsenden Bauch so stark ausdehnen musste, dass es schließlich gerissen ist. Anfänglich sind die Streifen dunkelrosa bis lilafarben, später verblassen sie. Ein Trost: Nach der Geburt sind sie eher bräunlich und fallen nicht mehr sofort ins Auge.

Was heilt besser – ein Dammriss oder ein Dammschnitt?

Darin sind sich die Hebammen eigentlich einig: Ein Dammriss heilt meistens schneller und komplikationsloser als ein Schnitt. Es gibt darüber hinaus wissenschaftliche Untersuchungen, die belegen, dass Frauen mit einem Dammriss weniger Beschwerden im Wochenbett haben. Je nach Größe des Risses ist er zwar aufwendiger zu nähen, hinterher aber problemloser in der Heilung. Es gibt aber auch gute Gründe, die im Einzelfall für einen Dammschnitt sprechen – etwa dann, wenn der Kopf des Kindes sehr groß ist, bei einer Zangen- oder Saugglockengeburt, oder wenn die Geburt aus medizinischen Gründen zügig beendet werden muss. Außerdem spielt die Dauer der aktiven Ausschiebephase eine Rolle: Je länger sie dauert, umso höher ist das Risiko, dass es zu einer Dammverletzung kommt.

Was tun, wenn der Wochenfluss bereits nach einer Woche zu fließen aufhört?

Dafür kann es verschiedene Gründe geben – angefangen von einem vollen Darm (die Wöchnerin hatte längere Zeit keinen Stuhlgang), der verhindert, dass sich die Gebärmutter nicht in die Ausgangsposition zurückbilden kann. Es könnte aber auch eine Gebärmutterknickung dahinterstecken. Wichtig ist es, nun zügig abzuklären, was die genaue Ursache ist, denn der Wochenfluss sollte auf keinen Fall zu früh versiegen. Fragen Sie Ihre Nachsorgehebamme.

Um wie viele Kilo ist man leichter, wenn die Geburt vorüber ist?

Formulieren wir es einmal so: Ein Baby wiegt im Durchschnitt ungefähr 3300 Gramm, die Plazenta circa 600 Gramm, das Fruchtwasser macht etwa 500 Gramm aus, das Wachstum der Gebärmutter um die 1000 Gramm. Diese Mengen ergeben zusammen rund 5,5 Kilogramm. So viel können Sie nach der Geburt abziehen. Was dann noch bleibt, ist das Gewicht des

Gewebewassers, das erhöhte Blutvolumen, die Zunahme an den Brüsten sowie die Fett- und Proteinvorräte, die Ihr Körper angelegt hat. Dieser Teil kann noch einmal rund 6,5 Kilogramm ausmachen.

Stimmt es, dass Mütter nach der Geburt vergesslich werden?

Das kann man so pauschal nicht sagen. Tatsache ist aber, dass viele Wöchnerinnen in den ersten Wochen nach der Geburt über Konzentrationsschwäche klagen. Kein Wunder, sie haben ja auch alle Hände voll zu tun. Da kann schon mal die eine Telefonnummer oder das andere Teil von der Einkaufsliste vergessen werden. Meist ist dies jedoch nur ein vorübergehender Zustand. Vergesslichkeit kann übrigens auch ein Zeichen einer Anämie (Blutarmut) oder Schilddrüsenunterfunktion sein. Um dies abzuklären, könnten Sie beim nächsten Arztbesuch Ihr Blut daraufhin untersuchen lassen.

Ich möchte unbedingt die restlichen Kilo verlieren. Welche Diät ist geeignet?

Gar keine! Bitte beginnen Sie jetzt kein strenges Diätprogramm – dafür ist jetzt, kurz nach der Geburt, nicht der richtige Zeitpunkt. Wenn Sie stillen, benötigen Sie sogar noch eine Portion zusätzlicher Kalorien (siehe Seite 190). Eine Diät hingegen, also der gezielte Verzicht auf bestimmte Lebensmittel, macht in den meisten Fällen wenig Freude. Belasten Sie sich damit gerade jetzt, in der noch ungewohnten ersten Zeit mit dem Baby, nicht noch zusätzlich. Im Moment sollten Ihr Baby und ein harmonisches Familienleben im Vordergrund stehen. Sobald sich alles eingespielt hat, das Stillen gut klappt und Sie nachts wieder ausreichend Schlaf bekommen, haben Sie noch Zeit genug, sich mit einer Diät oder einem regelmäßigen Fitnessprogramm zu befassen.

Was ist eine Rektusdiastase?

Darunter versteht man das Auseinanderstehen der geraden Bauchmuskeln. Während der Schwangerschaft brauchte das Baby Raum und Platz. Alles, was im Weg stand, musste weichen. So werden Organe verdrängt, aber auch die geraden Bauchmuskeln können von der größer werdenden Gebärmutter zur Seite gedrängt werden. Hinzu kommen Schwangerschaftshormone, die für die Lockerung sämtlicher Muskel sorgen. So eine Rektusdiastase kann zwei bis zehn Zentimeter breit und zwölf bis 15 Zentimeter lang sein. Dieser Spalt ist im Liegen fühlbar und im Stehen sichtbar – als eine Art Wulst zwischen den geraden Bauchmuskeln. Da Bauchmuskeln für die Stabilität des gesamten Körpers wichtig sind, haben sie auch eine wichtige Stützfunktion. Ist die Muskulatur überdehnt, kann sie nicht mehr richtig halten. Mögliche Folgen: Schmerzen im unteren Rücken, auch Verdauungsprobleme. Darum der Rat: Beim Aufstehen immer aus dem Liegen über die Seite drehen, das schont die geraden Bauchmuskeln und trainiert die schrägen. Ebenso können Rückbildungsgymnastik und das Tragen eines Bauchgurts helfen, weil er den Rücken stützt und die Bauchmuskulatur stärkt.

VOM SÄUGLING ZUM KLEINKIND

Im ersten Lebensjahr verläuft die Entwicklung in rasantem Tempo – nie mehr in seinem Leben wird sich Ihr Baby so schnell entwickeln wie in dieser Zeit. Sie als Eltern dürfen Ihr Kind begleiten und Monat für Monat staunend erleben, wie mit Riesenschritten aus dem hilflosen Säugling ein aktives Kleinkind wird.

DER ERSTE MONAT **94**

DER ZWEITE MONAT **104**

DER DRITTE MONAT **112**

DER VIERTE MONAT **118**

DER FÜNFTE MONAT **124**

DER SECHSTE MONAT **130**

DER SIEBTE MONAT **136**

DER ACHTE MONAT **142**

DER NEUNTE MONAT **148**

DER ZEHNTE MONAT **154**

DER ELFTE MONAT **160**

DER ZWÖLFTE MONAT **166**

DER ERSTE MONAT

Willkommen auf unserer Erde, du kleiner Mensch! Auch wenn es noch so zart und schutzbedürftig aussieht, hat Ihr Baby bereits eine Menge Fähigkeiten mitgebracht, die ihm sein Überleben sichern. Seine Lieblingsliegeposition erinnert aber immer noch an seine Lage im Mutterleib.

SO ENTWICKELT SICH EIN BABY

Auch eine über 40 Wochen ausgetragene Schwangerschaft endet quasi als »Frühgeburt«, denn Neugeborene sind grundsätzlich »unreif« und zu 100 Prozent auf die Fürsorge ihrer Eltern angewiesen. Im Vergleich zu anderen Säugetieren ist ein neugeborener Mensch in puncto Lernfortschritte weit weniger ausgereift. Während zum Beispiel ein Kalb innerhalb weniger Minuten nach der Geburt steht und läuft, benötigt ein Mensch für diese Schritte ein Jahr oder länger. Dennoch sind neugeborene Babys mit erstaunlichen Fähigkeiten ausgestattet, die ihr Überleben sichern: Sobald die Nabelschnur durchtrennt ist, kann der kindliche Organismus selbstständig atmen, seine Temperatur weitgehend konstant halten, Nahrung aufnehmen und unverdauliche Reste wieder ausscheiden. Auch saugen und schlucken kann ein Baby sofort nach der Geburt. Wenn es diese Fähigkeiten erst noch erlernen müsste, würde es verhungern.

Vom Reflex zur bewussten Handlung

Die Reflexe eines Säuglings sind angeboren und haben die Eigenschaft, dass sie sich wieder zurückbilden, wenn sie nach ein einiger Zeit durch bewusste Handlungen abgelöst werden.
Das heißt: Je weiter sich das Nervensystem entwickelt und das Großhirn die Regie übernimmt, umso mehr treten die frühkindlichen Reflexe in den Hintergrund.

DIE WICHTIGSTEN NEUGEBORENENREFLEXE IM ÜBERBLICK

- **Such-Reflex:** Sobald Sie die Wange Ihres Babys streicheln, wendet es seinen Kopf in diese Richtung und fängt an zu saugen.
- **Saug-Reflex:** Berühren Sie Ihr Baby am Mundwinkel, öffnet es seinen Mund und beginnt zu saugen. Such- und Saugreflex sind bis zum dritten Monat nachweisbar.
- **Greif-Reflex:** Wenn Sie einen Finger in die Handfläche Ihres Babys legen, umklammert es diesen sofort. Oft beugt es dabei seine Arme, ähnlich wie bei einem Klimmzug. Manchmal geschieht das so fest, dass Neugeborene für einige Sekunden sogar ihr eigenes Gewicht tragen können. Der Grund: In Vorzeiten mussten sich Nachkommen am Fell ihrer Mutter festklammern. Diese Leistung wird auch als Darwin-Reflex bezeichnet. Er verschwindet bis zum fünften Monat.
- **Moro-Reflex:** Wenn ein Baby das Gefühl hat zu fallen, spreizt es zuerst die Arme auseinander und legt sie dann sofort um seinen Leib – so als wollte es sich umarmen. Der Heidelberger Kinderarzt Dr. Moro entdeckte 1918 diesen Reflex, der bis zum dritten Monat deutlich, bis zum sechsten Monat eher schwach auslösbar ist.
- **Bauer-Reflex:** Liegt das Baby mit angewinkelten Beinchen auf dem Bauch und berühren Sie dann seine Füße, stößt es sich ab – gerade so, als wolle es die Flucht ergreifen. Dieser Reflex ist bis zum dritten Monat auslösbar.
- **Schreit-Reflex:** Wenn ein Baby in aufrechter Position mit den Füßen den Boden berührt, hebt es den Fuß, beugt das Knie und geht einen Schritt nach vorn. Dieser Reflex ist etwa drei Monate nachweisbar.

Verantwortlich für die Steuerung des menschlichen Verhaltens ist das Nervensystem, insbesondere das Gehirn. Gemeinsam mit dem Rückenmark bildet es das Zentralnervensystem. Seine Grundbausteine sind die Nervenzellen. Jede einzelne Nervenzelle ist mit bis zu 10 000 anderen verbunden, was zu einer unvorstellbar hohen Zahl möglicher Verbindungen führt.

Verbindungen gezielt fördern

Bereits bei der Geburt sind fast alle Nervenzellen und vermutlich auch ein Großteil der Verbindungen vorhanden. Dennoch beträgt die Gehirnmasse mit rund 350 Gramm nur etwa ein Viertel der Gehirnmasse eines Erwachsenen. Nach sechs Monaten beträgt das Gewicht knapp 50 Prozent, nach zweieinhalb Jahren 75 Prozent und mit fünf Jahren bereits 90 Prozent eines ausgewachsenen Gehirns. Dies verdeutlicht, wie wichtig es ist, die Sinne eines Babys zu fördern, damit sich immer neue Nervenverbindungen bilden können. Denn je mehr die Sinne stimuliert werden, umso mehr Nervenverbindungen entstehen und desto eher kann Ihr Baby bewusst Handlungen ausführen – etwa mit den Händen nach etwas greifen, sich vom Bauch auf den Rücken drehen oder einen Löffel zum Mund führen.

Die Sinne Ihres Babys

In den ersten Tagen nach der Geburt muss sich Ihr Baby erst einmal mit all seinen Sinnen an seine neue Umgebung gewöhnen. Wochenlang lebte es in seiner abgedunkelten, mit Fruchtwasser gefüllten Höhle und wartete auf den Tag seiner Ankunft …

Hören

Schon lang vor der Geburt hat das Kind im Bauch der Mutter die vielfältigsten Geräusche wahrgenommen wie etwa das Rauschen des Blutes, das Schlagen des Herzens, das Rumoren in Magen und Darm. Aber auch Geräusche von außen konnte das Baby im Mutterleib sehr gut hören. In den ersten Tagen nach der Geburt sind die Ohren möglicherweise noch mit etwas Fruchtwasser oder Käseschmiere verstopft. Doch schon bald kann Ihr Kind ein breites Frequenzspektrum vernehmen: Es hört Flüstertöne genauso gut wie Vogelgezwitscher, Schritte auf Teppichboden ebenso wie das Ticken der Uhr. Besonders vertraut aber ist die Stimme der Mutter, die es schon innerhalb der ersten zwölf Stunden nach der Geburt von anderen Stimmen unterscheiden kann. Grundsätzlich favorisieren Babys sanfte, höhere Töne, während tiefe, raue und vor allem laute (Männer-)Stimmen sie eher zusammenzucken lassen.

Neugeborene lieben Blickkontakt, sie wollen gesehen werden. Ein Abstand von 25 bis 30 Zentimetern ist perfekt.

Sehen

Von allen Sinnen entwickelt sich das Sehvermögen zuletzt. In der dunklen Umgebung der Gebärmutter konnte es kaum stimuliert werden. Nach der Geburt müssen sich die Augen Ihres Babys erst an die Helligkeit gewöhnen. Die Sehkraft ist jetzt noch relativ schlecht, sodass Ihr Baby nur etwa 25 Zentimeter weit sehen kann. Dies ist ziemlich genau der Abstand, der auch zwischen Mutter und Baby liegt, wenn es an der Brust trinkt. Alles, was weiter weg ist, sieht Ihr Baby nur verschwommen. Mit etwa vier Wochen ist die Sehschärfe eines Säuglings in etwa vergleichbar mit der Nachtsehschärfe eines Erwachsenen. Am besten erkennt das Neugeborene große Objekte mit starken Kontrasten, etwa schwarze

Konturen auf weißem Hintergrund. Deshalb beobachtet es lieber Linien und klar definierte Figuren als ein buntes Durcheinander. Was Farben angeht, können Babys die Farbe Rot von Gelb unterscheiden, aber noch nicht Blau von Grün. Auch zarte Pastellfarben können Säuglinge vermutlich noch nicht so klar unterscheiden.
Interessant: In den ersten vier bis sechs Wochen weinen die meisten Babys, ohne Tränen zu vergießen. Das liegt daran, dass die für den Tränenfluss zuständigen Nervenbahnen noch nicht voll funktionsfähig sind.

Riechen und Schmecken

Wissenschaftler haben festgestellt, dass Neugeborene von Anfang an über einen ausgeprägten Geruchssinn verfügen. Sobald das Baby nach der Geburt auf den Bauch der Mutter gelegt wird, speichert es deren spezifischen Geruch im Gedächtnis ab. Nach wenigen Tagen erkennt das Baby auch die Milch seiner Mutter und kann sie von fremder Milch unterscheiden. Darum sind Babys übrigens auch im Dunkeln in der Lage, den Weg zur Brustwarze zu finden – indem sie einfach den Duftsignalen der Warze folgen. Auf starke Gerüche reagieren Kinder bereits im Alter von zwei Tagen mit verstärkten Strampelbewegungen, sie atmen dann schneller, und ihr Pulsschlag erhöht sich. Geruchs- und Geschmackssinn sind eng miteinander verbunden. Ihr Baby ist von Anfang an in der Lage, die vier Geschmacksrichtungen süß, sauer, bitter und salzig zu unterscheiden. Übrigens: Babys haben nicht nur mehr Geschmacksknospen im Mund als Erwachsene, diese sind auch noch über eine größere Fläche verteilt. Die Geschmacksknospen befinden sich vor allem auf der Zunge.

TIPP: MAMAS DUFT

Idealerweise verzichten Sie als Mutter in den ersten Tagen und Wochen nach der Geburt ganz auf Parfum, um den Geruchssinn des Babys nicht zu irritieren. Schließlich hat es die Natur so eingerichtet, dass Ihr Baby Sie an Ihrem individuellen Körpergeruch erkennen kann. Ihr persönlicher Duft ist unschlagbar und bereitet seiner Nase mehr Freude, als es jedes Parfum vermag.

Fühlen

Auf jedem Quadratzentimeter Babyhaut befinden sich etwa sechs Millionen Zellen und Nervenfasern. Kein Wunder, dass die Haut ein sehr empfindliches Organ ist, das alle Berührungen ganz genau wahrnimmt. Sofort nach der Geburt kommt der Säugling mit Berührungen in Kontakt: Er wird angefasst, gestreichelt und eng umschlungen. Solche Hautkontakte sind notwendig, denn sie vermitteln das Gefühl von Sicherheit. Aber auch liebevolle Berührungen wie bei einer Massage tun dem Baby gut, da sich das Kind dann geliebt fühlt. Dies ist eine wichtige Basis, um Urvertrauen entwickeln zu können. In seinen ersten Lebenswochen ist ein Säugling auf die Liebe und Pflege seiner Eltern angewiesen. Je mehr positive sinnliche, körperliche und geistige Erfahrungen er sammeln darf, desto besser.

Fortschritt über Fortschritt

Gegen Ende des ersten Monats gelingt es Ihrem Baby immer besser, seine Kopfhaltung zu kontrollieren. Liegt es auf dem Rücken, bemüht es sich, den Kopf anzuheben, in der Bauchlage hält es seinen Kopf für wenige Sekunden hoch. Wenn das Baby in eine sitzende Position kommen würde (bitte in diesem Alter jedoch weitgehend vermeiden!), könnte es seinen Kopf bereits für einen Moment aufrecht halten. Hält man einen Gegenstand ins Blickfeld des Babys, kann es diesen mit den Augen fixieren, bewegt man ihn hin und her, folgt es ihm mit seinem Blick. Auf Licht und Geräusche reagiert es deutlich: Es runzelt die Stirn, blinzelt, strampelt und fängt lauthals an zu schreien, wenn ihm alles zu viel wird.

Die Vorsorgeuntersuchungen

Bereits während der Schwangerschaft wurden sämtliche Untersuchungsergebnisse dokumentiert und in das Vorsorgeheft eingetragen. Nach der Geburt wird weiterhin Buch geführt, diesmal aber über den Entwicklungsstand des Kindes. Nach der U1 bekommen die Eltern ein gelbes Vorsorgeheft in die Hand. Dieses sollten Sie in Zukunft bei jeder Vorsorgeuntersuchung dem Kinderarzt vorlegen. In ihm werden alle Untersuchungsergebnisse eingetragen. Bis zum fünften Lebensjahr des Kindes stehen insgesamt zehn Untersuchungen an, die alle von der Krankenkasse bezahlt werden und die Sie auf jeden Fall in Anspruch nehmen sollten. Für Jugendliche schließen sich bis zum 16. Lebensjahr noch vier weitere Untersuchungen an. Diese kinderärztlichen Leistungen werden noch nicht von allen Krankenkassen bezahlt.

Die Vorsorgeuntersuchung U1

Um den Allgemeinzustand zu bestimmen, wird nach der Geburt der Apgar-Test (siehe Seite 38) durchgeführt. Er gibt Aufschluss über Atmung, Puls und Aussehen des Babys. Danach stehen Messen und Wiegen sowie eine körperliche Untersuchung auf dem Programm: Der Arzt prüft Herz, Lunge und Puls und ob körperliche Fehlbildungen sichtbar sind. Außerdem bekommt das Baby zu diesem Zeitpunkt die erste der drei Vitamin-K-Gaben verabreicht.

Die Vorsorgeuntersuchung U2

Bei dieser Untersuchung zwischen dem dritten und zehnten Lebenstag stehen wieder Messen und Wiegen auf dem Programm. Entwickelt es sich gut? Sind sämtliche Stoffwechselfunktionen stabil? Atmet es gleichmäßig, ist die Herztätigkeit normal? Wie sieht es mit den Reflexen, dem Trinkverhalten und einer möglichen Gelbsucht aus? Außerdem werden das Neugeborenen- und das Mukoviszidose-Screening angeboten. Dazu entnimmt der Arzt wenige Tropfen Blut aus Ferse oder Handrückenvene des Babys und träufelt sie auf ein spezielles Filterpapier. Im Labor wird die Probe auf mögliche Stoffwechselerkrankungen untersucht, die bei rechtzeitiger Erkennung meist gut behandelbar sind. Bei der U2 ist die zweite Vitamin-K-Gabe fällig. Der Kinderarzt verordnet außerdem ab dem zehnten Lebenstag ein kombiniertes Fluorid-Vitamin-D-Präparat fürs Baby (siehe Seite 41).

KLEINE FORSCHER AUF DEM WEG

Noch Mitte des letzten Jahrhunderts verglich man Säuglinge mit unbeschriebenen Blättern und sprach respektlos von den »dummen ersten drei Monaten«. Doch weit gefehlt – ein Baby ist bereits von Anfang an außerordentlich kompetent. So haben Wissenschaftler in verschiedenen Studien zum Beispiel herausgefunden, dass Babys Geschichten wiedererkennen, die sie während der Schwangerschaft täglich mindestens zweimal vorgelesen bekamen. Außerdem weiß man schon lang, dass Babys unterscheiden können, ob sie in ihrer Muttersprache oder einer Fremdsprache angesprochen werden – sie können dies sogar an der Mimik ablesen. Babys Alltag ist auf keinen Fall eintönig, nur weil es viel schäft und trinkt, im Gegenteil: Babys sind von Anfang an wach, aktiv und nehmen ihre Umwelt mit allen Sinnen interessiert wahr.

Ich zeige dir, wie ich mich fühle

Durch Laute, Mimik und Gestik kann ein Säugling seine Stimmung zeigen – es braucht nur Eltern, die diese Signale auch richtig deuten. Das dauert eine kleine Weile, aber wenn es gelingt, sind beste Voraussetzungen für stetiges Wachsen und Lernen gegeben. Ein Baby braucht Sicherheit.

Ich brauche Mitmenschen

Wir Menschen sind soziale Wesen – und auch ein Baby benötigt Kontakt und Interaktionen. Durch das Miteinander kann es soziale Kompetenzen erlernen, ganz gleich, ob mit Kindern oder Erwachsenen.

Die beste Förderung: Verbringen Sie möglichst viel freie Zeit mit Ihrem Baby.

Ich bin genau richtig, wie ich bin

Jeder Mensch ist ein einzigartiges Individuum – von Anfang an. Natürlich bringt ein Baby seine eigenen Vorlieben und Begabungen mit, es hat eigene Interessen und vor allem sein eigenes Tempo – auch in der Entwicklung. Jedes Baby ist genau richtig, wie es ist. Vergleiche sind immer auch ein kleiner Wettkampf – und wer mag schon gern bewertet werden.

Ich lerne am liebsten mit Spaß

Babys sind sehr wissbegierig und wollen selbst mitmischen: Sie lieben die x-te Wiederholung eines Fingerspiels oder Liedchens, studieren die Mimik und ahmen sie nach, lauschen den Geräuschen, setzen sie in Bezug und wollen verstehen und erleben, wie die Welt funktioniert. Idealerweise ohne Druck von außen, gefördert statt überfordert. Beim Lernen spielen positive Emotionen eine wichtige Rolle, nur so macht das Lernen auch Spaß.

SO FÖRDERN SIE IHR BABY SPIELERISCH

In den ersten Wochen schlafen die meisten Babys erfahrungsgemäß sehr viel. Anfangs erholen sie sich von den Geburtsstrapazen und brauchen in den folgenden Tagen erst einmal Zeit, um auf der Erde zu »landen«. Wunderbare Wachphasen können Sie erleben, wenn Ihr Säugling zufrieden und satt vor Ihnen liegt und mit großen Augen in seine neue (Um-)Welt blickt. Nutzen Sie diese gemeinsame Zeit, um herauszufinden, was Ihnen beiden guttut.

Berühren macht glücklich

Viele Babys genießen es, wenn sie in entspannter Atmosphäre von warmen Händen liebevoll massiert werden. Dabei muss es nicht immer das Komplettprogramm sein. Schon wenn Sie hin und wieder über die Handinnenflächen Ihres Babys streichen, seine Fußsohlen kitzeln oder seinen Bauch und Rücken massieren, wirkt sich das positiv auf die weitere Entwicklung aus. Oder Sie zählen von Zeit zu Zeit die Zehen: Wenn Ihr Baby ausgezogen auf der Wickelkommode liegt, streicheln oder kitzeln Sie jede Zehe einzeln.
Ebenso viel Spaß macht es, die Finger mit den alten Reimen abzuzählen:

Der ist ins Wasser gefallen, der hat ihn rausgeholt, der hat ihn ins Bett gelegt, der hat ihn zugedeckt, und der kleine hier, der hat ihn wieder aufgeweckt.

TIPP: SCHMUSETUCH

Wenn Ihr Baby immerzu bei Ihnen sein will und unruhig reagiert oder gar schreit, wenn Sie es weglegen möchten, bieten Sie ihm ein Schmusetuch oder eine Stoffwindel an, die Sie für ein oder zwei Nächte auf Ihrer Haut getragen haben. Der Stoff duftet gut nach Ihnen und kann dazu beitragen, Ihr Baby zu beruhigen.

Das Mobile im Blick

Wenn Sie das Sehvermögen Ihres Babys stimulieren möchten, gelingt das zu diesem frühen Zeitpunkt am besten mit geometrischen Figuren (Kreise, Dreiecke, Vierecke), die sich in den Farben Schwarz oder Rot auf einem weißen Hintergrund deutlich abheben. Babys fixieren normalerweise alles, was sich bewegt: Ein Mobile über dem Bett oder der Wickelkommode wird zuerst entdeckt und dann nicht mehr aus den Augen gelassen. Indem Sie das Mobile hin und wieder gegen ein anderes austauschen, fördern Sie spielerisch die Entwicklung des kindlichen Sehvermögens. Bitte bewegen Sie ein Mobile oder ähnliche Gegenstände ganz ruhig und langsam vor den Augen Ihres Kindes hin und her, damit es sich nicht erschreckt. Der optimale Abstand zwischen Auge und Mobile beträgt etwa 25 Zentimeter.

»Schlaf, Kindchen, schlaf«

Was gibt es Schöneres, als in Mamas (oder Papas) Armen zu liegen und in den Schlaf gewiegt zu werden … Ihr Kind profitiert davon aber noch mehr, wenn Sie ihm gleichzeitig ein Lied vorsingen oder eine Melodie summen. Dabei ist es nicht wichtig, täglich neue Lieder vorzusingen. Ganz im Gegenteil: Wenn Sie Ihrem Baby immer wieder dasselbe Lied vorsingen, gewöhnt es sich schon bald an die Melodie. So kann sich die Situation zu einem Ritual entwickeln, bei dem Ihr Kind schon bald weiß, welche Töne noch folgen werden.

Hör mal, wer da raschelt!

Sie können die Entwicklung des Hörvermögens stimulieren, indem Sie Ihrem Baby unterschiedliche Geräusche vormachen. Schütteln Sie sanft eine Rassel neben seinem Ohr oder auch mal hinter seinem Kopf, sodass es sich umdrehen muss, um die Rassel zu sehen. Ebenfalls geeignet ist das leise Rascheln mit einer Papiertüte oder das Klingeln eines kleinen Glöckchens. Aber es gibt ein Geräusch, das Ihr Baby am allerliebsten hört: die Stimme seiner Mutter, und zwar in allen Variationen. Sprechen Sie Ihr Baby in verschiedenen Tonlagen an, lesen Sie ihm eine Geschichte vor oder singen Sie ein schönes Lied. Ihr Baby freut sich auch über ein Mobile mit Klangstäben,

TIPP: KONTINUITÄT

Untersuchungen haben ergeben, dass Babys Gesichter um sich herum genau betrachten. Sie prägen sich nicht nur Mamas Duft, sondern auch verschiedene Merkmale ein, zum Beispiel die Kopfform, die Frisur oder Gesichtsumrisse. Sollten Sie sich also kurz nach der Geburt eine neue Frisur zulegen, kann es sein, dass Ihr Kind Sie auf den ersten Blick nicht erkennt.

Führen Sie ein Spielzeug langsam durch das Blickfeld des Babys, es folgt mit den Augen.

das über seiner Wickelkommode hängt. Dieser Platz wird Ihrem Baby übrigens sehr schnell vertraut sein, denn dort bekommt es regelmäßig seine Streicheleinheiten und hört die liebevollen Worte seiner Eltern. Sehr bald merkt Ihr Baby, dass dies ein Platz ist, an dem ihm alle Aufmerksamkeit geschenkt wird. Auch der Klang des Mobiles gehört dazu und wird zu willkommener Musik in seinen Ohren. Wenn Eltern eine Spieluhr aufziehen und sie in Babys Bettchen legen, lauschen die meisten Babys interessiert der Melodie. Dieses Aufziehen der Spieluhr kann so zu einem Teil des Schlafrituals und damit ein wichtiger Eckpunkt im Tagesgeschehen werden. (Mehr darüber, wie Rituale Ihrem Baby dabei helfen, sich im Tagesablauf zu orientieren, lesen Sie auf Seite 126.)

FRAGEN & ANTWORTEN

Muss ich meine Hände desinfizieren, wenn ich mein Baby anfassen möchte?

Nein. Auch wenn Ihnen im Krankenhaus von der Hebamme oder der Säuglingsschwester das Desinfizieren der Hände empfohlen wurde, so gilt das in erster Linie für die Zeit, in der Sie sich in der Klinik aufhalten. Immerhin können sich gerade dort eine Menge Viren, Bakterien und Keime auf Türgriffen, Ablagen, Betten oder in der Luft tummeln. Hinzu kommt, dass sich ständig viele fremde Menschen auf wenigen Quadratmetern aufhalten. Sobald Sie zu Hause sind, ist diese strenge Desinfektion nicht mehr nötig. Natürlich sollten Ihre Hände sauber sein, wenn Sie Ihr Baby anfassen. Dafür reicht aber das Waschen mit Seife, besonders nach jedem Toilettengang oder wenn ein Haustier gestreichelt wurde.

Ich habe gehört, dass Babys in den ersten zwei Wochen nach der Geburt nicht nach draußen dürfen. Stimmt das?

Wenn die Außentemperatur nicht gerade minus 20 °C beträgt, spricht nichts dagegen, mit dem Baby schon wenige Tage nach der Geburt nach draußen zu gehen. Luft und vor allem Licht sind Balsam für die Babyseele, und auch die meisten Eltern sind dankbar, wenn sie hin und wieder vor die Tür gehen können. Entscheidend ist lediglich, dass Sie Ihr Baby den äußeren Temperaturen entsprechend kleiden. »Sommerbabys«, die mit Außentemperaturen von bis zu 30 °C klarkommen müssen, sollten mit ihrem Kinderwagen stets einen Schattenplatz bekommen. Bei hohen Temperaturen sind Babys mit einem Body über der Windel ausreichend gekleidet – aufs Mützchen kann verzichtet werden. Wenn Ihr Baby im Kinderwagen draußen schläft, können Sie es mit einem leichten Tuch zudecken. Bitte unbedingt an ein Mückennetz denken, das es in vielen Drogeriemärkten oder im Babyfachgeschäft zu kaufen gibt. Mit Glück bekommen Sie dort auch leichte Baumwolltücher, die einen eingenähten UV-Filter haben und an wirklich heißen, strahlenden Sommertagen sinnvoll sind. Haben Sie ein »Winterbaby«, mit dem Sie bei Temperaturen unter dem Gefrierpunkt an der Luft spazieren gehen möchten, sollten Sie unbedingt einen warmen Fußsack aus Lammfell oder mit Daunen gefüllt im Kinderwagen liegen haben. Wenn Sie ihn vor dem Spaziergang mit einem erwärmten Kirschkernsäckchen vorwärmen, wird es besonders kuschelig. Außerdem sollten Sie Ihrem Baby eine dickere Jacke über den Strampler anziehen und es mit Handschuhen, Mütze und Halstuch winterfest einpacken. Sorgen Sie dafür, dass Ihr Baby vor kaltem Wind geschützt im Wagen liegt, indem Sie das Verdeck ganz hochziehen und den Windschutz befestigen. Bei Bedarf können Sie Babys Gesicht zusätzlich mit einer speziellen Fettcreme (erhältlich in Drogeriemärkten und Apotheken) vor kalten Temperaturen schützen.

Wozu wird eigentlich bei Babys der Hüftultraschall durchgeführt?

Um zu kontrollieren, wie weit die kindliche Hüfte ausgereift ist, bedient sich der Kinderarzt (oder ein Orthopäde) des Hüftultraschalls. Die dabei verwendeten Schallwellen sind gesundheitlich absolut unbedenklich. Der Vorteil: Mit ihrer Hilfe können schon sehr früh Fehlentwicklungen des Hüftgelenks entdeckt werden. Von der sogenannten Hüftdysplasie spricht man dann, wenn die kindliche Gelenkpfanne nicht richtig ausgebildet ist, sodass der kugelige Gelenkkopf des Oberschenkelknochens keinen Halt darin findet. Grundsätzlich sind Mädchen davon siebenmal häufiger betroffen als Jungen, und die linke Seite ist öfter fehlentwickelt als die rechte. Wenn eine familiäre Veranlagung vorliegt, also die Eltern ebenfalls eine Hüftdysplasie hatten, oder es eine Fehllage im Mutterleib gab, zum Beispiel eine Steiß- oder Beckenendlage, erhöhen diese Faktoren das Risiko eines Kindes, an einer Hüftfehlbildung zu erkranken. Übrigens: Immer wieder gibt es Kliniken, die einen Hüftultraschall bereits bei der zweiten Vorsorgeuntersuchung (U2, zwischen dem dritten und zehnten Lebenstag) im Krankenhaus anbieten. Nutzen Sie dieses Angebot! Diese Untersuchung ist tatsächlich für all diejenigen Kinder sinnvoll, die Steiß- oder Beckenendlagen waren, sowie jene, die eine Veranlagung für eine Hüftdysplasie mitbringen – beispielsweise weil ihre Eltern oder ein Geschwisterkind ebenfalls unter einer Hüftfehlbildung litten. Alle Babys, die nicht zu diesen Risikogruppen zählen, werden untersucht, damit angehende Kinderärzte und Orthopäden an Routine und Erfahrung gewinnen, was letztlich den Kindern und den Ärzten gleichermaßen zugutekommt.

Was bedeutet eine Hüftdysplasie für unser Kind?

Eine Hüftdysplasie ist eine angeborene mangelhafte Ausbildung der Hüftgelenkpfanne.

Im schlimmsten Fall kann der Hüftgelenkkopf sogar aus der Pfanne rutschen – dann spricht man von einer Hüftluxation.

Eine Hüftdysplasie ist übrigens keine Seltenheit. Rund drei Prozent aller Neugeborenen kommen mit dieser Skelett-Fehlentwicklung auf die Welt. Die Behandlung richtet sich nach dem Schweregrad: Bei einer leichten Reifungsverzögerung (im Vorsorgeheft wird dies als eine altersentsprechende Hüfte »Typ II a+« oder »Typ II« eingetragen) handelt es sich nur um eine verzögerte Hüftreifung und nicht um eine krankhafte Fehlentwicklung. Jahrelang gab der Kinderarzt in diesem Fall die Empfehlung, das Baby einige Wochen lang »breit zu wickeln«. Das bedeutete, dass mithilfe eines Extratuchs über der Windel die Beinchen gespreizt werden sollten. Ziel war, die Beine in einem gewissen Winkel von der Hüfte abzuspreizen, damit die Hüftgelenkpfannen richtig nachreifen können. Mittlerweile wird diese Empfehlung diskutiert. Eine Wirksamkeit dieser Maßnahme ist bisher nicht sicher belegt. Nur wenn Ihr Kind unter einer höhergradigen Dysplasie leidet, muss es für einige Zeit eine Spreizhose oder eine Abspreizschiene tragen, die vom Kinderarzt oder Orthopäden verschrieben wird. Hüftdysplasien ab Typ IIa–, IIb, IIc, Typ III und IV sollten unbedingt von einem Kinderarzt und Orthopäden gemeinsam betreut werden.

DER ZWEITE MONAT

Ihr Baby trainiert im Moment täglich daran, mehr und mehr Kontrolle über seinen Körper zu gewinnen. Wenn es auf dem Bauch liegt, kann es den Kopf inzwischen um etwa 45 Grad anheben – manche Kinder schaffen das bereits bis zu zehn Sekunden lang!

SO ENTWICKELT SICH EIN BABY

Kommt das Baby in eine sitzende Position, ist sein Rücken bereits nicht mehr so stark gerundet. Das zeigt, dass sich die Rückenmuskulatur immer stärker ausbildet. Seinen Kopf kann das Baby im Sitzen ebenfalls bereits einige Sekunden halten, bis er schließlich wieder kraftlos und unkontrolliert nach vorn fällt. Vorsicht! Bitte vermeiden Sie in diesem Alter eine sitzende Position noch!
Liegt das Baby auf dem Rücken, dreht es sein Gesicht die meiste Zeit auf eine Seite, besonders im Schlaf. Wenn es wach ist, kann es schon kräftig mit den Beinen strampeln und seine Arme bewegen.
Und ganz allmählich lösen sich auch die Fäuste, und die kleinen Hände öffnen sich. Das Baby beginnt, Gesichter und Gegenstände in seiner Nähe mit den Augen langsam zu verfolgen.
Vielleicht haben Sie bereits festgestellt, dass Babys in den ersten vier bis sechs Wochen ohne Tränen weinen (siehe Seite 97). Doch nun bricht die Zeit der kullernden Tränen an. Mit etwas Glück bekommen Sie zeitgleich aber auch das erste Lächeln geschenkt.

Haut an Haut

Auch für ganz kleine Babys ist Körperkontakt wichtig. Nichts lieben sie mehr, als mit nackter Haut auf nackter Haut zu liegen. Wann immer Sie Zeit und Lust haben, mit Ihrem Baby dieses schöne Erlebnis zu teilen, sollten Sie diesen Moment der innigen Zweisamkeit genießen.

Aufmerksam, hellwach und sehr gesprächig

Mittlerweile kann Ihr Baby vermutlich einen Gegenstand mit den Augen fixieren und auch dann noch verfolgen, wenn er in seinem Blickfeld auf und ab oder hin und her bewegt wird. Ebenso aufmerksam sind seine Ohren: Hört das Baby ein Geräusch, sucht es mit den Augen nach der Quelle. Das Baby kann aber nicht nur hören, sondern gibt nun auch selbst Laute von sich. Zum gewohnten Schreien kommt jetzt das Lallen hinzu. Dabei schaffen es manche Babys, die Vokale die Tonleiter auf und ab zu lallen und zu gurren. Konsonanten hört man dagegen seltener. Es brabbelt ohne Pause vor sich hin, besonders gern nach dem Aufwachen oder vor dem Einschlafen. Das hört sich mitunter nicht nur schön an – erst recht, wenn es zwischenzeitlich immer wieder einmal kurz juchzt –, sondern hat auch einen wichtigen Nebeneffekt. Auf diese Weise trainiert Ihr Baby seine Stimmbänder und schult zusätzlich sein Hör- und Sprechvermögen.

Das erste Lächeln

Dieser Moment bleibt den meisten Eltern unvergessen, denn irgendwann um die sechste Woche herum sprechen sie ihr Baby an und dürfen einen wundervollen Augenblick erleben: Zuerst zucken die Mundwinkel, die sich dann nach oben bewegen, bis den Eltern schließlich ein großes und breites Lächeln entgegenstrahlt. Dies ist ein wundervoller Moment, denn dieses erste Lächeln zeigt Ihnen, dass Ihr Baby von nun an bewusst Kontakt aufnehmen kann.

FRÜH ÜBT SICH

Singende Mamas und Papas vermitteln gute Laune und Fröhlichkeit, die sehr bald ansteckend wirken kann. Es dauert gar nicht lang, dann »komponiert« Ihr Baby seine eigenen Lieder. Versuchen Sie es doch einmal mit Kinderliederklassikern wie etwa »Wer will fleißige Handwerker sehn, der muss zu uns Kindern gehn, Stein auf Stein, Stein auf Stein, das Häuschen wird bald fertig sein«. Je früher Sie mit dem Vorsingen anfangen, umso eher ist Ihr Kind mit der Melodie vertraut und wird bald begeistert »mitsingen«. Doppelten Spaß macht es, wenn Sie dann noch die passenden Bewegungen dazu ausführen, die Ihr Kind ebenfalls bald nachahmen wird.

Wir kennen uns doch?!

Ihr Baby ist durchaus in der Lage, Menschen, die ihm lieb und vertraut sind, von Fremden zu unterscheiden. Denn bereits jetzt erkennt der Säugling wiederkehrende Muster: Er identifiziert seine Eltern durch deren Gesichter, die er täglich sieht. Er fühlt die Hände, die ihn täglich streicheln, er filtert die Stimmen heraus, die ihn regelmäßig ansprechen, und er spürt den immer gleichen Griff, mit dem er gehalten wird. Nicht zuletzt hat er den Duft seiner Eltern fest im Gedächtnis gespeichert. Wissenschaftler gehen sogar davon aus, dass stillende Mütter einen bestimmten Duft verströmen. Beim Stillen werden Substanzen ausgeschieden, die auch während der Schwangerschaft im Fruchtwasser enthalten waren.

Das erste Lächeln – für viele Eltern ein unvergesslicher Moment

Die Vorsorgeuntersuchung U3

Auch in der U3, die zwischen der vierten und fünften Woche stattfindet, steht mit Wiegen und Messen das Standardprogramm auf dem Plan. Die U3 kann frühestens ab der dritten Lebenswoche und spätestens bis zur achten Lebenswoche gemacht werden. Ansonsten muss die Untersuchung den Eltern als private Leistung in Rechnung gestellt werden.
Hinzu kommt die Überprüfung der geistigen und motorischen Entwicklung: Verfolgt das Baby Gegenstände, die sich bewegen, aufmerksam mit den Augen? Kann es einen Punkt vor den Augen fixieren? Kann es in der Bauchlage den Kopf von einer Seite zur anderen drehen? Wie groß ist sein Blickwinkel inzwischen? Hebt es seinen Kopf an und hält ihn, wenn es in eine Sitzposition kommt? Trinkt es regelmäßig und zügig? Kann es wechselseitig kräftig mit seinen Beinen strampeln?
Besonderes Augenmerk bei dieser dritten Vorsorgeuntersuchung gilt dem kindlichen Herz-Kreislauf-System. Ist vielleicht ein ungewöhnliches Herzgeräusch hörbar? Sind die Pulse in Armen und Leisten seitengleich zu tasten? Gibt es Hautveränderungen (etwa Babyakne), die erst kürzlich aufgetreten sind (siehe ab Seite 58)? Im Zuge der U3 ist dann auch der Hüftultraschall durchzuführen, an dem der Kinderarzt erkennen kann, ob die Hüfte gesund beziehungsweise behandlungsbedürftig ist (siehe Seite 102 f.). Der Arzt verschafft sich auch über die motorische und neurologische Entwicklung des Babys ein genaues Bild. Die frühkindlichen Reflexe und Lagereaktionen werden eingehend untersucht. Bei der Vorsorgeuntersuchung U3 steht außerdem die letzte Vitamin-K-Gabe an.

DIE ERSTE IMFPUNG

Laut Impfkalender des Robert Koch-Instituts sollte bereits mit sechs Wochen die erste Impfung gegen Rotaviren erfolgen. Rotaviren lösen bei Säuglingen und Kleinkindern schwerste Durchfallerkrankungen mit Erbrechen aus, und das kann zu lebensbedrohlichen Flüssigkeitsverlusten führen.
Neben einer sorgfältigen Hygiene gilt so eine Schluckimpfung als der beste Schutz. Die Impfserie sollte im Alter ab sechs Wochen beginnen und je nach Impfstoff (zwei oder drei Impfdosen im Abstand von vier Wochen) bis zur vollendeten 24. oder 32. Lebenswoche beendet sein. Die Impfstoffe sind gut verträglich und können neben der Sechsfachimpfung und der Pneumokokken-Konjugat-Impfung gegeben werden. Dies ist die erste Impfung des Babys.

BLOCKADEN UND WIE SIE ENTSTEHEN

Blockaden liegen vor, wenn die Funktion des Körpers in einer bestimmten Art eingeschränkt, also blockiert ist. Das ist nicht nur hinderlich, sondern kann sich auf die gesamte weitere Entwicklung auswirken. Schwimmlehrer zum Beispiel erkennen sofort, wenn ein Kind mit einem Scherenschlag schwimmt. Das heißt, das Kind kann den Brustbeinschlag, »die Froschbeine« nicht mit beiden Beinen gleichzeitig ausüben, ein Bein schlägt asymmetrisch nach unten oder zur Seite aus. Natürlich könnte man mit aufwendigen Technikübungen versuchen, dagegenzusteuern. Aber meist liegt die Lösung in einigen wenigen Behandlungen beim Osteopathen, Chiropraktiker oder Physiotherapeuten. Denn Blockaden lassen sich durch sanftes, gezieltes Tasten und Fühlen der Körperteile und durch gezielte schmerzlose Griffe auflösen. Das Ergebnis: Der gesamte Bewegungsapparat ist frei und beweglich.

Wie können Blockaden entstehen?

Manche Babys hatten nicht genug Platz im Mutterleib, zum Beispiel wenn sich die Gebärmutter nicht weit genug ausdehnen konnte. Blockaden können aber auch durch eine Sturzgeburt oder einen Notkaiserschnitt entstehen. Auch möglich: Die beiden Schädelplatten innerhalb des knöchernen Schädels, die sich unter der Geburt übereinanderschieben, finden nicht wieder in ihre ursprüngliche Position. Oder das Kopfgelenk zwischen der Schädelbasis und dem ersten Halswirbel wurde gezerrt oder gestaucht. Manchmal führen Steißgeburten zu einer Beckenblockade, weil das Kreuzbein des Babys gestaucht wurde. Aber nicht nur unter der Geburt, auch im Nachhinein können Dinge passieren, die Blockaden auslösen. Zum Beispiel eine Erschütterung oder ein Sturz vom Wickeltisch.

Hinweise auf mögliche Blockaden

Neben motorischen Auffälligkeiten (Baby kann sich nicht drehen oder krabbelt nicht) gibt es weitere Symptome. Diese müssen deutlich ausgeprägt sein und über einen längeren Zeitraum auftreten. Nicht jedem Weinen liegt eine Blockade zugrunde:

- Das Baby liegt schief.
- Das Baby macht in Rückenlage ein Hohlkreuz und schaut nach oben.
- Das Baby hat eine schräge, asymmetrische Kopfform.
- Das Baby hat häufige und unerklärliche Schreiattacken.
- Das Baby hat eine Haltung, in der es bevorzugt verweilt.
- Das Baby schreckt bei Geräuschen und Lichtveränderungen ängstlich zusammen.
- Das Baby hat oft verklebte Augen.
- Es trinkt lieber nur an einer Brust oder bekommt die Flasche lieber nur in einer Haltungslage.
- Das Baby hat Schluckbeschwerden.

Wenn Sie eine Blockade bei Ihrem Baby vermuten, sprechen Sie mit Ihrem Kinderarzt. Der kann Ihnen ein Rezept für einige manuelle Behandlungen beim Osteopathen, Physiotherapeuten oder Chiropraktiker verschreiben.

SO FÖRDERN SIE IHR BABY SPIELERISCH

Mit all seinen Sinnen nimmt Ihr Baby jeden Tag mehr von seiner Umwelt wahr. Die meisten Babys lassen sich jetzt gern auf den Arm nehmen und blicken neugierig umher: etwa in Mamas Gesicht, das sich so schön verändern kann, oder auf Spielzeuge und Kuscheltiere, die sich bewegen.

Ich mach dir alles nach

Fast alle Babys lieben es jetzt, Grimassen nachzumachen. Halten Sie Ihr Baby dazu vor sich so auf dem Schoß, dass es Sie sehen kann. Sprechen Sie mit Ihrem Kind mit sanfter und ruhiger Stimme. Wenn Sie es dabei anlächeln oder Ihre Augenbrauen verziehen oder Ihre Zunge herausstrecken, wird es vermutlich versuchen, Sie nachzuahmen. Im Gegenzug freut sich Ihr Baby, wenn Sie seine Laute nachmachen, denn es sieht, dass es mit Ihnen kommunizieren kann. Ein wunderbares Spiel ist das Echospiel, bei dem Sie gegenseitig die Laute des anderen wiederholen. Auf diese Weise bekommt das Baby eine Art Spiegel vorgesetzt und lernt sich besser kennen.

Kopf hoch, Kleines

Der Kopf Ihres Babys macht in den ersten Lebenswochen rund ein Viertel des Gesamtgewichts aus. Kein Wunder, dass Babys das Heben des Kopfes erst mühsam trainieren müssen. Legen Sie Ihr Baby deshalb immer wieder auf den Bauch, denn auf diese Weise kann es üben, seinen Kopf für einige Sekunden anzuheben. Es trainiert seine Muskeln und hat gleichzeitig die Möglichkeit, die Welt aus einem neuen Blickwinkel zu entdecken. Die Bauchlage fördert zudem die kindliche Motorik: Allein aus dieser Position heraus lernt das Baby, den Kopf zu heben und zu drehen, und wird im Laufe der nächsten Wochen motiviert, sich irgendwann vorwärtszubewegen. Aber erfahrungsgemäß liegt nicht jedes Baby gern auf dem Bauch, denn diese Position ist auch anstrengend. Wenn Ihr Baby zu diesen Kindern gehört, sollten Sie ihm einen kleinen Anreiz geben: Legen Sie sich ihm gegenüber ebenfalls auf den Bauch. Ermuntern Sie es mit sanfter, freundlicher Stimme. Schneiden Sie Grimassen, singen Sie ein Lied oder erregen Sie seine Aufmerksamkeit, indem Sie ihm ein Spielzeug zeigen – vielleicht auch einfach Ihre Armbanduhr. Ebenfalls prima: Legen Sie sich auf den Rücken und Ihr Baby bäuchlings auf Ihren Bauch. So kann es Ihnen direkt ins Gesicht schauen. Solche Spielereien lassen für einen Moment vergessen, wie anstrengend es ist, den Kopf oben zu halten.

Kleines Nasentraining

Von allen menschlichen Sinnen reift der Geruchssinn am schnellsten heran. Über tausend Rezeptoren in der Nase können eine unbegrenzte Zahl von Stoffen bis ins kleinste Detail erkennen und unterscheiden, vorausgesetzt, der Geruchssinn wird entsprechend trainiert. Zögern Sie deshalb nicht, Ihrem Baby von Zeit zu Zeit feine Gerüche vorzustellen, indem Sie es an einem Lavendelsäckchen oder an frisch gepflückten Blumen schnuppern lassen.

Alles im Blick

Im ersten Lebensjahr möchten Babys viel getragen werden, denn auf dem Arm fühlen sie sich sicher und können gleichzeitig ihre Umwelt erkunden. Es gibt schöne Tragespiele, welche die Sinne des Babys stimulieren. Sie können Ihr Kind zum Beispiel so über Ihre Schulter legen, dass es sich mit seinen Armen darauf abstützen kann. In dieser Haltung hat es eine hervorragende Aussicht und lernt dabei, seinen Kopf auszubalancieren. Auch gut: Tragen Sie Ihr Baby so vor dem Bauch, dass es auf Ihrem Unterarm sitzt und sich mit seinem Rücken an Ihren Bauch lehnt. So fühlt sich Ihr Kind gut gehalten und lernt, seinen Kopf in der Waage zu halten.

Schau mal, was da hüpft!

Ein möglichst einfaches, schlichtes Mobile über dem Bettchen oder der Wickelkommode kommt immer dann gut an, wenn Ihr Baby gerade nicht überreizt ist. Alternativ zum Mobile freuen sich die meisten Babys aber auch über eine lustige Figur, welche an einer Spiralfeder von der Decke über dem Baby auf und ab federn kann. Stupst man das Spielzeug an, hüpft es rauf und runter, bis es irgendwann auspendelt. Sehr beliebt bei den Kleinen ist übrigens auch ein kleiner leichter Ball oder ein Luftballon, der so über dem Bauch des Babys hängt, dass es ihn beim wilden Herumfuchteln geradeso mit Händen und/oder Füßen berühren kann. Achten Sie aber darauf, dass diese Ballons nicht zu tief und damit direkt über dem Kopf des Babys hängen. Denn das könnte bedrohend auf den Säugling wirken.

Nutzen Sie die Wickelzeit als Gelegenheit für fröhliche Spiele und Streicheleinheiten.

Streicheleinheiten machen glücklich

Warme, weiche Babyhaut verführt zum Streicheln und Küssen – nur zu! Sie sollten immer mal wieder die Einladung annehmen und Ihr Baby streicheln und liebkosen, sooft sie können. Auf dem Wickeltisch genießt Ihr Baby nicht nur den dicken Kuss auf den Bauch, sondern auch den kitzeligen Spaziergang Ihrer Finger von Kopf bis Fuß. Massieren Sie seine Fußsohlen, fahren Sie mit einem trockenen Waschlappen über seinen Rücken, kraulen Sie Babys Nacken, streicheln Sie sanft seinen Kopf und bürsten Sie vorsichtig seine Haare. All das regt die Durchblutung an und bringt Babys Stoffwechsel auf Trab. Übrigens haben Untersuchungen belegt, dass sich bei Babys, die häufig gestreichelt und massiert werden, mehr Nervenverbindungen entwickeln als bei anderen Babys. Streicheleinheiten machen glücklich und klug.

FRAGEN & ANTWORTEN

Wie viel nimmt ein Baby normalerweise zu und wie viel wächst es?

Neugeborene sind durchschnittlich 52 Zentimeter groß und rund 3400 Gramm schwer, wobei Jungen erfahrungsgemäß geringfügig größer und schwerer sind als Mädchen. Während der ersten drei Lebenstage nimmt Ihr Baby erst einmal ab, da es Fruchtwasser verliert, Magen und Darm entleert (das »Kindspech« wird ausgeschieden). Außerdem erholt es sich von den Strapazen der Geburt, indem es viel schläft und dadurch nicht so viel trinkt. Doch nach einer guten Woche hat das Neugeborene in der Regel sein Geburtsgewicht wieder erreicht und nimmt von da an kontinuierlich zu. Als Faustregel gilt: Der Durchschnitt liegt bei 200 Gramm pro Woche bis zum Ende des dritten Monats. Was die Größe betrifft, wächst ein Baby zwischen dem ersten und dritten Lebensmonat durchschnittlich drei Zentimeter pro Monat. Aber berücksichtigen Sie bitte, dass kein Kind wie das andere ist, sodass auch ein Wachstum von ein oder fünf Zentimetern normal sein kann. Die Bilanz am Ende des ersten Lebensjahrs: Im Schnitt wiegen Kinder dann etwa sechs Kilogramm mehr als nach der Geburt und haben 25 Zentimeter an Länge zugelegt.

Stimmt es, dass die Knochen eines Babys nach der Geburt noch relativ weich sind?

Ja, denn die Röhrenknochen (zum Beispiel im Oberschenkel und Oberarm) bestehen an den Enden nur aus Knorpel, während die Knochen in der Mitte bereits ausgereift sind. Das ist auch gut so, denn auf diese Weise sorgt die Natur vor, dass junge Knochen nicht so leicht brechen, etwa während der Geburt. Aus diesem Grund sind auch die Schädelplatten noch nicht komplett zusammengewachsen, denn so können sie sich beim Passieren des Geburtskanals übereinanderschieben. Erst durch die Einlagerung von Mineralien verhärten die Knochen, was etwa um den 15. Geburtstag des Kindes herum abgeschlossen ist.

Auf dem Köpfchen meines Babys sieht man eine Vertiefung, unter der es pulsiert. Was ist das denn?

Dabei handelt es sich um die große Fontanelle. Das Wort kommt aus dem Französischen und heißt übersetzt »kleine Quelle«. Insgesamt weist der kindliche Schädel zwei Fontanellen auf: Eine große, rautenförmige liegt zwischen dem Stirn- und Scheitelbein, die kleine Fontanelle ist dreieckig und liegt am Hinterkopf, etwa eine Handbreit über dem Nacken. An diesen beiden Stellen sind die Schädelknochen noch nicht zusammengewachsen. Ebenso ist dies an den Schädelnähten der Fall, die Sie als leichte Vertiefung ertasten können. Manche Eltern beängstigt es, dass das kindliche Gehirn an diesen Stellen noch nicht vom Schädelknochen geschützt ist. Keine Sorge: Eine widerstandsfähige Membran (Dura mater) schützt an den Fontanellen das Gehirn. Nach und nach schließen sich die Fontanellen: Die kleine Fontanelle verknöchert meist innerhalb von drei Monaten, die große in der Regel bis zum ersten Geburtstag.

Bei unserem Baby wurde ein Nabelbruch festgestellt. Was bedeutet das?

Ein Nabelbruch (Hernia umbilicalis) ist eine Ausstülpung von Bauchfell im Bereich des Nabels. Bei Neugeborenen gibt es eine natürliche Durchtrittslücke für die Nabelschnur in der Bauchwand, die sich in der Regel im ersten Lebensjahr schließt. Doch bis dahin handelt es sich um eine Schwachstelle in der Bauchwand, in die sich Bauchfell einstülpen kann. Von außen ist diese Ausstülpung als kleine (nussgroße) oder größere (mandarinengroße) Beule sichtbar, in Extremfällen kann sie sogar noch größer sein. Von innen füllen Eingeweide, genauer gesagt der Darm, die Ausstülpung aus. Beim Anspannen der Bauchwand, beim Pressen und vor allem beim Schreien kann sich im Bereich des Nabels der Bruchsack nach außen wölben. In der Regel ist ein Nabelbruch nicht schmerzhaft und schließt sich im ersten Lebensjahr von selbst. Eine Behandlung oder gar Operation ist nur dann erforderlich, wenn der Nabelbruch sehr groß ist oder die Eingeweide eingeklemmt werden. Das passiert zum Glück sehr selten.

Unser Baby wird immer gegen Abend unruhig, fängt an zu weinen und möchte an meiner Brust nuckeln, ohne wirklich zu trinken. Was ist mit ihm los?

Manche Babys haben eine feste Zeit für ihre »Schreistunde«, die häufig zwischen 18.00 und 22.00 Uhr stattfindet. Wenn keine körperlichen Beschwerden wie Bauchweh oder Kopfschmerzen vorliegen, kann es sein, dass Ihr Baby die Erlebnisse des Tages verarbeitet. Vielleicht will es einfach nur mal seinen Unmut rauslassen, wenn ihm etwas zu anstrengend oder zu stressig war. Vielleicht hat es viel Trubel und Hektik an dem Tag erleben müssen und ist einfach erschöpft. Immer wieder kommt es vor, dass keine genauen Ursachen für das Weinen erkennbar sind. Manchmal ist es auch gar nicht so wichtig, was genau der Grund ist (vorausgesetzt, es sind keine organischen Ursachen). Viel wichtiger ist jetzt für Ihr Kind, dass es bei Ihnen Trost, liebevolle Worte und Geborgenheit bekommen kann.

Ist ein Babyfon wirklich wichtig, gehört es zur »Grundausstattung«?

Das kommt auf Ihre Wohnsituation an. Wenn Ihr Baby im oberen Stockwerk schläft und Sie ein Stockwerk tiefer beschäftigt sind, kann das Babyfon als Basisausstattung durchaus sinnvoll sein. Grundsätzlich gibt das Babyfon den Eltern Sicherheit, dicht an Babys Bettchen zu sein. Sobald es wach wird oder weint, wissen die Eltern darüber Bescheid. Diese Sicherheit kann aber auch Nachteile haben: Zum einen ist es gar nicht sinnvoll, beim kleinsten Pieps sofort ans Bettchen zu laufen. Geben Sie Ihrem Baby ruhig etwas Zeit zum Wachwerden. Erst dann, wenn es gar nicht mehr ohne Sie geht, meldet es sich lautstark. Zum anderen ist längst bewiesen, dass eine nicht unerhebliche Anzahl von Babyfonen die kleinen Schläfer mit unnötiger Strahlung belastet. Viele Geräte produzieren immer noch zu viel Elektrosmog, wie die Stiftung Warentest feststellte.

DER DRITTE MONAT

Im Laufe des dritten Monats wird die Nackenmuskulatur so kräftig, dass sich die Bauchlage als recht komfortabel erweist. Ihr Baby kann sich vielleicht schon auf den Unterarmen abstützen und den Kopf einige Sekunden oben halten. Aus dieser Position sieht die Welt ganz anders aus!

SO ENTWICKELT SICH EIN BABY

Erst waren die Hände zu Fäusten geballt, dann lösten sie sich immer mehr, und nach langem Üben ist es so weit: Einige Babys können schon im Alter von drei Monaten ihre Hände über dem Bauch zusammenführen und freuen sich daran, sie zu drehen und zu wenden, mit einer Hand den Daumen der anderen zu greifen und in den Mund zu stecken. Das Baby erkundet, wie sich seine Finger anfühlen, und dann wird ihm klar: »Diese Finger gehören zu mir!«

Spiel mit mir!

Wenn Ihr Baby dieses Aha-Erlebnis hatte, ist die Zeit der Fingerspiele gekommen. Mit diesen Anregungen trainieren Sie nicht nur die Geschicklichkeit seiner Hände, sondern fördern gleichzeitig sein Sprechvermögen. So ist es kein Wunder, dass Ihr Kind auch gern mit Ihnen zugleich »spricht«. Dabei werden die Vokale a, e, i, o und u mit einfachen Konsonanten kombiniert, sodass lustige Tonkombinationen wie zum Beispiel »ej-eje«, »ej-di« oder »ö-we« zu hören sind.

In Rückenlage in Topform

Auf dem Rücken liegend, kann Ihr Baby zu Spitzenzeiten jetzt sehr aktiv sein. Vielleicht rudert es heftig mit den Armen und strampelt mit seinen Beinen und hat dabei sichtlich Spaß. Allmählich will Ihr Baby selbst bestimmen, in welcher Position es gerade liegen möchte. Wenn es auf dem Bauch liegt, kann es passieren, dass es sich auf den Rücken rollt, wenn auch eher zufällig. Von nun an ist Ihr kleiner Schatz so mobil, dass auf dem Wickeltisch ganz besondere Vorsicht angesagt ist!

Hallo Welt, hier bin ich!

Eine wichtige Rolle bei der Stimulation des Sehvermögens spielt das Gleichgewichtsorgan, genauer die mit Lymphflüssigkeit gefüllten Bogengänge im Innenohr. Mit ihrer Hilfe kann das Baby die Informationen, die das Auge aufnimmt, richtig deuten. Wenn Sie also einen Ball vor den Augen Ihres Kindes hüpfen lassen, leitet das Gleichgewichtsorgan im Innenohr die Information an das Gehirn weiter, dass tatsächlich der Ball hüpft und sich nicht etwa der Kopf des Babys auf und ab bewegt oder gar der ganze Körper hüpft. Vermutlich versucht das Baby nun immer mehr, mit seiner Umwelt in Kontakt zu treten. So manche Mutter ist verblüfft, wie gespannt und durchdringend ihr Kind andere Menschen mit den Augen fixieren kann. Sobald es seine Mutter oder einen anderen ihm lieben Menschen erkennt, strahlt es bis über beide Ohren und fuchtelt vor Freude wild mit Armen und Beinen. Auf diese Weise kann Ihr Baby zeigen, was es möchte: Es will nicht mehr allein sein, sondern am sozialen Leben teilhaben. Gut möglich, dass es anfängt zu weinen, wenn es sich langweilt. Kommt es dagegen auf den Arm, ist seine Welt wieder in Ordnung. Ihr Baby kann auch ohne Worte kommunizieren – vorausgesetzt, Sie verstehen seine Signale. Und auch seine Stimme setzt es bewusster ein – es schreit, wenn es wütend oder hungrig ist, und weint kläglich, wenn es Schmerzen hat. Wenn es gut gelaunt ist, juchzt es vor Vergnügen, und wenn es nicht einverstanden ist, fängt es an zu quengeln.

Die Vorsorgeuntersuchung U4

Das Standardprogramm besteht auch hier aus Wiegen und Messen der Körpergröße und des Kopfumfangs. Doch bei diesem Termin geht es vor allem um die geistige und motorische Entwicklung Ihres Kindes: Wie sieht es mit der Muskelspannung aus? Wie gut kann es seinen Kopf halten und drehen? Folgen seine Augen einem Gegenstand? Reagiert es auf Töne und Geräusche? Kann es seine Hände vor dem Gesicht zusammenführen? Spätestens bei der U4 sollte die OAE-Messung (Hörtest siehe Seite 106) durchgeführt werden. Bei der U4 steht planmäßig die zweite Impfung an.

HÜFTULTRASCHALL

Alle Babys, die bei der U3 eine physiologisch reifeverzögerte Hüfte aufgewiesen haben, sollten zum erneuten Hüftultraschall zum Arzt – und zwar spätestens in der zwölften Lebenswoche, denn der vollendete dritte Lebensmonat gilt als Stichtag für die Beurteilung, ob die »IIa-Hüfte« inzwischen nachgereift ist. Ist dies nicht der Fall oder hat sie sich sogar verschlechtert, wird die Hüfte definitionsgemäß als »IIb-Hüfte« klassifiziert. Dann muss das Baby in der Regel für einige Wochen eine Abspreizhose tragen.

SO FÖRDERN SIE IHR BABY SPIELERISCH

Weil sich Babys Hände immer mehr öffnen, machen Fingerspiele jetzt besonders viel Spaß, erst recht, wenn sie mit schönen Melodien kombiniert werden. Sehr bald werden Sie feststellen, welche Melodien bei Ihrem Sprössling zu den Favoriten gehören.

Die meisten Babys sind fasziniert von Fingerspielen, am liebsten wenn Mama dazu singt.

Zögern Sie nicht, Ihr Repertoire um das ein oder andere Lied zu erweitern, das sorgt für noch mehr Freude.

Zehn kleine Zappelmänner

Dieses Lied mit dem dazugehörigen Fingerspiel steht in vielen Baby- und Krabbelgruppen ganz oben auf der Lieblingshitliste. Kein Wunder, denn hierbei sieht das Baby Ihre Finger in Aktion, wenn Sie diese als die zehn kleinen Zappelmänner durch die Luft tanzen lassen. Viele Babys haben Freude an den flotten Bewegungen und der Melodie und machen schon bald mit. Die unten stehenden Strophen werden auf die altbekannte Melodie von »Zehn kleine Negerlein« gesungen.

Zehn kleine Zappelmänner zappeln hin und her, zehn kleinen Zappelmännern fällt das gar nicht schwer (beide Hände hin und her bewegen).

Zehn kleine Zappelmänner zappeln auf und nieder, zehn kleine Zappelmänner tun das immer wieder (beide Hände auf und ab bewegen).

Zehn kleine Zappelmänner zappeln rund herum, zehn kleine Zappelmänner, die sind gar nicht dumm (beide Hände im Kreis bewegen).

Zehn kleine Zappelmänner spielen gern Versteck, zehn kleine Zappelmänner sind auf einmal weg (beide Hände hinter dem Rücken verstecken).

Zehn kleine Zappelmänner rufen laut »Hurra«, zehn kleine Zappelmänner sind dann wieder da (beide Hände hinter dem Rücken hervorholen und lustig mit den Fingern wackeln).

Hand- und Fußball

Binden Sie einen Wasserball an einem Faden fest und lassen Sie den Ball über Ihrem Kind baumeln. Zuerst wird es ihn nur mit seinem Blick verfolgen, doch schon bald wird es versuchen, danach zu greifen oder gar mit den Füßen danach zu treten. Wenn Ihr Baby den Ball zu fassen bekommt, wird es vermutlich versuchen, ihn in den Mund zu stecken, was ganz typisch für Kinder in diesem Alter ist. Bitte geben Sie Ihrem Kind aus diesem Grund keinen Luftballon zum Spielen! Greenpeace fand heraus, dass viele der hierzulande angebotenen Luftballons hohe Konzentrationen an Nitrosaminen aufweisen. Diese stehen im Verdacht, erhebliche Organschäden zu verursachen.

Pflaumen schütteln – der Fingerspielklassiker

Erklären Sie Ihrem Kind mit Ihrer rechten Hand jeden einzelnen Finger Ihrer linken Hand oder seiner eigenen. Nehmen Sie dazu die Finger nacheinander in die Hand:

Das ist der Daumen (Daumen),
der schüttelt die Pflaumen (Zeigefinger),
der hebt sie auf (Mittelfinger),
der trägt sie nach Haus (Ringfinger),
und der klitzekleine, der isst sie alle auf (kleiner Finger).

Schaukelspiele

Babys lieben es, gewiegt und geschaukelt zu werden. Besonders mögen es die Kinder, wenn sie beim Hin-und-Her-Schaukeln auf Ihren Beinen sitzen können, und zwar so, dass Sie beide sich angucken können. Ebenso viel Freude bereitet es vielen Babys, wenn sie in einer Decke so schaukeln dürfen, als würden sie in einer Hängematte liegen. Für dieses Spiel müssen Sie zu zweit sein. Dann breiten Sie eine große Decke oder ein Bettlaken auf dem Boden aus und legen Ihr Baby in die Mitte. Umfassen Sie nun jeweils die Ecken am Kopf- und am Fußende, heben Sie Ihr Kind in der Decke an und beginnen Sie, langsam zu schaukeln. Beobachten Sie genau die Reaktion Ihres Kindes. Wenn es ihm gefällt, schaukeln Sie etwas höher.

Zimmer mit Aussicht

Schulen Sie das Sehvermögen Ihres Babys und zeigen Sie ihm gleichzeitig, wo es lebt. Nehmen Sie Ihr Baby dazu einfach auf den Arm und machen Sie einen kleinen Wohnungsrundgang. Erklären Sie, was auf dem Bild an der Wand zu sehen ist, gießen Sie mit ihm die Blumen oder stellen Sie sich mit dem Baby vor den Spiegel. Und auch wach im Kinderwagen gibt es viel zu sehen: das Wiegen der Bäume oder den Tanz der Blätter im Wind.

Rückentraining

Vielleicht empfindet es Ihr Baby immer noch als spannend, die Welt aus der »Vogelperspektive« zu betrachten, wenn es auf dem Bauch liegt. Sie können Ihrem Kind helfen, dass es mit dem Kopf etwas höher kommt, indem Sie ihm in Bauchlage Ihren Unterarm anbieten, den Sie unter seinen Brustkorb schieben. So kann es bequemer liegen. Auch gut: Rollen Sie eine Decke oder ein Handtuch fest zusammen und legen Sie diese Rolle unter Babys Brustkorb.

FRAGEN & ANTWORTEN

Mein Baby ist nun gut drei Monate alt und hat oft noch seine Hände zu Fäusten geballt. Ist das schlimm?

Grundsätzlich sollte ein Baby bis zum Ende des dritten Monats seine Hände überwiegend geöffnet lassen. Wenn es die Hand zur Faust ballt, sollte der Daumen nicht eingeschlossen sein, sondern auf dem Zeigefinger liegen. Ist dies nicht der Fall, könnte eine hypertone Haltung bei dem Kind vorliegen. Das bedeutet, dass es eine erhöhte Muskelspannung aufweist, also dauerhaft angespannt ist.

In dieser Situation tauchen typischerweise zwei Fragen auf. Erstens: Welche Muskelpartien sind dauerhaft angespannt? Und zweitens: Wie können Sie Ihrem Baby helfen, diese Muskeln zu entspannen? Gelingt es dem Arzt oder Therapeuten (Physiotherapeut oder Osteopath), die betroffenen Muskeln durch Stimulation (zum Beispiel durch sanftes Drücken auf bestimmte Akupressurpunkte oder mithilfe einer leichten Massage) zu entspannen, befindet sich das Kind vermutlich noch in frühkindlicher Haltung, das heißt, dass seine Muskelspannung noch der eines Säuglings mit vier Wochen entspricht. Es benötigt dann einfach noch etwas Zeit, um aus seiner hypertonen Haltung herauszukommen. Der Arzt wird Sie vermutlich bitten, Ihr Baby in etwa vier Wochen erneut vorzustellen, um die Fortschritte zu prüfen.

Wenn sich die Muskeln durch Stimulation jedoch nicht entspannen lassen, wird der Kinderarzt Sie zu einem Neurologen überweisen, der die Ursache der Anspannung klären kann. Denn bei dauerhafter Anspannung besteht die Gefahr, dass sich die Muskeln und Sehnen verkürzen und es aus diesem Grund zu motorischen Fehlentwicklungen kommt. Mithilfe von speziellen Übungen (nach Bobath oder Vojta) kann die Motorik verbessert werden.

Bei meinem Kind wurde ein verkürztes Zungenbändchen festgestellt. Was bedeutet das?

Das Zungenbändchen ist eine Schleimhautfalte, die die untere Fläche der Zunge mit dem Boden der Mundhöhle verbindet. Bei etwa fünf Prozent aller Neugeborenen wird ein zu kurzes Zungenbändchen beobachtet. Bei extremer Verkürzung ist der Zug auf die Zunge so groß, dass sie an der Spitze zweigeteilt aussieht und eine Herzform annimmt. Meist ist die Beweglichkeit der Zunge so stark eingeschränkt, dass das Baby kaum an der Brust trinken kann.

Da bei Nichtbehandlung außerdem Probleme beim Sprechen vorprogrammiert sind, ist es sinnvoll, das Zungenbändchen zu durchtrennen. Dabei handelt es sich um einen kleinen Eingriff mit örtlicher Betäubung, der bei einem Säugling ganz einfach durchgeführt werden kann. Doch solange die Zunge problemlos den Gaumen berühren kann, treten in der Regel keine Schwierigkeiten beim Trinken, Saugen und Schlucken auf, und eine Behandlung ist zum jetzigen Zeitpunkt nicht erforderlich.

Mein Baby dreht sein Köpfchen immer nur zu einer Seite. Was kann ich dagegen tun?

Versuchen Sie, Ihrem Kind auch die andere

Seite schmackhaft zu machen. Sprechen Sie Ihr Baby von nun an vor allem von der weniger bevorzugten Seite an und versuchen Sie, seine Aufmerksamkeit zu gewinnen. Sprechen Sie mit ihm oder singen Sie ein Lied, zeigen Sie ihm ein Spielzeug oder etwas anderes, ebenso Spannendes. Manche Babys lassen sich beeindrucken und drehen ihr Köpfchen auf die andere Seite in Ihre Richtung. Planen Sie diese gezielte Förderung mehrmals am Tag mit ein, dann wird es bald keine »Schokoladenseite« mehr geben. Sollte sich Ihr Baby allerdings partout nicht von seiner bevorzugten Lage abbringen lassen, sollten Sie dies dem Kinderarzt schildern. Durch genaue Untersuchungen kann er abklären, ob vielleicht eine Kopfgelenkblockade oder eine Muskelverkürzung vorliegt.

Sollte man Babys nachts mit Licht schlafen lassen?

Nein. Babys schlafen nicht automatisch besser, wenn ein gedimmtes Licht im Zimmer brennt. Im Gegenteil – die Lichtquelle könnte sie auch richtig wach machen. Der Grund: Das müde machende Hormon Melatonin wird in der Zirbeldrüse im Gehirn gebildet, aber nur bei ausreichend großer Dunkelheit. Je heller es ist, umso weniger Melatonin wird ausgeschüttet. Werden die Fenster nicht verdunkelt, sorgen Mond und Sterne für ausreichend natürliches Licht im Zimmer. Denn die vertrauten Dinge, die ein Baby in seinem Bett spüren mag, müssen nicht zwangsläufig über das Auge wahrnehmbar sein. Wenn es im Kinderzimmer allerdings stockfinster ist und Sie dort die Hand vor Augen nicht mehr erkennen können, hilft ein kleines Nachtlicht in der Steckdose, sich im Raum zu orientieren. Oder Sie lassen die Tür einen Spaltbreit offen. Dieses Licht ist dann aber für Sie gedacht und nicht fürs Baby.

Muss ich mein Baby wirklich schon so früh impfen lassen oder kann ich mit den Impfungen später beginnen?

Das Robert Koch-Institut erklärt: Ein wesentlicher Grund für frühes Impfen liegt darin, dass einige Infektionen junge Säuglinge deutlich schwerer treffen können als ältere Kinder, und das spricht eindeutig für einen frühen Impfzeitpunkt.
Beispiel: Infektionen mit dem Bakterium Haemophilus influenzae und Keuchhusten. Bei jedem vierten Baby, das bei einer Infektion mit Keuchhusten jünger als sechs Monate ist, kommt es zu Komplikationen wie Lungenentzündungen oder Atemstillständen. Wenn es älter ist, sinkt die Rate der Komplikationen auf etwa fünf Prozent.
Schon die erste Impfdosis im Alter von acht Wochen kann die Wahrscheinlichkeit einer Einweisung in die Klinik aufgrund einer Keuchhustenerkrankung um etwa 65 Prozent reduzieren. Wird das Baby im weiteren Verlauf bis zum ersten Geburtstag wiederholt gegen Keuchhusten geimpft, gilt der Schutz als komplett. Übrigens: Keuchhusten können Sie verhindern, wenn Sie sich und andere Familienmitglieder (Großeltern) impfen lassen, da Sie am ehesten als Überträger infrage kommen.

DER VIERTE MONAT

Den meisten Babys wird in den kommenden Wochen immer mehr bewusst, dass die Hände zu ihnen gehören und sich damit so viel Tolles machen lässt. Außerdem findet ein Säugling zunehmend Spaß daran, mit seiner Stimme in den verschiedensten Tonlagen Lieder zu trällern.

SO ENTWICKELT SICH EIN BABY

Hoch im Kurs stehen derzeit die eigenen Hände: Sie sind so warm und weich, so beweglich – und vor allem allzeit griffbereit. Erfahrungsgemäß gelingt es den meisten Babys in den kommenden Wochen, die Hände über das Gesicht zu halten, die Finger in den Mund zu stecken und die Hände über dem Bauch zu falten. Jetzt ist die Zeit des »Be-greifens« gekommen, denn die Koordination von Mund und Händen wird immer präziser.

Alles dreht sich um den Mund

Alles, was Ihr Baby nun in die Hände bekommt, wird sofort untersucht, und zwar am liebsten im Mund. Egal, ob es sich dabei um die eigenen Finger oder Mamas Daumen, das Schnüffeltuch, Bauklötze oder den Beißring handelt – alles wandert zur ersten Überprüfung in den Mund. Und das ist gut so, denn auf diese Weise lernt ein Baby seine Umgebung kennen: Wie schmeckt das Ding? Wie fühlt es sich an, ist es hart oder weich, warm oder kalt? Versucht es wegzulaufen? Aber es sind nicht nur die Gegenstände, die näher unter die Lupe genommen werden. Alles, was gerade still hält, ist jetzt eine Untersuchung wert, mitunter kann es sich dabei auch um Mamas Nase handeln. Was partout nicht in den Mund passen will, wird zum näheren Kennenlernen erst einmal abgeschleckt. Manche Babys sind beim Stillen nun sogar so gierig, dass sie während der Wartezeit schon einmal an Mamas Wange, Ohrläppchen oder Kinn saugen müssen ...

Training für die Sinne

Weil die Finger derzeit ein beliebtes Spielzeug sind, dienen sie vielleicht auch als Schnuller. Wie sich Finger im Mund anfühlen, ist dem Säugling nicht unbekannt. Zum einen haben die meisten Babys bereits im Mutterleib das Daumenlutschen geübt, sodass ihnen die Finger wohlvertraut vorkommen. Zum anderen sind die Finger immer griffbereit und haben noch dazu eine angenehme Temperatur. Manche Eltern sind über das Lutschen an den Fingern nicht begeistert, da sie es als unhygienisch empfinden. Dabei sind das In-den-Mund-Stecken, das Saugen und Lutschen wichtige Erfahrungen, denn sie vermitteln den Kleinen einen ersten Geschmack vom Leben. Entscheidend für einen guten Geschmackssinn ist aber auch eine gut funktionierende Nase. Denn mit jeder der verschiedenen Geschmacksrichtungen, die in Zukunft auf der Zunge hervortreten, steigen Duftmoleküle in Babys Nase und geben eine entsprechende Rückmeldung ans Gehirn: »Das schmeckt« beziehungsweise »Das schmeckt nicht«. Was übrigens auch wissenschaftlich bewiesen ist: Die Nervenenden im Mund liefern dreimal bessere Informationen ans Gehirn als die Tastkörper an den Händen.

Sprachtraining

Noch etwas praktiziert Ihr Baby hervorragend mit dem Mund: Es brabbelt munter vor sich hin. Es kann vor Vergnügen laut jauchzen und bildet eigenartige Puste-Laute, indem es seine Lippen aufeinanderdrückt und Konsonanten wie »m«, »b« oder »w« mit der Luft durch die Lippen presst.

RAT EINHOLEN

Machen Sie bei Ihrem Baby am Ende des vierten Monats noch eine oder mehrere der folgenden Beobachtungen, sollten Sie Ihren Kinderarzt um Rat fragen:

- Ihr Baby verharrt andauernd in einer bestimmten Körperhaltung.
- Haltungen und Bewegungen erfolgen vor allem einseitig.
- Im gestützten Sitzen kann es den Kopf weniger als eine Minute lang oben halten.
- Der Moro-Reflex (siehe Seite 95) tritt immer noch auf.

Die Mobilität nimmt zu

Wenn Sie Ihr Baby auf den Bauch legen, kann es sich jetzt vermutlich schon recht sicher auf seinen Unterarmen abstützen. Manche Babys entwickeln einen erstaunlichen Ehrgeiz, wenn sie etwas Interessantes in ihrem Blickfeld entdeckt haben. Dann versuchen sie alles Mögliche, um näher an das Objekt der Begierde heranzukommen. Die Bandbreite reicht von einfachen Schwimmbewegungen bis hin zum wilden Rudern mit Armen und Beinen. Trotzdem liegt Ihr Baby immer noch lieber auf dem Rücken, da es sich dann weniger anstrengen muss. Wenn man es zum Sitzen animiert, hält es seinen Kopf schon sehr gut und kann ihn nach allen Seiten drehen. Und auch der Rücken streckt sich mehr und mehr. Wenn Sie es in der Schwebelage über Ihren Kopf halten, streckt es Arme und Beine aus und hebt den Kopf an. Laut Impfkalender steht jetzt die dritte Kombi-Impfung an.

SO FÖRDERN SIE IHR BABY SPIELERISCH

»Berührt, gestreichelt und massiert werden – das ist Nahrung für das Kind … Nahrung, die Liebe ist« (Frederick Leboyer).
Schöner kann man es gar nicht formulieren. Berührungen sind in jedem Lebensalter wichtig, und man kann gar nicht früh genug damit anfangen. Wann immer es Ihnen zeitlich möglich ist, sollten Sie Ihrem Baby diese Baby-Wellness gönnen – und Ihnen auch. Denn eine Babymassage in entspannter Atmosphäre zählt zu den wunderbaren Momenten, die eine innige Vertrautheit zwischen Mutter (oder auch Vater) und Baby schaffen.

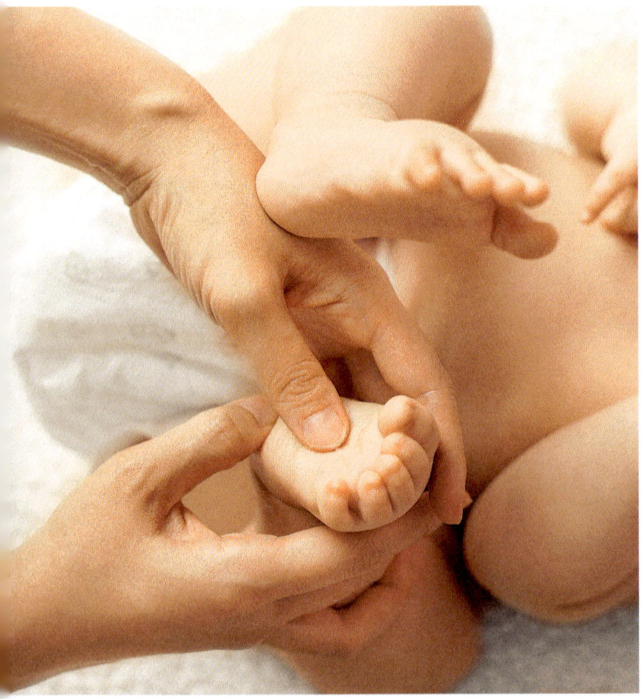

Gönnen Sie Ihrem Baby möglichst oft eine sanfte, zärtliche Massage.

Sanfte Babymassage

Massieren ist eine besondere Form des Streichelns, mit der Sie Ihrem Baby auf natürliche Art und Weise Geborgenheit, Entspannung und Liebe geben. Wissenschaftliche Untersuchungen haben ergeben, dass durch die sanfte Berührung verstärkt Wachstumshormone ausgeschüttet werden. Außerdem werden die Herz-Kreislauf-Funktion angeregt und die Durchblutung von Haut und Muskeln gefördert. Doch auch der gesamte Verdauungstrakt wird dabei stimuliert, was vor allem Babys mit Blähungen guttut. Hinzu kommt, dass beim Massieren eine besonders intensive Beziehung zum Baby entstehen kann, was sich äußerst positiv auf die gesunde Entwicklung des Urvertrauens auswirkt. Und keine Angst: Es ist keine spezielle Ausbildung nötig, um Ihr Baby zu massieren, denn zärtliches Streicheln und liebevolle Berührungen stehen bei der Babymassage im Vordergrund. Die wenigen Griffe, die eine sanfte Babymassage ausmachen, sind leicht zu erlernen. Im Idealfall besuchen Sie einen Babymassagekurs in Ihrer Nähe. Dort haben Sie die Möglichkeit, andere Mütter und Babys kennenzulernen, und werden in einem warmen Raum (etwa 25 °C) angeleitet, wie Sie mit etwas Öl und Ihren Händen Ihr Baby mit sanften Streicheleinheiten verwöhnen können. Ist es Ihnen nicht möglich, einen Babymassagekurs zu besuchen, kann Ihnen auch ein Buch über Babymassage weiterhelfen.

Mama, das Stimmwunder

Regen Sie das Hörvermögen Ihres Babys an, indem Sie ihm zeigen, welche unterschiedlichen Klänge und Töne es gibt. Ob Sie durch eine leere Küchenpapierrolle tröten, durch einen Trichter sprechen oder ganz einfach eine Melodie pfeifen, bleibt Ihnen überlassen. Aber bereits diese drei Beispiele zeigen, dass es mit wenig Aufwand geht. Die meisten Babys finden es aber auch schon toll, wenn man im Gespräch mit ihnen die Stimme verstellt. Probieren Sie es ruhig einmal aus und sprechen Sie mal ganz laut und ausdrucksstark, dann wieder leise im Flüsterton, vielleicht auch einmal schrill. Demonstrieren Sie Ihrem Baby, welches Stimmwunder in Ihnen steckt. Vermutlich werden Sie einen erstaunten Blick Ihres Sprösslings ernten, der sich erst einmal gehörig über Mama wundert …

Was ist das?

Zeigen Sie Ihrem Baby verschiedene altersgerechte Spielzeuge und führen Sie ihm vor, was man damit anstellen kann: Der kleine Löffel ist glatt und kühl, mit ihm kann man auf den Tisch klopfen, und er passt prima in den Mund. Der Kunststoff-Beißring dagegen ist warm und weich und kann um Ihren Finger kreisen. Bauklötze sind kantig und hart und können übereinandergestapelt werden und so weiter.

Trockenschwimmer

Vermutlich macht das Spielen auf dem Bauch Ihrem Baby nun schon mehr Spaß. Dann können Sie diese Tatsache nutzen und beobachten, wie es beginnt, sich aus dieser Position heraus mehr und mehr zu bewegen. Auch zu diesem Zeitpunkt ist es wieder ein wunderbarer Moment, Ihr Kind zu motivieren, für ein paar Minuten in dieser Position zu verweilen: Legen Sie Ihre Uhr, ein Püppchen oder ein anderes interessantes Spielzeug ein bis zwei Handbreit vor sein Gesicht. Ihr Baby wird alsbald versuchen, das Spielzeug in die Hand zu bekommen. Diese Übung ist wahrlich anstrengend, denn sie erfordert starke Rückenmuskeln. Die werden jetzt zusätzlich trainiert.

Lachen ist gesund

Hier geht es darum, Ihrem Kind ein Lachen zu entlocken. Die einen Babys werden gern sanft gekitzelt, die anderen lieben es, durchs Zimmer zu »fliegen«. Wieder andere kringeln sich vor Lachen, wenn sie im Sitzen auf dem Schoß hin und her wippen können. Finden Sie heraus, was Ihrem Kind am besten gefällt – und wiederholen Sie den Spaßbringer, solange es Ihrem Baby Freude macht. Lachen lockert auch Babys (und Mamas oder Papas) Muskeln, entspannt und erfrischt.

Erzähl mir was!

Babys, die viel erzählt bekommen, lernen schneller und mit weniger Fehlern sprechen. Wann immer Sie Lust dazu haben, lassen Sie Ihr Baby an Ihren Tätigkeiten teilhaben und sprechen Sie mit ihm: Erzählen Sie ihm, mit wem Sie telefoniert haben, was Sie noch einkaufen müssen, wie das Abendessen aussehen könnte und so weiter. Je mehr Anreize Sie ihm jetzt geben, umso gesprächiger kann es später werden.

FRAGEN & ANTWORTEN

Im Supermarktregal steht Babynahrung mit der Aufschrift »Nach dem vierten Monat«. Ich möchte aber noch stillen, bis mein Baby mindestens sechs Monate alt ist. Braucht es jetzt schon Brei?

Nein. Sie können mit dem Zufüttern beginnen, müssen aber nicht (mehr dazu ab Seite 173). In den ersten sechs Monaten gibt es für Ihr Baby nichts Besseres als die optimal auf die Bedürfnisse des Kindes abgestimmte und leicht verdauliche Muttermilch. Als Alternative gilt die der Muttermilch nachgebaute Säuglingsmilchnahrung (Pre-Nahrung). Zusätzliche Nahrung benötigt Ihr Baby in der Regel nicht. Lassen Sie sich durch die Säuglingsnahrungshersteller zu nichts verführen, wofür die Zeit noch nicht reif ist.

Alles, was mein Baby in die Hand bekommt, steckt es in den Mund. Muss ich Angst haben, dass es sich dabei mit Keimen oder Bakterien ansteckt?

Das kommt darauf an. Grundsätzlich sollten Sie Ihr Baby nicht in einem sterilen Umfeld groß werden lassen. Wir können unsere Kinder schließlich nicht in Watte packen und die Umgebung keimfrei halten. Das ist auch gar nicht sinnvoll. Denn je mehr Keime das Immunsystem Ihres Babys herausfordern, umso stärker kann dieses ausgeprägt werden. Das bedeutet: Ihr Baby wird keinen Schaden nehmen, wenn es mit Dingen spielt, die andere Kinder vorher in den Händen hatten. Es darf einen Löffel auch dann noch in den Mund nehmen, wenn er auf den Wohnungsboden gefallen ist. Vorsicht ist jedoch dann geboten, wenn Ihr Baby gern an den Fingern von Besuchern lutscht. Zögern Sie nicht, Ihren Besuch darum zu bitten, sich vor dem Kontakt mit dem Baby die Hände zu waschen.

Dauernd verliert mein Baby seinen Schnuller. Muss ich ihn jedes Mal abwaschen, wenn er auf den Boden fällt?

Wenn der Schnuller auf dem Boden landet, muss er nicht gleich desinfiziert werden. Solange Sie eine Fluse oder ein Haar abzupfen können und sonst keine Verunreinigungen zu sehen sind, kann das Baby seinen Schnuller wieder in den Mund stecken. Nur wenn der Schnuller in den Schmutz, den Sand oder auf staubigen Boden fällt, sollten Sie ihn gründlich unter klarem Wasser abspülen. Bitte beachten Sie: Den Schnuller niemals »säubern«, indem Sie ihn selbst in den Mund stecken und ablecken – Ihre Mundkeime (vor allem Kariesbakterien) würden dem Baby mehr schaden als etwas Staub vom Boden.

Unser älteres Kind hat eine Erkältung. Darf es das Baby trotzdem auf den Arm nehmen, oder sollten wir jeden Kontakt vermeiden?

Grundsätzlich gilt: Jeder durchgemachte Infekt stärkt das Immunsystem Ihres Babys. Daher ist es nicht sinnvoll, übertriebene Hygienemaßnahmen an den Tag zu legen oder den Kontakt zu anderen Menschen zu unterbinden. Im Gegenteil: Wissenschaftliche Studien belegen, dass Kinder, deren Immunsystem sich immer wieder mit Keimen und Fremdeiweißen wie etwa Pollen auseinandersetzen musste (zum Beispiel Kinder, die auf einem Bauernhof aufgewachsen sind), langfristig deutlich gesünder sind und sehr viel seltener unter Allergien leiden als Kinder, die in (fast) sterilen Wohnräumen aufwachsen. Die Antwort auf die Frage ist vielschichtiger: Es ist unnötig, einem verschnupften Geschwisterkind den Kontakt zum Baby zu verbieten, da ja beide Kinder ohnehin unter einem Dach leben. Es darf sein Geschwisterchen also ruhig in den Arm nehmen. Nur sollten Sie darauf achten, dass Ihr großes Kind das Baby nicht direkt anhustet, anniest oder gerade jetzt küsst oder gar ableckt. Für diese Art geschwisterlicher Zuneigung ist noch ausreichend Zeit vorhanden, wenn die Erkältung abgeklungen ist.

Am liebsten sitzt unser Baby in der Wippe oder der Babyschale und sieht uns zu. Wie lang darf es mit drei Monaten in dieser Position sitzen?

Solange Ihr Baby noch nicht mobil ist beziehungsweise sich noch nicht selbst in die gewünschte Position bringen kann, ist die Wippe ein idealer Platz, um eine bessere Aussicht zu haben, etwa wenn es unter Aufsicht kurz auf dem Tisch stehen darf oder Ähnliches. Außerdem ist die Wippe toll, wenn das Baby gefüttert wird. Hier kann man es festschnallen, mit Lätzchen versehen, und man hat beide Hände frei, um es zu füttern. Doch an dieser Stelle ist ein ausdrücklicher Hinweis notwendig: Wir empfehlen, das wenige Wochen alte Baby höchstens 30 Minuten pro Tag darin liegen zu lassen, und auf gar keinen Fall unbeaufsichtigt! Fehlhaltungen, besonders an der Lendenwirbelsäule, könnten die Folge sein, wenn ein Kind regelmäßig für längere Zeiträume in der Wippe sitzt.
Das Gleiche gilt für die Auto-Babyschale. Je älter Ihr Baby wird, umso länger kann es darin sitzen. Ab einem Alter von etwa sechs Monaten kann es ruhig schon mal etwas länger als eine halbe Stunde in der Babywippe bleiben.

Kann es sein, dass mein Baby Angst bekommt, wenn es in einem großen Bett schlafen soll?

Ja, ein verhältnismäßig großes Bett mit zu viel Bewegungsfreiheit kann manche Babys verunsichern. Und das ist nachvollziehbar: Während der Schwangerschaft lebte das Baby im warmen, abgedunkelten Uterus, in den letzten Wochen war es dort sogar richtig eng. Das Gefühl der Begrenzung ist Ihrem Kind also durchaus vertraut, das der Weite jedoch nicht. Darum ist es sinnvoll, das Baby nachts zum Schlafen in ein kuscheliges Bettchen zu legen, das ihm nicht zu viel Freiheit vermittelt. Um das zu erreichen, können Sie zum Beispiel ein Stillkissen rund um seinen Kopf legen und so das Bett »verkleinern«. In Untersuchungen wurde nachgewiesen, dass Babys besser schlafen, wenn sie Begrenzungen spüren (siehe dazu auch das Pucken, Seite 43).
Sollte Ihr Kind jedoch zu der SIDS-Risikogruppe gehören (mehr dazu siehe Seite 240), sollten Sie auf die zusätzliche Begrenzung verzichten.

DER FÜNFTE MONAT

Um den fünften Monat herum schaffen es viele Babys, für einige Minuten auf dem Bauch zu liegen und dabei ihr Köpfchen oben zu halten. Je nachdem, wie wendig der kleine Trockenschwimmer ist, kann es passieren, dass er sich demnächst aus der Bauchlage auf den Rücken dreht.

SO ENTWICKELT SICH EIN BABY

Bereits zu diesem Zeitpunkt schaffen die ganz cleveren Babys auch schon mal den umgekehrten Weg und drehen sich aus der Rückenlage auf den Bauch. Dies ist ein beachtlicher Fortschritt. Erfahrungsgemäß ist diese Mobilität aber nicht die Regel, und Sie sollten nicht enttäuscht sein, wenn Ihr Kind auch in den kommenden Wochen noch kein Interesse zeigt, sich vom Rücken auf den Bauch zu drehen und umgekehrt. Jedes Kind nimmt sich dafür die Zeit, die es braucht. Und das hat überhaupt nichts mit »Normal-Sein« oder »Nicht-Normal-Sein« zu tun, sondern einzig und allein mit der Individualität Ihres Kindes.

Mit allen Sinnen dabei

Die Sinne Ihres Kindes entwickeln sich täglich weiter. Vermutlich erfasst Ihr Kind inzwischen an Ihrer »Tonlage« ganz schnell die aktuelle Stimmungslage. Auch seine Augen sind stets auf der Hut: Alles, was in Greifnähe kommt, wird untersucht. Und ab jetzt heißt es fürs Baby: Dabei sein ist alles – am liebsten auch bei Tisch!

Den Kopf ganz oben

Sehr vielen Kindern gelingt in diesen Wochen schon eine sehr gute Kopfhaltung. Wenn Sie Ihr Baby mit Unterstützung hinsetzen, kann es inzwischen über mehrere Minuten seinen Kopf oben halten. Wenn Sie es auf Ihrem Schoß sitzen haben und seinen Körper vorsichtig seitlich hin und her bewegen, kann es in der Regel bereits tadellos den Kopf ausbalancieren.

Reich mir die Hand ...

Wenn Sie Ihrem Baby die Hände reichen, wird es sich sicher daran festklammern. Mitunter kann es schon so fest zupacken, dass Sie es aus der Liegeposition zum Sitzen hochziehen können. Dabei sollten Sie behutsam sein und das Kind an der Hand in die Sitzposition ziehen.
Zum Greifen benutzen manche Kinder jetzt schon bevorzugt eine Hand. Wenn Ihr Baby häufig die linke Hand einsetzt, heißt das jedoch nicht, dass es Linkshänder werden wird. Denn noch können Kinder jederzeit ihre potenzielle Führungshand wechseln. Wenn sich abzeichnen sollte, dass Ihr Kind bevorzugt die linke Hand einsetzt, sollten Sie auf keinen Fall versuchen, Ihr Kind in Sachen Händigkeit »umzuerziehen«. Erfahrungsgemäß ist dies nicht förderlich, denn erzwungene Veränderungen können später zu Entwicklungsproblemen führen.

Stand up!

Vielleicht zeigt sich in diesen Wochen ein erstes Stehvermögen. Wenn Sie Ihr Baby unter den Achseln so festhalten, dass die Füße den Boden berühren, stellt es sich für einige Sekunden auf die Füße, stemmt die Zehen gegen den Boden und streckt seine Beine durch.

Feine Antennen

Auch die Fähigkeit Ihres Kindes, Dinge wahrzunehmen, entwickelt sich immer mehr. Mittlerweile hat es gelernt, an Ihrer Mimik und Ihrem Tonfall Ihre Stimmung erfassen. Es spürt, ob Sie gestresst oder fröhlich, gereizt oder gut gelaunt sind. Auch wenn es den Inhalt Ihrer Gespräche noch nicht versteht, hat es inzwischen doch ein gutes Gespür für die leisen Zwischentöne.

SITZEN – ABER RICHTIG!

Ihr Kind kann nur selbstständig sitzen lernen, wenn seine Rumpfmuskulatur ausreichend trainiert ist und das Nervensystem lernt, Schwerkraft, Muskeltätigkeit und Gleichgewicht aufeinander abzustimmen. Dazu braucht das Baby viele Gelegenheiten, sich vom Rücken auf den Bauch zu drehen und umgekehrt. Eher ungünstig ist es, wenn man dem Baby das Sitzen erleichtert, indem man es mit Kissen gepolstert hinsetzt.

Die Vorsorgeuntersuchung U5

Zwischen dem vollendeten fünften und siebten Monat überprüft der Kinderarzt, ob Bewegungsfähigkeit und Geschicklichkeit Ihres Kindes dem Alter entsprechen:

- Kann sich das Baby selbst auf den Bauch drehen?
- Kann es im Unterarmstütz stabil in der Bauchlage liegen?
- Greift es gezielt nach Spielzeug?
- Ist es in der Lage, mit beiden Händen etwas festzuhalten und Gegenstände von einer Hand in die andere zu übergeben?
- Kann es seinen Fuß in die Hand nehmen und zum Mund führen?
- Wie reagiert es auf Fremde?
- Daneben werden Gehör und Gehirnfunktionen untersucht.
- Außerdem bespricht der Arzt mit Ihnen die weitere Ernährung des Kindes.

SO FÖRDERN SIE IHR BABY SPIELERISCH

Immer mehr Babys haben in diesem Alter Freude an Bewegungsspielen. Gleichgültig, ob sich die Zunge in einem Gesicht bewegt, Papa das Baby (vorsichtig) durch die Lüfte trägt oder der vertraute Schoß von Mama zum lustigen Hopsen einlädt – alles bereitet Ihrem kleinen Schatz viel Freude.

Alltagsspielzeug

Die Vorliebe Ihres Babys, erst einmal alles in den Mund zu nehmen, ist vermutlich auch in diesen Wochen ungebrochen. Dabei spielt es für Ihr Baby keine Rolle, ob es sich bei den Objekten um teures Spielzeug handelt – Hauptsache, es klimpert und raschelt ausgiebig. Im Idealfall ist das »Spielzeug« dann auch noch so leicht und griffig, dass das Baby die Dinge von der einen in die andere Hand wechseln kann.

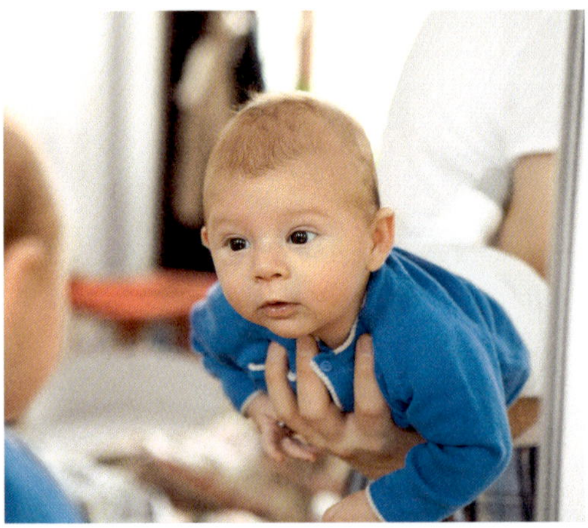

Babys lieben Gesichter und staunen darüber, wer da im Spiegel erscheint.

Diese Kriterien erfüllen zum Beispiel leere Joghurtbecher (Achtung – verwenden Sie nur Becher ohne scharfe Kanten), ein (Fell-) Handschuh, eine (neue) Nagelbürste, verschiedene Kochlöffel, Schneebesen und Ähnliches. Erfahrungsgemäß kommt auch ein (bruchfester) Handspiegel gut bei den kleinen Entdeckern an.

Rituale einführen

Bereits früh sollten wiederkehrende Aktionen zu Ritualen mit Bedeutung eingeführt und verfestigt werden. Auf diese Weise vermitteln Sie Ihrem Baby einen festen Rahmen für die täglichen Abläufe. Schon bald weiß es: Wenn Mama oder Papa gewisse gleichbleibende Verhaltensweisen wiederholen, dann habe auch ich mich an die Spielregeln zu halten. Wenn Sie zum Beispiel Ihr Baby abends ins Bett legen, macht es Sinn, ihm immer dasselbe Schlaflied vorzusingen oder zu summen. Erfahrungsgemäß hilft so ein Ritual vielen Babys, die Struktur des Tages leichter einordnen zu können. Im Idealfall weiß es schon bald: Singt Mama oder Papa diese Melodie, ist Schlafen angesagt.

Kuckuck

Spielen Sie doch mal mit Ihrem Baby Verstecken, und zwar so, dass es Sie dabei immer im Blickfeld hat. Meistens genügt es schon, wenn Sie Ihr Gesicht kurz hinter den Händen, einem Tuch oder einem Blatt Papier verschwinden lassen. Wenn Sie dann mit großem Hallo wieder aus Ihrem Versteck auftauchen, ist die Wiedersehensfreude bestimmt sehr groß.

Zungentheater

Für eine Vielzahl von Babys ist es faszinierend, zu sehen, was Eltern mit ihrer Zunge alles anstellen können. Probieren Sie ruhig mal aus, wie Ihr Baby darauf reagiert: Sie strecken Ihre Zunge heraus, lassen sie auf Ihren Lippen tanzen, verstecken sie blitzschnell im Mund … So manches Kind ist ungemein beeindruckt vom kleinen »Zungentheater« und möchte es genauso gut können wie Sie.

Hoch hinaus

Für viele Babys ist es eine wahre Freude, wenn sie (behutsam) durch die Luft gewirbelt werden. Wenn sie nach oben gestemmt und in die Schwebelage gebracht werden, lachen die meisten Babys laut auf vor Entzücken.

Schirm-Schau

Setzen Sie sich mit Ihrem Baby auf dem Schoß auf den Boden. Spannen Sie nun einen möglichst großen Schirm auf und erzählen Sie Ihrem Baby etwas vom Regen, der Sonne und vom Mond. Gebannt wird es mit Ihnen nach oben schauen und Ihren Worten lauschen.

Kleine Drehhilfe

Ihr Kind hat keine große Lust, sich vom Rücken auf den Bauch zu drehen und umgekehrt? Dann können Sie Ihr Baby mit folgenden Tricks motivieren: Wenn Ihr Baby auf dem Rücken vor Ihnen liegt, geben Sie ihm einen Greifring in eine Hand. Wenn es den Ring in der rechten Hand hat, motivieren Sie es durch Rascheln, Klingeln oder Ähnliches dazu, nach links zu sehen. Nun greifen Sie den Ring und ziehen ganz sanft daran. Wenn es möchte, kann Ihr Baby sich nun ohne großen Kraftaufwand auf seine linke Seite oder ganz auf den Bauch drehen.

Hier heißt es aufpassen – aber Babys lieben es, wenn der Papa sie durch die Luft wirbelt.

FRAGEN & ANTWORTEN

Sind Babyschwimmkurse sinnvoll?

Ja, ein Babyschwimmkurs ist durchaus sinnvoll, da es erfahrungsgemäß vielen Babys Spaß macht, auf Mamas Arm im Wasser zu spielen. In einem geführten Babyschwimmkurs zeigt man Ihnen, wie Sie Ihr Kind im Wasser halten. Sollten eventuell Ängste vor dem Wasser vorhanden sein, können diese abgebaut werden. Das Hin-und-her-Bewegen im Wasser kann als eine sanfte Massage für den Körper empfunden werden. Außerdem verbessert es die Wahrnehmung für den eigenen Körper und entspannt die Muskeln. Wasser stimuliert die Bewegungsfähigkeit und trainiert die kindlichen Sinne. Allerdings haben Studien ergeben, dass Säuglinge, die an Babyschwimmkursen teilnehmen, im ersten Lebensjahr häufiger an Durchfall erkranken als Nicht-Babyschwimmer. Auslöser dafür sind meistens die sogenannten Rotaviren. Diese Viren sind außerordentlich widerstandsfähig und weitgehend resistent gegen Desinfektionsmittel. Somit können sie sogar im Wasser überleben.

Was muss ich bei einem Schwimmbadbesuch mit meinem Baby berücksichtigen?

Generell sollte das Baby mindestens neun oder zehn Wochen alt sein, bevor es zum ersten Mal mit ins Schwimmbad genommen wird. Außerdem sollte es in der Lage sein, seinen Kopf zu heben und zu halten. Babys benötigen eine Wassertemperatur von etwa 34 °C, damit sich die Muskeln entspannen können. Erkundigen Sie sich deshalb vorher, ob das von Ihnen gewählte Schwimmbad einen Warmbadetag hat. Ältere Babys (ab etwa zehn Monaten) fühlen sich auch schon bei Temperaturen von 29 bis 30 °C wohl. Bleiben Sie mit Ihrem Baby maximal 30 Minuten im Wasser. Als Ausrüstung fürs Baby haben sich Windeln im Wasser nicht bewährt: Sie saugen sich voll, werden schwer und behindern mehr, als dass sie schützen. Badehöschen mit Kunststoffeinlage dagegen haben große und kleine Geschäfte gut im Griff. Auch wichtig: Chlor hilft zwar, das Schwimmbadwasser sauber zu halten, manche Babys reagieren darauf jedoch mit trockener Haut und eventuell auch mit geröteten Augen. Letzteres klingt innerhalb weniger Stunden von selbst ab. Gegen das Austrocknen der Haut hilft eine Babylotion. Alternativ können Sie auch ein Schwimmbad aufsuchen, in dem das Wasser nicht gechlort ist, sondern mit Ozon und/oder Salz geklärt wird. Für die Haut des Babys ist dieses Wasser meistens besser geeignet. Wurde Ihr Baby mehrere Wochen zu früh geboren, sollten Sie erst dann mit ihm zum Baden gehen, wenn es den Entwicklungsstand eines neun bis zehn Wochen alten Säuglings erreicht hat.

Mein Baby ist bereits fünf Monate alt und macht nicht die geringsten Anstalten, etwas in die Hand nehmen oder nach etwas greifen zu wollen. Muss ich mir Sorgen machen?

Nein. Tatsächlich gibt es Kinder, die ihre Umgebung noch nicht »be-greifen« wollen, sondern sich lieber aus einer passiven Position heraus ihre Umgebung ansehen. Dies ist nicht weiter schlimm. Doch spätestens wenn zwischen dem sechsten und siebten Monat die U5 ansteht, wird der Kinderarzt gezielt prüfen, wie es mit dem Greifvermögen Ihres Kindes aussieht. Er wird dem Kind zuerst einen, dann sogar noch einen weiteren Gegenstand für die zweite Hand anbieten. Damit kontrolliert er, ob Ihr Kind in der Lage ist, für wenige Sekunden in beiden Händchen gleichzeitig etwas festzuhalten. Wenn Ihr Baby die Gegenstände nicht in die Hand nimmt, könnte dies ein Hinweis auf eine Entwicklungsverzögerung sein. Sie können dem aber vorbeugen: Bieten Sie Ihrem Kind immer wieder neue Gegenstände an (Plüschtier, Kochlöffel) und animieren Sie es, danach zu greifen. So findet Ihr Baby bestimmt sehr bald Gefallen daran, was es mit seinen Händen alles anstellen kann.

Gibt es eine Regel, wie oft ein Baby Stuhlgang haben sollte?

So individuell die Verdauung bei Erwachsenen funktioniert, so verhält es sich auch bei Kindern. Während das eine Baby ein- oder mehrmals täglich eine volle Windel hat, kommen andere Babys mit einer Darmentleerung pro Woche aus – ohne unter Bauchschmerzen oder Verstopfung zu leiden. Für alle gibt es einen groben Richtwert: Bei Stillkindern gilt, dass Stuhlgang zwischen viermal pro Tag und einmal pro Woche normal ist. Wenn ein Kind eine ausreichende Kalorienzufuhr erhält, wird es auch regelmäßig Stuhlgang haben, und das kann mitunter auch bedeuten, dass dies nur einmal pro Woche der Fall ist. Sollte Ihr Baby allerdings seltener als einmal pro Woche seinen Darm entleeren, sollten Sie diesbezüglich einen Kinderarzt um Rat fragen. Das gilt natürlich erst recht, wenn Ihr Kind in den Tagen ohne Stuhlentleerung unruhig ist und über längere Zeit quengelt. Bei Kindern, die mit Säuglingsmilchnahrungen aufwachsen, ist eine Stuhlentleerung alle ein bis drei Tage empfehlenswert, da durch das Milchpulver eine Verstopfung auftreten kann, die sich auch durch harten Stuhl bemerkbar macht.

Mein Kind hat kleine rote Flecken auf der Haut. Ich habe Angst, dass das Neurodermitis sein könnte.

Unter Neurodermitis oder atopischer Dermatitis versteht man eine Hauterkrankung mit unklarer Ursache. Genau das ist das Problem. Es kann unendlich viele Ursachen (etwa genetische Veranlagung, Umwelteinflüsse, Allergien, psychische Belastung oder Ernährung) für die Entstehung von roten Flecken geben, sodass eine exakte Diagnose schwierig ist. Darum sollte man mit dem Begriff Neurodermitis vorsichtig umgehen, denn nicht jede trockene Hautstelle ist sofort ein Hinweis auf eine Neurodermitis. Erst wenn mehrere Symptome gleichzeitig auftreten und einen typischen Verlauf nehmen, kann man von einer Neurodermitis ausgehen: Charakteristisch sind trockene, schuppige Hautpartien (vor allem im Gesicht, in den Kniekehlen, Armbeugen und an den Handgelenken), die während eines akuten Schubes jucken, sich röten und entzünden. Häufig haben Neurodermitis-Patienten eine doppelte Lidfalte unter den Augen.

DER SECHSTE MONAT

Ihr Kind greift jetzt immer gezielter nach allem, was interessant ist. Wenn Sie ihm ein Spielzeug vors Gesicht halten, streckt es vermutlich aufgeregt seine Arme aus, begutachtet den Gegenstand und greift mit beiden Händen danach, um ihn zum Mund zu führen.

SO ENTWICKELT SICH IHR BABY

Kommt Ihr Baby in die Bauchlage, stützt es sich wahrscheinlich schon kräftig mit ausgestreckten Armen nach oben. Seine Hände sind dabei geöffnet. Wenn Sie die Seite der Krabbeldecke, auf der es liegt, leicht anheben, stemmt es sich vielleicht schon dagegen, um das Gleichgewicht zu halten. Mittlerweile halten fast alle Babys ihren Kopf im Liegen und im Sitzen problemlos aufrecht. Außerdem fällt es jetzt nicht mehr schwer, in diesen Positionen den Kopf von der einen Seite zur anderen zu drehen. Die ganz gewieften Babys schaffen es jetzt schon, von der Liege- in die Sitzposition zu kommen. Diese Kinder sind aber eher die Ausnahme.

Ich hab auch was zu sagen!

Allmählich beginnt die Zeit, in der Ihr Kind mehr und mehr aktiv an seiner Umwelt, vor allem aber an Ihrer Kommunikation teilnehmen möchte. Es brabbelt jetzt vor sich hin, bringt sich aber auch gern selbst ins Gespräch ein. Besondere Vorlieben sind erfahrungsgemäß die Silben »ga-ga« oder »da-da«. Diese kurzen Silben werden kettenartig aneinandergereiht. Und mitunter lässt auch das erste »ma-ma« nicht mehr lang auf sich warten – sehr zur Freude der Mutter.

Von Fall zu Fall

Hat Ihr Baby ein interessantes Spielzeug entdeckt und hält das Teil der Begierde dann endlich in den Händen, wird dieses gründlich untersucht, gedreht, gewendet und natürlich in den Mund gesteckt. Zielsicher wechselt das Spielzeug von einer Hand in die andere. Fällt das heiß begehrte Teil aus Versehen einmal hinunter, guckt das Baby sich den Fallvorgang interessiert an und schaut dem Gegenstand auch bewusst hinterher. Ganz pfiffige Babys haben so viel Spaß an dem Spiel, dass sie meist gleich noch einmal etwas fallen lassen.

Viel Sinn für Humor und Musik

Bereits in diesem Alter sind Babys kleine Spaßmacher. Die meisten von ihnen lieben es, wenn man sie unterhält und mit ihnen herumalbert. Meistens strahlen sie in lustigen Situationen über das ganze Gesicht und können kaum genug davon bekommen. Manchmal ist es so, dass Sie von Ihrem Kind regelrecht aufgefordert werden, spaßige Spieleinheiten einzuleiten, sobald Sie in seine Nähe kommen.
Mitunter ist es ein pures Vergnügen, den Babygesängen in diesem Alter zuzuhören, denn meistens können Säuglinge die Tonleiter rauf und runter »quietschen«. Diese musikalische Darbietung geben Babys häufig morgens nach dem Wachwerden als »Gutenmorgenständchen« zum Besten.

Ran an den Brei!

In diesen Wochen fiebern viele Mütter dem Zeitpunkt entgegen, an dem sie mit dem Zufüttern von Brei beginnen können. Denn erfahrungsgemäß sind viele Babys mittlerweile sehr ungeduldig, wenn es ums Essen geht. Häufig können sie es gar nicht abwarten, bis sie etwas bekommen. Zusätzlich zum Stillen können Sie allmählich mit dem Zufüttern beginnen – offiziell geht das schon ab dem vollendeten vierten Lebensmonat. Lassen Sie sich von den winzigen Mengen nicht irritieren, mit denen Ihr Baby anfangs startet (mehr zum Thema Zufüttern lesen Sie ab Seite 208). Mit der Beikost zu beginnen bedeutet eine große Umstellung für Ihr Kind. Es muss lernen, von Saugen auf Kauen umzustellen. Da kann es schon mal vorkommen, dass in den ersten Tagen so mancher Löffel wieder aus dem Mund herauswandert, weil die Zunge ihn nach vorn schiebt, statt ihn nach hinten zum Gaumen zu befördern. Das klappt sicher bald besser. In der Regel brauchen die meisten Babys nur wenige Tage, um sich an den Löffel samt Brei zu gewöhnen.

SINNESTRAINING

Auch die Wahrnehmungsfähigkeit Ihres Babys schreitet mit großen Schritten voran: Wenn er gut gelaunt ist, will der kleine Erdenbürger überall dabei sein und alles sehen. Wenn Sie essen, sitzt er lieber auf Ihrem Schoß, als auf der Decke zu liegen. Doch mit Baby auf dem Schoß heißt es aufgepasst. Was in Reichweite ist, wird inspiziert: Teller, Besteck, Essen, Tischdecke. Noch immer wandern diese Dinge in den Mund, denn das Baby möchte seine Umwelt mit allen Sinnen begreifen: Wie schmeckt das? Wie riecht das? Wie fühlt es sich an? Macht es ein Geräusch? Lassen Sie zu, was Sie verantworten können, denn das ist ein gutes Training für die Sinne.

SO FÖRDERN SIE IHR BABY SPIELERISCH

Jeden Tag mehr sind alle kindlichen Sinne auf Empfang gestellt. Immer deutlicher kann Ihr Baby signalisieren, was ihm gefällt und was ihm weniger Freude bereitet. Seien Sie kreativ und legen Sie ihm die Welt in Form einer Entdeckertour zu Füßen!

Die Welt erkunden

Wie fühlt sich Wasser an, wie das Gras unter den Füßen? Wie kratzt eine Bürste, oder wie hört sich eine Rassel an? Ihr Baby hat jetzt alle »Sinnesantennen« auf Empfang gestellt und ist bereit, Neues zu erkunden. Jetzt sind Sie gefragt, denn nur mit Ihrer Hilfe kann es seine Sinne weiter schulen. Wenn es die Jahreszeit zulässt, können Sie Ihr Baby barfuß über den Rasen halten. Wenn die Grashalme an seinen Fußsohlen kitzeln, wird es vielleicht erkunden wollen, was an seinen Füßen vor sich geht. Ähnlich spannend ist ein Fußbad. Füllen Sie dafür eine kleine Wanne oder einen Babypool mit warmem Wasser und halten Sie die Füße Ihres Babys vorsichtig hinein. Vielen Babys macht das Fußbad so viel Spaß, dass sie kräftig im Wasser herumstrampeln und spritzen.

Fingertänzchen

Beliebt sind Fingerspiele, bei denen das Kind einen Reim oder ein Lied hört und gleichzeitig seinen Körper kennenlernt. Da gibt es zum Beispiel diesen beliebten Vers:

Kommt ein Mann die Treppe rauf (mit zwei Fingern an Babys Arm hochkrabbeln), *klopft an* (vorsichtig an die Stirn klopfen), *bim-bam* (vorsichtig am Ohr zupfen) – *fertig ist der Nasenmann* (Kind leicht an der Nase zupfen).

Schaukelspiele

Schaukelspiele, bei denen gesungen wird, kommen bei fast jedem Baby gut an. Ein Klassiker ist folgendes Schaukelspiel, bei dem Sie Ihr Kind so auf Ihren Schoß setzen, dass es Sie anschauen kann. Halten Sie es gut unter den Armen fest und schaukeln Sie es zum folgenden Text hin und her – erst langsam, dann immer schneller:

Große Uhren machen tick-tack, tick-tack (langsam und behutsam das Baby im Takt hin- und herschaukeln). *Kleine Uhren machen ticke-tacke, ticke-tacke* (jetzt etwas schneller werden und im Takt schaukeln). *Und die kleinen Taschenuhren ticke-tacke, ticke-tacke, ticke-tacke …* (das Baby jetzt noch schneller im Takt von rechts nach links wiegen). *Kirchturmuhren machen bim-bam, bim-bam* (das Baby jetzt langsam im Takt nach vorn und hinten schaukeln). *Kuckucksuhren machen kuckuck, kuckuck* (Baby hoch- und runterheben). *Und die Eieruhr macht sch-sch-sch …* (streichen Sie mit beiden Händen von Babys Kopf bis zu seinen Zehen – so als würde Sand über seinen Körper rieseln).

Wo läuft die Maus?

Ebenfalls beliebt sind kleine Kitzeleien am ganzen Körper. Dafür setzen Sie Ihr Baby auf den Schoß und kitzeln es vorsichtig mit beiden Händen. Viele Babys lassen sich

ZEIT ZUM SPIELEN

Wissenschaftler haben festgestellt, dass Babys am liebsten unmittelbar nach dem Essen und auch gern in den Abendstunden spielen. Nutzen Sie diese Erkenntnis und planen Sie Ihre Spielzeiten entsprechend im Tagesablauf ein.

dabei gern zu einer Geschichte einladen, etwa zu einer, in der Mamas oder Papas Hände zwei kleine Mäuschen sind, die kreuz und quer über den Babykörper laufen und dort Verstecken spielen.

Von Hand zu Hand

In diesen Wochen können Sie die Koordination Ihres Babys fördern, indem Sie ihm etwas Interessantes in eine Hand geben. Bleibt es in der einen Hand oder wandert es in die andere? Auch gut: Schlagen Sie einen Tauschhandel vor. Bieten Sie Ihrem Baby einen Gegenstand an, den es gegen einen anderen Gegenstand, den es bereits in der Hand hält, tauschen soll. Lässt es sich darauf ein oder zögert es noch?

Folienknistern

Rettungsfolie gehört als Standardausstattung in Ihren Auto-Erste-Hilfe-Kasten. Es gibt sie in jedem Baumarkt zu kaufen. Sie glitzert nicht nur schön silbern und golden, sondern knistert auch noch ganz toll, wenn man sie zerknittert. Vielleicht gehört Ihr Baby auch zu denen, die gar nicht genug von der Knisterfolie bekommen können, wenn sie auf dem Boden ausliegt. Sobald die Babys daran ziehen, raschelt und knistert sie so toll, dass sich manche Babys darin regelrecht einwickeln. Im Gegensatz zu Alufolie ist Rettungsfolie reißfester. Hinweis: Wenn Sie so ein Folienvergnügen ausprobieren möchten, müssen Sie unbedingt bei Ihrem Kind bleiben. Manchen Kindern macht das Knistern eher Angst als Spaß. Außerdem sollten Sie beim Kauf darauf achten, dass die Folie keine Glitzerpartikel verliert, die Ihr Baby verschlucken könnte.

Erwischt! Interessante Gegenstände motivieren Babys zu ausgiebigen Erkundungen.

FRAGEN & ANTWORTEN

Ich möchte die restlichen Kilo, die noch von der Schwangerschaft übrig sind, wieder loswerden. Wirkt sich eine Diät während der Stillzeit auf die Muttermilch aus?

Allein durch das Stillen verbrauchen Sie schon extra Energie. Wenn eine stillende Mutter übermäßig schnell abnehmen möchte, riskiert sie, dass Schadstoffe freigesetzt werden. Diese könnten über die Muttermilch 1:1 auf das Baby übergehen, und das wäre natürlich nicht ratsam. Eventuell überflüssige Pfunde sollten Sie lieber mit der Zeit langsam abbauen. Meist reicht eine Einschränkung bei Süßigkeiten, Zucker und Getreideprodukten (allen voran Weißmehl in Pasta, Brot, Brötchen, Keksen und Kuchen). Außerdem machen die meisten Diäten wenig Spaß. Warum sich also der Lebensfreude mit dem Baby berauben? Wenn das Baby komplett abgestillt ist, gibt's sicher noch ausreichend Zeit, sich um die Figur zu kümmern.

Sobald unser Baby mit am Tisch sitzt, greift es nach allem, was ihm in die Hände kommt. Ist das ein Signal, dass nun zugefüttert werden sollte?

Lassen Sie sich von der Experimentierfreude Ihres Babys nicht in die Irre führen. Immer wieder glauben Eltern, dass ihr Baby reif für die Beikosteinführung ist, wenn es bei Tisch wiederholt auf die Teller der Großen greift und an Brot und Nudeln lutscht. Tatsächlich ist Ihr Baby mit Händen und Füßen dabei, seine Umwelt zu erkunden – es wird also mit der gleichen Leidenschaft nach einem Bierglas, einem Kugelschreiber oder der Fernbedienung greifen. Sein Interesse an Ihrem Teller hat im Alter von vier oder fünf Monaten meist weniger mit der Reife seines Verdauungstrakts zu tun als mit seiner natürlichen Neugierde. Ihr Baby zeigt so, dass es rege am Familienleben teilnimmt und alles begreifen will, was um es herum vorgeht.

Stimmt es, dass Babys ab dem sechsten Monat Zähne bekommen?

Es kann gut möglich sein, dass die ersten Zähnchen zu diesem Zeitpunkt durchbrechen. Erfahrungsgemäß sind die beiden unteren Schneidezähne als Erste dran, danach folgen die oberen Schneidezähne. Wenn Ihr Baby kein »Schnellzahner« ist, ist das natürlich auch in Ordnung. Es ist ganz normal, wenn der erste Zahn noch einige Wochen oder sogar noch Monate auf sich warten lässt – manche Kinder lächeln an ihrem ersten Geburtstag noch zahnlos.

Mein Baby hat keine Lust, sich zu drehen. Was kann ich tun, damit es die Bewegung übt und Spaß daran findet?

Legen Sie Ihr Baby auf dem Rücken auf eine Decke oder ein Handtuch. Heben Sie die Decke an einer Seite so an, dass Ihr Baby sich durch die Schwerkraft auf sanfte Art auf den Bauch dreht. Haben Sie keine Sorge, dass ein Ärmchen unter dem Bauch eingeklemmt werden könnte. Ihr Baby wird seine Hand automatisch unter seinem Brustkorb hervorholen, um sich dann auf beiden Unterarmen abzustützen.

Der große Bruder steckt dem Kleinen immer wieder seinen eigenen Schnuller in den Mund. Ist das schlimm?

Besser wäre es natürlich, wenn Ihr Großer seine Großzügigkeit beim Schnullerteilen ablegen würde. Denn der gemeinsam genutzte Schnuller kann nicht nur Kariesbakterien, sondern auch andere unangenehme Keime wie Herpesviren übertragen. Das Gleiche gilt natürlich auch für die Erwachsenen: Ein Schnuller gehört nur in den Mund des Kindes, dem er gehört, und sollte nicht – auch nicht um ihn kurz sauber zu schlecken – in einen anderen Mund wandern.

Ab wann darf ich mit meinem Baby Fahrrad fahren?

Dazu muss man die Sitzmöglichkeiten unterscheiden: In einem Fahrradsitz, der über dem Gepäckträger montiert ist, darf ein Kind erst sitzen, wenn es sicher und auch über längere Zeit allein sitzen kann, also ohne Unterstützung oder Hilfe. Zum anderen sind diese Fahrradsitze erst dann sicher, wenn das Kind eine bestimmte Größe erreicht hat. Die Sitze sind so konstruiert, dass die Beine zur Sicherheit mit Gurten fixiert werden. Das funktioniert aber nur dann, wenn die Beine so lang sind, dass das Kind sie auf der Fußstütze aufstellen kann. Das ist meist der Fall, wenn die Kinder ein gutes Jahr alt sind. Die zweite Möglichkeit, das Kind zu transportieren, ist der Fahrradanhänger. Darin können Kinder bereits mit einigen Monaten mitgenommen werden, vorausgesetzt, sie werden in einer speziellen Babyschale festgeschnallt, die dann auf der Sitzbank des Anhängers befestigt wird. Die Babyschale bekommen Sie im Fahrradfachgeschäft oder gebraucht auf dem Flohmarkt.

Mein Baby schielt manchmal. Muss ich deswegen etwas unternehmen?

Im ersten Lebenshalbjahr nicht, denn die parallele Ausrichtung der Augen muss sich erst einspielen. Grundsätzlich wird die Augenmotorik bei jeder Vorsorgeuntersuchung kontrolliert, sodass Fehlstellungen rechtzeitig auffallen. Sollte allerdings nach dem sechsten Monat immer noch ein Auge nach innen, nach oben oder zur Seite abweichen, sollten Sie einen Augenarzt aufsuchen. Ohne Behandlung kann aus dem vermeintlich harmlosen Silberblick eine Sehstörung werden.

Im Fachhandel gibt es Babyhopser zu kaufen. Was ist davon zu halten?

Dabei handelt es sich um eine Art Schaukel, bei der das Kind in einem Korb sitzt, aus welchem unten die Beine herausschauen. Das Ganze hängt an einer Feder, sodass das Baby selbstständig auf und ab hüpfen kann, wenn es sich mit den Füßen vom Boden abstößt. Das Problem ist, dass die Kinder in diesen Hopsern meist nur wenig Halt haben. Hinzu kommt, dass sie den Boden oft nur oberflächlich mit ihren Zehen streifen, da die Hopser nicht genau auf die Beinlänge der Kinder eingestellt sind. Ebendiese Haltung (Streifen des Bodens mit den Zehen) kann der Wirbelsäule schaden und Fehlhaltungen begünstigen.

DER SIEBTE MONAT

In diesem Monat entdecken die meisten Babys ihre Füße – sie bewegen sich so schön, lassen sich anfassen und sogar hin und wieder in den Mund stecken. Vielleicht macht es Ihrem Kind inzwischen auch viel Freude, auf den eigenen Beinen zu stehen – mit Hilfe natürlich.

SO ENTWICKELT SICH EIN BABY

Vielen Babys gelingt es bis zum Ende des siebten Monats, sich von der Rückenlage auf den Bauch zu drehen. Aus dieser Position sieht die Welt auf einmal ganz anders aus: Sie fühlen die Struktur des Bodens, auf dem sie liegen (etwa Fliesenboden, Holz oder Teppich). Die Kinder sehen, wenn etwas vor ihnen zum Greifen nah ist, und aus der Froschperspektive sieht Mama schon ganz schön groß aus …

Kleine Entdecker

Auf dem Bauch liegend, versuchen viele Babys schon bald, nach allem zu greifen, was sich in ihrer Nähe befindet. Mitunter strampeln sie vor lauter Aufregung mit ihren Händen und Füßen, als ob sie »trockenschwimmen« wollten. Mit dieser Übung kräftigen die Kinder ihre Muskulatur und zeigen deutlich, dass sie nun mit allen ihnen zur Verfügung stehenden Muskeln ihr Ziel erreichen wollen. Klares Signal: Der Entdeckergeist ist erwacht. Hat Ihr Baby einen Gegenstand in der Hand, kann es ihn vermutlich für etwa drei Sekunden in Schulterhöhe halten, während es sich auf den anderen Arm stützt.

Du gehörst zu mir!

In diesem Alter nehmen viele Kinder wahr, dass sie Füße haben – und die sind sogar mit Zehen ausgestattet, die sich bewegen! Neugierig versucht das Baby nun, in der Rückenlage nach einem Fuß zu greifen, was am besten gelingt, wenn keine Kleidung und Windel einengt. Hat es den Fuß dann endlich erwischt, wird auch dieses Objekt der Begierde umgehend in den Mund gesteckt. Während Eltern meist beeindruckt über das Kunststück staunen, lutscht das Baby genüsslich an seinen Zehen. Auf diese Weise erfährt es, wie sich seine Füße anfühlen.

Vorsicht, Baby am Tisch!

Sobald Ihr Kind am Tisch sitzt, kann es passieren, dass nichts mehr vor ihm sicher ist. Alles, was es dort sieht, ist interessant, besonders beliebt sind Geschirr und Besteck. Sobald das Baby in seinen Bemühungen erfolgreich war und etwas in der Hand halten kann, wird jedes Teil im Mund untersucht – und über kurz oder lang auf den Boden befördert. Spätestens jetzt hat Ihr Baby den Zusammenhang von Loslassen und Herunterfallen verstanden – und ist der Meinung, dass diese Erkenntnis nun geübt werden sollte (siehe Kasten)!

Hilfe, Mama ist weg!

Allmählich realisiert Ihr Baby, dass Mama oder Papa weggehen, sobald sie den Raum verlassen. Bisher hat es seine Eltern wahrgenommen, wenn sie sich in seiner Nähe aufhielten – waren sie nicht da, hat es sie auch nicht vermisst. Das ändert sich nun von heute auf morgen: Ihr Kind bemerkt in den folgenden Wochen, dass es Sie nicht mehr sehen kann, wenn Sie aus dem Zimmer gehen. Es spürt aber gleichzeitig, dass Sie noch existieren. Sobald es das erkennt, fühlt es sich allein gelassen, denn es vermisst Sie, möchte Sie gern wieder bei sich haben. Es weiß aber auch, dass es Ihnen nicht hinterherlaufen kann. Dieser Zustand macht ihm Angst. Es will zurück zu Mama oder Papa und ruft lautstark nach ihnen.

Fremdeln erlaubt

Aus dieser Erkenntnis heraus beginnt meist um den siebten Monat herum die Phase des Fremdelns. Das bedeutet, dass Ihr Baby Fremden gegenüber scheu und abweisend reagiert oder gar zu weinen beginnt, sobald sie sich nähern, es ansprechen oder auf den Arm nehmen möchten (siehe Seite 140).

Kleine Plaudertasche

Am liebsten »erzählt« Ihr Baby, wenn es gut gelaunt ist, es ihm gut geht und es in seiner gewohnten Umgebung allein vor sich hin spielt. Dabei gibt es inzwischen sein gesamtes Repertoire zum Besten.
Es werden Vokale, »rrr«-Ketten und andere Laute munter aneinandergereiht oder in Gespräche eingebracht, die Mama und Papa gerade führen. Das kann sich dann so anhören: »eee, hä, hä, he, e-pa-pa, da-dä, mamam-mam …«

RAUF UND RUNTER

Wenn Ihr Baby leidenschaftlich gern Dinge fallen lässt und vor Vergnügen quietscht, wenn Sie das Teil wieder aufheben, ist dies ein Heidenspaß für Ihren Junior: Bedenken Sie, dass es die Dinge nicht herunterfallen lässt, um Sie zu ärgern, sondern Sie damit auffordert, mit ihm zu spielen. So werden spielerisch wichtige Nervenverbindungen im Gehirn geknüpft.

SO FÖRDERN SIE IHR BABY SPIELERISCH

Die kommenden Wochen bieten sich an, um mit anderen Kindern im selben Alter in Kontakt zu sein. Ihr Baby wird zunehmend mobiler und beobachtet sein Umfeld immer interessierter.

In die Bauchlage locken

Kinder, die immer noch lieber auf dem Rücken liegen, als sich auf den Bauch zu drehen, brauchen unter Umständen eine kleine »Animation«. Befestigen Sie an einem Bauklotz oder einer großen Holzkugel (am besten mit Loch in der Mitte zum Fixieren und so groß, dass Ihr Baby sie nicht verschlucken kann) eine Schnur. Halten Sie mithilfe der Schnur den Gegenstand in Augenhöhe neben Babys Kopf, bis es ihn bemerkt. Sobald Ihr Baby interessiert ist, bewegen Sie den Klotz langsam hin und her. Sicher dreht Ihr Baby seinen Kopf hinter dem Gegenstand her. Dem Blick folgt meist ein Ärmchen – und mit etwas Glück hat es sich auf den Bauch gedreht.

Nehmen lernen

Bei der U5 überprüft der Kinderarzt unter anderem, ob Ihr Kind in der Lage ist, einen Gegenstand in einer Hand zu halten und einen zweiten Gegenstand zusätzlich aufzunehmen. Das können Sie trainieren. Geben Sie Ihrem Kind eine große Holzkugel in die Hand und lassen Sie es diese kurz untersuchen. Bieten Sie ihm dann noch einen zweiten Gegenstand, etwa eine kleine Rassel, an. Zuerst schaut es vielleicht irritiert, was es damit anfangen soll. Aber bald wird es mit der freien Hand danach greifen.

Spielzeug angeln

Legen Sie sich Ihrem Baby gegenüber auf den Bauch, sodass Ihre Köpfe etwa einen Meter voneinander entfernt sind. Holen Sie nun einen Gegenstand hervor, den Ihr Baby wahrscheinlich interessant findet (das kann zum Beispiel eine Rassel oder ein Kochlöffel sein). Bringen Sie den Gegenstand vor das Gesicht Ihres Babys, knapp außerhalb seiner Reichweite. Es wird nun mit Armen und Beinen rudern und so versuchen, an den Gegenstand zu gelangen.

Auf und ab, auf und ab …

Nehmen Sie Ihr Baby auf den Schoß und bieten Sie ihm einen kleinen Ball an – möglichst einen, der gut hüpft und so griffig ist, dass Ihr Baby ihn gut halten kann. Nachdem Ihr Kind den Ball ausgiebig untersucht hat, lässt es ihn vermutlich fallen. Gespannt verfolgt es, wenn der Ball fällt – und besonders lustig wird es dann, wenn der Ball mehrmals auf dem Boden hüpft. Falls Sie für dieses kleine Spiel einen »Flummi« verwenden, sollten Sie einen richtig großen nehmen, da sonst Verschluckgefahr besteht.

Kennenlernen

Lassen Sie Ihr Kind auch immer wieder ungefährliche Gegenstände des alltäglichen Lebens untersuchen. Wenn Sie in der Küche arbeiten, kann es im Laufstall oder auf einer Decke auf dem Boden liegen und Ihnen zusehen. Ideal ist es, wenn Sie ihm dabei erklären, was Sie gerade machen:

Spülmaschine ausräumen, Nudelwasser aufsetzen, Gemüse putzen – Ihr Baby wird gern zuhören und Sie beobachten. Auf diese Weise kann es seine Umgebung mit Augen und Ohren kennenlernen – und mit seinen Fingern, wenn etwa ein Kochlöffel oder ein Schneebesen zum Erkunden für es »abfällt«.

Wo bin ich?

Hoch im Kurs stehen Versteckspiele – mehr noch als vor einigen Wochen –, die recht einfach zu realisieren sind, da für das Baby alles, was es nicht sieht, auch nicht da ist. Umso erfreuter ist es, wenn das verschwunden Geglaubte plötzlich wieder auftaucht! Setzen oder knien Sie sich dazu vor Ihr Baby und legen Sie sich ein Tuch über den Kopf. Überrascht wird Ihr Baby zu Ihnen schauen und sich fragen, was jetzt wohl passiert. Wenn Sie nun mit einem Lachen das Tuch vom Kopf ziehen und dabei »Kuckuck, hier bin ich wieder« sagen, wird sich Ihr Baby vermutlich vor Lachen kringeln. Aber auch Ihr Baby kann sich »verstecken«. Legen Sie dazu Ihrem Kind einen Seidenschal oder eine dünne, saubere Spuckwindel über den Kopf und fragen Sie: »Wo ist denn mein kleiner Schatz?« Dann ziehen Sie das Tuch von seinem Kopf und begrüßen es mit einem »Da ist er ja, jetzt hab ich dich gefunden!«. Solche Versteckspiele machen nicht nur Spaß, sondern helfen dem Kind spielerisch, sich an kleinere Trennungen zu gewöhnen. Ihr Baby wird es aber auch lieben, wenn Sie vertraute Gegenstände verstecken. Dazu einfach ein Stofftier unter ein Tuch legen und dann das Baby fragen, wo es wohl hingekommen sein könnte.

Verstecken macht Spaß, vor allem wenn es heißt: »Kuckuck, hier bin ich wieder.«

Gespannt wird es Ihnen zusehen und sich freuen, wenn Sie das Tuch fortziehen.

Kinderkontakte fördern

Auch wenn Ihr Kind mit anderen Babys noch nicht gezielt zusammen spielen wird, wirkt sich ein regelmäßiger Kontakt mit Gleichaltrigen sehr positiv aus. Jetzt ist ein gutes Alter, um mit Ihrem Kind eine Spiel- oder Krabbelgruppe zu besuchen. Aber auch für viele Mütter ist die Krabbelgruppe ein Gewinn. Hier treffen sie andere Mütter zum Erfahrungsaustausch. Wie man eine Krabbelgruppe findet? Einfach durch Umhören bei anderen Müttern und Vätern, auf Aushänge achten oder im Internet gezielt nach Anlaufstellen suchen. Aber vielleicht besuchen Sie mit Ihrem Baby auch schon seit Monaten eine Krabbelgruppe nach dem Prager Eltern-Kind-Programm (PEKiP, siehe Seite 107), in denen Babys gezielt spielerisch gefördert werden.

FRAGEN & ANTWORTEN

Sobald außer mir jemand auf unser Baby zugeht, fremdelt es – sogar bei der Oma. Wie soll ich mich verhalten?

In diesen Wochen lächeln Babys bevorzugt in das Gesicht derjenigen Person, die sich am meisten um sie kümmert. Auf diese Weise zeigt ein Baby seine Liebe und seine Zuneigung. Ihr Baby liebt Sie, es vertraut Ihnen voll und ganz. Das ist Außenstehenden manchmal nur schwer zu erklären. Aber sie werden verstehen, dass Ihr Baby sich gerade in einer wichtigen Phase befindet und dass die ablehnende Haltung nichts mit ihnen persönlich zu tun hat. Sie geht bald vorüber – und Ihr Kind strahlt dann auch andere wieder an. Es ist wunderbar, wenn Sie als Eltern den Wunsch nach vertrauter Nähe respektieren, wenn es Ihrem Baby auf dem Arm anderer Personen nicht gefällt und es zu Ihnen zurückmöchte.

Kann es sein, dass mein Baby gar nicht fremdelt? Und heißt das, dass ich ihm nicht vertraut bin?

Jedes Kind fremdelt. Und das ist gut so, denn diese Phase ist ein wichtiger und sinnvoller Entwicklungsschritt. Lediglich die Ausprägung, also wie stark Ihr Baby »fremde« Menschen ablehnt, kann variieren. Wenn Ihr Kind eher mäßig scheu auf andere Personen reagiert, könnte das daran liegen, dass es bereits an Menschen gewöhnt ist, die nicht unbedingt zum engsten Familienkreis gehören. Auch diese Situation ist wunderbar. Vielleicht fällt es Ihnen beiden dann leichter, wenn Ihr Baby kurz von anderen lieben Menschen betreut wird.

Ich habe mit dem Zufüttern begonnen und möchte meinem Baby ab und zu etwas zum Kauen in die Hand geben. Was ist von Babykeksen zu halten?

Babykekse enthalten in der Regel viel Zucker und Weißmehl, vorwiegend aus Weizen oder Dinkel. Dabei handelt es sich um Kohlenhydrate mit geringem Nährwert. Wenn es Ihnen darum geht, dass Ihr Baby auf etwas beißen kann, geben Sie ihm zum Beispiel gekochtes Gemüse in Stäbchenform oder einen Hirsekringel. Als leichte Knabberei für zwischendurch eignen sich aber auch Reiswaffeln aus Vollkornpuffreis. Da Ihr Kind Zucker als solchen noch nicht kennt – abgesehen vom weniger süßen Milchzucker in der Muttermilch oder der Milchnahrung –, vermisst es Zucker (noch) nicht, und Sie können gut noch einige Zeit darauf verzichten, je länger, desto besser. Wichtig: Geben Sie Ihrem Kind nur dann etwas Essbares in die Hand, wenn Sie in seiner Nähe sind. Die Kleinen können sich leicht verschlucken und schlimmstenfalls daran ersticken!

Seit wir mit dem Zufüttern angefangen haben, hat unser Baby einen wunden Po. Was können wir tun?

Sehen Sie sich den Speiseplan Ihres Babys noch einmal genau an: Bekommt es vielleicht Obst- und Gemüsesorten, die viel Säure enthalten? Dazu gehören Zitrusfrüchte wie Orangen und Mandarinen. Aber auch Kiwis, Ananas, Weintrauben, einige Beerensorten (vor allem Johannisbeeren) und Tomaten können dafür verantwortlich sein. Auslöser könnten ebenso Fruchtschorlen sein. Gewöhnen Sie Ihr Kind lieber an stilles Wasser oder ungesüßten Kräutertee, diese Getränke reizen Babys Haut nicht.

Kann ich unserem Baby Leitungswasser zu trinken geben oder muss ich extra Mineralwasser kaufen, das mit dem Vermerk »für die Zubereitung von Babynahrung geeignet« gekennzeichnet ist?

Erkundigen Sie sich beim zuständigen Wasserwerk, wie hoch der Nitratgehalt des Trinkwassers ist. Sollte er über 50 mg/l liegen, bitte auf Mineralwasser zurückgreifen. Das Gleiche gilt, wenn Sie in einem sehr alten Haus mit nicht erneuerten Blei- oder Kupferrohren wohnen, da das Wasser belastet sein könnte. Völlige Sicherheit bringt nur eine Analyse Ihres Leitungswassers – Infos dazu gibt's beim Wasserwerk oder Gesundheitsamt. Stellt sich dabei heraus, dass Ihr Leitungswasser von guter Qualität ist, spricht nichts dagegen, es Ihrem Baby anzubieten. Wenn Sie Mineralwasser geben, dann bitte stilles Wasser nehmen oder die Kohlensäure herausschütteln. Achten Sie beim Kauf auf Mineralwasser, das auf dem Etikett als natriumarm, für die Säuglingskost geeignet und mit einem Fluoridgehalt unter 1 mg/l ausgewiesen ist. Die Stiftung Warentest fand heraus, dass einige Mineralwässer, die laut Deklaration »für die Zubereitung von Säuglingsnahrung geeignet« waren, Grenzwerte überschritten. Sogenannte »Babywasser« werden extra für die Zubereitung von Säuglingsnahrungen aufbereitet. Gelöste Inhaltsstoffe und unerwünschte Begleitstoffe werden zu 99 Prozent entfernt, wodurch das Wasser keimfrei ist und nicht mehr extra abgekocht werden muss.

Wie sieht es eigentlich mit Fisch aus – darf ich meinem Baby auch Fisch geben?

Lange Zeit gab es die Empfehlung, Babys im ersten Lebensjahr keinen Fisch zu geben. Er stand unter anderem im Verdacht, Allergien auszulösen. Mittlerweile haben sich die Empfehlungen geändert, und es spricht nichts mehr dagegen, einem Baby einige Wochen nach dem Beginn des Zufütterns Fisch anzubieten. Fisch ist eine wichtige Eiweiß- und Mineralienquelle, vorausgesetzt, er ist von guter Qualität. Kaufen Sie möglichst kontrolliert biologische Ware. Achten Sie auf grätenfreie Fischstücke und wechseln Sie zwischen Seefisch, der hochwertige Omega-Fettsäuren liefert (etwa Seelachs, Rotbarsch), und Süßwasserfischen (etwa Forelle, Hecht, Zander) ab. Es ist empfehlenswert, den Fisch schonend zu garen, also zu dünsten oder zu dämpfen. Sollten Sie Fischstäbchen reichen wollen, bitte eher selten und nicht mit hoher Temperatur braten. Außerdem vor dem Servieren von der Panade befreien.

Mein Baby hat schlichtweg keine Lust, sich auf den Bauch zu drehen. Was kann ich tun?

Machen Sie Ihrem Baby die Bauchlage attraktiv. Eine Möglichkeit liefern wunderbare Spieldecken mit kleinen (Plastikfolien-) Spiegeln, Holzringen, Knisterfolien und anderen interessanten Spielsachen. Auf so einer Decke lässt es sich schon mal eine Weile aushalten.

DER ACHTE MONAT

In puncto Bewegung steht jetzt kaum Neues an – um den achten Monat herum ist eine Art »Übergangsphase«. Ihr Baby nimmt sich die Zeit, die es braucht, um bereits Erlerntes zu trainieren und zu verfeinern. Doch dafür tut sich im Mund Ihres Babys viel: Der Zahndurchbruch steht an.

SO ENTWICKELT SICH EIN BABY

Fast alle Kinder schaffen es gegen Ende des achten Monats, sich bewusst von der Bauch- in die Rückenlage und zurück zu drehen und sich in Bauchlage auf den Händen abzustützen (Handstütz). Jetzt sieht man mit etwas Glück die sogenannte »liegende Gartenzwerghaltung«: Wenn sich das Baby in die Bauchlage gebracht hat, bleibt es auf einer Seite liegen und stützt sich auf dem unten liegenden Arm ab. In dieser Position wird das oben liegende Bein zum Ausbalancieren eingesetzt.

Der nächste Schritt zum Sitzen und Krabbeln

Diese liegende Sitzhaltung ist eine Vorübung zum direkten Aufsetzen. Den meisten Babys gelingt es immer besser, von der Bauchlage aus die Arme durchzustrecken und dadurch den gesamten Oberkörper anzuheben. Eher unabsichtlich wandert dann auch schon mal der Po mit nach oben. Dieser eher zufällige »Vierfüßlerstand« ist die Vorstufe zum Krabbeln. Die meisten Babys arbeiten nun verstärkt daran, sich endlich aus eigener Kraft ein Stück in die gewünschte Richtung zu bewegen. Doch die Bewegungen sind noch so individuell, dass man kaum von Robben oder Krabbeln im klassischen Sinn sprechen kann. Wenn Sie Ihr Baby auf die Beine stellen, fängt es vielleicht schon an zu federn: Es beugt seine Knie und geht halb oder ganz in die Hocke, um sich dann mit leichtem Schwung wieder abzudrücken und nach oben zu federn. Den meisten Kindern

macht das Federn sichtbar viel Spaß. Zögern Sie nicht, Ihr Kind immer wieder, mit Ihrer Hilfe versteht sich, auf die Füße zu stellen. Je häufiger Sie das üben, umso sicherer steht Ihr Kind bald auf eigenen Füßen.
Jetzt werden auch die Bauchmuskeln fleißig trainiert. Wenn Sie Ihrem Kind, das auf dem Rücken liegt, für jede Hand einen Finger anbieten, klammert es sich vermutlich mit ganzer Kraft daran fest und zieht sich klimmzugartig hoch, bis es sitzt. Dabei hält es sein Köpfchen in Verlängerung des Rückens gerade, seine Beine liegen locker ausgestreckt am Boden. Wenn Sie Ihr Baby in dieser Position ganz vorsichtig loslassen, kann es ohne Unterstützung bereits für einige Sekunden allein sitzen.

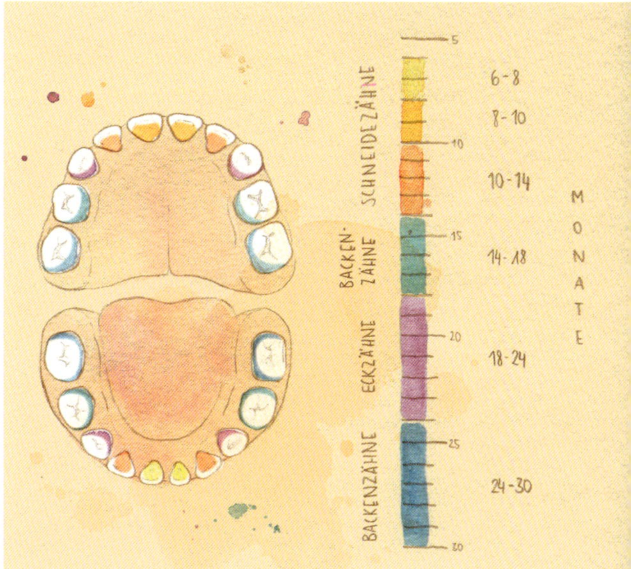

Der Zeitpunkt des Zahndurchbruchs variiert stark. Die angegebenen Werte sind Mittelwerte.

Die ersten Zähne

Vielleicht greift sich Ihr Baby auch seit einigen Wochen und Monaten immer wieder in den Mund, beißt auf seinen Fingern herum und produziert verstärkt Speichel – der Zahnungsprozess läuft auf Hochtouren. Wenn Ihr Baby zu den Frühzahnern gehört, blitzt das eine oder andere Zähnchen schon im Mund. In der Regel jedoch erscheint der erste Zahn mit etwa acht Monaten, wobei sich zuerst die beiden unteren vorderen Schneidezähne zeigen, rund vier Wochen später folgen die oberen Schneidezähne. Aber auch hier sind Ausnahmen wieder einmal die Regel, sodass Ihr Baby mit oder ohne Zähnchen voll in der Norm liegt.

Erlerntes festigen

Wenn Sie Ihrem Kind zwei kleine Gegenstände, zum Beispiel Bauklötze, Spielfiguren oder Bälle, anbieten, wird es vermutlich mit beiden Händen gleichzeitig nach je einem Bauklotz greifen und beide Teile für einige Sekunden festhalten. Während vor wenigen Wochen noch der erste Würfel aus der Hand fiel, sobald der zweite mit der anderen Hand ergriffen wurde, ist jetzt ein weiterer Meilenstein im Babyleben erreicht: Viele Babys beherrschen nun die Kunst der doppelseitigen Koordination. Das bedeutet, dass sich Ihr Baby nun – wenn auch nur kurz – auf beide Hände gleichzeitig konzentrieren kann. Und noch etwas: Wenn Sie Ihrem Kind flaches Spielzeug (etwa ein kleines, dünnes Buch oder flache Bauklötze) anbieten, greift es nicht mehr mit der ganzen Hand danach, sondern mit gebeugten Fingern und ausgestrecktem Daumen.

SO FÖRDERN SIE IHR BABY SPIELERISCH

Mittlerweile ist vielleicht auch Ihr Baby so weit gereift, dass es immer mehr in der Lage ist, verbal mit Ihnen zu kommunizieren. Je häufiger Sie mit ihm sprechen, klatschen, singen oder musizieren, desto mehr fördern Sie seine sprachliche Entwicklung.

Fragen stellen

Babys lieben Kommunikation! Wenn Sie zum Beispiel fragen: »Na, wo ist denn das Bäuchlein?« und es anschließend am Bauch kitzeln und sagen: »Daaaaaa ist es!«, wird Ihr Baby vermutlich vor Freude strahlen. Natürlich bieten sich auch Fragen nach den Zehen, der Nase oder den Ohren an, eben nach allem, was man am eigenen Körper suchen und finden kann. Gleichzeitig helfen diese kleinen Kitzelspiele Ihrem Kind, die Sprache leichter zu erlernen. Wenn Sie dieses Spiel regelmäßig in den Alltag einbauen, wird Ihr Baby nach einigen Wochen selbstständig auf die richtige Körperstelle zeigen – der Eltern ganzer Stolz, wenn Besuch da ist und diese »Aufführung« klappt.

Mamas Schoß ist die perfekte Turnumgebung um den Vierfüsslerstand und schließlich das Krabbeln zu meistern.

Hoch mit dem Bauch!

Setzen Sie sich mit ausgestreckten, eng aneinanderliegenden Beinen auf den Boden. Legen Sie Ihr Kind mit dem Bauch quer über Ihre Oberschenkel. Halten Sie mit einer Hand leicht Babys Po fest und bewegen Sie Ihre Oberschenkel dann langsam einige Zentimeter nach oben. Wenn Sie Ihre Beine dann wieder ablegen, wird Ihr Baby vermutlich versuchen, sich mit seinen Händen auf dem Boden abzustützen.

Fadenspiele

Wenn Ihr Kind den Scherengriff beherrscht, also kleine Gegenstände mit gestrecktem Zeigefinger und Daumen greifen kann, ist die Zeit für Fadenspiele gekommen. Binden Sie dazu einen etwa einen Meter langen, nicht zu dünnen Faden an eine Wackelente oder einen Wackelhund. Geben Sie Ihrem sitzenden Kind das andere Ende des Fadens in die Hand und lassen Sie es daran ziehen – und zusehen, wie sich am anderen Ende etwas bewegt. Schon bald wird es den Zusammenhang zwischen seiner Aktion (dem Ziehen an der Schnur) und der Reaktion (die Ente kommt näher) erkennen.

Flüstern

Leise sprechen und flüstern stehen bei Babys in diesem Alter hoch im Kurs! Wenn Sie Ihrem Baby etwas zuflüstern, wird es vielleicht versuchen, Ihnen in gleicher Lautstärke in seiner Babysprache zu antworten.

Wäscheklammern sortieren

Wäscheklammern sind genial: Sie sind leicht, lassen sich super greifen, haben eine Metallfeder und klappern einfach wunderbar, wenn man sie in einer Dose oder einem Säckchen schüttelt. Schauen Sie mal, was ein Baby mit einem Behälter voll Wäscheklammern alles anstellen kann. Aber bitte nur unter Ihrer Aufsicht.

Handspiele

Bieten Sie Ihrem Kind verschiedene Gegenstände zum Greifen an – weiche und harte, runde und kantige, große und kleine. Die Bandbreite kann dabei von der rauen Nagelbürste über einen weichen Schwamm bis hin zu einem (fest verschlossenen) Säckchen mit Murmeln reichen. Das Besondere dieses Spiels besteht darin, Ihr Kind anzuleiten, die Gegenstände so zu greifen, wie sie ihm angeboten werden. Ein Beispiel: Hat Ihr Baby eine Kugel in der einen Hand, bieten Sie ihm für die zweite Hand eine Haarbürste an, halten dabei aber den Stiel nach unten. Jetzt muss es überlegen, wie es seine Hand drehen muss, um nach der Bürste zu greifen. Das erfordert zu Beginn ein bisschen Übung. Aber Sie werden sehen, dass Ihr Kind schon bald seine Hand so drehen wird, wie es der angebotene Gegenstand erfordert. Dies ist eine beachtliche Leistung!

»Backe, backe Kuchen«

Dieses Lied ist ein Klassiker und immer wieder beliebt bei Jung und Alt. Viele Babys lieben dieses Lied, und wenn sie so weit sind, klatschen sie mit großer Leidenschaft den Takt mit. Bei der Zeile »Schieb in den Ofen rein« können Sie Ihre Hände so bewegen, als ob Sie ein Kuchenblech in den Ofen – den Bauch – schieben wollten, und bei der letzten Zeile können Sie mit Ihrer Hand auf Babys Bauch kreisen.

Backe, backe Kuchen,
der Bäcker hat gerufen!
Wer will guten Kuchen backen,
der muss haben sieben Sachen:
Eier und Schmalz, Butter und Salz,
Milch und Mehl,
Safran macht den Kuchen gehl.
Schieb in den Ofen rein!
Hm, das schmeckt fein.

Achten Sie bei Spielzeug auf natürliches Material und zertifizierte, »speichelfeste« Farbe.

FRAGEN & ANTWORTEN

Wenn ich nicht aufpasse, wandert bei meinem Baby alles in den Mund. Ist das schlimm?

Wichtig ist natürlich, dass Ihr Baby keine gefährlichen Kleinteile (zum Beispiel Murmeln oder Münzen) in die Finger bekommt. Sie können zur Gefahr werden, wenn das Baby sie verschluckt. Vor allem aber, wenn sie beim Einatmen in seine Luftröhre gelangen und dort stecken bleiben. Aus hygienischer Sicht ist es nicht weiter bedenklich, wenn Ihr Baby einen Krümel vom Boden in den Mund steckt oder an seiner Socke lutscht. Achten Sie jedoch darauf, dass die Räume, in denen sich das Baby am Boden aufhält, möglichst nicht mit Straßenschuhen betreten werden. Hoch im Kurs stehen bei vielen Entdeckern auch Blumentöpfe samt Inhalt. Da Erde oder Granulat in Blumentöpfen meist viele Keime enthält, können Sie die Töpfe mit Plastikauflagen (gibt's in Haushaltswarenabteilungen) abdecken. Alternativ schneiden Sie von einer alten Nylonstrumpfhose ein Bein ab und ziehen es von unten über den Topf. Das obere Ende dann einfach eng um die Pflanze schlingen und zuknoten. Im Freien lässt es sich kaum vermeiden, dass Ihr Kind Sand probiert, an Grashalmen oder Gänseblümchen knabbert oder einen Stein ableckt, um zu sehen, wie er schmeckt. Meist genügt es, wenn Sie den Mund des Babys mit Wasser reinigen. Vorsicht ist jedoch bei Zigarettenkippen, manchen Pflanzenteilen oder Beeren geboten, denn sie könnten Ihrem Kind schaden. Wenn Ihr Baby doch einmal unbekannte Beeren gegessen hat, hilft nur noch viel trinken (Wasser oder Tee) und im akuten Notfall ein Anruf bei der Giftnotrufzentrale (siehe Seite 282).

Bei der letzten Vorsorgeuntersuchung wurde unser Baby wieder gemessen. Kann man jetzt schon sagen, wie groß es werden wird?

Ja, das ist möglich. Mithilfe verschiedener Faustregeln lässt sich die ungefähre Endgröße Ihres Kindes ermitteln. Hier eine der Regeln: Addieren Sie die Größe beider Eltern und teilen Sie das Ergebnis durch zwei. Ziehen Sie für ein Mädchen 6,5 Zentimeter ab, rechnen Sie für einen Jungen 6,5 Zentimeter dazu. Das Ergebnis zeigt dann die mittlere genetische, familiäre Zielgröße, plus/minus ein paar Zentimeter Toleranz. Diese Angaben sind sicher sehr ungenau, vermitteln aber gut, wie stark das Längenwachstum von den genetischen Faktoren abhängig ist.

Immer wieder lese ich, dass ein Baby bereits mit sechs Monaten sitzen kann. Meines ist fast neun Monate alt und kann sich aus der Bauchlage immer noch nicht allein aufsetzen. Ist das normal?

Es stimmt, oft liest oder hört man, dass ein Baby mit sechs Monaten frei sitzt und bereits zwei Zähne hat. Doch das ist eher die Ausnahme. Die meisten Babys sitzen normalerweise erst mit rund neun Monaten allein. Sitzen heißt hierbei, dass sich das Baby aus eigener Kraft aus der Bauch- oder Rückenlage in die Sitzposition bringt und dann auch ohne Unterstützung einige Zeit so sitzen bleiben kann.

Das erste Zähnchen ist da! Müssen wir jetzt schon mit der Zahnpflege anfangen, und wenn ja, wie geht das?

Wenn die ersten Zähne kommen, können Sie für Ihr Baby eine spezielle Kinderzahnbürste anschaffen. Die Bürsten für die ganz Kleinen sind weicher und auch kleiner als Erwachsenenzahnbürsten. Zu Beginn reicht es aus, wenn Sie ein- bis zweimal täglich nach den Mahlzeiten (besonders vor dem Schlafengehen) die Zähnchen damit abbürsten. Auch prima: Fingerzahnbürsten, die die Form eines verlängerten Fingerhuts haben und im oberen Drittel kleine weiche Borsten aufweisen. Damit gelingt die erste Zahnpflege sehr leicht. Ebenso beliebt sind Fingerlinge. Zahnpasta ist im ersten Lebensjahr bereits ab dem zweiten Zähnchen angebracht. Sollte Ihr Kind allerdings ein »Frühzahner« sein, der es im ersten Lebensjahr schon auf sechs oder mehr Zähne bringt, können Sie eine Zahnpasta mit Fluorid benutzen, sollten dann aber die zusätzliche Fluoridtablette absetzen. Oder Sie geben die Fluoridtabletten weiterhin und benutzen eine Zahnpasta ohne Fluorid. Ab dem zweiten Lebensjahr sollten Sie die Zähne Ihres Babys mit Fluoridzahnpasta putzen. Übrigens ist es ein weitverbreiteter Irrtum, dass Milchzähne nicht extra gepflegt werden müssen, da sie sowieso irgendwann ausfallen. Im Gegenteil: Weil die Zahnhartsubstanz wesentlich dünner ist als bei den bleibenden Zähnen, kann sich Karies schneller entwickeln. Außerdem sind die Milchzähne wichtige Platzhalter für die nachfolgenden Zähne und damit maßgeblich an der weiteren Entwicklung des Kiefers beteiligt. Noch ein Tipp: Wenn Sie Ihr Baby zurzeit homöopathisch behandeln lassen, sollten Sie auf eine Kinderzahnpasta ohne Menthol zurückgreifen, da dieses ätherische Öl die Wirksamkeit von homöopathischen Medikamenten herabsetzen kann.

Unser Kind nimmt gar nichts in die Hand. Woran kann das liegen?

Nicht aufgeben – dranbleiben! Fordern Sie Ihr Kind immer wieder spielerisch zum Greifen auf. Reichen Sie ihm interessante Gegenstände wie eine Nagelbürste, Kochlöffel & Co. Wenn es trotzdem nicht gezielt greifen möchte, sollten Sie Ihren Kinderarzt für eine eingehende Untersuchung kontaktieren. Da Sie sicherlich alle Vorsorgeuntersuchungen wahrgenommen haben, wäre es aber eher ungewöhnlich, wenn eventuelle Störungen der Motorik erst jetzt, im achten Monat, auffielen.

Ab wann darf mein Kind im Hochstuhl sitzen?

Sobald es sich allein hinsetzen kann. Dann ist seine Rumpfmuskulatur ausreichend gestärkt. Damit ist aber nicht gemeint, dass sich Ihr Baby aufrecht halten kann, wenn Sie es aus der Bauch- oder Rückenlage hochnehmen und hinsetzen. Es soll vielmehr aus eigener Kraft aus der Liegeposition heraus in den Sitz kommen, was bei den meisten Babys mit rund neun Monaten der Fall ist. Wenn es vor diesem Zeitpunkt über längere Zeit sitzt, ist die Belastung für die noch nicht voll entwickelte Wirbelsäulenmuskulatur zu groß.

DER NEUNTE MONAT

Für viele Babys ist es nun so weit: Sie lernen, sich aus eigener Kraft aufzusetzen. Und auch in puncto Ausdauer tut sich etwas: Wenn Sie Ihr Kind auf eine flache Unterlage setzen, auf der die Beine aufliegen können, kann es mindestens eine Minute lang frei sitzen.

SO ENTWICKELT SICH EIN BABY

Um in den Sitz zu kommen, drehen sich Babys aus der Rückenlage zuerst fix auf den Bauch. Von dort aus geht es weiter in die Position des »liegenden Gartenzwergs« (siehe Seite 142) oder in den Vierfüßlerstand. Auf der Seite liegend, drücken sich viele Kinder so nach oben, dass sie tatsächlich allein auf dem Po zum Sitzen kommen. Beim ersten Mal sind die meisten Babys selbst überrascht, was sie da geschafft haben. Das heißt aber auch, dass Ihr Baby von nun an beim Wickeln auf der Wickelkommode noch wendiger und agiler sein wird. Bitte passen Sie jetzt doppelt gut auf es auf!

Eine ganz neue Perspektive

Wenn Ihr Baby es in den Sitz geschafft hat, ist es meist auch bereit, Neues zu erforschen und zu erlernen. Hände und Finger sind nun die besten Werkzeuge. Aus dem anfänglichen Greifreflex ist ein gezieltes Greifen nach Gegenständen geworden. Aber gegen Ende des neunten Monats verfeinert Ihr Kind diese Fähigkeit immer mehr: Es kann längst mit dem Daumen und gebeugten Fingern feine Strukturen wie einen Wollfaden, den Deckel einer Wasserflasche oder einen Krümel vom Boden greifen und inspizieren.

Was steckt da drinnen?

Von großem Interesse sind auch alle Arten von Behältern, Dosen und Boxen, in denen sich so spannende Dinge wie Holzkugeln oder Bauklötze befinden. Babys in diesem

Alter lernen zu verstehen, dass sich ein kleinerer Gegenstand in der Schachtel befindet und so wunderbare Geräusche machen kann, wenn man den Behälter rüttelt.

Guck mal, was da fällt!

Die bereits entdeckte Fähigkeit, einen Gegenstand absichtlich fallen zu lassen, kommt in diesen Wochen immer deutlicher zum Vorschein und wird immer öfter bewusst eingesetzt. Wenn Sie vor den Augen Ihres Babys einen Bauklotz aus der Hand fallen lassen, der dann geräuschvoll auf dem Boden landet (bitte nicht werfen), wird Ihr Kind es Ihnen vermutlich nach kurzer Zeit nachmachen. So lernt es, seine Hände bewusst zu öffnen – und freut sich zudem, dass es für den Krach verantwortlich ist. Etwa gleichzeitig erkennt Ihr Baby, dass ein Zusammenhang zwischen Ursache und Wirkung besteht – und entwickelt das vorausschauende Denken. Was das bedeutet? Wenn Ihr Kind einen Baustein fallen lässt, ist kurz darauf zu hören, wie er auf den Boden fällt. Wenn Sie an der Kordel einer Spieluhr ziehen, ertönt kurz darauf Musik. Das Baby versteht: Wenn ich den Baustein werfe oder an der Kordel ziehe, ergibt das einen Knall beziehungsweise Musik. Also wird es versuchen, den Stein deshalb fallen zu lassen oder die Spieluhr aus diesem Grund aufzuziehen. Diese Erkenntnis ist wiederum ein wichtiger Entwicklungsschritt, denn nun wird es für Ihr Kind interessant, sich für kurze Zeit, zunächst einige Minuten, später etwas länger, auch einmal allein zu beschäftigen – schließlich kann es jetzt etwas bewegen.

Endlich mobil!

Die meisten Kinder erlernen gegen Ende des neunten Monats aus der Trockenschwimmerposition heraus das Robben. Gerobbt werden kann nach vorn mit schlängelnden Bewegungen der Beine. Manche Spezialisten zieht es aber auch nach hinten – sie haben so viel Kraft in den Armen, dass sie sich scheinbar mühelos nach hinten schieben. Gleichgültig, ob vor- oder rückwärts – mobil werden ist das Ziel. Die Kinder robben in der Regel nicht sehr lang (selten länger als zwei Monate), womit das Robben als Übergangsphase zwischen Trockenschwimmen und Krabbeln eingeordnet werden kann. Denn sehr bald kommt der Zeitpunkt, an dem sich das Baby auf die Knie hockt und sich auf den Händen nach oben stemmt. Jetzt wird es mobil!

PLAUDERTASCHEN

Wussten Sie, dass Sie Ihr Kind zum Plaudern anregen können? Gern und häufig verbinden Babys nun zwei gleiche Silben miteinander. Das machen sie in der Regel bereits seit einigen Wochen, aber jetzt sprechen Experten von einer »deutlichen Silbenverdopplung«. Das bedeutet, dass Ihr Baby immer mehr dazu übergeht, zwei gleiche, sehr klar ausgesprochene Silben aufeinanderfolgen zu lassen. Die am häufigsten zu beobachtenden Silben sind »ma-ma«, »da-da«, »ba-ba« und »dei-dei«. Um Ihr Baby zum Plaudern zu bringen, sollten Sie mit ihm sprechen und seine Antworten wiederholen.

SO FÖRDERN SIE IHR BABY SPIELERISCH

Je älter Ihr Baby wird, desto intensiver trainiert es seine Fertigkeiten. Übung macht den Meister, heißt es in vielen Situationen. So setzt Ihr Baby beispielsweise seine Fingerchen immer gezielter ein, um auch kleinste Dinge zu fassen zu bekommen. Einmal in der Hand, wird alles auf Herz und Nieren überprüft und inspiziert.

Becher ineinanderstecken

Jede Art von Dose, Schachtel oder Eimer, aber auch alle anderen Behältnisse, in denen ein Gegenstand liegt, sind nun höchst interessant. Bieten Sie Ihrem Kind deshalb verschiedene Becher oder Boxen an, in denen Sie kleinere Teile deponiert haben. Die

Becher sind prima: zum Stapeln und Umwerfen, zum Ineinanderschieben oder Lärmmachen.

Dosen, Schachteln & Co. müssen nicht zwingend einen Deckel haben, doch ist es natürlich viel interessanter, wenn Ihr Kind zuerst den (leicht zu öffnenden) Deckel abnehmen kann, um dann das Innenleben zu erkunden. Hier einige Beispiele, wie leicht Sie dieses »Spielzeug« selbst herstellen können: Legen Sie in einen Schuhkarton mit Deckel eine Rassel, einen kleinen Ball oder ein Plüschtier. Oder Sie geben einige saubere Korken in eine Plastikgefrierdose. Schließen Sie jeweils den Deckel, und zeigen Sie Ihrem Baby, wie schön es klappert, wenn man die Box schüttelt. Zeigen Sie ihm außerdem, wie es den Deckel öffnen kann. Wenn schließlich seine Neugier geweckt ist, kann sich seine Hand auch einmal ohne Mamas Anleitung auf Entdeckungsreise in den Karton begeben … Ebenfalls sehr beliebt sind kleine Plastikbecher (Becherpyramide) oder Eimerchen in verschiedenen Größen, die sich ineinanderstecken oder auftürmen lassen.

Knüllen

Kinder sind schnell mit der Aufmerksamkeit dabei, wenn etwas raschelt – egal, ob das Rascheln von einer Knisterfolie herrührt oder ob Mama in der Küche eine Tüte mit Einkäufen ausräumt. Tatsächlich rascheln und knistern sehr viele Materialien, wenn man sie mit den Fingern bearbeitet. Lassen Sie Ihr Baby doch einmal mit verschiedenen Papiersorten oder Knisterfolien spielen – zum Beispiel mit einer leeren Butterbrottüte (kann auch gut aufgeblasen und am oberen Ende zugedreht werden), mit Küchenpapier (eignet sich wunderbar für eine »Schneeballschlacht«) oder mit einem Stück Rettungsfolie, die nicht nur schön raschelt, sondern auch noch reißfest und daher fürs Baby unbedenklich ist (siehe Seite 133). Immer wieder gern durchgeführt in PEKiP-Gruppen: Reichlich Papierschnitzel (etwa durch einen Aktenvernichter zerkleinertes Papier) in größerer Menge (ideal ist ein großer Müllsack voll oder mehr) in einen kleinen aufblasbaren Pool schütten. Die meisten Babys finden das so verlockend, dass sie sofort hineinkrabbeln möchten, um das ungewohnte Material zu erforschen.

Kling, Glöckchen ...

Glöckchen, vor allem die kleinen, klingen zauberhaft, wenn man sie schüttelt. Sie sind handlich und für eine kindliche Inspektion geradezu perfekt geeignet. Idealerweise bieten Sie Ihrem Kind zwei bis drei Glöckchen an, die in verschiedenen Tönen klingeln. Denn je mehr unterschiedliche Töne ein Kind zu hören bekommt, desto besser kann es seinen Hörsinn schulen – natürlich ohne dabei einer Reizüberflutung ausgesetzt zu sein. Geben Sie Ihrem Baby ein kleines Glöckchen in die Hand, damit es dieses ganz genau betrachten und betasten kann. Vielleicht mag es – mit Ihrer Hilfe – sogar selbst damit klingeln. Auch gut: Lassen Sie die Glöckchen einfach in einem Stoffbeutel verschwinden und schütteln Sie diesen vor den Augen Ihres Kindes. Wie hört sich das Klingeln nun an? Wo kommt es her?

Temperaturunterschiede

Die folgende Übung ist wunderbar geeignet, um den Tastsinn anzuregen und dabei spielerisch ein Gefühl für unterschiedliche Temperaturen zu vermitteln: Füllen Sie eine (nicht zu kleine) Schüssel mit warmem und eine zweite mit kaltem Wasser. Stellen Sie beide Schüsseln vor Ihr Kind und lassen Sie es das Wasser fühlen. Am besten lässt sich diese Übung natürlich im Sommer praktizieren, wenn es die Temperaturen zulassen, dass Ihr Baby nackt auf dem Rasen oder der Terrasse sitzen kann. Einen Anreiz bekommt es, wenn in der Schüssel etwas schwimmt – etwa ein Quietsche-Entchen, ein Baby-Beißring oder bunte Plastikfische.

Das Rascheln und Knistern von Papier übt auf viele Babys eine magische Anziehung aus.

FRAGEN & ANTWORTEN

Bei meiner Tochter hat der Kinderarzt eine Labiensynechie festgestellt. Was ist darunter zu verstehen?

Dabei handelt es sich um eine harmlose Verklebung der kleinen Schamlippen (Labien) bei Mädchen. Zu erkennen ist das an einer pergamentfarbenen Linie zwischen den verklebten kleinen Schamlippen. In extremen Fällen kann der gesamte Scheideneingang bis auf eine winzige Öffnung für den Urinabgang verschlossen sein. Das kann zur Folge haben, dass der Urin schlecht aus der Harnröhre ablaufen kann und sich darin staut. Die Behandlung der Labiensynechie ist einfach und effektiv: Eine Östrogensalbe wird zweimal täglich auf die kleinen Schamlippen aufgetragen. Bereits nach wenigen Tagen ist in den meisten Fällen eine leichte Öffnung sichtbar – nach zwei bis vier Wochen ist die Verklebung in der Regel behoben. In seltenen Fällen hilft die Hormonsalbe nicht vollständig. Dann ist es nötig, mit dem Finger die Labien zu eröffnen.

Was versteht man unter dem Pinzettengriff?

Wenn ein Kind in der Lage ist, einen Gegenstand – etwa einen Faden oder eine Kugel – mit Daumen und Zeigefinger aufzunehmen (sodass der Gegenstand zwischen den Fingerkuppen gehalten wird und nicht von den ganzen Fingern), spricht man vom Pinzettengriff. Babys, die etwa im Alter von neun bis zehn Monaten diese filigrane Greiftechnik beherrschen, haben eine gut entwickelte Fingerfertigkeit. Der Pinzettengriff wird von nun an auch täglich ganz selbstverständlich geübt, denn Babys lieben es, kleinste Dinge mit zwei Fingern aufzulesen, wie Brotkrümel vom Boden, einen Fussel auf dem Teppich oder auch mal eine Wimper aus Mamas Gesicht.

Ist es förderlich, wenn mein Baby mit unserem älteren Kind das Zimmer zum Schlafen teilt?

Nur zu! Viele Eltern lehnen die Vorstellung ab, ihr Baby gemeinsam mit dem älteren Geschwisterkind in einem Zimmer schlafen zu lassen. Besonders dann, wenn Babys nachts noch häufig wach werden und weinen, sind Eltern besorgt, dass ihr älteres Kind dadurch in seiner Schlafqualität negativ beeinflusst wird. Dabei ist dies oft nicht der Fall: Zum einen lassen sich die Älteren erfahrungsgemäß nicht so leicht vom Wachwerden des Babys aus dem Schlaf holen. Und zum anderen hat das Schlafen in einem Zimmer den Vorteil, dass sich beide Kinder nicht allein gelassen fühlen.

Was versteht man unter einer Vorhautverengung?

Bei einer Vorhautverengung (Phimose) ist die Vorhaut des Penis entweder zu eng oder mit der Eichel verklebt. Das hat zur Folge, dass sich die Vorhaut nicht über die Eichel zurückstreifen lässt. Eine Phimose ist im Neugeborenen- und Säuglingsalter nicht ungewöhnlich und kein Grund zur Sorge. Bitte versuchen Sie nicht, die Vorhaut mit Druck zurückzuziehen. Dabei könnten kleine Verletzungen und Risse in der Vorhaut entstehen, die nicht nur schmerzhaft sind, sondern auch vernarben. Diese Narbenbildung wiederum kann zu einer Verschlimmerung führen. In der Regel lässt sich die Vorhaut spätestens im dritten Lebensjahr leicht zurückschieben. Ganz anders liegt der Fall jedoch bei einer Phimose, die verhindert, dass der Urin richtig abfließen kann. In diesem Fall bläht sich die Penisspitze wie ein Ballon auf, wenn der Junge uriniert. Der Grund: Der Urin sammelt sich nun in der vorderen Spitze (Ballonierung). In diesem Fall sollten Sie umgehend den Kinderarzt aufsuchen.

Mein Baby hat eine Nagelbettentzündung. Was kann ich tun?

Eine Nagelbettentzündung entsteht, wenn die Nägel in die Haut einwachsen. Das Nagelbett ist dadurch irgendwann gerötet und schwillt an, sodass Keime relativ leicht eindringen und eine Entzündung hervorrufen können. Das kann helfen: Behandeln Sie das Nagelbett regelmäßig mit einem Desinfektionsmittel (aus der Apotheke), das Sie vorsichtig mit einem Wattepad oder Wattestäbchen auf die betroffenen Stellen tupfen. Fragen Sie beim nächsten Besuch auf jeden Fall Ihren Kinderarzt um Rat, denn in besonders schweren Fällen ist eine antibiotische Therapie notwendig. In diesem Fall muss eine entsprechende Salbe aufgetragen werden.

Mein Kind hat immer wieder kalte Füße, weil es ohne Socken krabbelt. Ist das schlimm?

Nein, solange die Füße nicht eiskalt sind. Viele Babys entdecken jetzt die Socken und ziehen sie sich mit Vergnügen von den Füßen. Barfuß fühlen sie sich auf ihren Expeditionen durch die Wohnung sicherer. Wenn Sie jedoch feststellen, dass sich Ihr Kind unterkühlt hat und ein Schnupfen im Anmarsch ist, sollten die Füße allem Freiheitsdrang zum Trotz warm gehalten werden. Möglich wäre eine Strumpfhose, an der es dann vielleicht irritiert zerrt, oder Sie besorgen spezielle Babyschuhe (Lauflernschuhe), die Ihr Baby nicht ganz so einfach von den Füßen bekommt.
Dennoch gilt: Geben Sie immer Socken den Vorzug, wenn Sie die Wahl haben. Für Straßenschuhe mit dicker Sohle sind Babyfüße noch nicht reif. Sollten Sie dennoch zu Schuhen greifen, dann wählen Sie weiche und in der Sohle biegsame Lauflernschuhe aus Leder (siehe oben), die sich leicht überziehen lassen.

Gibt es in diesem Alter tatsächlich noch Stürze vom Wickeltisch?

Eine deutsche Studie, die zwischen 1995 und 1999 durchgeführt wurde, kam zu dem Ergebnis, dass 1,7 Prozent aller Unfälle bei Kindern bis zum dritten Lebensjahr von Wickeltischstürzen herrührten. 81 Prozent der Kinder waren zum Unfallzeitpunkt maximal ein Jahr alt. Bei den Verletzungen waren Kopfverletzungen mit Kopfprellungen beziehungsweise einem leichten Schädel-Hirn-Trauma die Spitzenreiter. 60 Prozent der wickelnden Personen waren zum Unfallzeitpunkt nicht abgelenkt – fast immer waren die Kinder unruhig, oder die Eltern waren in Zeitnot und daher hektisch.

DER ZEHNTE MONAT

Die meisten Babys sind gegen Ende des zehnten Lebensmonats so weit, dass sie sich an allem hochziehen, was ihnen irgendeinen Halt gibt. Dies können die Stäbe des Laufstalls, der Wohnzimmertisch, ein Stuhlbein oder Mamas oder Papas Beine sein. Hauptsache hoch hinaus!

SO ENTWICKELT SICH IHR BABY

Wenn Ihr Baby in den letzten Wochen durch die Wohnung gerobbt ist, hat es vielleicht auch schon den Vierfüßlerstand ausprobiert. Dabei streckt es seine Arme aus, hebt den Po an und schaukelt noch etwas unsicher auf Händen und Knien. Einige Kinder sind aber bereits jetzt in dieser Position so stabil, dass sie tatsächlich loskrabbeln, was oft noch etwas unkoordiniert aussehen kann. Andere wiederum sind noch nicht ganz so fix und genießen einfach diese Schaukelposition. Aber die Chancen stehen gut, dass es bis zum Krabbelstart nicht mehr lang dauert. Denn die meisten Babys beenden bis zum Ende des zehnten Monats ihre Phase des Robbens. Sobald das Baby in den Vierfüßlerstand gelangt, ist der nächste Schritt schon vorprogrammiert: Aus dem Handstütz heraus schiebt sich das Baby mit seinen Händen nach hinten, sodass es problemlos in den Sitz kommt.

Mit geradem Rücken sitzen

Gut möglich, dass Ihr Baby auch die Möglichkeit nutzt, sich mithilfe von Stuhlbeinen, den Stäben des Laufstalls und Griffen jeder Art aus der Liegeposition allein in die aufrechte Sitzposition zu bringen. Einmal in dieser Position, genießt Ihr Baby die Übersicht und bleibt gern länger so sitzen, um zu spielen. Erstaunlich ist, wie gerade sich Babys dabei halten – einen krummen Rücken sieht man so gut wie nie, da die Wirbelsäule noch keine für Erwachsene typische Doppel-S-Form aufweist. Ihr

Baby ist nun zufrieden, denn endlich hat es die Freiheit zu wählen: Es kann nach Belieben sitzen bleiben oder sich etwas Neuem widmen, indem es in den Vierfüßlerstand geht und sich krabbelnd oder robbend auf den Weg macht.

Mit Mamas Hilfe stehen

Wenn Sie Ihrem sitzenden Baby die Hände zum Festhalten anbieten, wird es die Einladung vermutlich gern annehmen und sich aus dem Sitz aufstellen. Da Ihr Baby nun täglich seine Muskeln, vor allem die der Oberschenkel, trainiert, klappt es mit dem Stehen immer besser. Doch die Freude währt erfahrungsgemäß nicht lang: Schon bald ermüdet Ihr Baby und setzt sich wieder hin. Bis es dann schließlich den nächsten Anlauf nimmt, diesmal schon einige Sekunden länger als letztes Mal …

Hauptsache klein und filigran

Die Gegenstände und Dinge, die Babys besondere Aufmerksamkeit wecken, werden nun immer kleiner. Oder es sind besonders filigrane Objekte, die Ihr Baby unbedingt untersuchen möchte – und diese Neugier muss befriedigt werden. Besonders beliebt ist zum Beispiel das Berühren von Wimpern – sei es bei Mama, Papa oder bei einer Puppe. Gezielt zeigt Ihr Baby dann auf das Objekt der Begierde und ergreift es mit dem Pinzettengriff, also mit Zeigefinger- und Daumenspitze, um es zu drehen und zu wenden und genauer unter die Lupe zu nehmen. Das Interesse für Feines wird größer – Fusseln werden gesichtet und entfernt, Krümel entdeckt und … probiert!

FRAGESPIEL

Vermutlich versteht Ihr Baby inzwischen so viele Wörter und Sätze, dass es darauf gezielt reagieren kann. Wenn Sie es zum Beispiel nach einem häufig benutzten Gegenstand (»Wo ist der Ball?«) oder einer ihm bekannten Person (»Wo ist der Papa?«) fragen, wird es seinen Kopf in die entsprechende Richtung drehen und mit den Augen danach suchen. Vielleicht klappt das kleine Frage-Antwort-Spiel noch nicht auf Anhieb – aber sicher, wenn Sie es einige Male hintereinander versuchen.

Gut koordiniert den kleinen Dingen auf der Spur

Die sogenannte »doppelte Koordination« ist mittlerweile so weit fortgeschritten, dass viele Babys ihre Hände auch dann mehrmals gezielt hintereinander zusammenführen können, wenn sie in jeder Hand einen Bauklotz halten. Sie sind nun aber auch in der Lage, den einen Würfel genauer anzusehen, während der zweite in der anderen Hand ruht. In dieser Phase werden alle Dinge interessant, in oder unter denen sich etwas verstecken könnte – so zum Beispiel eine kleine Glocke.
Gibt man diese einem Baby in die Hand, wird es sie ganz genau untersuchen, wobei die besondere Aufmerksamkeit dem Innenleben der Glocke gilt: Mit ausgestrecktem Zeigefinger wird das Baby zuerst einmal den Klöppel betasten und bestaunen, um dann auszuprobieren, wie man die Glocke zum Klingen bringt.

SO FÖRDERN SIE IHR BABY SPIELERISCH

Ihr Kind hat nun gerade begonnen beziehungsweise steht kurz davor, seine eigenen Wege zu gehen. Unterstützen Sie Ihr Baby auf seinem Weg in die ungewohnte Selbstständigkeit mit sanften Hilfen und vor allem viel Lob fürs Neuerlernte.

Sanfte Trage

Wenn Ihr Baby immer wieder versucht, in den Vierfüßlerstand zu gelangen, aber seinen Rumpf nicht hochbekommt, können Sie es dabei unterstützen. Falten Sie eine Stoffwindel oder ein dünnes Geschirrhandtuch etwa dreimal der Länge nach, sodass ein etwa zehn bis 15 Zentimeter breiter »Gürtel« entsteht. Legen Sie diesen unter den Bauch Ihres Babys und halten Sie beide Enden über dem Rücken des Kindes zusammen. Heben Sie Ihr Kind nun mithilfe des Gürtels vorsichtig an, sodass es in den Vierfüßlerstand kommt. Auf diese Weise bekommt es ein Gefühl für die neue Position. Achtung: Macht Ihr Kind dabei »Schwimmübungen«, ist es noch etwas zu früh. Gedulden Sie sich noch ein wenig und probieren Sie die Übung in einigen Tagen erneut.

In die Flasche stecken

Alles, was klein und filigran ist, kommt bei den Kleinen jetzt gut an. Erst recht, wenn man die Teile irgendwo hineinstecken kann. Eine gute Übung für seine Fingerfertigkeit: Lassen Sie Ihr Baby kleinere Gegenstände in eine leere durchsichtige Plastikflasche werfen. Gut eignen sich dafür die Spielfigürchen eines Mensch-ärgere-dich-nicht-Spiels. Die kleinen Figuren werden von den meisten Babys mit viel Liebe und Sorgfalt in die schmale Öffnung gesteckt. Wichtig: Lassen Sie Ihr Baby bitte niemals unbeaufsichtigt mit den Kleinteilen spielen, da Verschluckgefahr besteht!

Krabbelmama

Wenn Ihr Baby gerade krabbeln gelernt hat, ist es ein Riesenspaß, mit allen vieren über Mama oder Papa zu krabbeln. Sie müssen dafür nichts anderes tun, als sich einfach auf den Boden zu legen. Ihr Baby wird sich in Ihre Richtung aufmachen und über Sie hinüberkrabbeln. Vielleicht macht es auch mittendrin Pause – setzt sich auf Ihren Bauch oder sogar mitten aufs Gesicht. Diese außergewöhnliche Raststätte dient meistens zur Belustigung aller Anwesenden – und das Baby freut sich, Auslöser für den Spaß zu sein, und strahlt.

Klopf-klopf

Babys Fingerfertigkeit und Augenmaß lassen sich schulen, indem Sie Ihrem Kind einen Gegenstand für jede Hand anbieten. Nehmen Sie selbst ebenfalls zwei Gegenstände in die Hände (zum Beispiel Holzkugeln oder Plastikbecher) und klopfen Sie diese gegeneinander. Die meisten Babys sind begeistert und ahmen die Aktion sofort mit viel Ausdauer nach.

Matroschka

Ein beliebtes Spielzeug für kleine (und auch größere) Kinder ist die Matroschka. Dabei handelt es sich um eine hölzerne, innen hohle »Mutter«, in der sich viele weitere kleinere, identisch aussehende Mutterfigürchen befinden. Die Holzfiguren lassen sich in der Mitte aufdrehen und geben dann die nächstkleinere Figur preis. Kinder lieben es, immer wieder neue Figuren zu finden beziehungsweise die Matroschkas ineinander verschwinden zu lassen.

Selber essen macht Spaß

Die meisten Babys sind nun längst an Beikost und Löffel gewöhnt und möchten eigentlich nichts lieber, als endlich selbst den Löffel in die Hand zu nehmen. Vielen Eltern ist das zu mühsam – schließlich wandert nur die Hälfte des Breis in den Mund, während der Rest im Gesicht landet oder danebenkleckert. Dabei sind die Schritte »selbst essen wollen«, »üben dürfen« und später dann »selbst essen können« wichtige Meilensteine auf dem Weg in die Selbstständigkeit. Bei diesem Fortschritt sollten Sie Ihrem Baby nicht im Weg stehen, sondern sich stattdessen über seine neuen Fertigkeiten freuen – und Schadensbegrenzung betreiben. Stellen Sie sich einfach darauf ein, dass der Großteil des Breis sein Ziel verfehlt, und seien Sie entsprechend dafür gerüstet.

Topfschlagen

Krach – vor allem selbst produzierter – hört sich in vielen Babyohren wunderbar an. Viele Kinder lauschen interessiert den Geräuschen und Tönen und versuchen zu ergründen, woher sie kommen und wie sie entstehen. Lassen Sie Ihr Baby selbst Krach machen, indem Sie ihm ein oder zwei Kochlöffel und einen Topf zur Verfügung stellen. Am besten trommeln Sie zuerst gemeinsam auf dem Topf herum. Oder Sie holen sich einen zweiten Topf und einen anderen Topfschläger, zum Beispiel einen Schneebesen. Dann steht dem gemeinsamen »Musizieren« nichts mehr im Weg.

Musizieren macht Spaß! Und wenn Mama oder Papa mitmachen, ist es noch lustiger.

FRAGEN & ANTWORTEN

Mein Kind ist sehr mobil, krabbelt durch die ganze Wohnung und untersucht alles, was ihm in die Finger kommt – sogar den Mülleimer. Was soll ich tun?

Mit Beginn des Krabbelalters vergrößert sich der Aktionsradius von Babys schlagartig – auf einmal scheint ihnen die ganze Welt offenzustehen. Viele »spannende« Dinge werden endlich greifbar – mitunter auch solche, die wir nicht so gern in den Händen eines Babys sehen, wie zum Beispiel Blumentöpfe samt Erde, Toiletten, Mülleimer, Straßenschuhe und Ähnliches. Wenn sich Ihr Baby an diesen Dingen »vergreift«, sollten Sie folgende zwei Aspekte beherzigen. Erstens: Seien Sie konsequent und treten Sie Ihrem Kind gegenüber höflich, aber sehr bestimmt auf. Etwa dann, wenn es den Mülleimer geöffnet hat und darin herumwühlt. Erklären Sie ihm: »Nein, das ist nichts für dich!« und tragen Sie es zurück in seine Spielecke oder an einen anderen Platz. Geben Sie ihm ein Spielzeug in die Hand, sodass es eine Alternative zum Mülleimer sieht. Zweitens: Übertragen Sie, wenn irgendwie möglich, Ihre Ekelgefühle nicht auf Ihr Kind, das bisher noch keinen Ekel kennt. Begriffe wie »Igittigitt« und »Pfui« sind ihm fremd, es verbindet damit nichts Unangenehmes, kann also nicht verstehen, was Sie ihm damit sagen möchten. Springen Sie über Ihren Schatten, halten Sie sich mit Ihren Äußerungen zurück und bewahren Sie Ihr Kind damit erst einmal vor eigenen Ekelgefühlen – denn die könnten den kindlichen Forschergeist und die Neugier enorm bremsen.

Ständig möchte mein Kind selber essen, aber das ist die reine Matscherei. Muss ich das wirklich mitmachen oder soll ich mein Kind nicht doch besser füttern?

Sagen wir es mal so: Ihr Kind wird es Ihnen danken und Sie schon bald dafür belohnen, wenn Sie die Zeit und Geduld aufbringen, dass es selber löffeln darf. Denn hier gilt: Allein die Übung macht den Meister! Das heißt, je mehr Geduld Sie jetzt aufbringen, umso schneller ist die Matschphase vorbei. Ein Kind, das sein Essen nie berühren und auch nicht selbst essen darf, kann nicht lernen, wie sich Spaghetti oder Tomaten anfühlen.
Eines ist jedenfalls sicher: Jedes Baby möchte wissen, wie sich warmer Brei und kalte Obstschnitze, flüssiges Wasser und feste Brezeln, gegarte Nudeln und geschmierte Leberwurstbrote anfühlen. Es möchte diese Lebensmittel mit der Hand und dem Mund auf ihre Beschaffenheit überprüfen. Dann kann es sich eine eigene Meinung dazu bilden und speichert die Informationen im Gehirn ab. Essen bedeutet für Babys also nicht nur, den Hunger zu stillen, sondern auch, seinen Wissensdurst zu befriedigen.
Natürlich soll ein Kind auch essen, um Nährstoffe aufzunehmen. Sorgen Sie also dafür, dass Ihr Kind zwischendurch immer wieder einmal experimentieren kann, aber dennoch genügend Nahrung zu sich nimmt. Geben Sie Ihrem Kind einen eigenen Löffel, mit dem es selbst essen kann, und füttern Sie parallel dazu den Brei mit einem zweiten Löffel – so können Sie sicher sein, dass tatsächlich die richtige Menge Brei im Mund landet. Wenn Sie das Gefühl haben, Ihr Kind ist satt und

spielt nur noch herum, beenden Sie die Mahlzeit, und der Teller kommt weg – egal, wie stark der Protest ist.

Halsketten aus Bernstein sollen das Zahnen erleichtern. Was hat es damit auf sich?

Schon im Altertum glaubte man, dass Bernstein durch Reiben Anziehungskraft auf Holzspäne und Stroh entwickelt. Im Persischen trägt er daher seinen Namen »Stroh-an-sich-Reißer«. Sein deutscher Name leitet sich vom niederdeutschen »bernen« (= brennen) ab, denn der Stein ist entflammbar. Bernstein ist eigentlich kein Stein, sondern gealtertes Harz und besteht somit aus organischem Material. Liebhaber von Heilsteinen schwören auf die schmerzlindernde und harmonisierende Wirkung von Bernsteinen, die unter anderem auch bei Zahnungsbeschwerden helfen sollen. Wissenschaftliche Nachweise dafür gibt es nicht – aber auch keine dagegen.
Grundsätzlich können Bernsteinketten nicht schaden, vorausgesetzt, die Kette ist nicht zu eng oder zu lang und die Steine sind einzeln festgeknotet, damit sie nicht verschluckt werden können, falls die Kette einmal reißt. Außerdem wichtig: Die Steine müssen abgerundet sein, damit das Kind sich nicht verletzen kann, wenn es die Kette in den Mund steckt. Der Verschluss sollte aus Bernstein und nicht aus Metall sein. Achten Sie beim Kauf auf naturreine, nicht hitzebehandelte braune Steine. Sie sollen wertvolle ätherische Öle enthalten, denen eine Stärkung der Abwehrkräfte nachgesagt wird. Leider kommt es immer wieder vor, dass sich Kinder an ihren Halsketten strangulieren. Das gilt besonders für ältere, mobilere Kinder, die klettern können oder auf allen vieren unterwegs sind. Aus diesem Grund sollten Kinder nur solche Ketten tragen, die notfalls leicht reißen. Über Nacht sollten die Ketten grundsätzlich ausgezogen werden.

Mein Kind ergreift Spielsachen häufig mit der linken Hand – bedeutet das, dass es ein Linkshänder sein wird?

Nicht unbedingt. Um zu erkennen, ob ein Kind später ein Rechtshänder oder Linkshänder sein wird, müssen Sie in die Rolle des geduldigen Beobachters schlüpfen. Manche Kinder zeigen schon sehr früh, welche Hand sie beim Greifen bevorzugen, und bleiben dieser Hand dann auch treu. Andere Kinder wiederum können durchaus von der zuerst gewählten dominanten Hand plötzlich auf die andere Hand umschwenken. Dies passiert immer wieder auch noch im Kindergartenalter. Die Ursachen dafür können vielfältig sein. Ob jemand Rechts- oder Linkshänder wird, entscheidet sich offenbar bereits vor der Geburt. Forscher gehen davon aus, dass Linkshänder eine angeborene Dominanz der rechten Hirnhälfte besitzen. Übrigens: Neben der Händigkeit gibt es auch die Füßigkeit (das wissen beispielsweise Fußballer, die stets ihren dominanteren Fuß einsetzen, um den Ball in Richtung Tor zu schießen) sowie eine Augendominanz (das bedeutet, dass ein Auge in seiner Sehkraft stärker ausgeprägt ist als das andere).

DER ELFTE MONAT

Auf geht's in die nächste Runde: Ist Ihr Baby erst einmal in die Standposition gekommen, ist der Schritt zum ersten Schritt nicht mehr weit. Leichter gelingt dieser Start ins bewegte Leben natürlich mit viel Lob: Öffnen Sie Ihre Arme, bieten Sie Ihrem Baby die Hände an!

SO ENTWICKELT SICH EIN BABY

Ist Ihre Wohnung schon kindersicher? Falls nicht, sollten Sie in Kürze dafür sorgen. Denn erfahrungsgemäß machen spätestens gegen Ende des elften Monats 90 Prozent aller Babys die Wohnung auf allen vieren unsicher. Dabei handelt es sich bei fast allen Kindern um das »echte Krabbeln« – sie bewegen sich also auf Händen und Knien mit »gekreuzter Koordination« vorwärts, wie es die Experten bezeichnen. Das bedeutet, dass sich das Baby mit ausgestrecktem Arm und dem gegenüberliegenden Oberschenkel (über Kreuz) nach vorn bewegt: linkes Bein und rechter Arm, rechtes Bein und linker Arm. Je besser das Baby sein Gleichgewicht halten kann, umso flinker und geschickter krabbelt es.

Umfallen? Ich doch nicht!

Es ist nachvollziehbar, dass so viel Bewegung müde macht und hin und wieder eine Pause angesagt ist. Dazu setzt sich das Baby aus der Krabbelposition einfach auf seinen Po und bleibt aufrecht, also mit geradem Rücken sitzen. Diese Sitzposition ist mittlerweile so stabil, dass viele Kinder sich reflexartig mit ihren Armen abstützen, wenn man ihre Beine vorn anhebt. Dabei stemmen sie die Handflächen gegen den Boden und leisten Widerstand, denn sie möchten schließlich nicht umfallen. Kinderärzte nennen diese Position den »Langsitz« – also abgestützt, mit lang ausgestreckten Beinen. Gut so! Damit erreicht die Entwicklung des Sitzens im ersten Lebensjahr ihren Höhepunkt.

Schritt für Schritt

Vielleicht versucht Ihr Baby weiterhin, sich aus der sitzenden Position in den Stand hochzuziehen, indem es sich an einem Möbelstück festhält. Jeder Stuhl, Hocker oder Tisch dient als idealer Helfer dafür. Dabei wird es täglich geschickter. Steht das Baby dann endlich auf den eigenen Beinen, hält es sich zuerst noch fest. Doch allmählich beginnt es, sich seitlich hin und her zu bewegen. Die ganz Mutigen wagen dann auch schon mal die ersten Schritte, wobei sie sich immer entlang dem Tisch oder dem Sofa orientieren. Eltern, die ihrem Kind nun die Hände entgegenstrecken, erleben meist die ersten Gehversuche ihres Kindes. Anfangs sind die Schritte noch zaghaft und eher breitbeinig. Aber es wird nicht mehr lang dauern, bis die Schritte durch ständiges Üben immer sicherer werden. Für viele Eltern ist es ein unvergesslicher Augenblick, wenn ihr Kind die ersten Schrittchen alleine unternimmt.

Kleine Herren der Dinge

Allmählich beherrscht Ihr Baby nicht nur seine Füße, sondern auch seine Spielsachen. Es bereitet ihm großes Vergnügen, Gegenstände in die Hand zu nehmen, um sie dann einfach wegzuwerfen oder fallen zu lassen. Toll bei diesem Spiel sind der Krach, der durch den Fall ausgelöst wird, die Gewissheit, für den Krach verantwortlich zu sein, und nicht zuletzt die Reaktion der Mitmenschen. Denn meistens lachen die Zuschauer über das Verhalten. Jetzt auch sehr beliebt ist das Spiel, mit dem Unterarm alles »wegzuwischen«, was auf dem Tisch liegt.

NEINSAGER

Das Baby kann sich nicht nur immer besser ausdrücken, es versteht inzwischen auch schon viel. So weiß es zum Beispiel, was gemeint ist, wenn Sie zu einer Aktion »Nein« sagen. Sobald es das Wort hört, unterbricht es sein Vorhaben und hält für einen Augenblick still. Es überprüft die Situation – blickt auf den »Neinsager« und überlegt kurz seinen nächsten Schritt. Soll es einfach weitermachen und tun, als ob nichts gewesen ist? Oder laut protestieren? Auf jeden Fall weiß Ihr Baby, was mit »Nein« gemeint ist, denn mobile und aktive Babys hören es täglich mehrmals. So erklärt sich auch, dass Babys früher das Wort »Nein« aussprechen als »Ja« und dass sie meist zuerst das Kopfschütteln lernen, bevor sie nicken können.

Die ersten Wörter

Auch das Sprachvermögen Ihres Kindes entwickelt sich in diesen Wochen immer mehr. Fast täglich kommt ein neues Wort hinzu. Manche Kinder sind im Alter von elf Monaten sogar schon so weit, dass sie einige richtige Wörter sagen können – beliebt ist zum Beispiel das Wort »heiß«. Doch fast alle Babys plappern jetzt in ihrer Babysprache munter drauflos, das allerdings so deutlich, dass die ihnen vertrauten Personen genau wissen, was gemeint ist.
So taucht häufig ein »brrr« für Auto auf, ein »ba-ba« für Ball oder ein »pa-pa«, wenn der Vater oder ein anderer Mann zur Tür hereinkommt.

SO FÖRDERN SIE IHR BABY SPIELERISCH

Man kann aus Holzbauklötzchen zum Beispiel einen hohen Turm bauen – wunderbar! Aber genau so schön ist es, ihn mit einem satten Schubser wieder zum Einstürzen zu bringen – vielen Babys macht das in diesem Altern besonders Spaß.
Das Gleiche gilt für kleine Eimerchen, die man aufeinanderstapeln kann. Babys beobachten Größere ganz geanu dabei, wenn sie einen Turm aufbauen. Ganz forsche unter ihnen helfen gleich mit.

Kleine Schmierereien

Viele Kinder finden nichts schöner, als mit beiden Händen in einer Cremedose zu matschen oder in mit Wasser angerührtem Mehlbrei zu wühlen. Das Motto der Kleinen: Je klebriger, desto besser.

Gib du mir, dann geb ich dir ...

Bieten Sie Ihrem Kind abwechselnd verschiedene Dinge an – zum Beispiel einen Kochlöffel, einen Ball oder eine Haarbürste. Während Sie ihm den Gegenstand reichen, erklären Sie ihm, was Sie gerade in der Hand haben. »Schau mal, das ist ein Ball – möchtest du ihn nehmen?« Während es den Gegenstand von Ihnen annimmt, fordern Sie Ihr Kind auf, Ihnen einen anderen Gegenstand im Tausch zurückzugeben. So wandern die Gegenstände hin und her.

Bällebad

Darunter versteht man große Behälter (zum Beispiel ein kleines aufblasbares Planschbecken), die mit kleinen Bällen gefüllt sind, in denen Ihr Kind »schwimmen« und spielen kann. Diese Art von »Bad« stimuliert den Tastsinn der Kinder und fördert die Motorik. Im Sommer kann das Bällebad von einem mit etwas warmem Wasser gefüllten Planschbecken abgelöst werden. Und auch das lieben fast alle Kinder: Setzen Sie Ihr Baby in ein Becken mit frischem, trockenem, sauberem Laub. Die meisten Kinder untersuchen jedes einzelne Blatt samt Stiel und Umrandung mit sehr viel Liebe zum Detail.

Schubladen ausräumen

»Hauptsache dabei sein!«, mag sich Ihr Baby vielleicht denken, wenn Sie in der Küche etwas vorbereiten und Ihr Kind in der Zwischenzeit mit viel Hingabe sämtliche Schubladen und Schränke in erreichbarer Höhe ausräumt.
Damit sich die Arbeit für Sie in Grenzen hält und sich Ihr Baby nicht an ungeeignetem Geschirr verletzen kann, können Sie ihm eine eigene Schublade (oder einen Schrank) samt ungefährlichem Inhalt zugestehen. Ideal sind Plastikschüsseln, Kochlöffel, Gefrierdosen und ähnliche Dinge. Nun kann Ihr Kind fleißig aus- und einräumen, spielen und Lärm machen – und sich freuen, in Ihrer Nähe zu sein.

Der Tuch-Zug

Legen Sie ein großes Handtuch oder ein Bettlaken auf einen möglichst glatten Boden und setzen Sie Ihr Kind so auf das hintere Ende, dass es in Ihre Richtung schaut. Ziehen Sie nun vorsichtig am vorderen Ende des Tuches (bitte so sachte, dass Ihr sitzendes Baby nicht nach hinten umfällt) und spielen Sie den Lokomotivführer, der den Passagier (Ihr Baby) durch die Wohnung zieht. Da das Handtuch oder Laken wackelt, muss Ihr Kind versuchen, das Gleichgewicht zu halten, um sitzen zu bleiben. Noch mehr Spaß macht die »Eisenbahnfahrt«, wenn weitere Kinder als Passagiere mitfahren.

Bitte und Danke

Nehmen Sie ein Spielzeug und reichen Sie es Ihrem Kind mit einem auffordernden »Bitte«. Kurz darauf strecken Sie Ihre Hand aus und verlangen den Gegenstand zurück. Wenn Sie ihn bekommen, sagen Sie »Danke«. So lernt Ihr Kind spielerisch schon sehr früh diese beiden wichtigen Wörter.

Fühlen und Tasten

Babys Hände sind seine wichtigsten Tastinstrumente. In den Handflächen sitzt eine Vielzahl wichtiger Nervenverbindungen, die geschult werden können. Geben Sie Ihrem Kind die unterschiedlichsten Dinge und Materialien in die Hand – von weich bis hart, von glatt bis rau, von warm bis kalt. Dabei sind Ihrer Fantasie keine Grenzen gesetzt: Kalt ist ein Stein oder Metalllöffel, warm ist eine mit warmem Wasser gefüllte Wärmflasche oder ein frisch gespülter Topfdeckel … Praktisch sind auch Rundhölzer (siehe rechts), die mit verschiedenen Materialien überzogen sind. Wenn es warm genug ist, können Sie Ihr Kind auch barfuß in den Sandkasten oder auf eine Wiese setzen. So kann es mit den Fußsohlen testen, wie sich der Untergrund anfühlt.

Taststäbchen fördern die Handmotorik. Egal, ob mit Frottee, …

… rauem Schmirgelpapier …

oder mit Folie beklebt: Sie laden zum Tasten und Greifen ein.

FRAGEN & ANTWORTEN

Manchmal hat mein Baby morgens ganz verklebte Augen. Woher kann das kommen, und was kann ich tun?

Dabei könnte es sich um eine Tränengangstenose (Verengung) handeln. Typische Symptome sind verklebte Augen mit dickem gelblichem Sekret. Durch diese angeborene Verengung des Tränengangs fließt das Tränensekret verzögert ab und dickt ein. Abhilfe: Mit einem sauberen Tuch und warmem Wasser das Auge regelmäßig auswaschen. Wichtig ist, dass Sie dabei immer von außen nach innen wischen. Kommen allerdings zusätzliche Symptome wie rote Augenlider sowie ein mit roten Äderchen gefärbter Augapfel oder ein Schnupfen hinzu, sind vermutlich Bakterien die Ursache der Beschwerden. In diesem Fall bitte unbedingt den Kinderarzt aufsuchen, der Ihrem Kind mit antibiotischen Augentropfen helfen kann.

Wie wird unsere Wohnung kindersicher?

Wenn Sie prüfen möchten, wie kindergerecht Ihre Wohnung im Moment tatsächlich ist, nehmen Sie doch einmal für kurze Zeit die Perspektive Ihres Krabbelkinds ein. Begeben Sie sich auf alle viere und krabbeln Sie einmal Ihre Wohnung ab. So manche potenzielle Gefahrenquelle wird erst aus diesem Blickwinkel sichtbar. Hier einige Tipps, die Sie auf jeden Fall berücksichtigen sollten:

- Sichern Sie alle Steckdosen, die Ihr Kind nun erreichen kann, mit Kindersicherungen.
- Verstecken Sie Kabel hinter Möbeln, denn Kinder ziehen gern daran, nach dem Motto »Mal sehen, was dann passiert!«.
- Bringen Sie an Fenstern und Balkontüren Kindersicherungen an.
- Schützen Sie Treppen mit speziellen Treppengittern (verschiedene Modelle im Baumarkt und Babyfachhandel erhältlich).
- Ziehen Sie vorsichtshalber alle Türschlüssel ab, damit sich Ihr Kind nicht versehentlich ein- und Sie aussperren kann. Deponieren Sie zur Sicherheit einen Zweitschlüssel bei Nachbarn außerhalb der Wohnung.
- Für Küchenherde gibt es Schutzgitter, die verhindern, dass sich Ihr Kind an heißen Herdplatten verbrennen beziehungsweise Töpfe mit heißem Inhalt herunterziehen kann.
- Putzmittel, Medikamente und Zigaretten (auch Aschenbecher!) unbedingt außer Reichweite des Kindes stellen.
- Scharfe Ecken und Kanten (etwa ein Glastisch) sollten mit Schutzkappen versehen werden (gibt's im Baumarkt).
- Schubladen und Schrankfächer, aus denen das Kind nichts ausräumen soll, mit Sicherungen oder breiten Gummis versperren.
- Elektrische Geräte und zerbrechliche Haushaltswaren (Glas, Porzellan) in höher liegenden Regalen oder Schränken verstauen.
- Kleinmöbel, die allein stehen, zum Beispiel Bücher- oder CD-Regale, unbedingt an der Wand befestigen, damit sie nicht umfallen können. Der Grund: Die Kleinen ziehen sich nicht nur daran hoch, sondern versuchen teilweise auch, an ihnen hochzuklettern.
- Fixieren Sie lose, rutschige Teppiche mit Klebeband, da sie zu echten Stolperfallen fürs Baby werden können.
- Achten Sie auf herumliegende Kleinteile, die Ihr Baby verschlucken könnte.

- Lassen Sie Ihr Kind auf glatten Böden nur barfuß beziehungsweise mit Anti-Rutsch-Socken oder speziellen Laufiernschuhen laufen, damit es nicht ausrutscht.
- (Giftige) Zimmerpflanzen wegstellen oder die Erde abdecken (siehe dazu Seite 146).
- Noch etwas: Verzichten Sie in dieser Entwicklungsphase auf Tischdecken, denn Ihr Kind könnte sich daran festhalten und vielleicht Geschirr samt heißer Speisen herunterreißen. Essen und trinken Sie wenn möglich nichts Heißes, während Sie Ihr Kind auf dem Schoß haben.

Mein Kind wird bald ein Jahr und macht noch nicht die geringsten Anstalten zu sitzen. Muss ich mir langsam Sorgen machen?

Wenn die restliche Entwicklung bisher unauffällig verlaufen ist, brauchen Sie sich keine Sorgen zu machen. Häufig liegt eine motorische Entwicklungsverzögerung vor, die in der Familie vererbt wurde. Fragen Sie Ihre Eltern! Meist stellt sich dann heraus, dass auch die eigene Entwicklung oder die von Geschwistern verzögert war. Trotzdem kann eine eingehende neurologische Untersuchung durch den Kinderarzt sinnvoll sein, um schließlich komplett Entwarnung geben zu können.

Welche Zimmerpflanzen sind giftig und könnten meinem Baby schaden, wenn es ein Stück davon isst?

Tatsächlich gibt es einige beliebte Zimmerpflanzen, die für Menschen sehr giftig sind – und erst recht für Babys und kleine Kinder. Verzichten Sie deshalb auf folgende Pflanzen oder stellen Sie sie außerhalb der Reichweite Ihres Babys auf: Dieffenbachie, Becherprimel, Belladonna-Lilie, Philodendron, Weihnachtsstern, Amaryllis und Zimmercalla. Ungiftig dagegen sind zum Beispiel Gummibäume, Hibiscus, Flammendes Käthchen, Gloxinie, Grünlilie und Usambaraveilchen. Übrigens: Grünpflanzen haben im Kinder(schlaf)zimmer nichts zu suchen. Zum einen ziehen Pflanzen Staub an (Allergiegefahr), zum anderen bietet ihre Erde einen guten Nährboden für Schimmelpilze. Das Gleiche gilt natürlich auch für Pflanzen im Freien. Achten Sie darauf, dass Ihr Kind keine Blätter und Beeren giftiger beziehungsweise unbekannter Pflanzen in den Mund steckt.

Mein Sohn spielt gern mit Puppen. Spielen Jungen anders als Mädchen?

In den ersten beiden Lebensjahren ist kaum ein Unterschied im Spielverhalten zwischen Jungen und Mädchen zu erkennen. Da können Jungen genauso gern mit Puppen, Haarbürsten und Spiegeln spielen wie Mädchen. Untersuchungen haben gezeigt, dass Jungen genauso gut und gern Puppen mit dem Fläschchen versorgen, wie es Mädchen machen, obwohl Jungen vorher noch nicht mit Puppen gespielt hatten.
Das spätere Spielverhalten ist ist stark von den Eltern geprägt: Jungen bekommen häufiger Autos, Eisenbahnen und Heldenfiguren, während Mädchen mit Puppen, Spielküchen und Puppenstuben ausgestattet werden. Warum eigentlich?

DER ZWÖLFTE MONAT

Ihre Wohnung ist noch nicht kindersicher? Dann wird es jetzt höchste Zeit dafür, denn Ihr Baby wird sich in Kürze auf Entdeckungsreise begeben! Noch geben dem Baby Tische und Stühle Halt, doch schon bald steht er an, der erste selbstständige Schritt ins Leben.

SO ENTWICKELT SICH EIN BABY

Ihr Baby zieht sich jetzt vielleicht an größeren Gegenständen hoch, um in den Stand zu kommen. Sobald es dann auf eigenen Füßen steht, geht es auch gleich los: Es wandert munter am Sofa entlang, umrundet einmal den Tisch oder läuft um den Stuhl herum. Solange es sich noch irgendwo festhalten kann, fühlt es sich sicher. Die meisten Babys sind an ihrem ersten Geburtstag in der Lage zu laufen, wenn sie an einer Hand gehalten werden. Die ganz Mobilen unter ihnen legen ihre ersten Schritte sogar schon im Alleingang zurück. Wichtig: Ziehen Sie Ihr Kind auf keinen Fall an seinen Unterarmen hoch. Dabei könnte es passieren, dass die Speiche aus dem Ellbogengelenk springt.

Mutiger Klettermaxe

Wenn Sie eine Treppe in der Wohnung haben, sollten Sie sie spätestens jetzt sichern. Viele Babys werden von Treppen geradezu magisch angezogen und kennen nur eine Richtung: nach oben! Wann immer es Ihnen möglich ist, sollten Sie diesem Verlangen nachgeben, denn mit jeder Stufe, die Ihr Baby erklimmt, stärkt es seine Muskeln und sein Selbstvertrauen. Anfangs wird es Stufe für Stufe systematisch hinaufsteigen. Wenn Sie ihm Ihre Hände anbieten, versucht es vielleicht schon, die Stufen Schritt für Schritt hochzusteigen. In wenigen Wochen wird Ihr Kind das Geländer entdecken und versuchen, sich daran festzuhalten, während es die Treppe hochwandert. Trotzdem sollten

Sie Ihr Baby nie unbeaufsichtigt Treppen steigen lassen. Ganz falsch wäre es jedoch, die Treppe komplett als tabu zu erklären und Ihr Kind dauerhaft davon fernzuhalten. Denn je früher und öfter Ihr Kind das Treppensteigen üben kann, umso sicherer wird es. Viele Babys scheuen sich auch nicht, die Treppe nach unten zu gehen. Die meisten drehen sich dabei instinktiv um, sodass sie mit den Beinen voran die Treppe rückwärts hinabsteigen.

Bitte schön, ein Ball!

Die meisten Kinder sind mit knapp einem Jahr durchaus in der Lage, Gegenstände zu erkennen und zu greifen, wenn man sie darum bittet. Wenn Sie zum Beispiel einen Ball in die Mitte des Teppichs legen und Ihr Kind auffordern: »Bringst du mir bitte den Ball?«, wird es wahrscheinlich darauf zukrabbeln oder -laufen, den Ball hochheben und Ihnen freudestrahlend entgegenstrecken. Mit etwas Glück bringt es den Ball sogar zu Ihnen – aber das wäre fast ein bisschen zu viel verlangt.

Die Vorsorgeuntersuchung U6

Spätestens bis zum Ende des zwölften Lebensmonats sollte die U6 beim Kinderarzt durchgeführt werden. Neben den Basisuntersuchungen wie Messen des Kopfumfangs, der Körperlänge und des Gewichts stehen unter anderem noch folgende Punkte auf dem Programm: Wie reagiert das Baby auf fremde Personen? Fremdelt es noch? Kann das Kind kurzzeitig allein spielen (Beginn des Loslöseprozesses)? Bewegt es sich, um Gegenstände zu holen, die nicht in Reichweite sind? Hält es einen Gegenstand und lässt einen anderen wieder fallen? Zeigt es mit seinem Finger auf Einzelheiten, zum Beispiel an einer Puppe, die man ihm hinhält? Wie gut ist sein Wortschatz – sagt es bereits Doppelsilben, Lalllaute und Lallketten (»me-me-me«, »da-da-da«)? Kommt es in den Vierfüßlerstand und von da aus in den Sitz? Beherrscht es den Zangengriff – ist es also in der Lage, mit gebeugtem Daumen und Zeigefinger einen kleinen Gegenstand zu greifen? Wie sieht es mit der Motorik aus? Kann es sich allein hochziehen, oder läuft es sogar schon, wenn es an beiden Händen gehalten wird? Reagiert Ihr Kind mit Blickkontakt – lässt es etwa einen Gegenstand auf den Boden fallen und schaut Sie an, als wollte es fragen: »Hast du das auch gesehen oder gehört?«

MINIWORTSCHATZ

Mittlerweile kennt Ihr Baby seinen Namen. Wenn Sie es rufen, weiß es sofort, dass es gemeint ist. Sein Wortschatz ist zwar noch begrenzt, doch es weiß genau, welche Dinge es mit den wenigen Wörtern, die es beherrscht, bezeichnet. So kann es zum Beispiel »brrr« sagen und meint damit ein Auto, ein Motorrad oder ein Flugzeug. Mit einem »wau-wau« bezeichnen die meisten Babys nicht nur einen Hund, sondern alle vierbeinigen Tiere, die sie sehen. Und immer wieder für Belustigung sorgt es, wenn das Baby zu jedem – auch fremden – Mann »pa-pa« sagt.

SO FÖRDERN SIE IHR BABY SPIELERISCH

Ihr Kind kommt jetzt richtig auf Trab – und es genießt kaum etwas mehr als eine Hand, an der es sich festhalten kann, um dann die Welt zu entdecken. Wann immer Sie Lust haben, sollten Sie mit Ihrem Baby durch die Wohnung marschieren oder mit ihm gemeinsam die Welt draußen erkunden. Den besten Halt hat Ihr Baby übrigens, wenn sich Ihre Hände ungefähr in Hüfthöhe des Kindes befinden, was für Sie zwar unbequem ist, Ihrem Baby aber am besten bekommt.

Hoch hinaus

Klettern ist jetzt sehr beliebt. Dabei sind Ihrem Kind grundsätzlich keine Grenzen gesetzt – vorausgesetzt, Sie lassen Ihr Kind nie unbeaufsichtigt. Sie können zum Beispiel unter Aufsicht ein etwa einen Meter langes, nicht zu schmales, glatt abgeschliffenes Brett mit einem Ende auf die Sitzfläche eines Stuhls legen, das andere Ende liegt auf dem Boden. Die meisten Babys packt die Neugier, sie klettern diesen kleinen Steg hoch bis zum Stuhl. Ebenso begehrt sind Treppen, Treppenleitern & Co.

Singen und Flüstern

Ihr Kind mag Ihre Stimme – weshalb Sie diese in allen Tonlagen erklingen lassen sollten. Wenn Sie Ihrem Kind ein Lied vorsingen, sollten Sie Ihre Stimme im Wechsel zuerst lauter und dann wieder leiser werden lassen. Wenn Sie den Text fast nur noch flüstern, wird's fürs Baby am spannendsten.

Welches Tier bin ich?

Babys lernen in der Regel am meisten, wenn sie etwas nachahmen können. Das heißt aber auch, dass Sie ihm etwas vormachen müssen – zum Beispiel, wie eine Katze schleicht und miaut. Ihr Kind wird Sie anfangs vielleicht etwas irritiert ansehen, sich dann aber bemühen, es Ihnen nachzumachen. Je häufiger Sie dieses Spiel spielen, umso schneller verbindet Ihr Kind mit den Bewegungen und Geräuschen, die es nachgeahmt hat, ein echtes Tier. Und wenn es demnächst eine Katze sieht, wird es »miau« sagen, und Sie können das bestätigen: »Stimmt, das ist eine Katze, und die macht miau.«

Grenzen setzen

Die Erziehung Ihres Kindes ist mit knapp einem Jahr schon voll im Gange. Auch wenn Ihnen Ihr Kind jetzt noch klein vorkommt, sollten Sie es nicht verpassen, ihm bei Bedarf Einhalt zu gebieten und damit rechtzeitig Grenzen zu setzen. Beispielsweise gibt es Dinge, die schlichtweg nicht in Kinderhände gehören. Und es gibt Wörter, deren Bedeutung ein Kind auch schon in diesem Alter kennen sollte – zum Beispiel ein »Nein«. Die Erfahrung zeigt immer wieder: Je konsequenter Eltern einmal vereinbarte Spielregeln durchhalten, umso schneller akzeptieren Kinder diese.

Baden gehen

Im Wasser zu planschen ist immer ein großer Spaß. Zum Glück gibt es tolle Wasserspielzeuge, aber auch einfache und preisgünstige Dinge wie Plastikbecher, -kannen und -löffel, mit denen Ihr Kind in der Wanne viel Freude haben wird. Kleiner Aufwand, große Wirkung: Bieten Sie Ihrem Baby doch einmal einen Eiswürfel im warmen Badewasser an. Es wird ihn mit Händen und Füßen untersuchen, Temperaturunterschiede feststellen, ihn auf die Handflächen legen und ins Wasser gleiten lassen – und sich wundern, wie vergänglich manche Dinge doch sind …

Leinen los!

Alles, was angeleint ist oder an einer Kette hängt und damit herangezogen werden kann, weckt das Interesse Ihres Babys. Befestigen Sie deshalb eine Kordel an einer Holzkugel, die in der Mitte ein Loch hat, oder fädeln Sie eine Kette mit großen Bauklötzen auf. Sie können auch ein Spielzeugtier an die Kordelleine nehmen. Egal, wofür Sie sich entscheiden, die meisten Babys haben riesigen Spaß daran, das Ende der Kordel mitsamt Holzkugel, Kette oder Tier hinter sich herzuziehen und zu beobachten, wie es ihnen folgt. Ebenfalls Erfolg versprechend: Legen Sie ein Nachziehtier so weit vom Baby weg, wie es die Schnur erlaubt. Nun darf Ihr Baby das Tier so weit heranziehen, wie es kann. Dann stellen Sie das Tier wieder weg, Ihr Baby zieht, Sie stellen weg, Ihr Baby zieht …

Fußball spielen

Für Babys ist es wunderbar, endlich laufen zu können. Doch meist ist die Freude ebenso groß, wenn sie feststellen, dass sie mit den Füßen auch noch Fußball spielen können! Wenn dann der Ball durchs Zimmer kullert, jauchzt das Baby vor Freude. Auch lustig: Leere Plastikflaschen nebeneinander aufstellen und an Mamas Hand umtreten. Die sind ganz leicht und scheppern so schön, wenn sie umfallen.

Vorlesen am Abend kann ein schönes Ritual zum Ausklang des Tages sein.

Erzähl mir eine Geschichte!

Kinder lieben Geschichten! Im Idealfall bauen Sie die Geschichte als festes Ritual mit in Ihren Tagesablauf ein, etwa wenn es nach dem Abendessen ins Bett gehen soll. Satt und müde, frisch gewickelt und im Schlafanzug kuscheln sich kleine Kinder gern an Papas Brust oder in Mamas Arme. Wenn Sie dann noch eine schöne Geschichte mit einfachen Worten erzählen können – wie wunderbar! Natürlich kommt es jetzt noch weniger auf die Geschichte und die Wortwahl an, sondern vielmehr aufs Kuscheln und dass Ihr Kind weiß: »Ich bin hier sicher und geborgen.«

FRAGEN & ANTWORTEN

Warum ist krabbeln so wichtig?

Alle Kinder lernen irgendwann, zu stehen und dann zu gehen. Die einen sind fix und schaffen das mit zehn Monaten, andere lassen sich eineinhalb Jahre dafür Zeit. Jedes Kind entwickelt sich nach seinen Möglichkeiten, und wenn Eltern dies im Hinterkopf haben, erleben sie die Entwicklung ihres Sprösslings deutlich gelassener. Wichtig ist nicht, wann ein Kind laufen kann, sondern wie es sich vor dem Laufen fortbewegt hat. Genauer: ob es krabbeln konnte. Denn dies ist eine wichtige Fertigkeit. Krabbeln hilft nicht nur, die Zusammenarbeit von Rücken- und Bauchmuskulatur zu unterstützen und die Koordination zu trainieren, sondern es fördert vor allem die Zusammenarbeit der beiden Gehirnhälften. Jede Bewegung, bei denen wir gleichzeitig die Muskulatur der rechten und linken Körperseite benutzen, also nicht parallel, sondern über Kreuz, aktiviert und fördert unsere Gehirnhälften. Krabbeln ist also eine durchaus wichtige und erstrebenswerte Fortbewegungstechnik – bleiben Sie dran!

Mein Kind braucht seine ersten Straßenschuhe. Worauf muss ich beim Kauf besonders achten?

Schuhe sind tatsächlich erst dann nötig, wenn das Kind sicher auf eigenen Füßen steht und läuft – und wenn Sie mit ihm draußen spazieren gehen möchten. Zu Hause und im Kinderwagen sind Schuhe unnötig. Schuhe bis Größe 26/27 sind in der Regel Lauflernschuhe. Sie sind knöchelhoch, wodurch das Fußgelenk geschützt werden soll. Die Muskeln und Sehnen sind nämlich noch nicht so gut entwickelt, dass sie das Gelenk vor dem Umknicken schützen können. Außerdem sollte der Schuh weich und leicht sein, einen »Schockabsorber« im Fersenbereich aufweisen (damit der Fuß geschützt wird, wenn das Kind fest auftritt) und eine verstärkte Fußspitze haben, die beim Stolpern die Zehen schützt. Ideal ist es, wenn sich der Schuh möglichst weit öffnen lässt, denn dann kann der Fuß leichter hinein- und herausschlüpfen.

Lederschuhe haben den Vorteil, dass das Leder atmungsaktiv und weich ist und sich der Fußform anpasst. Die Größe lässt sich nur feststellen, indem Sie den Kinderfuß im Fachgeschäft in Länge und Breite messen lassen. Von der Länge her sollte der Schuh etwa einen Zentimeter größer gekauft werden, als der Fuß groß ist. Diesen Abstand benötigt der Fuß zum Abrollen im Schuh – und zum Wachsen.

Unsere Empfehlung lautet: Lassen Sie sich beim Kauf von Kinderschuhen immer in einem guten Kinderschuhfachgeschäft beraten. Warum? Ihr Kind ist noch zu klein, um zu sagen, ob und wo der Schuh drückt. Außerdem haben kleine Kinder noch den Reflex, ihre Zehen einzurollen, sobald man von außen auf den Schuh drückt, was den Kauf nicht vereinfacht. Aus diesem Grund ist es für einen Laien schwer zu erkennen, ob ein Schuh gut sitzt oder nicht. Die Fachverkäuferin jedoch weiß genau, worauf sie achten muss. Kinderschuhfachgeschäfte bieten außerdem den Service, dass man dort alle vier bis sechs Wochen den Fuß des

Kindes unverbindlich nachmessen lassen kann. Bringen Sie dazu auch immer das aktuelle Paar Schuhe mit und lassen Sie prüfen, ob es noch passt oder schon zu klein ist. Das ist übrigens ein Service, den Fachgeschäfte sich leisten sollten, schließlich wächst ein Kinderfuß im ersten Lauflernjahr durchschnittlich um drei Größen – was auch drei Paar neue Schuhe zufriedener Kunden bedeutet!

Kann auch ich als Laie erkennen, wenn der Schuh zu klein ist?

Hinweise auf zu kleine Schuhe können sein, dass der Fuß schlecht in den Schuh hineinkommt (das kann aber auch an einem ungünstigen Schnitt liegen!) oder dass die Zehenspitzen rot gerieben sind, wenn das Kind aus dem Schuh schlüpft. Ein erneutes Messen der Füße ist auch dann angesagt, wenn Ihr Kind seine Schuhe partout nicht mehr anziehen mag.
Um sicher zu sein, dass der Schuh noch passt, fragen Sie dann auf jeden Fall im Schuhfachgeschäft nach.

Kann ich das Krabbeln unterstützen?

Natürlich! Wenn Sie feststellen, dass sich Ihr Kind in den Vierfüßlerstand begibt, aber dann keinen Mut hat, Fuß und gegenüberliegendes Knie nach vorn zu bewegen, können Sie ihm helfen. Zum Beispiel: Krabbeln Sie mit. Auch hilfreich: Bieten Sie ihm von vorn einen Gegenstand an, sodass es verlockt wird, sich daraufzu zu bewegen. Und wenn das nicht hilft, können Sie ein größeres Handtuch der Länge nach unter den Brustkorb Ihres Kindes legen und über dem Rücken zusammenführen. Wenn Sie das Tuch nun so weit anheben, dass Hände und Knie den Boden berühren, kommt Ihr Kind in den Vierfüßlerstand. Jetzt können Sie Ihr Kind langsam vorwärtsführen. Im Idealfall krabbelt es mit.

Mein Kind hat ausgeprägte O-Beine. Ist das normal?

Bis zu einem bestimmten Grad ja. Alle Kinderbeine weisen bis zum Alter von etwa zweieinhalb Jahren eine mehr oder weniger ausgeprägte O-Bein-Stellung auf. Man nennt dies auch die »physiologische Varusstellung«. Auffällig ist, dass die Kinder beim Gehen über den großen Zeh abrollen. Der Grund für diese Beinstellung ist im Bereich des Oberschenkelknochens zu finden: Bei Babys und Kleinkindern ist der oberste Teil des Oberschenkelknochens so stark nach vorn gerichtet, dass ein breiter Gang die Folge ist. Bis zum Erwachsenenalter verändert sich die Lage. Übrigens genauso alterstypisch ist der Knick-Senk-Fuß. Dabei sind die Sprunggelenke beider Füße nach innen geknickt, sodass die Füße über den Innenrand abgerollt werden. Dieser Knick-Senk-Fuß verstärkt die O-Bein-Stellung sogar noch. Eine Therapie ist nur selten notwendig. Sobald Ihr Kind auf beiden Beinen sicher steht und laufen kann, kann der Arzt durch einen einfachen Test feststellen, ob es sich um den alterstypischen Knick-Senk-Fuß handelt oder ob das Kind eine Fehlstellung entwickelt, die später möglicherweise mit speziellen Einlagen behandelt werden muss. Ideal: Lassen Sie Ihr Kind möglichst viel barfuß laufen.

BABYS ERNÄHRUNG IM ERSTEN JAHR

Nahrung ist lebensnotwendig, denn sie ist »Treibstoff« für unseren Körper. Im Idealfall darf ein Säugling in den ersten Monaten ausschließlich Muttermilch trinken. Sollte dies nicht möglich sein, gibt es geeignete Ersatzmöglichkeiten. Nach etwa sechs Monaten beginnt dann die Umstellung auf den Brei.

LEBENSELIXIER MUTTERMILCH **174**

FERTIGMILCH ALS ALTERNATIVE **194**

BABYS ERSTER BREI **208**

LEBENSELIXIER MUTTERMILCH

Wenn Sie Ihr Baby stillen, ermöglichen Sie ihm den optimalen Start ins Leben. Zu diesem Ergebnis kommt auch die Weltgesundheitsorganisation (WHO), die über 3000 Studien zum Thema Stillen ausgewertet hat. Ihre Empfehlung lautet dementsprechend, mindestens sechs Monate voll zu stillen und anschließend begleitend zu geeigneter Beikost weiterzustillen, solange Mutter und Baby das möchten.

STILLEN – VON ANFANG AN DAS BESTE

Muttermilch ist unbestritten das beste Nahrungsmittel in den ersten Lebensmonaten Ihres Babys. Aber Stillen bedeutet fürs Neugeborene weitaus mehr als die reine Aufnahme von Nahrung: Die Nähe und der Hautkontakt lassen Babys Urvertrauen wachsen und zeigen ihm Ihre Zuneigung.

Stillen kann (fast) jede

Erfahrungsgemäß sind 95 Prozent aller Mütter in der Lage, ihr Baby zu stillen. Drängt sich die Frage auf, warum dann nicht alle tatsächlich diese Chance nutzen. Die Gründe sind vielfältig. Zum einen sind gesundheitliche Ursachen zu nennen, etwa wenn die Mutter aufgrund einer chronischen Erkrankung Medikamente einnehmen muss. Oder die Mutter möchte nach der Geburt schnell in den Beruf zurückkehren und unabhängig sein. Wenn es dann mit dem Abpumpen nicht gut klappt, wird auf industriell hergestellte Fertigmilch umgestiegen. Viele Frauen verzichten aber auch aufs Stillen, weil sie Fehlinformationen aufgesessen sind, etwa der, dass sich die Brust durch das Stillen nachteilig verändere. Oder sie bekommen in der eigenen Familie keinen Zuspruch fürs Stillen. Da melden sich Mütter oder Schwiegermütter zu Wort, die lautstark verkünden, dass niemand aus der Familie je habe stillen können und man es daher gar nicht erst zu versuchen brauche. Nicht zu unterschätzen ist auch der Einfluss des Partners. Manchen Männern ist das Stillen in der Öffentlichkeit eher unangenehm, was sie dann meist auch entsprechend kommentieren. Kein Wunder, dass es manchen Frauen schwerfällt, gegenüber dieser Flut von Vorurteilen selbstbewusst aufzutreten und sich für das Stillen zu entscheiden.

Stillen aus Überzeugung

Vermutlich haben Sie sich schon während der Schwangerschaft überlegt, ob Sie Ihr Baby stillen möchten oder nicht. Falls Sie noch unentschlossen sind, wäre es wunderbar, Sie von den Vorteilen des Stillens überzeugen zu können. Die Weltgesundheitsorganisation WHO empfiehlt auf der Grundlage von Studien zur kindlichen Entwicklung, in den ersten sechs Monaten ausschließlich zu stillen. Wenn zugefüttert wird, muss die Stillzeit aber nicht beendet sein, im Gegenteil: Es kann, mit der alters-

TIPP: SOFORT ANLEGEN

Die meisten Babys sind in den ersten 30 Minuten nach der Geburt hellwach, mit einem starken Saugreflex ausgestattet und instinktiv auf der Suche nach der mütterlichen Brust. Wenn möglich: Nutzen Sie die Gelegenheit und legen Sie Ihr Kind an. Ist Ihr Baby termingerecht geboren worden und wohlauf, spricht nichts dagegen, mit der Routineuntersuchung oder dem ersten Baden noch so lang zu warten, bis das Kind an beiden Brüsten ein Schlückchen getrunken hat. Das ist einer der innigsten Momente zwischen Ihnen und Ihrem Baby – genießen Sie ihn!

DIE BESTEN GRÜNDE FÜRS STILLEN

- **Optimal angepasst:** Muttermilch passt sich stets automatisch den Bedürfnissen des heranwachsenden Babys an, das dadurch immer perfekt ernährt ist. Die vielen langkettigen, ungesättigten Fettsäuren in der Muttermilch sorgen dafür, dass sich Gehirn und Zentralnervensystem optimal entwickeln können.
- **Immer parat:** Muttermilch ist jederzeit verfügbar, stets wohltemperiert und auch unterwegs immer »griffbereit«.
- **Wichtiger Immunschutz:** Muttermilch stärkt gegen Krankheiten, denn sie enthält das wichtige Immunglobulin A (IgA). Vor allem im Kolostrum, der Vormilch, ist der IgA-Gehalt sehr hoch. Er fällt danach zwar ab, bleibt dann aber konstant, sodass Ihr Kind während der ganzen Stillzeit von diesem wichtigen Immunschutz profitiert.
- **Starkes Urvertrauen:** Stillen vermittelt dem Baby ein Gefühl der Sicherheit und Nähe, welche die Bildung des Urvertrauens fördert.
- **Absolut preiswert:** Wer stillt, spart monatlich etwa 100 Euro für Babynahrung.
- **Zusätzliche Krebsvorsorge:** Frauen, die gestillt haben, erkranken weniger häufig an Brust- oder Eierstockkrebs. Das belegen zahlreiche Studien.
- **Vorbeugender Zahnschutz:** Das Saugen an der Brust fördert die Entwicklung des Kiefers und kann Fehlstellungen der Zähne vorbeugen.
- **Entspannung für Mutter und Kind:** Stillen bedeutet immer auch »still sein«. Auch für die Mutter bietet das Stillen die Möglichkeit, sich vom hektischen Alltag zurückzuziehen und die Ruhe mit dem Baby zu genießen.

gerechten Beikost, so lang weitergestillt werden, wie es Mutter und Baby möchten, denn schließlich genießt Ihr Baby immer noch die liebevolle Zuwendung beim Stillen.

Milchproduktion und Stillen

Die Brustwarzen weisen an ihrer Spitze winzige Öffnungen auf – die Mündungen der Milchgänge. Entlang dieser Gänge sitzen, traubenartig angeordnet, unzählige Milchbläschen, die innen hohl sind und Milch aufnehmen können. Ihre zarte Wand besteht aus milchbildenden Zellen, die sich Wasser und alle anderen in der Milch enthaltenen Nährstoffe aus dem mütterlichen Blutkreislauf holen und in den Bläschen »lagern«. Jedes einzelne dieser Milchbläschen ist von feinen Muskelzellen umgeben. Sobald sich diese zusammenziehen, entleeren sich die Milchbläschen. Für dieses Zusammenziehen ist das Milchspendehormon Oxytocin zuständig. Sobald es den Reiz an die Muskeln überträgt, ziehen sich die Muskeln um die Milchbläschen zusammen und pressen die bereitstehende Milch in die Milchkanäle.

Direkt vor der Brustwarze sammelt sich die aus allen Milchkanälen strömende Milch. Mit einer wellenförmigen Bewegung der Zunge, die vorn beginnt, streift das Baby die Milch aus den erweiterten Milchgängen. Gäbe es den Milchspendereflex nicht, also das Herauspressen der Milch aus den Milchbläschen aufgrund des Oxytocins, könnte das Baby keine Milch bekommen. Denn durch das Saugen allein hätte das Kind keine Chance, die Milch herauszubekommen. Sobald das Kind zu saugen beginnt, schüttet das mütterliche Gehirn neben Oxytocin auch das Hormon Prolaktin aus, das für die Milchbildung sorgt.

Die Nachfrage regelt die Menge

Woher Ihr Körper weiß, wie viel Milch er fürs Baby produzieren und bereithalten muss? Ganz einfach: Die Milchbildung hängt ab von den Bedürfnissen Ihres Babys. Je öfter das Baby angelegt wird und je mehr es saugt, desto mehr Milch steht beim nächsten Stillen zum Abruf bereit. Stillen ist also eine grandiose Wechselbeziehung zwischen Mutter und Kind: Die Brust produziert Milch, das Kind entleert sie und fördert damit die Produktion neuer Milch. Auch in der Nacht ist das häufige Anlegen wichtig, denn dadurch wird die Milch für den kommenden Tag bereitgestellt. Wurde die Brust gut leer getrunken, wird auch wieder mehr Milch produziert. Bleibt nach dem Stillen noch Milch in der Brust, geht die Milchmenge zurück.

Brustpflege

Eigentlich muss die Brust nicht extra gepflegt werden. Von Natur aus sind keine besonderen Vorkehrungen zu treffen, wenn eine Brust Milch produziert – eine normale Körperhygiene, so wie Sie diese bisher auch betrieben haben, reicht völlig aus. Viel wichtiger ist, dass die Brüste neben dem Stillen nicht noch zusätzlich strapaziert werden. Das bedeutet: Setzen Sie Ihre Brust nicht übermäßiger Kälte aus (etwa beim Schwimmen in kaltem Wasser oder durch zu dünne Kleidung im Winter). Waschen Sie die Brustwarzen nicht extra mit Seife, da empfindliche Haut dadurch austrocknen und leicht rissig werden kann. Einige Tropfen Muttermilch, die Sie nach dem Stillen auf der Warze verstreichen und an der Luft trocknen lassen, sind die beste Pflege für Ihre Brustwarzen. Wichtig: Sorgen Sie dafür, dass Ihre Brustwarzen möglichst trocken sind. Ein dauerhaft feuchtwarmes Milieu, etwa durch wenig luftdurchlässige Stilleinlagen, schadet ihnen und kann eine Brustwarzeninfektion begünstigen. Sinnvoller sind luftdurchlässige Stilleinlagen aus Naturmaterialien wie Wolle oder Seide. Tragen Sie außerdem einen gut sitzenden Still-BH, der nicht drückt, nicht spannt und sich mit einer Hand vorn öffnen lässt.

Muttermilch – optimal angepasst

Die Natur stellt sich exakt auf die Bedürfnisse des Säuglings ein und liefert immer genau das richtige Milchangebot.

BRUSTGRÖSSE

Eine kleine Brust bedeutet übrigens nicht, dass nur wenig Milch produziert werden kann. Die Anzahl der Brustdrüsen ist – unabhängig von der Größe – in jeder Brust etwa gleich. Unterschiedlich groß dagegen ist der Fettgewebeanteil, der allein für die Brustgröße ausschlaggebend ist.

Stufe 1: Die Vormilch

Vormilch wird schon während der Schwangerschaft produziert und steht unmittelbar nach der Geburt zur Verfügung. Die Vormilch ist dicklich, von gelblicher Farbe und ähnelt Sahne. Tatsächlich enthält sie – im Vergleich zur Übergangs- und reifen Muttermilch – weniger Fett und Kohlenhydrate, dafür aber sehr viel wichtiges Eiweiß. Die Vormilch ist reich an Mineralien, Vitaminen sowie Immunglobulinen und sehr nahrhaft. Bereits mit kleinen Mengen ist ein Neugeborenes in den ersten Tagen ausreichend mit Nährstoffen versorgt. Zudem regt die Vormilch die Darmtätigkeit an und trägt somit dazu bei, dass das Bilirubin mit dem Kindspech (Mekonium) zügiger ausgeschieden wird (siehe auch Seite 54).

Stillen ist Nahrung für Körper und Seele. Genießen Sie diese innigen Momente.

Stufe 2: Die Übergangsmilch

Bevor der weibliche Körper von der Produktion der Vormilch auf die Bildung der reifen Muttermilch umsteigt, bildet er über einen Zeitraum von etwa zwei Wochen eine »Übergangsmilch« (die auch »transitorische Milch« genannt wird). Sie liegt in ihrer Zusammensetzung zwischen der Vormilch und der reifen Muttermilch, von der sie schließlich abgelöst wird.

Stufe 3: Die reife Muttermilch

Die reife Muttermilch ist in ihrer Konsistenz wässriger, obwohl sich der Fettgehalt gegenüber der Vormilch verdoppelt hat. Auch der Milchzuckeranteil ist noch einmal angestiegen – deshalb schmeckt die reife Muttermilch auch leicht süß.

Flexibler geht's nicht

Auch während einer Stillmahlzeit passt sich die Muttermilch den Bedürfnissen des Babys an: Die ersten Schlucke, die das Baby trinkt, sind dünnflüssig, wässrig und in erster Linie dazu da, seinen Durst zu löschen. Erst danach Zeit fließt dann die fettreichere Milch, die sogenannte Hintermilch, die den Säugling sättigt. Es ist daher wichtig, das Baby an jeder Seite aureichend lang anzulegen.

Beste Inhaltsstoffe in der Muttermilch

Muttermilch passt sich mit ihren Inhaltsstoffen den Bedürfnissen des Säuglings optimal an. Wo die großen und wichtigen Unterschiede zur Kuhmilch liegen:

- **Energie:** Reife Muttermilch und Kuhmilch liefern etwa gleich viel Energie.

- **Eiweiß:** Kuhmilch enthält dreimal mehr Eiweiß als reife Muttermilch, das zudem noch sehr viel mehr schwer verdauliches Kasein enthält als Muttermilch. Die kindliche Niere ist nicht in der Lage, diese Menge überschüssiges Eiweiß auszuscheiden. Deshalb kann es bei der Gabe von unverdünnter Kuhmilch zu Nierenproblemen beim Säugling kommen.
- **Kohlenhydrate:** Muttermilch liefert neben Milchzucker (Laktose) noch weitere Kohlenhydrate, wie etwa den sogenannten »Bifidusfaktor«, ein stickstoffhaltiges Kohlenhydrat, das wertvollen Darmbakterien als Nährstoff dient. Der Milchzucker liefert außerdem schnell Energie und fördert die Entwicklung des kindlichen Gehirns. Kuhmilch dagegen enthält weniger Milchzucker (also Kohlenhydrate) als Muttermilch.
- **Fett:** Muttermilch ist reich an essenziellen (= lebensnotwendigen) Fettsäuren (wie zum Beispiel Linolensäure) und enthält das fettspaltende Enzym Lipase (wichtig für die Verdauung, da dieses Enzym Fette aus der Nahrung aufspaltet und so bei der Verdauung hilft).
- **Mineralien:** Der Mineralstoffgehalt von Kuhmilch ist viel höher als der von Muttermilch. Der Haken: Säuglinge können überschüssige Mineralien noch nicht komplett ausscheiden.
- **Vitamine:** Der Vitamingehalt der Muttermilch hängt stark von der Ernährung der Mutter ab. Muttermilch enthält die Vitamine A, E und C. Reife Muttermilch und Kuhmilch sind relativ arm an Vitamin D. Deshalb wird eine zusätzliche Vitamin-D-Gabe zur Prophylaxe gegen Rachitis empfohlen (siehe Seite 41). Dies gilt besonders für gestillte Kinder. Fertigmilchnahrungen sind bereits mit Vitamin D angereichert.
- **Spurenelemente:** Muttermilch enthält einige wichtige Spurenelemente, die in deutlich höheren Mengen vorkommen als in Kuhmilch, wie zum Beispiel Kobalt, Mangan und Kupfer.

WAS DIE VERSCHIEDENEN MILCHSORTEN LIEFERN

pro 100 ml	Kolostrum	Übergangsmilch	reife Muttermilch	Kuhmilch
• Eiweiß	2,3 g	1,6 g	0,9 g	3,8 g
davon Laktalbumin	*	*	60 %	18 %
davon Kasein	*	*	40 %	82 %
• Fett	2,9 g	3,6 g	4,2 g	3,6 g
• Kohlenhydrate	5,3 g	6,4 g	7,3 g	4,6 g

*keine Angaben vorhanden

Die wichtigsten Stilltipps

Ein Baby stillen zu können ist eine wunderbare Erfahrung für Mutter und Kind. Selten kann man so innig Zeit miteinander verbringen wie in dieser Phase. Aber auch richtiges Stillen will gelernt sein.

- **Frühes Anlegen:** Genießen Sie, wenn Ihr Kind das Licht der Welt erblickt hat, die ersten gemeinsamen Augenblicke mit Ihrem Baby. Halten Sie es im Arm, spüren Sie seine Haut. Lassen Sie Ihrem Baby Zeit, sich zu erholen. Wenn es noch nicht gleich bereit ist zum Saugen, versuchen Sie es später noch einmal. Seine Signale sind eindeutig, wenn es so weit ist und an Ihrer Brust saugen möchte. Helfen Sie ihm, die Brustwarze zu finden, oder bitten Sie die Hebamme um Unterstützung. Lassen Sie Ihr Baby an beiden Brüsten saugen. Wichtig: Wenn Ihr Baby noch nicht bereit ist, ist das auch in Ordnung. Halten Sie es einfach liebevoll im Arm – der direkte Hautkontakt wirkt förderlich auf das Stillen – und versuchen Sie es später noch einmal.
- **Richtiges Anlegen:** Nur wenn Ihr Baby richtig angelegt wird (siehe Illustration auf Seite 189), bleiben Ihre Brustwarzen auf Dauer unversehrt – und dann macht Stillen ungetrübten Spaß.
- **Häufiges Anlegen:** Stillen Sie unbedingt nach Bedarf. Das heißt, Sie legen Ihr Baby an, wenn es danach verlangt (auch in der Nacht). Versuchen Sie nicht, von Anfang an einen festen Rhythmus zu finden. Auf diese Weise ist der Milcheinschuss sanfter, und die Milchbildung passt sich dem Bedarf ganz automatisch an.

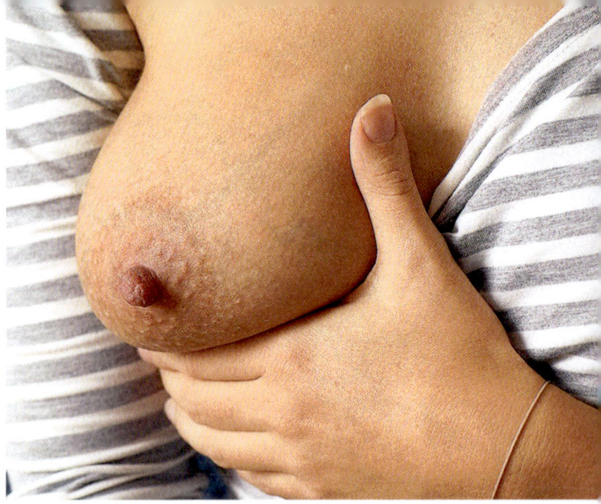

Der C-Griff. Er hilft dem Baby, die Brustwarze richtig in den Mund zu nehmen.

Die Stillpositionen

Es ist durchaus sinnvoll, mit dem Baby mehrere Stillpositionen einzuüben und diese auch regelmäßig zu wechseln, da bei jeder von ihnen ein anderer Bereich des Drüsengewebes entleert wird. Dabei ist es wichtig, zu wissen, dass Ihr Baby immer den Bereich der Brust leer trinkt, an dem sein Unterkiefer anliegt.

Der C-Griff

Sein Name beschreibt den Handgriff, der hier zum Einsatz kommt: Wenn Sie Ihre Finger leicht gekrümmt aneinanderlegen und den Daumen abspreizen, bildet die Hand ein »C«. Legen Sie Ihre rechte Hand in dieser Haltung an die linke Brust beziehungsweise die linke Hand an die rechte Brust. Wenn Sie die Brust dabei so festhalten, dass der Zeigefinger etwa fünf Zentimeter von der Brustwarze entfernt ist, formt sich die Brust samt Warze so, dass der Säugling die Brustwarze optimal in den Mund nehmen kann. Von jetzt an gilt: Machen Sie es sich bequem und entspannen Sie sich. Wenn Sie und Ihr Baby ein gutes Stillteam sind und die Milch fließt, gibt es keinen Grund, mit angespannten Schultern und gekrümmtem Rücken über dem Baby zu kauern. Bauen Sie ein (Still-)Kissen oder eine Armlehne mit in Ihre Position ein. Sehr komfortabel kann ein Hocker für Ihre Füße sein. Sobald Sie das Gefühl haben, dass Sie Ihr Baby aus den Schultern heraus halten, befinden Sie sich in der falschen Sitzposition. Ihr Körper soll während der gesamten Stillzeit locker und entspannt sein. Korrigieren Sie Ihre Position, bis das Hauptgewicht des Babys auf Ihren Oberschenkeln oder einem Stillkissen aufliegt und Sie Ihre Unterarme ablegen können. Nur dann können Sie mit geradem Rücken stillen.

Stillen im Liegen (Seitenlage)

Diese Position schont den Körper, vor allem aber Ihren Beckenboden. Machen Sie es sich einfach auf der Seite bequem, stützen Sie Ihren Kopf auf einem Kissen ab und winkeln Sie die Beine leicht an. Legen Sie Ihr Baby in Seitenlage nun so neben sich, dass sein Mund auf Höhe Ihrer Brustwarze ist. Stabilisieren Sie Ihr Kind, indem Sie ihm ein Kissen oder eine zusammengerollte Decke in den Rücken legen. Mit der freien Hand können Sie dem Baby Ihre Brust mit dem C-Griff anbieten.

WICHTIG

Unabhängig von der Stillposition, die Sie wählen, sollten Sie immer daran denken, dass Sie das Baby zur Brust führen – und nicht umgekehrt. Auf diese Weise vermeiden Sie unbequeme Sitzpositionen und Fehlhaltungen, die zu Verspannungen oder Schmerzen im Rücken führen können.

Stabilisieren Sie beim Stillen im Liegen (links) Ihr Baby mit einer Decke. Beim Stillen im Sitzen (rechts) sollte Ihr Baby auf einem Stillkissen ruhen.

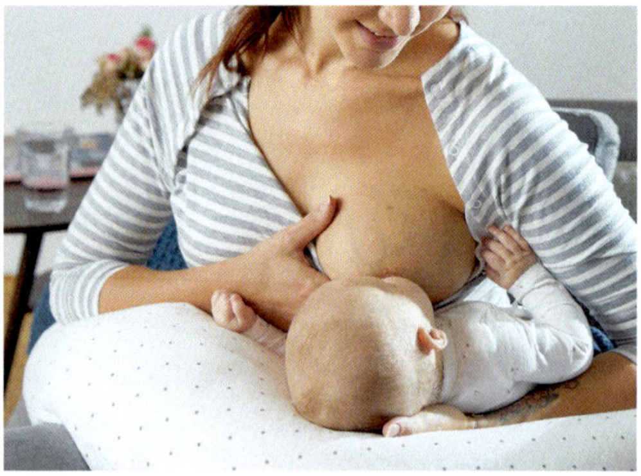

Beim Stillen im Rückengriff zeigen Babys Beine nach hinten, das Köpfchen liegt in Ihrer Hand.

Stillen im Sitzen (Wiegehaltung)

Das Stillen im Sitzen (Foto Seite 181 rechts) ist die am häufigsten praktizierte Position. Ganz wichtig: Stützen Sie Ihre Unterarme ab, sonst wird das Baby auf Dauer zu schwer. Ideal sind ein Sessel mit Armlehne und ein (Still-)Kissen. Ebenso wichtig ist, dass der Körper des Babys abgestützt wird. Nehmen Sie Ihr Baby so in den Arm, dass es Ihnen zugewandt auf der Seite liegt. Der Bauch des Babys sollte an Ihrem Bauch liegen. Ohr, Schulter und Hüfte Ihres Babys sollten auf einer geraden Linie liegen. Wenn Sie es an der rechten Brust anlegen möchten, liegt das Köpfchen des Babys in Ihrer rechten Armbeuge. Ziehen Sie nun das Kind zu sich heran und führen Sie es an die Brust. Wichtig: Senken Sie auf keinen Fall die Brust zum Baby ab, sonst müssen Sie in dieser unbequemen Position verharren. Nachdem Sie das Kind herangezogen haben, stützen Sie es mithilfe eines Kissens oder Stillkissens so ab, dass es auf dieser Höhe ganz entspannt liegt und bei Ihnen trinken kann.

Stillen im Rückengriff (Seiten- oder Football-Haltung)

Hierbei liegt das Baby nicht vor Ihnen, sondern seitlich so unter Ihrem Arm, dass die Beine nach hinten zeigen. Diese Position ist bequem für Frauen mit großen Brüsten und gut nach einem Kaiserschnitt, da die Narbe am Bauch bei dieser Haltung nicht belastet wird. Beim Rückengriff wird das Drüsengewebe Richtung Achsel entleert. Legen Sie dafür zwei bis drei große Kissen neben Ihre Hüfte und legen Sie Ihr Baby so darauf, dass sein Oberkörper unter Ihrem Arm nach vorn schaut und seine Füße nach hinten. Mit Ihrem Unterarm geben Sie dem Rücken des Babys Halt, in Ihrer Hand liegt sein Köpfchen. Nun können Sie mit der freien Hand Ihre Brust im C-Griff dem Baby anbieten. Der Körper des Babys sollte eng an Ihrem liegen.

DAS OPTIMUM

Ihr Baby liegt auf der Seite und ist Ihnen ganz zugewandt. Es hat den Mund auf Höhe der Brustwarze und muss sein Köpfchen nicht drehen, um trinken zu können. Ohr, Schulter und Hüfte des Babys bilden eine gerade Linie. Sie bieten Ihre Brust im C-Griff an. Berühren Sie mit der Brustwarze die Unterlippe Ihres Babys, damit es angeregt wird, den Mund weit zu öffnen. Ziehen Sie Ihr Baby schnell zur Brust, wenn der Mund geöffnet ist. Ihr Baby trinkt dann richtig, wenn sich Ober- und Unterlippe nach außen stülpen, denn dann hat es die Brustwarze samt Vorhof im Mund.

STILLEN UND ALLERGIE

Auf die Frage, wie lang eine Mutter ihr Baby stillen sollte, gibt es zum Teil widersprüchliche Antworten. Grundsätzlich gilt: Hebammen, Stillberaterinnen und auch die Weltgesundheitsorganisation WHO empfehlen seit vielen Jahren und auch weiterhin, dass Baby sechs Monate lang (180 Tage) ausschließlich zu stillen. Denn Muttermilch ist und bleibt in den ersten Monaten die beste Nahrung für Ihr Baby.

Allergiegefährdete Kinder

Selbst wenn Ihr Kind allergiegefährdet ist (ein oder gar beide Elternteile haben eine Allergie), lautet die Empfehlung, bereits ab dem vollendeten vierten Lebensmonat langsam mit der Beikost zu beginnen. Natürlich nur, wenn Ihr Baby dazu bereit ist. Viele Jahre hieß es, ganz besonders die allergiegefährdeten Kinder sollten ein halbes Jahr lang ausschließlich Muttermilch bekommen, um den kindlichen Organismus so lang wie möglich vor potenziell allergieauslösenden Nahrungsmitteln zu schützen und dem Immunsystem Zeit zur Reifung zu geben. Nun empfehlen Kinderärzte, Allergologen und die Europäische Behörde für Lebensmittelsicherheit (EFSA), dass Babys möglichst früh an Allergene gewöhnt werden sollen, um eine Toleranz zu entwickeln. Somit soll bereits ab dem fünften Lebensmonat mit der Beikost begonnen werden. Frei nach dem Motto: Je früher ein mäßiger Kontakt mit einem potenziell allergieauslösenden Nahrungsmittel stattfindet, desto zeitiger kann sich der kindliche Organismus damit auseinandersetzen. Außerdem belegen Studien inzwischen, dass ein ausschließliches Stillen über sechs Monate nicht vor Allergien schützt.

Ernährung in der Stillzeit

Die aktuellen Richtlinien der Allergieprävention lauten: Potenziell allergieauslösende Nahrungsmittel wie Kuhmilchprodukte, Weizen, Fisch oder Nüsse sollten in der Stillzeit nicht mehr gemieden werden. Im Gegenteil: Alles, was die Mutter zu sich nimmt, gelangt in geringeren Konzentrationen über die Muttermilch auch zum Kind. Wenn eine Mutter auch allergieauslösende Nahrungsmittel verzehrt, kommt auf diese Weise das kindliche Immunsystem bereits frühzeitig mit den möglicherweise allergieauslösenden Nahrungsbestandteilen in Kontakt und kann sich damit auseinandersetzen. Dies gilt insbesondere für Fisch. Heute heißt es: Mütter, esst regelmäßig Seefisch, das schützt das Baby vor Allergien, liefert reichlich Jod, wertvolles Eiweiß und die für die Gehirnentwicklung wichtige Omega-3-Fettsäure DHA.

Die aktuelle S3-Leitlinie zur Allergieprävention gibt Hinweise darauf, dass der Verzehr von fettreichem Fisch während der Stillzeit eine schützende Wirkung auf die Entwicklung von Asthma, Heuschnupfen und Neurodermitis beim Kind hat. Ideal: Fettreiche Fische wie Hering, Makrele, Lachs oder Sardine, denn sie liefern gleichzeitig die Omega-3-Fettsäuren DHA und EPA. Dagegen sollten Thun- und Schwertfisch in der Stillzeit eher nicht auf den Tisch kommen, da sie stark schadstoffbelastet sein können.

FRAGEN & ANTWORTEN

Welche Stillposition ist die richtige für mich?

Es gibt nicht die eine Stillposition, die immer passt. Wählen Sie die Stillposition möglichst entsprechend dem Spannungsgefühl in der Brust. Fühlt sich Ihre Brust an der Innenseite fest und hart an, ist die Wiegehaltung ideal. Bemerken Sie Spannungen im Außenbereich der Brust, bietet sich der Rückengriff an. Wer nachts stillt oder nach der Geburt noch erschöpft ist, wählt vielleicht gern die Seitenlage. Auf jeden Fall sollten Sie alle Positionen ausprobieren, um sie im Fall der Fälle parat zu haben. Und es macht Sinn, auch ohne Brustprobleme immer wieder die Stillposition zu wechseln, denn so lassen sich eventuelle Probleme wie ein Milchstau im Vorfeld vermeiden, da die Brust jeweils in einem anderen Bereich komplett entleert wird.

Wie nutze ich das Stillkissen richtig?

Für den Rückengriff können Sie das Stillkissen in der Mitte knicken und doppelt an Ihre Hüftseite legen. Für den Wiegegriff hilft es, das Stillkissen auf einer Seite so dick aufzuschütteln, dass es Ihnen als perfekte Armstütze dient, während die etwas dünnere Seite über Ihren Bauch verläuft. Darauf können Sie Ihr Baby ablegen. Wenn Sie in der Seitenlage stillen, legen Sie das Stillkissen als Stütze hinter Babys Rücken. Ihr Kissen liegt richtig, wenn Sie eine bequeme Position gefunden haben – was bedeutet, dass Sie Ihr Baby während des Stillens nicht mit eigener Kraft halten oder gar hochheben, sondern dass es gut gestützt aufliegt.

Wie erkenne ich, dass mein Baby Hunger hat?

Da Babys Hunger als echten Schmerz empfinden, beginnen sie heftig zu schreien, wenn die frühen Hungerzeichen nicht als solche erkannt wurden. Doch so weit sollte es nicht kommen. Wenn Sie Ihr Kind um sich haben, werden Sie bemerken, dass es zuerst leise vor sich hin schmatzt, den Kopf hin und her bewegt oder seine Finger in den Mund steckt. Auch das Herausstrecken der Zunge, intensives Saugen an der kleinen Faust oder das Lecken der Lippen sind deutliche Zeichen. Wenn Sie Ihr Baby jetzt anlegen, ist es noch nicht so hungrig und aufgeregt, dass es sich einfach gierig die Brustwarze schnappt. Jetzt macht es den Mund weit auf und lässt sich korrekt anlegen.

Wie oft sollte ich mein Baby anlegen?

Generell sollten Sie nach Bedarf stillen, also immer dann, wenn das Baby Hunger hat. Das Märchen, dass »neue Milch auf alte Milch für Bauchweh sorgt«, ist überholt. Heute weiß man, dass das Eiweiß in der Muttermilch so leicht verdaulich ist, dass Stillkinder schneller wieder Hunger haben als Flaschenkinder. Ein zehn- bis zwölfmaliges Stillen in den ersten Tagen ist völlig normal. In den ersten vier Wochen sollten Sie Ihr Baby etwa achtmal in 24 Stunden anlegen.

Muss ich mein Baby immer an beiden Seiten anlegen?

Lassen Sie Ihr Kind am Anfang immer an beiden Brüsten trinken, da dann die Milchbildung besser in Gang kommt. Meist ist es so, dass die erste Brust komplett leer getrunken wird, während das Baby die zweite nur »antrinkt«. Doch dafür starten Sie beim nächsten Stillen mit der Brust, mit der Sie beim letzten Mal geendet haben. Immer im Wechsel. Nachdem Ihr Baby die erste Brust leer getrunken hat, sollten Sie die Stillmahlzeit unterbrechen und Ihr Baby aufstoßen lassen. Damit Sie nicht durcheinanderkommen, welche Brust Sie zur nächsten Stillmahlzeit anbieten sollen, können Sie an dieser Seite einen Wollfaden an den BH-Träger binden.

Wenn sich Angebot und Nachfrage eingependelt haben, macht es Sinn, dem Baby nur noch eine Seite anzubieten. Jedes weitere Anlegen kurbelt die Milchbildung an.

Wie löse ich mein Baby von der Brust?

Im Idealfall lässt Ihr Baby die Brust von selbst los, wenn es satt ist. Sollte dies nicht der Fall sein, führen Sie Ihren kleinen Finger vorsichtig zwischen den Kiefer des Babys und Ihre Brust und lösen den Sog.

Wie lang sollte eine Stillmahlzeit dauern?

Die meisten Babys pendeln sich nach einigen Tagen auf etwa 20 Minuten pro Seite ein. Es gibt natürlich auch Blitztrinker und langsame Genießer. Während Normaltrinker und Genießer auf jeden Fall an die fettreiche Hintermilch gelangen, kann sie den Schnelltrinkern entgehen. Aber im Laufe der Zeit saugen sie immer wirkungsvoller, sodass sie trotz kürzerer Trinkzeiten an die Hintermilch gelangen.

Woher weiß ich, dass mein Kind genug zu trinken bekommt?

Ein Baby, das nur Muttermilch bekommt, hat fünf bis sechs nasse Windeln in 24 Stunden. Der Urin ist hellgelb. Der Muttermilchstuhl – in den ersten vier bis sechs Wochen täglich zwei- bis fünfmal – ist senffarben und kann dünnflüssig oder körnig sein.

Achten Sie auch auf die Gewichtszunahme, die bei gesunden Babys pro Woche in folgenden Bereichen liegen sollte:

- 1. bis 4. Monat: 120 bis 220 Gramm
- 5. bis 6. Monat: 115 bis 140 Gramm
- 7. bis 12. Monat: 60 bis 120 Gramm

Außerdem können Sie am Aussehen und Verhalten des Kindes deutlich erkennen, ob es ausreichend Muttermilch erhält. Wirkt es satt und zufrieden? Ist es aktiv und lebhaft? Ist seine Hautfarbe rosig? Hat es klare, leuchtende Augen? Hat es einen guten Muskeltonus? Dann entwickelt es sich prächtig.

Ich möchte Milch abpumpen – wie geht das?

Es gibt verschiedene Pumpentypen: zum Beispiel Handpumpen, die ohne Strom mechanisch von Hand bedient werden müssen. Sie sind hervorragend geeignet, wenn Sie ab und zu kleinere Mengen Muttermilch abpumpen möchten. Für manche Frauen leichter zu bedienen sind elektrische Handpumpen. Diese erhalten Sie in der Apotheke, zum Kauf oder zur Miete. Übrigens: Ihr Kinderarzt kann Ihnen für die Milchpumpe ein Rezept ausstellen (ebenso wie der Frauenarzt), sodass für die Leihzeit keine Gebühren anfallen.

Probleme beim Stillen

Es ist ein tolles Gefühl, wenn das Stillen gut klappt. Doch auch wenn es nicht so recht klappen will, sollten Sie sich nicht entmutigen lassen. Es gibt für jedes Problem sicher eine Lösung.

Der Milcheinschuss

Etwa zwischen dem dritten und fünften Tag nach der Geburt schießt die Milch in die Brust ein. Sobald das Baby an der Brust saugt, setzt das mütterliche Gehirn die beiden Hormone Prolaktin und Oxytocin frei. Diese regen die Milchproduktion und den Milchfluss an, sodass die Milchproduktion in Gang kommt.

Der Umgang mit dem Milcheinschuss

Ab jetzt heißt es, das Baby regelmäßig anzulegen. Helfen Sie ihm, dass es die Brustwarze richtig zu fassen bekommt. Denn manchmal ist die Brust so prall, dass es schwierig sein kann. In diesem Fall sollten Sie versuchen, vor dem Anlegen etwas Milch herauszustreichen. Das gelingt am besten, wenn Sie die Gefäße und Milchgänge vorher mit Wärme weiten. Legen Sie dafür einen warmen Umschlag auf die Brust (siehe auch Seite 189) oder gehen Sie vor dem Stillen warm duschen. Nehmen Sie die größte Spannung, indem Sie zuerst etwas Milch ausstreichen. Fahren Sie dafür rund um die Brust sanft mit den Fingerspitzen vom Brustansatz zur Brustwarze, wodurch etwas Milch abfließen kann. Nun können Sie nach Belieben noch so viel Milch (sanft) ausmassieren, dass Ihr Baby die Brustwarze samt Vorhof fassen kann. Nach dem Stillen sollten Sie die entleerte Brust wieder kühlen, damit sich nicht noch mehr Milch ansammelt (Kälte verengt die Gefäße). Hilfreich ist ein Umschlag mit Quark oder kalten Weißkohlblättern (siehe Kasten).

Haben Sie keine Zeit, einen Umschlag zu machen, können Sie die Brust auch mit kalten Gelpackungen aus dem Gefrierfach kühlen (bitte vorher in ein Geschirrhandtuch einschlagen). Verläuft der Milcheinschuss sehr heftig, leisten auch homöopa-

TIPP: SANFT GEKÜHLT

Für einen Quarkwickel etwa 150 Gramm gekühlten Quark messerrückendick auf eine der Länge nach gefaltete Mullwindel streichen. Diese noch einmal einschlagen und den Quarkumschlag so lang auf die Brust legen, bis er warm geworden ist (etwa 20 Minuten). Ebenfalls sehr wirkungsvoll ist ein Umschlag mit Weißkohlblättern. Sie haben einen kühlenden und abschwellenden Effekt. Nehmen Sie dafür einige kühlschrankkalte (türkische) Weißkohlblätter (bei dieser Sorte lassen sich die Blätter leichter vom Kohlkopf lösen) und schneiden Sie den Strunk heraus. Walken Sie die Blätter mit einem Nudelholz, damit die Blattzellen aufbrechen und die Inhaltsstoffe besser wirken können. Legen Sie die Blätter auf Ihre Brust. Sparen Sie dabei die Brustwarzen aus. Sie können darüber den Still-BH anziehen. Wenn es Sie nicht stört, können die Blätter nun bis zur nächsten Stillmahlzeit auf der Brust verbleiben.

TABU: NIKOTIN

Eine US-Studie hat gezeigt, dass Rauchen die Milchproduktion hemmt. Bereits zwei Wochen nach der Geburt lag die tägliche Milchmenge bei Raucherinnen, die mindestens zehn Zigaretten pro Tag rauchten, 20 Prozent unter der von Nichtraucherinnen. Vier Wochen nach der Geburt bildeten die Raucherinnen nur noch halb so viel Milch wie Nichtraucherinnen. Wichtig: Auch Passivrauchen verringert die Milchbildung und schadet Ihrem Baby!

thische Mittel wie Phytolacca gute Dienste. Allerdings gehört die Dosierung unbedingt in die Hände einer erfahrenen Hebamme oder eines sachkundigen Experten.
Vor dem nächsten Anlegen sind dann wieder warme Umschläge an der Reihe, damit die Milch erneut ins Fließen kommt.

Ab wann geht's wieder besser?

Nach zwei bis drei Tagen ist die anfängliche Milchdrüsenschwellung vorüber. Nach dieser Zeit haben sich Baby und Brust aneinander angepasst und die Milchmenge reguliert sich von selbst.

Sonderfall: Die Milch fließt nicht

Es kommt immer wieder vor, dass die Brust prall, schmerzhaft und knotig ist, ohne dass die Milch fließt. In diesem Fall sollten Sie auf folgendes Erste-Hilfe-Programm zurückgreifen. Überlegen Sie zunächst: Warum fließt die Milch nicht? Was führt zu der Stauung? Setzen Sie sich vielleicht selbst unter Druck? Häufig hilft ein Gespräch mit der Hebamme oder dem Partner. Versuchen Sie ganz in Ruhe, mit Wärmeanwendungen und Massagen die Milch wieder zum Fließen zu bringen. Auch hier helfen homöopathische Mittel. Ihre Hebamme oder Stillberaterin steht Ihnen sicher mit Rat und Tat zur Seite. Viele Hebammen wissen, wie sich mit einer sanften Massage und der richtigen Drucktechnik die Milchkanäle öffnen lassen, sodass die angestaute Milch von selbst zu fließen beginnt.

Hohl-, Flach- und Schlupfwarzen

Keine dieser drei Warzenformen sind ein Grund, das Baby nicht zu stillen – Sie brauchen lediglich etwas mehr Geduld und Ausdauer beim Stillen.

Der Umgang mit besonderen Brustwarzenformen

Mithilfe von Brustwarzenformern (aus der Apotheke) lassen sich sehr flache oder gar nach innen gekehrte Brustwarzen herausbilden. Sie können bereits während der Schwangerschaft getragen werden. Diese Schalen sollten Sie etwa eine Stunde vor dem Stillen auf die Brustwarzen legen. Durch die Körperwärme bildet sich ein leichtes Vakuum, und die Brustwarzen stellen sich auf. Wenn Ihr Baby Hunger hat, sollten Sie erst unmittelbar vor dem Anlegen die Schalen abnehmen. Die meisten Babys sind dann in der Lage, die Brustwarze zu fassen. Wichtig: Lassen Sie sich unbedingt von der Nachsorgehebamme helfen! Eventuell wird sie Ihnen am Anfang der Stillmahlzeit ein Stillhütchen empfehlen.

Wunde Brustwarzen

Wunde Brustwarzen oder kleine Risse (Rhagaden) entstehen hauptsächlich durch unkorrektes Anlegen des Babys beim Stillen. Dies ist immer ein Zeichen, dass Sie etwas an der Stillposition ändern müssen. Es kann aber auch sein, dass ein verkürztes Zungenbändchen des Babys Auslöser für die wunden Warzen ist. Fragen Sie hierzu Ihre Hebamme oder den Kinderarzt.

Der Umgang mit wunden Brustwarzen

Wenn Sie gleich nach dem Anlegen Schmerzen verspüren, sollten Sie das Vakuum sanft lösen und Ihr Baby noch einmal neu anlegen. Achten Sie darauf, dass es seinen Mund weit geöffnet hat, ehe Sie es rasch an Ihre Brust anlegen. Ganz wichtig: Überprüfen Sie, ob das Baby tatsächlich die Warze samt Vorhof im Mund hat! Die Oberlippe und Unterlippe des Babys sollten nach außen gestülpt sein, zum sogenannten Fischmund. Wenn es lediglich vorn an der Warze nuckelt, ist sie schnell blutig. In diesem Fall brauchen die Brustwarzen eine Extraportion Pflege: Lassen Sie so oft wie möglich Luft und Sonne an die Brust und tragen Sie Brustwarzenschoner (erhältlich in der Apotheke). Viele Frauen machen auch mit einer Brustwarzensalbe aus reinem Wollfett gute Erfahrungen. Sie halten die zarte Haut geschmeidig und unterstützen die Heilung. Bitte nur sparsam und im Anschluss an das Stillen auftragen. Um wunden Warzen vorzubeugen, sollten Sie nach einer Stillmahlzeit etwas Milch auf der Brustwarze verteilen und an der Luft antrocknen lassen.

Verwenden Sie Stilleinlagen aus Wolle und Bourettseide, da sie besonders luftdurchlässig sind. Auch wenn das Anlegen schmerzhaft ist, sollten Sie weiterstillen. Wenn es allerdings gar nicht geht, ist eine Stillpause von zwei bis drei Tagen zu empfehlen. In dieser Zeit sollten Sie Ihre Brust von Hand oder mithilfe einer Pumpe leeren, damit die Milchbildung nicht zurückgeht. Lassen Sie sich von Ihrer Hebamme oder einer Stillberaterin helfen!

Der Milchstau

Sobald Sie das Gefühl haben, dass sich die Milch in Ihrer Brust staut und sich Verhärtungen bilden, sollten Sie noch mehr auf die richtige Stillposition achten. Legen Sie Ihr Baby so an, dass der Unterkiefer an der gestauten Stelle liegt, denn dann wird dieser Bereich verstärkt leer getrunken (siehe Seite 180). Versuchen Sie, die Milch durch warme Auflagen (siehe Seite 189) zum Fließen zu bringen. Sollte die Milch nicht abfließen können, bildet sich ein Milchstau. Dieser macht sich durch eine gerötete, harte und außerordentlich druckempfindliche Stelle an der Brust bemerkbar. Manchmal ist ein Knoten fühlbar. Ursachen für einen Milchstau können verstopfte Milchgänge sein, zum Beispiel wenn das Baby zu kurz oder in zu langen Abständen angelegt wird. Aber auch Druck auf das Drüsengewebe durch einen zu engen BH oder Stillhütchen sowie hohe körperliche oder seelische Anspannungen, die sich auf den Hormonhaushalt und damit auf die Milchbildung auswirken, können dahinterstecken. Möglich ist auch eine bakterielle Infektion.

Verstopfter Milchgang
Der Milchstau entwickelt sich langsam, kann seine Lage verändern, verursacht kein oder nur ein geringes Wärmegefühl im betroffenen Bereich und schmerzt nur an der betroffenen Stelle. Er beeinträchtigt das allgemeine Befinden nicht und lässt die Körpertemperatur auf etwa 38,5 °C ansteigen.

Der Umgang mit dem Milchstau
Bei einem verstopften Milchgang helfen vor dem Stillen feuchtwarme Umschläge an der betroffenen Brust, den Milchspendereflex leichter zu aktivieren. Legen Sie dafür eine mit warmem Wasser durchtränkte Stoffwindel oder ein dünnes Gästehandtuch auf die Brust. Wählen Sie die Stillposition so, dass der Unterkiefer des Babys an der betroffenen Stelle liegt. Lassen Sie sich von Ihrer Hebamme homöopathische Globuli geben, die dafür sorgen können, dass die Milch wieder fließt. Auch wenn es noch so schmerzt – stillen Sie häufig an der betroffenen Brust und gönnen Sie sich viel Ruhe.

Bakterielle Brustentzündung

Eine Brustentzündung (Mastitis) kommt plötzlich und umfasst einen örtlich begrenzten Bereich. Die Brust der Mutter wird rot, heiß und schwillt an. Viele Frauen fühlen sich extrem unwohl, mitunter ist ihnen übel. Diese Art der Entzündung bereitet starke Beschwerden, es kann zu Kopf- und Gliederschmerzen kommen. Die Symptome ähneln denen einer Grippe, es kommt zu Temperaturen von 38,5 °C und höher. Auch Schüttelfrost kann auftreten. Wenn der Verdacht einer bakteriellen Entzündung besteht, muss umgehend der Arzt aufgesucht werden, der Ihnen eventuell ein Antibiotikum verordnet, um die Entzündung zu bekämpfen. Es gibt stillverträgliche Medikamente, sodass ein vorzeitiges Abstillen in den allermeisten Fällen nicht nötig ist. Eine unbehandelte Brustentzündung kann im schlimmsten Fall zu einem Abszess führen, der unbedingt im Krankenhaus behandelt werden muss.

Das Baby hat die Brustwarze samt Vorhof im Mund, die Lippen sind nach außen gestülpt.

Mehr Milch beim Wachstumsschub

Babys wachsen schubweise, und genau dann benötigen sie auch mehr Energie (siehe Umschlagklappe vorn). Das hat zur Folge, dass die meisten Babys während eines solchen Entwicklungssprungs häufiger an der Brust trinken möchten. Durch die gesteigerte Nachfrage erhöht sich auch das Angebot. Erfahrungsgemäß dauert es zwischen zwei und fünf Tagen, bis sich die Milchbildung wieder eingespielt hat.

RICHTIG ESSEN IN DER STILLZEIT

Grundsätzlich müssen Stillende, die sich vor der Geburt gesund und ausgewogen ernährt haben, ihre Ernährung jetzt nicht umstellen. Sie haben zwar einen höheren Energiebedarf, aber das bedeutet nicht, dass ab jetzt »Essen für zwei« angesagt ist.

Energiespender für Stillende

Viel wichtiger als die Menge ist die Qualität der Nahrung. Und natürlich die Tatsache, dass eine Stillende überhaupt zum Essen kommt. Nachsorgehebammen und Stillberaterinnen erleben immer wieder, dass junge Wöchnerinnen so sehr beschäftigt sind, für ihre Familie da zu sein, dass sie sich darüber selbst vergessen. Hier finden Sie zwei Rezepte von Gerichten, die Ihrem Körper in der Stillzeit neue Energie liefern.

TEE, KAFFEE & CO.

Die meisten Stillbabys vertragen es ohne Probleme, wenn ihre Mutter ein bis zwei Tassen Kaffee oder schwarzen (oder grünen) Tee pro Tag trinkt. Wenn Sie allerdings bemerken, dass Ihr Kind nach dem Stillen extrem aufgedreht ist, sollten Sie Ihren Kaffee-/Teekonsum überprüfen. Alkohol sollte für Stillende grundsätzlich tabu sein, da er in die Milch übergeht und bereits kleinste Mengen dem Baby schaden. Wenn Sie zu einem besonderen Anlass doch einmal mit einen (kleinen) Gläschen Sekt anstoßen, sollte das unmittelbar nach dem Stillen geschehen.

Stillkugeln liefern schnelle Energie, wenn die Zeit zum Kochen an stressigen Tagen fehlt.

Stillkugeln

Geballte Energie und viele Nährstoffe liefern diese Stillkugeln. Sie lassen sich gut auf Vorrat herstellen und sind viele Tage im Kühlschrank haltbar.

Je 330 g Hirse, Amarant und Hafer | 300 g gekochter Vollkornreis | 300 g kalte Butter | je 2 EL Rapskern- und Maiskeimöl | 250 g brauner Vollrohrzucker | gemahlene Vanille | gemahlener Kardamom | Zimtpulver | etwas Wasser (bei Bedarf)

1 Das Getreide mischen, grob schroten und in einer beschichteten Pfanne ohne Fett hellbraun rösten.

2 In einer Schüssel mit Reis, Butter, Öl und Zucker mischen und zu einem Teig kneten.

3 Mit Vanille, Kardamom und Zimt abschmecken. Bei Bedarf etwas Wasser zugeben.

4 Aus der Masse tischtennisballgroße Kugeln formen und kühlen. 2 bis 3 Kugeln am Tag liefern Energie und machen satt.

Tipp: Wünschen Sie sich von Freunden und Familie die fertig zubereiteten Kugeln als süßes Wochenbettgeschenk!

Kraftsuppe Hühnerbrühe

In der ayurvedischen Fünf-Elemente-Ernährung wird diese Hühnersuppe als Kraftsuppe gehandelt. Der Clou ist die lange Garzeit, dadurch geht sehr viel Energie in die Brühe. Sie vertreibt Kälte, löst Blutstauungen auf, wärmt den Organismus von innen und kurbelt die Lebensenergie an. Unzählige Wöchnerinnen und »Spätwöchnerinnen« kamen bei körperlicher Erschöpfung nach dem Genuss dieser Suppe wieder auf die Beine. Lassen Sie sich diese Suppe (auf Vorrat) zubereiten und portionsweise einfrieren.

1 Biosuppenhuhn | 2–3 Möhren | ca. 3 cm frischer Ingwer | 1/4 Sellerieknolle | 1–2 Pastinaken | 1/2 Bund Petersilie | 2 Lorbeerblätter | 5–6 Korianderkörner | 3–4 Wacholderbeeren | Kurkuma | Paprika | Salz | frisch gemahlener Pfeffer | Sojasoße zum Abschmecken

Auch Staudensellerie, Möhren und Nudeln eignen sich als Einlage für die Hühnerbrühe.

1 Das Huhn waschen und in einen großen Topf legen.

2 Möhren, Ingwer, Sellerie und Pastinaken putzen, schälen und in Stücke schneiden.

3 Die Petersilie abbrausen und mit dem Gemüse zum Huhn geben. Mit so viel kaltem Wasser aufgießen, dass das Huhn komplett bedeckt ist. Nun die Lorbeerblätter, Korianderkörner und Wacholderbeeren sowie Kurkuma, Paprika und Salz zugeben und alles zum Kochen bringen.

4 Die Hitze so weit reduzieren, dass die Suppe nur noch köchelt. Nach 3 bis 4 Stunden Kochzeit die Brühe abseihen, mit frisch gemahlenem Pfeffer und der Sojasoße würzen. Wer es etwas schärfer mag, gibt noch frisch geriebenen Ingwer dazu.

Tipp: Lassen Sie sich diese Brühe frisch zubereiten, wenn Sie im Wochenbett liegen. Sie kann ohne Weiteres in einer Thermoskanne transportiert werden. Trinken Sie mehrmals täglich eine Tasse heißer Brühe. Im Kühlschrank hält sie sich vier bis fünf Tage.

Getränke

Wenn Sie zu wenig Flüssigkeit über die Nahrung aufnehmen oder zu wenig trinken, zeigt sich das in konzentriertem Urin, Verdauungsproblemen, Kopfschmerzen und nicht zuletzt in einer reduzierten Muttermilchmenge. Im Idealfall trinken Sie täglich drei Liter kohlensäurearmes Mineralwasser, stark mit Wasser verdünnte Säfte oder ungesüßte Kräutertees (keinen Pfefferminz- oder Salbeitee, denn diese Kräuter reduzieren die Milchbildung). Viele Schwangere trinken sehr gern Rooibostee, natur oder mit Aroma. Dieser Tee schmeckt auch kalt.

FRAGEN & ANTWORTEN

Stimmt es, dass ein Jodmangel Babys Gehirn schadet?

Ja, sogar ganz gewaltig. Jod ist ein Bestandteil der Schilddrüsenhormone. Säuglinge brauchen Jod, damit sich ihr Gehirn von Anfang an optimal entwickeln kann. Ein chronischer Mangel an diesem Spurenelement führt zu Intelligenzminderung, wie weltweite Studien belegen. Trotz verbesserter Jodversorgung hierzulande gibt es immer wieder Joddefizite. Deutschland zählt zu den Jodmangelgebieten. Da unsere Böden und das Trinkwasser nur wenig Jod enthalten, sind auch die in Deutschland produzierten landwirtschaftlichen Produkte eher jodarm. Reichlich kommt der Mineralstoff in größeren Mengen nur in Seefischen und anderen Meeresprodukten (wie Algen) vor. In den letzten Jahren ist es gelungen, Milch und Milchprodukte jodreicher zu produzieren, weil das Tierfutter mit Jod angereichert wurde. Offizielle Empfehlungen lauten: Während der Stillzeit sollten ergänzend zu Jodsalz täglich 100 Mikrogramm Jod in Tablettenform eingenommen werden. Tabletten sind nicht nötig, wenn Sie sich jodreich ernähren, also Jodsalz verwenden, regelmäßig Seefisch auf den Teller bringen (zweimal pro Woche) und täglich Milch und Milchprodukte verzehren. Studien zeigen jedoch, dass selbst bei vollwertiger und abwechslungsreicher Ernährung dies nicht immer gelingt. Stillende Mütter haben einen höheren Bedarf als Schwangere, da sie über die Muttermilch auch das Baby mit Jod versorgen. Somit braucht eine Mutter Jod für ihren eigenen Körper und für den des Säuglings.

Wie sieht es mit der Schadstoffbelastung in der Muttermilch aus?

Die Nationale Stillkommission der Bundesrepublik Deutschland beschäftigt sich regelmäßig mit den Rückständen in Muttermilch. Das Ergebnis: Die früher vorhandenen hohen Rückstände an chlorierten Kohlenwasserstoffen wie zum Beispiel DDT, HCH, HCB und PCB gehen seit Mitte der 1980er-Jahre deutlich zurück. Die Stillkommission empfiehlt deshalb, Kinder möglichst bis zur Einführung der Beikost (also sechs Monate lang) voll zu stillen. Sie sieht hinsichtlich des Schadstoffgehalts kein gesundheitliches Risiko für den Säugling, wenn danach noch weitergestillt wird. Falls Sie wissen wollen, wie die Schadstoffbelastung speziell Ihrer Milch aussieht, müssen Sie sich an Ihr zuständiges Gesundheitsamt oder an eine Lebensmitteluntersuchungsstelle wenden (Adresse beim Gesundheitsamt). Machen Sie keine Diät, solange Sie stillen. Da sich Umweltgifte vorwiegend im Fettgewebe ablagern, würden diese bei einer Diät in höheren Mengen in den mütterlichen Blutkreislauf und damit in die Muttermilch übergehen.

Wie steigere ich meine Milchproduktion?

Da Ihr Körper Muttermilch nach Bedarf produziert, können Sie die Milchmenge steigern, indem Sie Ihr Baby häufiger anlegen (etwa alle zwei Stunden – gerechnet vom Beginn der einen Mahlzeit bis zum Beginn der nächsten). Auch wenn Sie selbst mehr trinken – etwa zwei bis drei Liter täglich –, wird die Milchmenge erhöht. Ideal ist es, wenn Sie Ihren Flüssigkeitsbedarf mit stillem Mineralwasser und Milchbildungstee decken (gut ist eine Mischung aus Anis, Fenchel und Kümmel, es gibt auch Tees, die Bockshornkleesamen oder Dillsamen enthalten). Malzhaltige Getränke wie Malzkaffee und Malzbier (auf Zuckergehalt achten!) können die Milchbildung positiv unterstützen. Ebenso ist es förderlich, während einer Stillmahlzeit mehrmals die Brust zu wechseln. Meist ist mehr Milch nötig, wenn Ihr Kind wächst. Manchmal ist es aber auch der Fall, dass Ihr Kind nicht lang und intensiv genug saugt, sodass die Milchbildung nicht ausreichend angeregt wird. In diesem Fall kann es sinnvoll sein, für eine gewisse Übergangszeit zusätzlich Muttermilch abzupumpen. Eine Brustmassage mit Milchbildungsöl oder Stillöl vor und/oder nach dem Stillen unterstützt die Milchbildung ebenfalls.

Wie bewahrt man abgepumpte Muttermilch am besten auf?

Im Kühlschrank in einer sauberen Flasche hält sich frisch abgepumpte Muttermilch etwa drei Tage (bitte nicht in der Kühlschranktür, sondern in einem hinteren Fach), tiefgefroren bis zu sechs Monate. Dabei ist es sinnvoll, die Milch portionsweise einzufrieren (zum Beispiel in Milchfläschchen oder in ausgekochten Eiswürfelbehältern, die Sie mit Deckel verschließen können). Wenn die Milch dann gefroren ist, können Sie die Würfel in Gefrierbeutel packen und weiter einfrieren. Bei Bedarf müssen Sie dann nur noch die jeweilige Menge entnehmen und auftauen. Tipp: Die Würfel sollten nur so groß sein, dass sie oben durch die Fläschchenöffnung passen. Es ist ebenfalls möglich, Milch direkt im Fläschchen einzufrieren. Vor dem Einfrieren sollte die Milch im Kühlschrank (ohne Deckel) abkühlen. Achten Sie auf ein schonendes Auftauen, Muttermilch bitte nicht kochen und schon gar nicht in der Mikrowelle erwärmen.

Ist eine vegetarische oder vegane Ernährung während der Stillzeit möglich?

Natürlich ist eine vegetarische Ernährung, das heißt ein Verzicht auf Fleisch, nicht aber auf Milchprodukte und Eier, in der Stillzeit möglich. Bedingung: Es müssen durch eine bewusste Zusammenstellung der Kost eine adäquate Eisen- und Eiweißzufuhr sichergestellt werden. Eine vegane Ernährung, in der alle tierischen Lebensmittel gemieden werden, wird von Experten in der Stillzeit nicht empfohlen, da sie bei unsachgemäßer Zusammenstellung zu bleibenden neurologischen Schäden beim Kind führen kann. Sollte eine Mutter aber auf keinen Fall tierische Lebensmittel zu sich nehmen wollen, muss sie natürlich auf eine eiweißreiche Ernährung achten und braucht unbedingt zusätzliche Nahrungsergänzungsmittel für Vitamin B_{12}, Eisen, Jod, Kalzium und Zink. Gut informierte Veganerinnen wissen das meistens und ernähren sich oft sehr gesund. Wenn Sie unsicher sind, sollten Sie sich von einer qualifizierten Ernährungsfachkraft beraten lassen und durch regelmäßige Blutuntersuchungen sicherstellen, dass die Versorgung mit allen wichtigen Vitaminen und Nährstoffen auch gewährleistet ist.

FERTIGMILCH ALS ALTERNATIVE

Das Wichtigste vorweg: Natürlich geht's auch ohne Stillen, und das auch durchaus gut. Und keine Frau ist eine »schlechte« Mutter, wenn sie sich gegen das Stillen entscheiden möchte – oder muss. Jede Mutter sollte frei und ungezwungen selbst bestimmen, ob sie stillen möchte oder nicht. Zum Glück gibt es Fertigmilchen, die so weit wie möglich der Muttermilch nachgebaut werden.

DIE RICHTIGE SÄUGLINGS-NAHRUNG FÜR DAS BABY

Wer das erste Mal in einem gut sortierten Drogerie- oder Supermarkt oder in der Apotheke vor dem Regal mit Fertigmilch, also industriell hergestellter Säuglingsnahrung steht, ist geradezu überwältigt von der Vielzahl an Produkten. Dabei sind es nicht nur die verschiedenen Hersteller, die diese Vielfalt ausmachen, sondern auch die Unterteilung der Nahrungen für verschiedene Altersgruppen, Bedürfnisse und Gesundheitsprobleme. Wer die Wahl hat, hat die Qual – für welches Produkt soll man sich entscheiden? Damit Sie sich im Dschungel der Milchpulverpackungen besser zurechtfinden und die für Ihr Baby am besten geeignete Milch finden, hier ein Überblick.

Dem Alter entsprechend

Erstes Kriterium beim Kauf einer Fertigmilch sollte sein, dass der ausgewählte Milchtyp dem Alter des Babys entspricht. Zur Orientierung: Es gibt zwei Gruppen von Fertigmilchnahrung – die Säuglingsanfangsnahrung und die Folgemilch. Die Säuglingsanfangsnahrungen – hierzu zählen die Pre-Nahrung sowie die 1er-Nahrung – sind für die ausschließliche Ernährung eines Säuglings mit Fertigmilch von der Geburt bis zur Einführung der Beikost geeignet. Folgenahrungen sind als alleinige Kost fürs Baby ungeeignet, da sie den Nährstoffbedarf der Kleinen nicht mehr komplett abdecken. Sie sind so zusammengesetzt, dass sie immer nur parallel zur Beikost gefüttert werden sollten.

Die Basis: Kuhmilch

Die meisten Fertigmilchprodukte werden aus dem Grundnahrungsmittel Kuhmilch hergestellt, dem Vitamine und Mineralien hinzugefügt worden sind. Ziel ist es, die Kuhmilch in ihren Inhaltsstoffen und ihrer Qualität der Muttermilch wo weit wie möglich anzunähern.
Der größte Unterschied zwischen Kuhmilch und Muttermilch liegt jedoch in der Menge und der Zusammensetzung des Eiweißes. Der Eiweißgehalt von Kuhmilch ist so hoch, dass die Milch dem kindlichen Organismus, in purer Form verabreicht, schaden würde. Deshalb wird der Eiweißgehalt für Säuglingsmilchnahrung reduziert und dem fürs Baby sehr viel besser bekömmlichen Muttermilcheiweiß angepasst.

Kontrollierte Qualität

Säuglingsnahrung unterliegt strengen gesetzlichen Richtlinien, die jeder Produzent einhalten muss. Die Einhaltung dieser Vorgaben und eine mögliche Schadstoffbelastung werden ständig kontrolliert. So soll gewährleistet sein, dass Ihr Baby mit der Fertigmilch auch wirklich die Energie und Nährstoffe erhält, die es für ein gesundes Wachstum benötigt. Außerdem sind alle Produkte so gut wie frei von Rückständen, wobei einige Hersteller sogar noch über die vom Gesetzgeber vorgeschriebenen Richtlinien hinausgehen. Mit einem Biosiegel gekennzeichnete Produkte stammen idealerweise aus kontrolliert biologischem oder zumindest aus ökologischem Anbau und sind meist etwas teurer als konventionell hergestellte Säuglingsnahrung.

Was sonst noch drinsteckt

Einige Milchsorten weisen auf entsprechende Zusätze in der Milch hin.

- »Probiotisch« bedeutet, dass der Säuglingsnahrung bestimmte Bakterien (etwa Bifidusbakterien und Milchsäurebakterien) zugesetzt wurden, die so robust sind, dass sie von der Magensäure nicht angegriffen werden können und somit in den kindlichen Darm gelangen. Dort siedeln sie sich an und wirken verdauungsanregend. Außerdem unterdrücken sie das Wachstum krank machender Bakterien und fördern die kindliche Immunabwehr.
- Prebiotische Ballaststoffe sind natürliche Bestandteile der Muttermilch. Die komplexen Kohlenhydrate entstehen durch das Vergären von Milchzucker und liefern den Bakterien im Darm Nahrung, sodass diese sich vermehren können.

SO MUSS ES SEIN AB 2020

Bereits 2016 wurde eine gesetzliche Änderung für Pre-Nahrung verabschiedet, die ab 2020 für alle Hersteller von Babynahrung verpflichtend gilt: Der Kaloriengehalt wurde reduziert, und Pre-Nahrung muss die mehrfach ungesättigte Fettsäure DHA enthalten. Diese steckt vor allem in Fischöl. DHA fördert die Entwicklung des Gehirns und der Sehfähigkeit. Die letzten Testungen von Stiftung Warentest und Ökotest (beide von 2016) fanden heraus, dass die meisten Hersteller derzeit dem kommenden Mindestgehalt von DHA noch nicht annähernd nachkommen.

EINE FÜR ALLE?

»Muss ich wirklich alle paar Wochen auf eine neue Milch umsteigen?«, wird sich so manche Mutter fragen. »Nein«, lautet die Antwort. Denn wenn Ihr Baby gut mit einer Pre- oder 1er-Anfangsnahrung klarkommt, können Sie diese das ganze erste Jahr über geben. Es gibt auf jeden Fall keinen ernährungsphysiologischen Grund, auf die Folgemilch umzusteigen.

- »Combiotic« ist eine Mischung aus probiotischer und prebiotischer Milch.
- »LCP & LCPUFA« sind langkettige, mehrfach ungesättigte Fettsäuren. Dabei handelt es sich um Omega-3-Fettsäuren, die wichtig für die Entwicklung des Gehirns sind.

Fertigmilchnahrungen im Überblick

Für das erste Lebensjahr werden derzeit vier verschiedene Nahrungen auf Kuhmilchbasis angeboten.

Pre-Nahrung

Diese Säuglingsanfangsnahrung ist für Neugeborene ein geeigneter Muttermilchersatz, da die Pre-Nahrung der Muttermilch in ihrem Fett-, Eiweiß- und Mineralstoffgehalt angeglichen (»adaptiert«) ist. Pre-Milch enthält – wie auch die Muttermilch – als einziges Kohlenhydrat den wenig süßen, verdauungsfördernden Milchzucker (Laktose), was sie so dünnflüssig macht wie das Original. Weil sie nur dieses eine Kohlenhydrat enthält, werben die Hersteller damit,

dass Pre-Nahrung wie Muttermilch nach Bedarf gefüttert werden kann. Das heißt, das Baby bekommt seine Pre-Milch zu Beginn nicht in einem festen zeitlichen Rahmen, sondern dann, wenn es Hunger hat. Doch mittlerweile rücken immer mehr Kinderärzte und Ernährungswissenschaftler von dieser Empfehlung ab.
Warum? Pre-Nahrung ist der Muttermilch in ihrem Fett-, Eiweiß-, und Mineralstoffgehalt angeglichen (adaptiert). In den ersten Lebensmonaten wächst ein Säugling sehr schnell. Das rasche Wachsen in den ersten Wochen und Monaten erfordert einen relativ hohen Eiweißgehalt. Mit steigendem Lebensalter sinkt allerdings die Wachstumsgeschwindigkeit und dementsprechend auch der Eiweißbedarf. Muttermilch regelt das von Natur aus: In den ersten Wochen ist die Muttermilch sehr eiweißreich, angepasst an das schnelle Wachstum. Pre-Nahrung ebenso.
Aber bereits ab dem vierten Lebensmonat sinkt die Eiweißkonzentration in der Muttermilch von circa 1,85 g/100 kcal im ersten Monat auf 1,35 g/100 kcal im vierten Monat. Danach bleibt die Eiweißkonzentration in der Muttermilch weitgehend konstant.
Das Problem: Die Pre-Nahrung orientiert sich an dem erhöhten Eiweißbedarf in den ersten Lebenswochen und enthält später zu viel Eiweiß. Die Folge: Bekommt ein Säugling über den vierten Lebensmonat hinaus weiterhin Pre-Nahrung ad libitum (also nach Bedarf), nimmt das Baby dadurch insgesamt zu viel Eiweiß auf. Leider steckt auch in den folgenden 1-er-Nahrungen viel mehr Eiweiß, als das Baby tatsächlich benötigt. Dabei müsste Flaschenmilch nach dem vierten Monat eigentlich weniger Eiweiß enthalten. Es ist bekannt, dass flaschengefütterte Kinder später mehr zu Adipositas (Fettsucht) neigen als gestillte Kinder – und es liegt die Vermutung nahe, dass dies an der deutlich erhöhten Eiweißkonzentration von Pre- und 1er-Nahrung liegt.
Was könnten Eltern tun? Eltern sollten die Trinkmenge ihres Kindes im Blick haben. Bitte halten Sie sich an die Dosierungsempfehlungen des Herstellers. Sobald Eltern Beikost einführen, reduziert sich die Milchnahrung und damit der Eiweißüberschuss.

1er-Nahrung

Bei diesem zweiten Typ der Säuglingsanfangsnahrungen muss das Milcheiweiß im Gegensatz zur Pre-Nahrung nicht komplett dem Muttermilcheiweiß angepasst sein (es ist deshalb nur »teiladaptiert«). Viele 1er-Nahrungen enthalten neben Milchzucker noch andere Kohlenhydrate wie etwa Kristallzucker (Saccharose) und Fruchtzucker (Fruktose). Während der Fruchtzucker häufig für Blähungen sorgt, ist Kristallzucker schlecht für die Zähne und den Stoffwechsel. Achten Sie also darauf, nur Produkte ohne Zuckerzusatz zu kaufen.
Da der 1er-Milch noch Stärke zugesetzt ist, verbleibt die Milch länger im Magen und soll länger satt machen. Deshalb sollten Sie sich bei der Dosierung von 1er-Milch genau an die Angaben auf der Packung halten.
1er-Nahrungen sind glutenfrei (= frei von Klebereiweiß) und mit Eisen angereichert.
Erkennungsmerkmal: Alle entsprechenden Produktnamen enthalten eine »1«.

2er-Nahrung

Eine 2er-Nahrung ist eine Folgenahrung (sie folgt der Säuglingsanfangsnahrung). Da sie den Nährstoffbedarf Ihres Babys nicht allein decken kann, muss parallel unbedingt Beikost gereicht werden. Die 2er-Nahrung kann nach dem fünften Monat verabreicht werden. Sie soll die Säuglingsanfangsnahrung ablösen und Teil einer Mischkost sein. In der 2er-Milch ist im Vergleich zur Pre- oder 1er-Milch das Eiweiß nicht angepasst (adaptiert). Außerdem enthält diese Folgemilch mehr Stärke als 1er-Milch und zuweilen auch künstliche Aromen. Eine Notwendigkeit für das Füttern dieser Nahrung besteht nicht.

3er-Nahrung

Sie wird beschönigend auch als Kindermilch beziehungsweise Juniormilchnahrung bezeichnet und enthält zuweilen beträchtliche Mengen an Zucker sowie künstliche Aromastoffe. Aus ernährungsphysiologischer Sicht ist das Füttern dieser Milch nicht notwendig.

GESCHMACKSSACHE

Wird das Eiweiß in der Milch wie bei HA- oder Spezialnahrungen üblich sehr stark aufgespalten, bleibt dabei der Geschmack auf der Strecke, denn dadurch schmeckt die Milch leicht bitter. Wichtig: Lassen Sie Ihr Baby erst gar keine wohlschmeckendere Alternative probieren, denn nur dann wird es die bittere Milch ohne Protest trinken. Und: Bitte niemals »nachsüßen«!

Spezielle Fertigmilchnahrungen

Neben den herkömmlichen Fertigmilchnahrungen gibt es noch Spezialnahrungen für allergiegefährdete Kinder beziehungsweise Kinder, die unter Nahrungsmittelunverträglichkeiten sowie an Stoffwechseldefekten leiden.

Hypoallergene Nahrung für allergiegefährdete Babys

Besonders für allergiegefährdete Kinder ist es ideal, wenn sie in den ersten Monaten voll gestillt werden. Wenn dies nicht möglich ist, wird empfohlen, diese Babys mit sogenannter hypoallergener Milchnahrung zu füttern. Bei dieser Milchnahrung (die mit dem Kürzel »HA« für »hypoallergen« gekennzeichnet ist) wird das Kuhmilcheiweiß in so kleine Eiweißbausteine aufgespalten, dass der Körper des Babys diese nicht mehr so leicht als fremdes Eiweiß erkennt. Je nach Hersteller ist das Milcheiweiß in unterschiedlich viele Bestandteile zerlegt, sodass sich die Nahrungen im Aufspaltungsgrad (Hydrolysegrad) unterscheiden. Der verminderte Gehalt potenziell allergieauslösender Stoffe der HA-Nahrungen garantiert allerdings keinen Schutz vor einer Milcheiweißallergie. In Studien war bisher nur ein vorbeugender Effekt für gefährdete Babys nachweisbar.

Milchnahrungen für besondere Situationen

Trotz aller Vorsicht kommt es immer wieder vor, dass Babys Pre- oder HA-Nahrung nicht vertragen und mit Allergien reagieren.

In diesen Fällen helfen meist folgende Milchnahrungen.

Für Babys mit Kuhmilchallergie
Diese Produkte kommen zum Einsatz, wenn Babys bereits eine Allergie oder Unverträglichkeit auf Kuhmilch entwickelt haben. Sie sind für Babys mit speziellen Erkrankungen vorgesehen und sollten nur unter regelmäßiger Kontrolle durch einen Kinderarzt gefüttert werden (daher sind sie auch nur in der Apotheke erhältlich). Bei diesen Spezialnahrungen ist das Kuhmilcheiweiß noch stärker aufgespalten als bei den HA-Nahrungen und wird deswegen vom Körper nicht als fremd erkannt. Diese Produkte schmecken noch etwas bitterer als die HA-Milch, in der Regel gewöhnen sich Babys aber auch daran.

Milchnahrungen auf Sojabasis

Auch eine Säuglingsmilch auf Sojabasis kann zur Behandlung einer Kuhmilchunverträglichkeit eingesetzt werden, da sie im Vergleich zu den Produkten mit stark aufgespaltenem Eiweiß nicht nur wohlschmeckender, sondern darüber hinaus auch noch deutlich preiswerter ist. Dabei ist es jedoch wichtig, zu wissen, dass zwischen Kuhmilch und Sojamilch eine sogenannte Kreuzallergenität besteht. Das bedeutet, dass sich das Eiweiß von Kuhmilch und Sojamilch so weit ähnelt, dass Kinder, die kein Kuhmilcheiweiß vertragen, ein ungefähr 25-prozentiges Risiko haben, auch auf das Sojaprotein allergisch zu reagieren. Sinnvoll kann der Einsatz von Sojanahrung sein, wenn eine Erkrankung des Milchzuckerstoffwechsels und der Milchzuckerverdauung vorliegt. Wichtig: Sojanahrungen sind grundsätzlich nicht – wie etwa HA-Nahrung – zur Vorbeugung von Allergien geeignet. Außerdem sollten sie aufgrund ihres hohen Gehalts an hormonell aktiven Inhaltsstoffen nur nach Absprache mit dem Kinderarzt verabreicht werden.

Der »Flieger« macht vielen Kindern Spaß – auch ohne Blähungen.

Spezialnahrung bei Verdauungsproblemen

- **Blähungen:** Es gibt Spezialnahrungen für Säuglinge, die unter Blähungen leiden.

Diese Verdauungsstörung beruht häufig auf einer vorübergehenden, in seltenen Fällen angeborenen Milchzuckerunverträglichkeit. Im Handel gibt es dafür milchzuckerfreie und milchzuckerreduzierte Nahrungen sowie Milchnahrungen auf Sojabasis. Lassen Sie sich dazu auf jeden Fall beraten. Aber auch für die Spezialfälle »Blähkinder mit Neigung zur Verstopfung« und »Blähkinder mit Neigung zum Durchfall« gibt es inzwischen exakt auf die Probleme abgestimmte Säuglingsnahrungen. Auch hier gilt: Unbedingt beraten lassen!

- **Verstopfung:** Für Babys, die unter Verstopfung leiden, gibt es Spezialprodukte mit abführendem Milchzucker und Magnesium. Bei Verstopfung sollten Sie immer noch einmal prüfen, ob Ihr Baby ausreichend trinkt und ob Sie sich bei der Dosierung der Milchnahrung exakt an die Angaben halten. Bereits leichte Veränderungen bei der Dosierung können bei Babys zu Verstopfung führen!
- **Spucken:** Für Speikinder gibt es ebenfalls Spezialnahrungen (Anti-Reflux-Nahrung, AR). Den Säuglingsmilchprodukten wird Johannisbrotkernmehl als Quellstoff zugesetzt, der die Nahrung zähflüssiger macht, wodurch der Mageninhalt nicht mehr so leicht zurückfließt.
- **Durchfall:** Bei schwerem Durchfall gibt es Spezialnahrungen für Babys. Sie sind entweder eiweißreicher als normale Säuglingsnahrung sowie laktosefrei und im Fettgehalt reduziert. Oder aber sie haben durch den Zusatz von Banane eine stopfende Wirkung.

Milch von anderen Säugetieren

Manche Eltern ziehen es vor, beim nicht gestillten Säugling zur Vorbeugung oder Therapie von Kuhmilchunverträglichkeit oder aus grundsätzlichen Vorbehalten gegenüber industriell hergestellter Säuglingsmilch auf Milch von anderen Tieren zurückzugreifen.
Bevor Sie diese wählen, sollten Sie sich ausführlich informieren. Die weitläufigen Meinungen diesbezüglich lauten: Ziegenmilch kommt trotz einer der Kuhmilch ähnlichen Nährstoffzusammensetzung wegen der Gefahr eines Folsäuremangels allenfalls zusammen mit folsäurereicher Beikost infrage. Der fettarmen Stutenmilch müssten 2,5 Prozent Keimöl zugesetzt werden. Schafsmilch ist wegen ihres zu hohen Fettgehalts problematisch.

Alternative Milcharten

Milch gibt es nicht nur vom Tier, sondern kann auch aus Getreide oder Nüssen hergestellt werden. Das Angebot im Naturkostladen oder Reformhaus reicht vom Hirse-, Reis- und Haferdrink bis hin zum Mandeldrink. Ernährungswissenschaftliche Institutionen raten allerdings vom alleinigen Einsatz dieser Pflanzendrinks als Säuglingsmilchnahrung ab. Der Grund: In ihrer Zusammensetzung enthalten diese Milchprodukte meist zu wenig Eiweiß. Außerdem liegt das Eiweiß häufig in einer Qualität vor, die der kindliche Organismus nur schlecht verwerten kann. Hinzu kommt ein geringerer Gehalt an Nährstoffen wie Kalzium, Jod, Eisen und lebensnotwendigen Vitaminen. Wenig problematisch ist unserer Meinung nach der Einsatz dieser Milcharten bei der Zubereitung von Babybrei, wenn man sein Baby ohne Kuhmilch ernähren möchte. In diesem Fall dienen sie durchaus als geeignete Flüssigkeit, um beispielsweise Getreideflocken anzurühren. Da dem Brei noch weitere Zutaten beigemengt werden (wie Öl und/oder Butter sowie Fruchtmus), ist die Pflanzenmilch nicht der alleinige Nährstofflieferant. Übrigens: Babybrei können Sie auch mit Muttermilch anrühren.

ALLES RUND UMS FLÄSCHCHEN

Damit Sie alles parat haben, wenn Sie mit dem Baby nach Hause kommen, sollten Sie jetzt schon einmal überlegen, was Sie unbedingt brauchen, wenn Sie Ihrem Baby die Flasche anbieten möchten.

Die Flasche

Glas oder Plastik? Jeder Flaschentyp hat seine überzeugten Anhänger. Und die Fangemeinden haben jeweils schlagkräftige Argumente für ihren Favoriten:

- **Glas:** Hier bleibt der Inhalt länger warm, die Flasche sieht auch noch nach Monaten im Gebrauch ästhetischer aus und bleibt auch nach häufigem Spülen rein und klar. Der Nachteil: Glas ist schwerer und zerbrechlich. Dabei wird es weniger der Säugling sein, der die Kraft aufbringt, die Flasche zu zerdrücken oder mit Schwung aus dem Bett zu werfen. Realistischer ist es, dass es Scherben gibt bei der Zubereitung der Milchnahrung beziehungsweise beim Reinigen der Flasche.
- **Plastik:** Die Plastikflasche kann zwar nicht so leicht zerbrechen, aber sie wird mit der Zeit nicht mehr so ansehnlich. Obwohl sich die Plastikflasche genauso gut und keimfrei reinigen lässt wie Glas, wird sie irgendwann trüb. Das ist aber eher ein optisches Problem und kein hygienisches. Erfahrungsgemäß ist es nicht sinnvoll, Plastikflaschen in der Spülmaschine zu reinigen, denn die Reinigungsmittel sind meist sehr aggressiv und können sowohl das Dekor als auch das Material schädigen. Dadurch kommt es vorzeitig zu Materialverschleiß, was letztlich doch zum Bruch der Flasche führen kann. Positiv zu bewerten ist die Tatsache, dass Plastikflaschen leicht sind, sodass Babys sie später allein festhalten und zum Mund führen können. Diese Tatsache wiederum kann aber auch dazu verführen, einem mobilen Kleinkind die Flasche schnell mal in die Hand zu geben. Und dies kann bereits ein erster Schritt in Richtung dauernuckeln (siehe Seite 24) sein. Der Preis beider Flaschentypen ist keine wirkliche Entscheidungshilfe, denn sie sind etwa gleich teuer.

ACHTUNG, SCHADSTOFFE!

Achten Sie beim Kauf von Plastikprodukten grundsätzlich darauf, dass sie garantiert kein Bisphenol A enthalten (gilt auch für Schnuller und Spielzeug). Es handelt sich dabei um hormonartige Schadstoffe, die das sensible Gleichgewicht der natürlichen Hormone von Babys stören können.

Der Sauger

Latex oder Silikon? Auch bei den Saugern gibt es zwei verschiedene Typen:

- Latexsauger werden aus reinem Kautschuk gefertigt. Es handelt sich dabei um eine Flüssigkeit, die als Milchsaft oder Latex bezeichnet wird und durch das Anritzen der Rinde von Kautschukbäumen gewonnen wird. Leider wird ein Kautschuksauger im Laufe der Zeit unansehnlich und speckig. Latex ist nicht so hitzebeständig wie Silikon. Durch Sonneneinstrahlung und häufiges Auskochen wird es schnell porös. Deshalb sollten Sie den Sauger etwa alle vier Wochen durch einen neuen ersetzen. Wichtig: Manche Kinder reagieren auf Kautschuk allergisch, andere wiederum lehnen den typischen Kautschukgeruch ab.
- Silikonsauger sind aus synthetischem Material und halten länger. Aber sie lassen sich leichter durchbeißen und sind darum für ältere Kinder (mit mehreren Zähnen) weniger geeignet. Sobald ein Silikonsauger rissig wird, sollte er ersetzt werden, damit keine kleinen Silikonteilchen in Babys Körper gelangen (siehe auch Seite 25). Die Preise sind für beide Sauger etwa gleich, auch im Hinblick auf die Reinigung gibt es keinen nennenswerten Unterschied.

Die Saugergrößen

Da der Mundraum des Babys wächst, sollten auch die Sauger mitwachsen. Halten Sie sich dabei an die Empfehlungen der Hersteller, denn zu kleine Sauger können langfristig zu einer Deformierung des Gaumens führen. Das Gleiche gilt für die Größe und Anzahl der Löcher, die den Fluss von Tee, Milch oder Brei regulieren. Sind die Löcher im Sauger zu klein, wird das Kind schnell müde beim Trinken und schläft vielleicht ein. Fließt die Milch zu schnell aus der Flasche, weil die Löcher zu groß sind, kann sich das Baby leicht verschlucken und bekommt zu viel Luft in den Magen, worauf es mit Schluckauf reagieren kann. Für Tee und dünnflüssige Milch wie abgepumpte Muttermilch, Pre-Nahrungen oder Spezialnahrungen ohne Stärkeanteil brauchen Sie einen Sauger mit kleineren Löchern (Tee- oder Milchsauger). Für angerührte Pulverprodukte (Folgemilch) ist ein Sauger mit größeren Löchern empfehlenswert. Manche Milchsauger haben auch mehrere Löcher, damit auch Nahrungen mit Stärkeanteil gut durchfließen können. Breisauger haben

TIPP: SCHNELLE FLASCHE

Wer schon einmal mit einem vor Hunger schreienden Baby ein Fläschchen zubereitet hat, weiß, wie anstrengend das sein kann. Gegen diese Hektik hilft Folgendes: Kochen Sie morgens eine größere Menge Wasser ab, wovon Sie etwa zwei Drittel in einer (nur fürs Baby verwendeten) Heißwasser-Thermoskanne warm halten. Auf dieses heiße Wasser können Sie den ganzen Tag (und nachts) zurückgreifen. Das restliche abgekochte Wasser in einem sauberen Gefäß abkühlen lassen. Somit haben Sie stets zwei temperierte Wasser zur Hand und können durch Mischen die Flaschennahrung zügig zubereiten.

noch größere Löcher oder sogar einen Kreuzschlitz. Doch hier stellt sich die Frage, warum ein Brei überhaupt mit der Flasche gegeben werden sollte. Es ist sinnvoller, Brei mit dem Löffel zu füttern, da sich Babys nur durch die tägliche Praxis an den Löffel gewöhnen (siehe dazu Seite 212).
Außerdem beginnt die Verdauung bereits im Mund durch das Einspeicheln. Es ist daher sinnvoll, wenn der Brei noch einige Zeit im Mund verweilen kann und nicht sofort hinuntergeschluckt wird, wie das beim Trinken der Fall ist.

Die Saugerform

Lange Zeit wurden Sauger empfohlen, die auf der Unterseite leicht schräg abgeflacht sind und mit der Öffnung nach oben am Gaumen anliegen. Problem: Diese Saugerform unterstützt nicht das Breitenwachstum des Gaumens. Eine seltene, aber durchaus mögliche Langzeitnebenwirkung könnte ein sogenannter »gotischer Gaumen« sein, der hoch und spitz zuläuft, statt eher rundlich in die Breite zu wachsen. Daher empfehlen Schnullerexperten heute Sauger, die eine kiefergerechte Form haben (siehe auch Seite 26). Sie reichen nicht so tief in den Mund. Bei jedem Schluck übt der Sauger Druck auf den Gaumen aus und regt ihn damit an, in die Breite zu wachsen. Den richtigen Sauger für das Baby zu finden ist gar nicht so leicht. Bitten Sie Ihre Hebamme um einen Tipp, welches Modell sie aus welchen Gründen empfiehlt. Ebenso kann es hilfreich sein, sich im Internet bei den Herstellern über ihr Angebot zu informieren.

FÖRDERT DAUERNUCKELN KARIES?

Die Antwort lautet: Ja! Und zwar unabhängig von der Flüssigkeit, die sich in der Flasche befindet. Wenn Kinder ununterbrochen an einer Babyflasche oder einer anderen Trinkflasche nuckeln, führt das unweigerlich dazu, dass ständig Flüssigkeit in der Mundhöhle ist. Dadurch wird der Speichel verdünnt und kann dann die Zähne nicht mehr schützen. Erschwerend kommt hinzu, dass zucker- und säurehaltige Getränke wie Saftschorle, Früchtetee oder Milch die Bildung von zahnschädigenden Bakterien begünstigen oder den Zahnschmelz sogar direkt angreifen.

Die Zubereitung

Milchpulver ist ebenso wenig steril wie Muttermilch. Daher sind bei der Zubereitung der Säuglingsnahrung einige Regeln zu beachten.

Exakte Dosierung

Richten Sie sich bitte immer exakt nach der Dosierungsanleitung auf der Packung, wenn Sie Säuglingsnahrung zubereiten. Geben Sie bitte nicht noch einen zusätzlichen Löffel Pulver in die Babyflasche, um eine »extra leckere« Milch anzurühren. Wird Fertigmilchnahrung nämlich falsch dosiert, bekommt Ihr Baby zu viel Eiweiß und Fett, gleichzeitig aber zu wenig Wasser. Überernährung, Verstopfung oder Durchfall können die unerwünschten Folgen sein.

Die richtige Trinktemperatur

Die ideale Temperatur von fertig zubereiteter Säuglingsnahrung liegt zwischen 35 und 37 °C. Kontrollieren Sie das, indem Sie einige Tropfen Milch auf die Innenseite Ihres Handgelenks träufeln. Die Temperatur muss Ihnen dort angenehm sein. Bitte die Milch auf keinen Fall zu heiß anbieten. Achten Sie bitte unbedingt darauf, dass Sie nicht den Sauger in Ihren Mund stecken und ablecken. Auf diese Weise können Bakterien und/oder Pilze aus Ihrem Mund in den kindlichen Organismus gelangen.

BABYS GEWICHT

So sieht die durchschnittliche Gewichtszunahme bei Babys im ersten Lebensjahr aus:

Alter/ Monat	Zunahme/ Tag	Zunahme/ Woche
1.–3.	29 g	203 g
4.–6.	20 g	140 g
7.–9.	15 g	105 g
10.–12.	12 g	84 g

Möglichst frisch zubereiten

Fertig zubereitete Milch sollte maximal vier Stunden der Raumtemperatur ausgesetzt sein, danach darf sie nicht mehr gefüttert werden. Darum ist von Flaschenwärmern abzuraten, die Säuglingsmilch über längere Zeit warm halten sollen. Auf diese Weise können sich Bakterien und Pilze schnell vermehren. Bitte füllen Sie auch nie kochend heißes Wasser in Kunststofffläschchen. Untersuchungen haben gezeigt, dass dadurch der Schadstoff Bisphenol A (siehe Seite 201) verstärkt aus der Flasche freigesetzt werden kann. Lassen Sie das abgekochte Wasser zunächst etwas abkühlen.

Prüfen Sie die Temperatur des Fläschchens vorm Füttern auf der Innenseite Ihres Unterarms.

Die Trinkmenge

Auf der Packungsanleitung finden Sie Tabellen, wie viel Milch Ihr Baby in welchem Alter trinken soll. Ob die Trinkmenge stimmt, zeigt Ihnen aber auch Ihr Baby. Satte Babys machen einen zufriedenen Eindruck und entwickeln sich gut. Ein Anhaltspunkt kann dabei die Gewichtszunahme Ihres Babys sein (siehe Kasten oben). Zwar verlieren die meisten Babys in den ersten Tagen nach der Geburt zunächst an Gewicht (siehe Seite 110), doch wenn nach rund zwei Wochen das Geburtsgewicht wieder erreicht ist, geht es stetig aufwärts (siehe Tabelle oben). Bereits im fünften Monat

WASSERQUALITÄT

Grundsätzlich zählt Trinkwasser in unseren Breiten zu den »sauberen« Nahrungsmitteln und kann für die Zubereitung von Babynahrung verwendet werden, wenn es vorher abgekocht wird. Nur in sehr wenigen Gemeinden werden die gesetzlich vorgeschriebenen Grenzwerte nicht eingehalten. Wie es mit dem Trinkwasser bei Ihnen aussieht, erfahren Sie über das zuständige Wasserwerk, das Ihnen auch Auskunft über den Nitratgehalt geben kann. Wenn Ihr Wasser mehr als zehn Milligramm Nitrat pro Liter enthält, empfiehlt es sich, zum Anrühren des Milchpulvers Mineralwasser (siehe auch Seite 221) zu nehmen, das mit dem Hinweis »für Babynahrung geeignet« versehen sein sollte. Auch gut: Säuglingswasser, das bereits abgekocht, natriumarm und keimfrei abgefüllt ist.

haben die meisten Babys ihr Geburtsgewicht verdoppelt und bis zum Ende des ersten Jahres sogar verdreifacht.

Verlassen Sie sich auf Ihr Gefühl!

Sie kennen Ihr Baby am besten und sollten sich auf Ihren Instinkt verlassen: Fühlt sich Ihr Baby wohl? Ist seine Haut rosig und straff? Können Sie seine Muskulatur erkennen? Hat es runde Bäckchen? Legt es an Ärmchen und Oberschenkeln Babyspeck an? Ist Ihr Baby überwiegend gut gelaunt und ausgeglichen? Dann sind auch kleinere Abweichungen von der Gewichtstabelle tolerierbar. Eine Gewichtskontrolle alle ein bis zwei, später dann alle zwei bis vier Wochen reicht voll und ganz aus.

Reinigung von Fläschchen und Saugern

Hygiene ist oberstes Gebot. Da Säuglinge noch nicht an Keime gewöhnt sind, müssen Sauger und Flasche nach jeder Benutzung gründlich gereinigt und sterilisiert werden. Im Idealfall behalten Sie diese Prozedur bei, bis Ihr Baby etwa sechs Monate alt ist. Danach reicht es aus, Sauger und Fläschchen nach jeder Benutzung zu reinigen und einmal pro Woche zu sterilisieren – es sei denn, das Baby ist krank. Zum Reinigen sollten Sie sämtliches Zubehör in heißem Wasser mit Geschirrspülmittel gründlich durchspülen. Flaschen- und spezielle Saugerbürsten helfen, auch den Flaschenboden gründlich sauber zu bekommen. Nach dem Spülen müssen alle Flaschenzubehörteile (Flasche, Sauger, Deckel, Schraubring) mit klarem Wasser abgespült und bei Bedarf sterilisiert werden.

Fläschchen und Zubehör sterilisieren

Geben Sie zum Sterilisieren das komplette Flaschenzubehör (also Fläschchen, Sauger und Verschlüsse, bei Bedarf auch noch die Schnuller) in einen Topf mit kochendem Wasser und lassen Sie alles etwa fünf Minuten sprudelnd kochen. So können Sie sicher sein, dass alle Keime und Bakterien abgetötet sind. Danach sollten Sie die Einzelteile auf einem sauberen Geschirrhandtuch trocknen lassen. Alternative: ein Sterilisationsgerät, das mit Wasserdampf arbeitet.

FRAGEN & ANTWORTEN

Warum sollte man Säuglingsmilch nicht in der Mikrowelle erwärmen?

Viele Jahre lang dachte man, dass die Mikrowellenstrahlung wertvolle Nährstoffe und Mineralien in der Pre-Nahrung zerstören würde. Und dies hätte zur Folge, dass ein Baby nicht alle notwendigen Nährstoffe bekommt. Verschiedene Studien sollen dies inzwischen widerlegt haben. Trotzdem sprechen mindestens zwei Gründe gegen die Erwärmung von Säuglingsmilch in der Mikrowelle: Säuglingsmilch sollte generell kein zweites Mal erwärmt, also aufgewärmt, werden. Im Rest der übrig gebliebenen Milch könnten sich Krankheitserreger und Keime vermehren und ausbreiten, und wenn die Milch dann erneut lauwarm erwärmt wird, könnte dies ein ideales Klima für die Krankheitserreger sein. Da das Immunsystem des Säuglings noch nicht vollends ausgereift ist, könnte das Baby erkranken.
Außerdem heißt es, dass sich beim Erwärmen in der Mikrowelle Hitzenester bilden können: Die Milch wird ungleichmäßig warm. Das gilt auch bei der Verwendung eines Drehtellers. Im schlimmsten Fall könnte das Baby sich beim Trinken den Mund verbrühen, wenn die Temperaturunterschiede nicht erkannt wurden. Darum gilt: Säuglingsmilch immer frisch zubereiten, kräftig in der Flasche aufschütteln und eventuelle Reste gleich entsorgen.

Was versteht man unter dem Begriff »Zwiemilchernährung«?

Das bedeutet, dass dem Baby zwei verschiedene Milchnahrungen gleichzeitig – also abwechselnd Muttermilch und Säuglingsnahrung – gefüttert werden. Medizinisch kann dies zum Beispiel notwendig werden, wenn sich die Milchmenge partout nicht steigern lässt oder ein Baby über einen längeren Zeitraum trotz häufigem Anlegen nicht genügend zunimmt. Gründe für die Mutter könnten sein, dass sie wieder zu arbeiten beginnt oder die abgepumpte Milch allein nicht mehr ausreicht.

Ist es notwendig, dass ich mein Baby mit HA-Nahrung füttere, obwohl kein erhöhtes Allergierisiko besteht?

Nein. Die HA-Nahrung wird durch hochtechnologische Arbeitsschritte stark verändert. Sie ist damit wirklich nur für die Bedürfnisse von potenziellen Allergikern gedacht. HA-Nahrung sollte also nur dann gefüttert werden, wenn mindestens ein Verwandter ersten Grades, also mindestens ein Elternteil oder ein Geschwisterkind, an einer Allergie leidet.

Wie lang hält sich eine fertig angerührte Säuglingsmilchnahrung im Fläschchen?

Sie sollten die Nahrung möglichst so zubereiten, dass Sie diese unmittelbar verfüttern können, wenn Ihr Baby Hunger hat. Es ist aber auch vertretbar, wenn Sie die Milchnahrung bis zu 15 Minuten warm halten – aber bitte nicht länger. Lauwarme Babynahrung ist ein optimaler Nährboden für Bakterien, von denen einige ihre Zahl innerhalb von 20 Minuten verdoppeln können. Diese Gefahr besteht übrigens auch, wenn fertig angerührte Flaschennahrung im Kühlschrank aufbewahrt wird. Deshalb: Reste immer gleich wegschütten (nie einfrieren!) und die Flasche reinigen.

Ist es wichtig, dass die Flasche immer leer getrunken wird?

Nein. Natürlich sollte das Babys ausreichend Nahrung zu sich nehmen, damit es wächst und an Gewicht zunimmt. Aber genauso wichtig ist es, Hunger- und Sättigungssignale auch beim Füttern mit der Flasche wahrzunehmen und darauf einzugehen. Achten Sie lieber auf die Signale des Kindes, statt auf die angegebene Portionsgröße. Wenn das Kind satt ist, hört es auf zu trinken, lässt den Sauger los, dreht den Kopf weg und öffnet den Mund nicht mehr. Das ist ein klares Zeichen: »Ich habe genug.«

Wir fliegen mit unserem Baby in den Urlaub. Wie sollte ich dort die Säuglingsnahrung am besten zubereiten?

Da das Trinkwasser in manchen Urlaubsländern verkeimt sein könnte, sollten Sie nur abgepacktes stilles Mineralwasser für die Zubereitung des Fläschchens verwenden.

Wie lang muss mein Baby nachts noch eine Mahlzeit bekommen?

Ab dem vollendeten sechsten Lebensmonat ist ein Baby in der Lage, nachts ohne Mahlzeit auszukommen. Es sollte nun etwa elf Stunden am Stück ohne Zwischenmahlzeit schlafen können. An der Gesamtzahl der Mahlzeiten ändert sich dadurch nichts, denn die Nachtmahlzeiten sollten künftig am Tag gegeben werden.

Stimmt es eigentlich, dass Asiaten keine Kuhmilch vertragen?

Ja. Aber nicht nur Asiaten, auch den australischen Aborigines, den Indianern, einigen Nordeuropäern (Finnen) und vielen afrikanischen Völkern bekommt Kuhmilch meistens nicht. Der Grund: Ihnen fehlt das Enzym Laktase, das den Milchzucker abbaut. So gelangt er in den Dickdarm und gärt dort. Die Folgen: Durchfälle, Koliken und Blähungen. Erstaunlich ist dabei aber nicht, dass den meisten Menschen dieses Enzym fehlt, sondern dass es bei einigen vorhanden ist! Alle ausgewachsenen Säugetiere, also auch wir Menschen, vertragen keine Kuhmilch. Die meisten Nord- und Mitteleuropäer sind da die Ausnahme. Eine mögliche Erklärung dafür könnte sein, dass die Völker, die Milch gut verdauen können, von Viehzüchtern abstammen. Sie konnten sich in Notzeiten von der Milch ihrer Tiere ernähren.

Da ich Schwierigkeiten mit dem Stillen habe, muss ich jetzt Fertigmilchnahrung füttern. Was für Fläschchen brauche ich dafür?

Idealerweise besorgen Sie sich vier bis sechs Fläschchen (mehr Infos zu Glas oder Kunststoff siehe Seite 201). Kaufen Sie ein bis zwei kleine Fläschchen, die etwa 150 Milliliter Flüssigkeit fassen. Sie sind praktisch für kleinere Flüssigkeitsmengen wie Tee oder Wasser, reichen aber schon nach kurzer Zeit für eine komplette Milchmahlzeit nicht mehr aus. Von den größeren Fläschchen, die etwa 300 Milliliter Flüssigkeit fassen, brauchen Sie drei bis vier, die Sie jeweils im Wechsel benutzen können.

BABYS ERSTER BREI

Wann Sie mit der Beikost beginnen, entscheiden Sie und Ihr Baby ganz individuell. Es gibt aber ein Zeitfenster, in dem die meisten Babys deutlich zeigen, ob sie bereit sind für die Beikost, zum Beispiel wenn sie nach Ihrem Essen greifen und Kaubewegungen machen. Schauen Sie auf Ihr Baby – dann finden Sie den individuell richtigen Moment. Das kann früh sein – mit fünf Monaten oder auch später, mit sieben Monaten.

SCHRITT FÜR SCHRITT ZUR BEIKOST

Nie wieder wächst Ihr Baby in einem so rasanten Tempo wie jetzt – mittlerweile hat es sein Geburtsgewicht mindestens verdoppelt. Deshalb brauchen Babys ab einem halben Jahr auch deutlich mehr Energie sowie einige lebensnotwendige Nährstoffe wie etwa Eisen. Die Ernährungsbedürfnisse ändern sich – und da reicht Muttermilch allein nicht mehr aus.

Jahrelang hieß es, ein Baby solle sechs Monate ausschließlich gestillt werden, damit es einen hohen Schutz vor Allergien bekommt. Diese Empfehlung ist längst überholt, und es heißt: Gerade allergiegefährdete Kinder sollten vier Monate voll gestillt werden und ab dem fünften Monat ganz langsam zusätzlich kleine Mengen Beikost erhalten, in kleinen Schritten. Auf diese Art kann sich der kindliche Organismus langsam an die unterschiedlichen Fremdeiweiße in der Nahrung gewöhnen und sich damit auseinandersetzen. Doch all diese Empfehlungen helfen nichts, wenn Ihr Kind noch nicht bereit ist, auf Beikost umzusteigen. Nehmen Sie in diesem Fall seine Signale ernst und warten Sie noch ein wenig ab. Folgende Anzeichen sprechen dafür, dass ein Baby im Moment noch nicht reif für Brei oder Beikost ist:

- Das Baby dreht das Köpfchen weg.
- Es zeigt überhaupt kein Interesse an anderen Lebensmitteln.
- Es verschließt den Mund, wenn ihm Nahrung angeboten wird.
- Es schiebt den Brei wieder aus dem Mund.

Wie funktioniert der Wechsel auf Beikost?

Als Erstes wird die Milchmahlzeit am Mittag durch Beikost ersetzt. Für den ersten Brei eignen sich fein pürierte Möhren. Wenn nach einigen Tagen aus dem reinen Möhrenbrei dann ein Gemüse-Kartoffel-Fleisch-oder-Fisch-Brei geworden ist (siehe Seite 213), ist es an der Zeit, abends den Milch-Getreide-Brei einzuführen und nach einer gewissen Zeit am Nachmittag noch einen Getreide-Obst-Brei zu füttern.

REIF FÜR BEIKOST?

Ist ein Säugling überhaupt reif für die Beikost? Das zeigen folgende Zeichen:

- Ihr Baby kann auf dem Schoß oder im Hochstuhl leicht gestützt aufrecht sitzen.
- Ihr Baby kann den Kopf allein halten.
- Ihr Baby macht Kaubewegungen. Dazu muss der Zungenstoßreflex verschwinden, der bei jüngeren Babys kleine Gegenstände reflexhaft aus dem Mund befördert.
- Ihr Baby greift von allein nach Nahrung, erst mit der ganzen Hand, später im Pinzettengriff, und führt diese zum Mund.
- Ihr Baby schaut interessiert dabei zu, wie Sie essen.
- Ihr Baby will immer wieder an die Brust, und dieses Verhalten lässt sich nicht mit einer Erkrankung, dem Zahnen oder Veränderungen in seiner Umgebung oder in seinem Tagesablauf erklären.

Schritt 1: Die erste Tagesmahlzeit ersetzen

Es gibt Babys, die können es kaum erwarten, und tauschen freiwillig die vertraute und geliebte Brust beziehungsweise Flasche gegen einen Brei ein. Genauso gibt es immer wieder Babys, die sich mehr oder weniger von heute auf morgen selbst abstillen, doch das sind wirklich die Ausnahmen. Ein komplettes Abstillen ist auch gar nicht das Ziel. Ideal ist eine langsame Umstellung auf feste Nahrung. Nur so kann sich das kindliche Verdauungssystem (und die Brust der stillenden Mutter) nach und nach an die Beikost, also alles, was das Baby außer Milch bekommt, gewöhnen.

Beikost und Allergien

Ist Ihr Kind allergiegefährdet, weil ein Elternteil oder sogar beide selbst eine Allergie haben, lauten die Empfehlungen, bereits ab dem fünften Monat mit der Beikost zu beginnen und parallel weiterhin Muttermilch anzubieten. Wissenschaftliche Untersuchungen zeigen nämlich, dass es keinen Nutzen hinsichtlich einer Vorbeugung vor Allergien gibt, wenn eine Mutter länger als vier Monate voll stillt. Das Meiden oder die spätere Einführung häufiger allergieauslösender Lebensmittel bietet nach neuen wissenschaftlichen Erkenntnissen keinen Schutz vor Allergien. Im Gegenteil: Das Baby sollte Schritt für Schritt an Beikost gewöhnt werden, um eine Toleranz gegen Allergene zu entwickeln und gleichzeitig noch weiterhin in den Genuss der gesunden Muttermilch zu kommen. Auf der anderen Seite heißt es immer wieder, dass auch eine zu frühe Einführung das Risiko für Allergien erhöhen kann. Was also tun? Schauen Sie auf Ihr Baby und seine Entwicklung und die Beikost-Reifezeichen. Beginnen Sie dann, mit dem Füttern fester Kost und bieten Sie ihm im Verlauf der Beikosteinführung in kleinen Mengen Lebensmittel wie Fisch, Kuhmilch, grüne Äpfel und Weizen an.

So klappt der Einstieg

Erfahrungsgemäß ist es am besten, wenn Sie zuerst die Mittagsmilchmahlzeit durch einen Brei ersetzen. Zum einen lässt sich das meist gut organisieren (vielleicht kochen Sie für sich selbst und können dann gleich noch den Brei zubereiten). Zum anderen bleibt so bis zum Schlafengehen noch ausreichend Gelegenheit, die Verträglichkeit des Breis auf das Verdauungssystem Ihres Babys zu beobachten. Sollte Ihr Kind nämlich mit Erbrechen oder Blähungen darauf reagieren, haben Sie nachmittags mehr Energie und Geduld, Ihr Baby zu umsorgen.

- Erleichtern Sie Ihrem Baby das Umgewöhnen von der weichen Brustwarze beziehungsweise dem Sauger auf den Löffel, indem Sie mit einem möglichst weichen, flexiblen Plastik- oder Kunststofflöffel füttern. Ideal ist es, wenn der Löffel zudem noch flach und abgerundet ist.
- Beginnen Sie langsam! Drei bis vier Löffelchen warmer Gemüsebrei reichen in den ersten vier bis sieben Tagen vollkommen aus. Wenn das Baby diese Minimenge Brei gegessen hat, sollten Sie es mit seiner gewohnten Milch als Stillmahlzeit oder aus der Flasche zu Ende füttern, damit es sicher satt wird.

- Wenn der Brei von Ihrem Baby gut angenommen wird, können Sie die Menge täglich etwas steigern. In den ersten Tagen gibt es nur wenige Löffelchen, doch nach ein bis zwei Wochen dürfen die Kleinen eine Menge von etwa 190 Gramm futtern. Es kann aber auch sein, dass Ihr Baby vier Wochen braucht, bis es so viel isst. .

Was sonst noch wichtig ist

Ihrem Baby wird der Übergang auf die feste Kost sicher kaum Probleme bereiten. Damit sich der Verdauungstrakt des Kindes langsam an die neue Nahrung gewöhnt, beachten Sie bitte die folgenden Punkte.

- Beginnen Sie mit nur einer Sorte Gemüse (etwa Möhre, Pastinake oder Kürbis). So hat der kindliche Darm Zeit, sich langsam an das Gemüse zu gewöhnen, und Sie können sofort erkennen, ob Ihr Baby darauf mit einer Unverträglichkeit reagiert. Bereits nach wenigen Tagen können Sie ein zweites Nahrungsmittel mit dem ersten Gemüse kombinieren. Bewährt haben sich Kartoffeln. Werden sie gut vertragen, können Sie nach wenigen Tagen Fleisch oder Fisch in den Brei geben.
- Bei ganz hungrigen Babys kann es sinnvoll sein, den ersten Löffel erst dann anzubieten, wenn das Baby bereits eine halbe Still- oder Flaschenmahlzeit im Bauch hat. Dann ist es etwas gesättigt und dadurch geduldiger beim Füttern.
- Sie können das Baby auf Ihren Schoß setzen, um es zu füttern. Leichter geht es allerdings, wenn Sie es für einige Minuten in der Wippe (oder der Autositzschale) anschnallen und so neben sich auf Tisch

Ab jetzt heißt es: »Auf den Löffel, fertig, los ...« Achten Sie auf gute Qualität der Zutaten. Viel Abwechslung und Gewürze brauchen Babys nicht beim Brei.

oder Boden stellen, dass Sie es bequem füttern können. Dann haben Sie beide Hände frei, wenn etwas danebenkleckert.

- Geben Sie sich, vor allem aber Ihrem Baby Zeit. Sie müssen sich ans Füttern und Ihr Baby muss sich an den Löffel gewöhnen. Für das Baby sind nicht nur der Löffel und der Brei darauf neu, sondern auch die Tatsache, dass der Brei mit der Zunge nach hinten in den Mund transportiert und bewusst geschluckt werden muss. In der Regel hat sich das Zusammenspiel von Löffel, Brei, Zunge, Mama und Kind bereits nach einigen Tagen eingespielt.
- Da im Gemüse fettlösliche Vitamine stecken, die vom Körper nur dann aufgenommen werden, wenn ihm gleichzeitig Fett zugeführt wird, sollten Sie jedem Gemüsebrei eine kleine Menge Rapsöl (in den ersten Tagen einige Tropfen, später bis zu einem Teelöffel) oder einen Klecks Butter hinzufügen. Außerdem liefert das Fett zusätzliche Energie, die Ihr Baby mit zunehmendem Alter auch braucht.

PASTINAKE

Pastinaken ähneln in ihrer Form ein wenig dicken Möhren, sind also ebenfalls länglich spitz zulaufend. Sie sind außen gelblich oder gelbbräunlich, innen mit weißlichem bis gelblichem, sehr knackigem Fruchtfleisch. Ihr wertvoller Nährwert übertrifft sowohl den der Möhre als auch den der Kohlrübe. Pastinaken sind aromatisch, angenehm würzig und riechen ein bisschen wie eine Mischung aus Möhre und Petersilie. Da sie sehr leicht bekömmlich sind, sind sie für Babys gut geeignet.

Wie geht es weiter?

Nach etwa zwei bis vier Wochen haben sich die meisten Babys an das Schlucken der festen Nahrung gewöhnt. Wenn Sie das Gefühl haben, Ihr Kind kommt mit dem ersten Zufüttern gut zurecht, können Sie die Mittagsmahlzeit komplett ersetzen. Das bedeutet, dass Sie vor und nach der Breimahlzeit keine Milch mehr anbieten. Vorausgesetzt, Ihr Baby isst ungefähr eine Menge von etwa 190 Gramm.
Manche Mütter bieten ihrem Baby auch nach einer kompletten Mahlzeit noch die Brust an. Ernährungsphysiologisch muss das nicht sein, denn das Baby hat mit einer vollwertigen Mahlzeit genügend Energie aufgenommen. Mit dem »Schlückchen danach« wird das Saugbedürfnis des Babys gestillt. Das ist auch wichtig. Aber über kurz oder lang steht der komplette Übergang auf feste Kost an, den Sie mit dem Milchnachtisch nur noch weiter in die Länge ziehen. Die Stillmahlzeit können Sie zu einer späteren Tageszeit anbieten. Sobald Sie auf die Stillmahlzeit vor oder nach dem Brei verzichten, sollten Sie Ihrem Baby aber zusätzlich Flüssigkeit anbieten, am besten kohlensäurefreies Wasser, welches für die Säuglingsnahrung geeignet ist – oder auch Leitungswasser. Bieten Sie ihm nach drei bis vier Löffel Brei einen Löffel Wasser an. Wenn Sie dazu noch das Wasser ankündigen mit: »Jetzt kommt Wasser«, weiß es sehr bald, wie sich Wasser im Mund anfühlt und wie es mit der Flüssigkeit umgehen soll.

Der Mittagsbrei enthält neben Kartoffeln und Gemüse auch Fleisch und etwas Rapsöl.

Der Mittagsbrei

Wenn Sie den Brei selbst zubereiten möchten, hier ein Rezept:

20–30 g mageres Biofleisch (Geflügel, Rind oder Lamm) oder grätenfreier Seefisch (Kabeljau, Lachs, Seelachs oder Süßwasserfisch wie Forelle) | 100 g frisches Biogemüse | 50 g Biokartoffeln | 3 EL Obstpüree oder frisch gepresster Obstsaft (z. B. Orangensaft) | 1 EL (Rapskern-)Öl oder ½ TL (Sauerrahm-)Butter

1 Fleisch oder Fisch klein schneiden und in wenig Wasser weich dünsten, pürieren.

2 Gemüse und Kartoffeln waschen, schälen oder putzen, fein würfeln und in wenig Wasser weich dünsten.

3 Fleisch, Gemüse und Kartoffeln mit dem Pürierstab fein mixen. Das Obstpüree oder den Saft und das Fett unterrühren.

4 Nach Belieben etwas Wasser zugeben, damit ein sämiger Brei entsteht.

Welches Gemüse für den Brei?

Grundsätzlich eignen sich alle nährstoffreichen Gemüsesorten wie Möhren, Mais, Pastinaken, Hokkaido-Kürbis, Zucchini oder Brokkoli. Wenn Ihrem Baby eine dieser Sorten besonders gut schmeckt, können Sie ruhig eine Weile dabei bleiben. Gerade in den ersten Wochen sollten Sie einem Gemüse treu bleiben.

Welche Fleischsorten sind ideal?

Gut geeignet ist zum einen mageres, eiweißreiches und leicht bekömmliches Geflügelfleisch. Aber auch rote Fleischsorten wie Rind oder Lamm können auf dem Speiseplan stehen, da sie reichlich Eisen enthalten. Bleiben Sie zu Beginn auch einer Fleischsorte treu. Wenn Sie den Gemüse-Fleisch-Brei nach dem Rezept links selbst zubereiten, können Sie das Fleisch vom Metzger durch die feinste Scheibe des Fleischwolfs drehen lassen, um sich das Pürieren zu erleichtern. Das Fleisch bitte unmittelbar nach dem Einkauf verarbeiten!

Achten Sie bei allen Zutaten auf Bioqualität. Wenn Ihrem Baby das selbst zerkleinerte Fleisch zu grob ist, können Sie auch auf Fleischzubereitungen in Bioqualität aus dem Gläschen zurückgreifen. Ein Vorteil dieser Portionen ist, dass Sie nur die benötigte (kleine) Menge mit einem sauberen Löffel entnehmen und den Rest gut verschlossen ein bis zwei Tage im Kühlschrank aufbewahren können.

Da die Mengen, die Ihr Baby zu Beginn isst, sehr klein sind, lohnt es sich, die Zutaten für nebenstehendes Rezept zu vervielfachen und gleich mehrere Portionen auf einmal zu kochen. Wenn Sie den Brei nach dem Abkühlen portionsweise abfüllen und einfrieren, haben Sie schnell ein Gläschen aufgetaut, und die Mahlzeit fürs Baby ist im Handumdrehen fertig.

FLEISCH – EIN MUSS?

Keine Frage: Babys werden auch ohne Fleisch groß und stark – mit Fleisch geht es ein bisschen leichter.

- **Eisen:** Das ist der einzige kritische Nährstoff bei einer vegetarischen Ernährung. Die Bioverfügbarkeit von Eisen aus pflanzlichen Lebensmitteln liegt mit zwei bis fünf Prozent wesentlich niedriger als die aus Fleisch. Das bedeutet: Eisen aus pflanzlichen Nahrungsmitteln kann der Körper vergleichsweise schlecht verwerten. Wenn jedoch bei einer Mahlzeit Fleisch dabei ist, verbessert das auch die Aufnahme von Eisen aus pflanzlichen Nahrungsmitteln.
- **Eiweißgehalt:** Der Gehalt an Eiweiß schwankt von Tier zu Tier, aber grundsätzlich weisen alle Sorten einen wertvollen Anteil an gut verwertbarem Eiweiß auf. Tierisches Eiweiß hat die höchste biologische Wertigkeit. Das bedeutet, es entspricht in der Zusammensetzung der Aminosäuren am besten dem menschlichen körpereigenen Eiweiß.

Trotzdem: Auch fleischlose Ernährung ist wunderbar für Babys. Achten Sie darauf, dass Ihr Baby ausreichend mit allen Vitaminen (auch Vitamin B_{12} aus Milchprodukten und Eiern) und Spurenelementen (wie Eisen und Zink) versorgt wird. Haferflocken sind wertvolle Eisenlieferanten, ebenso wie Hirse, Amarant, Saaten (etwas Sesammus), Rote Bete. Zink steckt in Haferflocken und Hülsenfrüchten (Linsen).

Die Ausnahme: Wild

Wild sollte als einziges Fleisch noch nicht auf dem Speiseplan stehen, da es sehr stark mit Rückständen belastet sein kann. Auch Würstchen sind im ersten Lebensjahr ungeeignet, denn sie sind stark gesalzen und gewürzt, enthalten Phosphate (die im Verdacht stehen, Hyperaktivität auszulösen) und sind zudem recht fett.

Warum ist Eisen so wichtig?

Der Mineralstoff Eisen ist wichtig für die Bildung des sauerstofftragenden Blutfarbstoffs Hämoglobin und somit indirekt für die Sauerstoffversorgung in den Zellen zuständig. Wer also sein Baby mit ganz besonders viel Eisen versorgt wissen möchte (zum Beispiel wegen eines Eisenmangels), sollte neben Fleisch auf eisenreiche Gemüse (zum Beispiel auf Möhren, Fenchel, Topinambur, Mangold) und Getreidesorten (wie etwa Hirse) zurückgreifen. Das Getreide gibt es übrigens in praktischer Flockenform (ohne Zuckerzusatz) im Bioladen oder Reformhaus zu kaufen. Ein Teelöffel davon reichert Obst- oder Milchbreie an, kann aber auch dem Fleischbrei zugegeben werden.

»Eisenbeschleuniger« Vitamin C

Damit das Eisen aus dem Getreide optimal aufgenommen werden kann, benötigt der menschliche Organismus Vitamin C. Geben Sie deshalb ein bis zwei Esslöffel Orangensaft in den Getreidebrei. Aber auch im Gemüse-Fleisch-Brei unterstützt das Vitamin C die Aufnahme des Eisens. Praktisch: Das Vitamin C muss nicht zwingend zusammen mit dem Getreide verzehrt werden. Es reicht aus, wenn Sie Ihrem Baby als Nachtisch einige Löffel Vitamin-C-haltigen Obstbrei (etwa Apfelmus) geben.

Welches Obst ist am besten?

Ideale Sorten für den Einstieg sind Äpfel und Birnen. Sie enthalten relativ viel Vitamin C und sind im Allgemeinen sehr gut verträglich, wenn sie vorher gedünstet wurden. Ein Mus kann über den Tag verteilt gefüttert werden, etwa als Zwischenmahlzeit mit einem Löffel Getreideflocken, als Vitamin-C-haltiger Nachtisch beim Mittagessen und abends im Milch-Getreide-Brei als Obstzugabe. Luftdicht verschlossen, hält es sich zwei bis drei Tage im Kühlschrank.

OBST AUS DEM GLAS

Das Angebot an Obstbreien aus dem Glas ist immens. Doch ist püriertes Obst aus dem Glas überhaupt sinnvoll? Ja, in Ausnahmefällen, wenn man nicht auf frische Produkte zurückgreifen kann. Etwa dann, wenn die besonders geliebte Obstsorte, wie beispielsweise reife Birnen, nicht zu bekommen ist. Aber es gibt mindestens noch einen weiteren Vorteil: Wenn Sie mit Ihrem Baby unterwegs sind, ist es praktisch, schnell mal auf eine Obstmahlzeit aus dem Gläschen zurückzugreifen. Hinzu kommt die Tatsache, dass die Hersteller von Babybreien im Gläschen die (Bio-)Qualität der Obstbreie garantieren – was man von Obst aus dem Supermarkt nicht immer behaupten kann.

Ideal: Wählen Sie für Ihr Baby möglichst heimische Obstsorten, die gerade Saison haben.

Saisonal und regional

Sobald sich Ihr Baby an die feste Nahrung gewöhnt hat, können Sie bei der (Bio-) Obstauswahl kreativer werden. Sie sollten jedoch immer nur zu solchen heimischen Obstsorten greifen, die gerade Saison haben. Während Sie im Winter bei Äpfeln goldrichtig liegen, können Sie im Sommer aus einem wunderbar vielfältigen Angebot schöpfen: Die meisten Babys lieben Aprikosen, Nektarinen, Pfirsiche, Heidelbeeren, Pflaumen und Himbeeren – alles in leicht gedünsteter und pürierter Form! Nicht geeignet für ein Obstmus sind Zitrusfrüchte, die, wie Kiwis, einen hohen Säuregehalt aufweisen und bei empfindlicher Haut einen wunden Po zur Folge haben können. Abzuraten ist von einem übermäßigen Konsum von frischen Erdbeeren, da die Beeren Stoffe enthalten (Histamin), die Verdauungsbeschwerden hervorrufen können. Warten Sie auf den Beginn der heimischen Erdbeersaison und vermeiden Sie Erdbeeren, die bereits Anfang April aus Südeuropa kommen. Immer wieder wird festgestellt, dass diese Früchte stark mit Pestiziden belastet sind.

Fett – welches Fett und wie viel davon fürs Baby?

Babys benötigen, im Verhältnis zu ihrer Größe gesehen, zu jeder Mahlzeit eine relativ große Menge Fett. Fett ist der Energielieferant Nummer eins, und genau diese Energie brauchen Babys, um zu wachsen. Im ersten Lebenshalbjahr nehmen Säuglinge bis zu 50 Prozent ihrer gesamten Energiemenge in Form von Fett auf. Sie kommt aus der Muttermilch oder der Fertigmilchnahrung. Erst nach etwa zwei Jahren ist der Punkt erreicht, an dem der Anteil des Fetts am Gesamtenergieverbrauch unter die 30-Prozent-Marke sinken sollte. Doch welche Fette sind für Babys Ernährung am besten?

Von guten und schlechten Fetten

Nicht geeignet für Babys sind Plattenfette, wie zum Beispiel Kokos- oder Palmkernfett, da sie schwer verdaulich sind. Reines, kalt gepresstes Öl wie Rapsöl ist empfehlenswert für die Babyernährung, denn es ist reich an Omega-3-Fettsäuren. Verwenden Sie nach Möglichkeit keine sogenannten Pflanzen-, Tafel- oder »Salatöle« und bitte keine Margarine. Dabei handelt es sich meist um eine Mischung aus verschiedenen Ölen, die aus ernährungsphysiologischer Sicht fast immer von minderer Qualität sind. Gut geeignet hingegen ist Butter, am besten Sauerrahmbutter. Sie ist erfahrungsgemäß leicht verdaulich und rundet den Geschmack vieler Breie ab. Tipp: Kombinieren Sie beide Energielieferanten – pflanzliche Öle und tierische Butter. So können Sie sicher sein, dass sich beide Fettquellen in ihren Inhaltsstoffen sinnvoll ergänzen. Verwenden Sie zum Beispiel beim Mittagessen im Gemüse-Kartoffel-Fleisch-Brei einen guten Stich Butter und für den Milch-Getreide-Brei am Abend einen Teelöffel voll Rapsöl.

Rundum perfekt

Ein Babybrei ist vollwertig und komplett, wenn Sie ihn nach der Anleitung von Seite 213 zubereiten. Eigentlich sind weder Salz noch andere Gewürze oder Kräuter zur Geschmacksverbesserung nötig. Industriell hergestellte Produkte können jedoch durch die Haltbarmachung an Geschmack verlieren, weshalb die Hersteller Salz zugeben. Wir sind der Ansicht, dass Kräuter und Gewürze nicht schädlich sind (vorausgesetzt, sie sind von guter Qualität) – im Gegenteil: Sie liefern wertvolle Mineralien und Spurenelemente. So ist gegen eine winzige Prise Salz nichts einzuwenden (vorausgesetzt, es ist unraffiniert und ohne künstliche Rieselhilfe – ideal ist beispielsweise Meersalz), denn dieses trägt mit seinem Gehalt an Mineralien positiv zur Verstoffwechslung bei. Aber bitte salzen Sie nur sehr sparsam. Messen Sie mit einem anderen Maß, denn Sie können das Geschmacksempfinden Ihres Babys nicht mit Ihrem eigenen vergleichen. Wenn Sie den selbst zubereiteten Babybrei salzen und abschmecken, ist er erfahrungsgemäß dann ausreichend gesalzen, wenn es für Ihren Gaumen eher fad schmeckt. Bitte auf keinen Fall stärker salzen! Es dauert gar nicht lang, bis Ihr Baby in wenigen Monaten am Familientisch mitisst, dann wird es sich schnell an den Geschmack und die Würze Ihrer bevorzugten Kost gewöhnen.

Schritt 2: Die zweite Tagesmahlzeit ersetzen

Als Nächstes wird die Stillmahlzeit am Abend durch ein Abendessen ersetzt. Hier bietet sich ein Milch-Getreide-Brei an, der Ihr Baby ausreichend mit lebenswichtigem Eiweiß, sättigenden Kohlenhydraten, Fett und Vitaminen versorgt.

Der Abendbrei

Der Brei am Abend ist so schnell zubereitet, dass es sich kaum lohnt, dafür auf Breie im Glas zurückzugreifen.

20 g (Vollkorn-)Getreideflocken, z. B. Hafer | 200 ml frisch zubereitete, heiße Säuglingsmilchnahrung, Kuhmilch oder Getreidedrink | 20 g Obstpüree (siehe Seite 215) | etwas Öl oder ½ TL Butter

1 Die Getreideflocken mit der Milch verrühren und kurz quellen lassen.

2 Obst und Fett unterrühren und abkühlen lassen.

Der Abendbrei ist im Handumdrehen fertig. Und die meisten Babys lieben das süße Obst.

Kuhmilch fürs Baby?

In ihrer Zusammensetzung unterscheidet sich Kuhmilch deutlich von Muttermilch: Sie enthält zum Beispiel dreimal so viel Eiweiß wie reife Muttermilch, und noch dazu handelt es sich um eine Eiweißkombination, die für den kindlichen Organismus nur schwer verdaulich ist. Besonders die Nieren des Babys werden stark beansprucht, wenn es darum geht, die hohen Mengen überschüssiges Eiweiß wieder auszuscheiden. Ähnlich verhält es sich mit dem unterschiedlichen Gehalt an Mineralstoffen. Viele Jahre lang hieß es, Kuhmilch ist für Babys tabu und sollte nicht vor dem ersten Geburtstag gereicht werden. Ab dem ersten Geburtstag dann lediglich in kleinen Mengen und verdünnt mit Wasser im Verhältnis 1:1. Dieser Wissensstand gilt mittlerweile als überholt – die Situation hat sich geändert. Die neuen Empfehlungen lauten dementsprechend: Der Abendbrei darf mit bis zu 200 ml Kuhmilch angerührt sein. Anfangs ist es sinnvoll, Kuhmilch als Halbmilch zu reichen, also mit Wasser im Verhältnis 1:1 zu verdünnen. Nach etwa zehn bis 14 Tagen ist ein Verdünnen mit Wasser nicht mehr nötig, und der Brei kann mit bis zu 200 Milliliter Vollmilch angerührt werden. Es gilt: Der kindliche Organismus sollte möglichst frühzeitig in geringen Dosen mit Kuhmilch in Kontakt kommen, damit sich der kindliche Verdauungsapparat an die Milch gewöhnt und eine Toleranz entwickelt. Zudem hat man festgestellt, dass die Kombination aus Kuhmilch plus Getreide weniger Allergien auslöst als Kuhmilch pur. Darum lauten die Empfehlungen offizieller Ernährungsgremien, wie dem Bundeszentrum für Ernährung (BZfE): Die zweite Breimahlzeit, die nach wenigen Wochen nach der Einführung des Mittagsbreis aufgetischt werden sollte, darf mit herkömmlicher Kuhmilch angerührt werden. Maximal 200 Milliliter pro Tag und auch nur im Brei, also in Kombination mit Getreide. Ab dem ersten Geburtstag kann Kuhmilch in der Tasse (und nicht in der Flasche) bei der Brotmahlzeit pur gereicht werden. Dafür können Sie frische oder pasteurisierte Vollmilch oder auch H-Milch mit 3,5 Prozent Fett wählen. Der Fettgehalt liefert die notwendige Energie. Diese »normale« Milch muss nicht abgekocht werden, Rohmilch dagegen schon. Eltern, die der Kuhmilch immer noch skeptisch gegenüberstehen, können die Breimahlzeit auch mit Pre- oder HA-Nahrung anrühren.

GLUTENUNVERTRÄGLICHKEIT UND ZÖLIAKIE

Auch hinsichtlich der Vorbeugung von Zöliakie gibt es neue wissenschaftliche Erkenntnisse: Unter Zöliakie versteht man eine chronische Entzündung der Darmschleimhaut, die sich z. B. durch Erbrechen, Durchfall, Bauchweh, Weinerlichkeit, Appetitlosigkeit und Wachstumsverzögerungen zeigen kann. Gluten steckt in Getreide: Vor allen in Weizen, Dinkel, Roggen, Gerste, Grünkern, Kammut und Hafer. Nun wird empfohlen, glutenhaltige Nahrungsmittel bereits ab dem fünften Monat in kleinen Mengen anzubieten (etwa ½ TL Dinkelflocken in Muttermilch oder Milchnahrung aufgelöst) und die Dosis schrittweise zu erhöhen. Der Gemüse-Kartoffel-Fleisch-Brei kann hin und wieder durch eine kleine Menge Nudeln oder andere glutenhaltige Getreideprodukte ergänzt werden.

Kuhmilch in der Kritik

Nicht nur Veganer, auch viele Nicht-Veganer lehnen Kuhmilch und Kuhmilchprodukte ab. Für diese Haltung gibt es zahlreiche Gründe. Neben den ethischen (Kühe werden als Milchmaschinen bezeichnet) oder politischen (Ernährungsexperten folgten mit ihren Empfehlungen lediglich den Vorgaben der Milchindustrie) gibt es auch gesundheitliche Bedenken: Selbst erwachsene Milchkühe benötigen keine Kuhmilch, um ihren Eiweiß- und Kalziumbedarf zu decken. Im Gegenteil – Kühe ernähren sich ausschließlich pflanzlich, und ihr Organismus ist in der Lage, daraus unter anderem das wertvolle Kalzium zu produzieren. Das kann auch der Mensch. Millionen Menschen auf der Welt kommen gar nicht in die Gelegenheit, Kuhmilch auf den Speiseplan zu setzen und haben trotzdem (oder etwa deshalb?) keine Kalzium-Mangelerscheinungen. Im Gegenteil: In den Industrieländern gibt es Allergie- und Osteoporoseprobleme, trotz reichhaltigem Verzehr von Milch- und Milchprodukten. Auch die Verarbeitungsschritte, um eine frisch gezapfte Kuhmilch über zwei Wochen haltbar zu machen (pasteurisieren, homogenisieren, ultrahoch erhitzen) und immer noch als »frisch« anzubieten, verdienen eine kritische Beleuchtung hinsichtlich der Verwertbarkeit im Organismus. Viele Menschen vertragen Kuhmilch gar nicht und leiden unter Darmproblemen, häufigen Infekten oder Atemwegserkrankungen. Diese körperliche Reaktion auf Milch ist kein Defekt oder eine Krankheit, sondern häufig eine gewöhnliche Abwehrreaktion auf Milch. In diesem Fall hilft ein Verzicht darauf.

Milchalternativen

Es gibt eine Vielzahl anderer Drinks auf dem Markt – etwa Getreidedrinks, zum Beispiel aus Hafer, Hirse und/oder Reis oder Mandeln. Diese Produkte sollten zuckerfrei sein und enthalten weniger Fett. Als alleiniges Nahrungsmittel sind sie ungeeignet, aber das gilt für Kuhmilch ebenso. Um einen Milch-Getreide-Brei mit Obst und einer zusätzlichen Fettzugabe aus Butter oder Rapsöl anzurühren, sind sie aber eine köstliche Alternative zu Kuhmilch.

Getreideflocken und Getreidegrieß

Am besten geeignet sind Vollkornprodukte, die es als Flocken oder Grieß gibt. Sie haben den Vorteil, dass sie sich in heißer Milch leicht auflösen. Verzichten Sie zu Beginn auf Vielkornbreie und achten Sie darauf, dass den Getreideflocken keine überflüssigen Zutaten wie etwa Zucker (bitte auf der Zutatenliste kontrollieren) beigefügt wurden. Diese Produkte erhalten Sie in gut sortierten Supermärkten (Babyabteilung), Drogeriemärkten, Bioläden oder Reformhäusern.

Obst, Fett & Co.

Was die Auswahl der Fettarten und Obst- beziehungsweise Gemüsesorten sowie deren Zubereitung angeht, gilt für den Abendbrei dasselbe wie für den Mittagsbrei (siehe Seite 213 f.). Wichtig ist auch hier, dass dem Brei immer ausreichend Vitamin-C-haltiges Obst oder Vitamin-C-haltige Säfte hinzugefügt werden, damit der kindliche Körper auf das Eisen zugreifen kann.

Schritt 3: Die dritte Tagesmahlzeit ersetzen

Wenn Ihr Baby auch die Abendmahlzeit gut verträgt, können Sie nach und nach eine weitere Stillmahlzeit ersetzen. Hier bietet sich zum Beispiel das zweite Frühstück am Morgen oder eine Zwischenmahlzeit am Nachmittag an. Bei diesem dritten Brei handelt es sich um einen Obst-Getreide-Brei. Obst allein kann keine vollständige Mahlzeit für einen Säugling sein, da es zu wenig Energie liefert. Darum gilt auch hier, dass dieser Brei zusätzlich mit etwas Fett angereichert werden sollte.

Der Obst-Getreide-Brei wird aus Instantflocken und Obstpüree angerührt und schmeckt als zweites Frühstück oder am Nachmittag.

DAS BENÖTIGEN BABYS TÄGLICH

Monat	5	6	7	8	9	10	11	12
Morgens und zwischendurch	Muttermilch/Säuglingsmilchnahrung							
Mittags		Gemüse-Kartoffel-Fleisch-Brei						
Nachmittags				Getreide-Obst-Brei				
Abends			Milch-Getreide-Brei					
Begleitend weiterstillen, solange Mutter und Kind wollen								

Der Getreide-Obst-Brei

Das Öl im Brei liefert reichlich Energie und hilft bei der Aufnahme der fettlöslichen Vitamine E, D, K und A, die im Obstpüree enthalten sind.

20 g (Vollkorn-)Getreideflocken | 150 g Obstpüree aus milden Obstsorten (siehe Seite 215) | 1 TL Öl oder ½ TL (Sauerrahm-)Butter

1 Die Getreideflocken in einem Teller mit dem Obstpüree und dem Öl beziehungsweise dem Fett verrühren – fertig ist der Brei.

Wie viel soll mein Kind essen?

Die Mengenangaben in den Rezepten auf den vorhergehenden Seiten beziehen sich auf das Zufüttern ab dem vollendeten sechsten Monat. Zu Beginn reicht es, wenn Ihr Baby zwei bis drei Löffel von dem Brei isst. Aber wenn die Kleinen erst einmal Geschmack am Brei gefunden haben, ist schnell die Menge von 190 bis 200 Gramm Brei pro Mittagsmahlzeit erreicht. Beim Milch-Getreide-Brei und Obst-Getreide-Brei sollten Sie jeweils 150 bis 200 Gramm Brei anrühren. Bis zum zehnten Monat sollte die Umstellung auf feste Nahrung vollendet sein – was aber nicht heißt, dass Sie Ihr Baby nicht mehr stillen dürfen! Es ist immer noch sinnvoll, wenn die erste Tagesmahlzeit eine Milchmahlzeit ist. Wenn Sie noch weiter stillen möchten, ist das umso besser. Die Weltgesundheitsorganisation empfiehlt Stillen bis ins zweite Lebensjahr hinein. Wer nicht stillt, kann morgens auf eine Pre- oder HA-Milch zurückgreifen.

Getränke fürs Baby

In den ersten vier Monaten deckt ein Säugling seinen Flüssigkeitsbedarf normalerweise ausschließlich über Muttermilch oder Fertigmilchnahrung. Sobald Ihr Baby feste Nahrung zu sich nimmt, benötigt es zu jeder Mahlzeit zusätzliche Flüssigkeit.

Bitte ohne Zucker

Wenn Sie die Möglichkeit haben, Ihrem Baby normales Trinkwasser anzubieten und es dieses auch akzeptiert, ist das hervorragend. Auf diese Weise ist auch in der Zukunft der Durst schnell und einfach gelöscht. Wenn das Trinkwasser von guter Qualität ist (Infos gibt's beim lokalen Wasserwerk), muss es nicht extra abgekocht werden. Ebenso gut ist kohlensäurearmes Mineralwasser oder ungesüßter Kräutertee, beides möglichst zimmerwarm. Wenn Sie bei der Teezubereitung auf Aufgussbeutel für Säuglinge und Kinder oder lose Teemischungen aus kontrolliert biologischem Anbau zurückgreifen, können Sie sicher sein, dass der Tee ungesüßt und schadstofffrei ist, denn er unterliegt den strengen gesetzlichen Richtlinien für die Säuglingsernährung. Herkömmliche Teebeutel und lose Teemischungen könnten Rückstände von Pflanzenschutzmitteln enthalten.
Gesüßte Fertigtees, Frucht- und Gemüsesäfte braucht Ihr Baby nicht. Besonders Instanttees enthalten sehr viel Zucker und können damit die Entstehung von Karies begünstigen. Verdünnte Saftschorlen sind zum Durstlöschen geeignet. Sie sollten Ihrem Kind aber keine Trinkflasche zum Dauernuckeln anbieten (siehe Seite 203).

Weg mit der Nuckelflasche!

Allmählich ist ein guter Zeitpunkt gekommen, Ihrem Baby ein Getränk aus der Tasse anzubieten. Je früher Sie damit anfangen, Ihr Baby an einen Plastikbecher oder eine -tasse zu gewöhnen, umso leichter wird ihm der Abschied von der Flasche fallen.

Ab dem zehnten Lebensmonat

Mit dem Ende des ersten Lebensjahrs nähert sich der Speiseplan Ihres Kindes immer mehr dem der restlichen Familie an. Aus den bisher etwa vier bis fünf gleich großen Breimahlzeiten werden nach und nach drei Haupt- und zwei Zwischenmahlzeiten. Auch verändern sich die Portionsgrößen. Zum einen erhöht sich die Breimenge, die Ihr Kind pro Mahlzeit zu sich nimmt, zum anderen verändert sich sein Nährstoffbedarf. Denn allmählich wird Ihr Kind mobiler. Es bewegt sich mehr und benötigt aus diesem Grund mehr Energie.
Sie können den Brei etwas gehaltvoller machen, indem Sie die Fettmenge im Brei erhöhen. In jede selbst zubereitete Breimahlzeit sollten Sie von nun an etwa einen Esslöffel Öl (statt wie bisher einen Teelöffel) oder einen gehäuften Teelöffel Butter (statt wie bisher einen halben) einrühren.

KAUEN MACHT KLUG

Ihr Baby sollte nun verstärkt seine Kaumuskulatur trainieren dürfen. Das heißt zum einen, dass seine Mahlzeiten nicht mehr sämig püriert sein müssen. Oft reicht es aus, den Brei mit einer Gabel oder einem Kartoffelstampfer zu zerdrücken, sodass Ihr Baby ein wenig kauen muss. Zum anderen können Sie ihm als kleine Zwischenmahlzeiten Apfelschnitze oder andere Obststücke in die Hand drücken, auf denen es dann – wegen der Gefahr des Verschluckens allerdings nur unter Aufsicht – herumkauen kann.

FRAGEN & ANTWORTEN

Was sollte mein Kind vorerst nicht essen, wenn es mit uns am Familientisch sitzt?

Die folgenden Nahrungsmittel sollten im ersten Jahr nicht auf dem Speiseplan stehen:

- Blattsalate, da sie immer wieder viel Nitrat, Dünge- und Spritzmittel enthalten.
- Rohe Tomaten. Sie sind schwer verdaulich.
- Kohlgemüse wie Grün-, Weiß-, Rot- und Rosenkohl und Wirsing können bei Kleinkindern zu Blähungen führen. Bekömmlicher Ersatz sind Brokkoli, Blumenkohl und Kohlrabi.
- Pilze sind grundsätzlich schwer verdaulich. Außerdem stehen Wildpilze im Ruf, stark schadstoffbelastet und sogar radioaktiv verstrahlt zu sein.
- Ganze Nüsse wegen der Gefahr des Verschluckens
- Gewöhnen Sie Ihr Baby erst gar nicht an Süßigkeiten wie Eis und Schokolade. Sie enthalten zu viel Zucker, Fett und Phosphate.
- Honig im ersten Lebensjahr. Er könnte krank machende Bakterien enthalten.
- Getränke wie Limonade, Cola, Fruchtsaftgetränke und Fruchtnektar enthalten viel Zucker, Phosphate oder Koffein.
- Scharfe Gewürze wie Chili oder Ingwer.
- Kaffee, Alkohol und Schwarztee.
- Viele Wurstsorten sind reich an minderwertigem Fett, Phosphaten, Nitritpökelsalz & Co. Verzichten Sie deshalb auf Salami, Fleischwurst, Streich- und Leberwurst.

Sollte ich fertig gekauften Gläschen noch zusätzlich Vitamin C und Fett hinzufügen?

Die Hersteller von Babykost weisen darauf hin, dass dem Brei bereits Vitamin C, Jod und Fett zugesetzt wurden. Die Stiftung Warentest fand jedoch heraus, dass es sich dabei nur um geringe Mengen Öl handelt. Deshalb unsere Empfehlung: Rühren Sie noch einige Tropfen hochwertiges Öl (etwa Raps-, Maiskeim- oder Sonnenblumenöl) unter den Brei aus dem Glas. Bei Gläschen mit Fleischanteil ist die Zugabe von etwas Apfelsaft oder (frisch gepresstem) Orangensaft ebenfalls sehr zu empfehlen. Denn durch die gleichzeitige Gabe von Vitamin C kann der kindliche Organismus das Spurenelement Eisen aus Fleisch und Getreide besser aufnehmen (siehe Seite 214).

Spricht etwas dagegen, kalt gepresste Öle für den Brei zu verwenden?

Nein, es spricht nichts dagegen. Aber bitte nur Öle aus kontrolliert biologischem Anbau verwenden, da diese in der Regel frei von Rückständen von Pflanzenschutzmitteln sind. Ein Nachteil könnte sein, dass kalt gepresste Öle deutlich geschmacksintensiver sind. Darum sollten Sie diese Öle dosiert einsetzen. Der große Vorteil: Da es sich um naturbelassene Produkte handelt, können sie vom kindlichen Organismus leichter verarbeitet werden. Raffinierte Öle dagegen werden hoch erhitzt. Dabei verändern sie ihre ursprüngliche natürliche Struktur und sind somit schwieriger zu verdauen. Außerdem gehen beim Erhitzen wertvolle Inhaltsstoffe, wie etwa wichtige Vitamine, verloren.

Im Supermarktregal stehen Fruchtquark und -joghurt speziell für Babys. Braucht mein Baby diese Produkte im ersten Lebensjahr?

Nein, im Gegenteil. Untersuchungen haben ergeben, dass sie nicht nur zu viel Zucker, sondern auch zu viel tierisches Eiweiß enthalten. Ersteres ist unnötig und schlecht für Babys Zähne sowie diverse Stoffwechselprozesse, während zu viel tierisches Eiweiß die kindliche Niere zu stark belastet. Außerdem kommen Geschmack und Farbe bei diesen Produkten meist von künstlichen Aroma- und Farbstoffen.

Was versteht man unter Baby-led Weaning?

Beikost muss nicht immer Breikost sein. Sie können genauso gut mit Fingerfood starten. Baby-led Weaning (BLW) kann wörtlich übersetzt werden mit »Baby-geführte Entwöhnung« – damit ist die Entwöhnung von der Muttermilch gemeint (aber kein komplettes Abstillen). Bei dieser Ernährungsform kann das Baby die Zeitspanne und das Tempo des Übergangs von der Muttermilch zur Familienernährung mitsteuern. Das Kind ist bei den Familienmahlzeiten dabei und nimmt sich, wenn es dazu bereit ist, selbstständig kleine Stückchen kindgerechter Lebensmittel. Zum Beispiel Sticks aus gekochtem Gemüse, wie Kartoffeln, Möhren, Pastinaken, Zucchini oder Brokkoli. Es reicht, das Gemüse einfach nur in wenig Wasser im Topf zu garen oder zu dämpfen. Auch geschnittenes Obst kommt bestens an, zum Beispiel je nach Saison reife Früchte wie Birne, Mango, Orange, Nektarinen, Pfirsich oder Melone. Ebenso geeignet sind gedünstete Apfel- oder Birnenschnitze. Wichtig: Das Baby muss beim Essen aufrecht sitzen können, und Sie sollten es während der Mahlzeiten immer im Blick haben. Und natürlich müssen sich Selberessen nach dem BLW-Konzept und herkömmliche Beikost in Form von Brei nicht ausschließen. Beides lässt sich wunderbar kombinieren.

Mein Stillbaby lehnt kategorisch den Flaschensauger ab. Wie soll ich ihm dann Wasser oder Tee geben?

Wenn Ihr Baby keinen Flaschensauger akzeptiert, ist das kein Grund zur Sorge, denn Sie können aus der Not eine Tugend machen. Ersparen Sie sich den Umweg, Ihrem Baby Flüssigkeit mithilfe einer Nuckelflasche zu geben. Gewöhnen Sie Ihr Kind stattdessen schon jetzt Schritt für Schritt an Glas oder Tasse. Am besten starten Sie mit einer Schnabeltasse oder einem Trinkbecher mit Deckel, aber ohne Tropfschutz, denn hier läuft die Flüssigkeit schon bei leichtem Saugen heraus. Wenn Sie sich für eine Variante mit Tropfschutz entscheiden, hat das zwar den Vorteil, dass keine Flüssigkeit ausläuft, falls der Becher einmal aus Versehen umkippt. Allerdings brauchen Kinder etwas Übung und kräftige Saugmuskeln, um das Wasser oder den Tee aus dem Trinkbecher herauszubekommen.
Es gibt aber auch immer wieder Babys, die den Becher verweigern. Bei diesen kleinen Verweigerern hilft schließlich folgender Trick: Löffeln Sie die Flüssigkeit während der Mahlzeiten in Babys Mund. Am besten gehen Sie dabei folgendermaßen vor: Machen Sie einen Löffel zuerst mit Brei halb voll und tauchen Sie ihn anschließend in ein Glas Wasser. Auf diese Art bekommt das Kind Brei und Wasser in einem.

SCHLAF, KINDCHEN, SCHLAF

Rund ein Drittel seines Lebens verbringt der Mensch im wunderbaren Zustand des Schlafens. Dabei ist der Schlaf für Babys noch wichtiger als für Erwachsene, denn der kleine Körper braucht diese Ruhezeit, um neu gewonnene Eindrücke zu verarbeiten. Aber leider wird nicht jedem Baby ein ausgeglichenes Schlafverhalten in die Wiege gelegt …

SANFT INS LAND DER TRÄUME **226**

SANFT INS LAND DER TRÄUME

Viele Babys schlafen richtig und gut, aber genauso viele tun sich schwer, zur Ruhe zu kommen. Auf den folgenden Seiten erfahren Sie, durch welche Signale Ihr Baby Ihnen zeigt, dass es müde ist, was einen guten Schlaf ausmacht und wie Sie Ihrem Baby helfen können, seinen Weg ins Schlummerland zu finden.

SCHLAF – EIN ECHTES LEBENSELIXIER

Schlaf ist etwas Wunderbares! Einfach hinlegen, alle viere von sich strecken und entspannen, den Tag in Gedanken noch einmal Revue passieren lassen und sich auf ein neues »traumhaftes« Erlebnis in der Nacht einlassen … Im Schlaf können wir die Erlebnisse des Tages verarbeiten und auch körperlich zur Ruhe kommen. Der Stoffwechsel drosselt seine Aktivitäten, der Blutdruck sinkt, die Organe fahren ihre Leistung herunter. Im Schlaf steht noch genau so viel Energie zur Verfügung, wie der Körper braucht, um seinen Organismus am Leben zu halten. Schlafend verarbeiten wir die Ereignisse des vergangenen Tages und tanken Kraft für alles, was kommt.

Ausreichend Schlaf ist für Babys besonders wichtig

Gesunder Schlaf ist für jeden Menschen wichtig – für Babys aber lebensnotwendig. Kinder, die über längere Zeit zu wenig schlafen, sind tagsüber oft quengelig, unzufrieden und in ihren Bewegungen unkoordiniert. Ihnen mangelt es aus lauter Müdigkeit an Lust und Tatendrang, die Welt zu entdecken, sie sind häufig schlapp und unausgeglichen. Abends dagegen kann die Stimmung umschlagen: Viele Babys reagieren auf einmal aufgekratzt und munter und sind gleichzeitig so übermüdet, dass sie trotz aller Bemühungen nur noch schlecht oder gar nicht mehr einschlafen können. Für die meisten Eltern ist diese Situation äußerst anstrengend und kräftezehrend.

BABYS SCHLAFBEDÜRFNIS

So viele Stunden Schlaf benötigen Babys im Durchschnitt pro Tag für ein gesundes Wachstum:

Alter	Schlafstunden
1 Woche	15 bis 20
1 Monat	17
3 Monate	16
6 Monate	15
9 Monate	14
12 Monate	knapp 14

Das Schlafbedürfnis ist von Kind zu Kind verschieden

Natürlich kann die Tabelle oben, die das statistisch ermittelte Schlafbedürfnis von Kindern im ersten Lebensjahr aufzeigt, nur ein Anhaltspunkt sein, wie viel Schlaf Ihr Baby braucht. Denn jedes Baby hat sein individuelles Schlafbedürfnis. Während das eine Kind mit weniger Stunden Schlaf auskommt und trotzdem gut gelaunt den Tag verbringt, gibt es »Murmeltiere«, die gern viel und lang schlafen – und diese Regenerationszeit auch benötigen.

Schlaf ist nicht gleich Schlaf

Wenn Sie Ihr Baby beim Schlafen einmal beobachten, werden Sie feststellen, dass es unterschiedliche Schlafphasen erlebt. Obwohl es schläft, atmet es einmal tief und gleichmäßig, dann ganz schnell und hektisch, mal zuckt es zusammen, mal liegt es regungslos da, mal sieht man, wie der Augapfel unter den geschlossenen Lidern hin und her rollt …

Die Schlafphasen

Experten unterscheiden im Wesentlichen zwei Schlafzustände: den Nicht-REM-Schlaf (Tiefschlaf) und den REM-Schlaf (Traumschlaf). »REM« ist die Abkürzung für die englische Bezeichnung »Rapid Eye Movement« und bedeutet übersetzt so viel wie »schnelle Augenbewegung«.

Der Tiefschlaf (Nicht-REM-Schlaf)

Wenn wir Erwachsenen einschlafen, fallen wir in der Regel zuerst in einen Tiefschlaf. Dabei wird die Atmung ruhiger, das Herz schlägt gleichmäßig, das Gehirn kommt zur Ruhe. Geräte, mit denen die Hirnströme in dieser Phase aufgezeichnet werden können, dokumentieren die Ruhepause des Gehirns durch lang große Wellen auf dem Monitor. Weil das Zentrale Nervensystem seine Aktivität drosselt, schickt es nur noch wenige Impulse an die Muskeln. Darum bewegen wir uns trotz aller Träume nicht viel im Schlaf. Einmal im Tiefschlaf, lassen wir uns nicht so leicht wieder wecken.

Tiefschlaf à la Baby: ruhig atmend, völlig entspannt und so unglaublich friedlich ...

Der Traumschlaf (REM-Phase)

Ganz anders ist es, wenn wir nach der ersten Tiefschlafphase in die Phase des Traumschlafs kommen. Die wörtliche Übersetzung »schnelle Augenbewegung« ist äußerst zutreffend: Die Augäpfel bewegen sich hinter den geschlossenen Augenlidern schnell hin und her. Das Herz schlägt schneller, und die Atmung wird unruhiger, der Körper braucht mehr Sauerstoff. Das Gehirn wird aktiv und sendet Impulse an die Muskeln, die vom Rückenmark abgefangen werden. Dennoch ist hin und wieder ein Zucken des Gesichts oder der Extremitäten sichtbar. In dieser Schlafphase schenken Babys ihren Eltern oft das sogenannte »Engelslächeln«, das heißt, sie bewegen die Mundwinkel nach oben und lächeln im Schlaf. Der Traumschlaf ist eine aktive Schlafphase, aus der wir blitzschnell erwachen können. Während wir schlafen, durchlaufen wir nacheinander mehrere Traum- und Tiefschlafphasen.

Babys schlafen anders

Auch Kinder durchlaufen nachts mehrere Tiefschlaf- und Traumschlafphasen. Schlaf-

WAS ELTERN ÜBER BABYS SCHLAF WISSEN SOLLTEN

Sobald Ihr Baby von einer Schlafphase in die andere wechselt, wacht es für einen Moment auf. Warum? Es überprüft die Lage: Ist alles so, wie es beim Einschlafen war? Ist dies der Fall, dann geht es gleich weiter in die nächste Schlafrunde. Doch sobald Ihr Baby die Situation verändert vorfindet, ist nichts mehr gut. Viele Babys protestieren lautstark, und das nicht ohne Grund. Warum fehlt Mamas Brust, an der es eingeschlafen ist? Oder wo ist Papas Arm, an den es sich beim Einschlafen gerade noch so schön kuscheln konnte?

Je älter Ihr Kind wird, desto mehr Schlafphasen kann es hintereinander durchlaufen. Daraus folgt: Mit zunehmender Schlafdauer (= viele Schlafphasen) wird der Schlaf immer häufiger unterbrochen, da zwischen jeder Phase die Lage überprüft werden muss. Das bedeutet im Klartext: Auch wenn Ihr Kind durchschläft, ist es mehrmals in der Nacht kurz wach. Wichtig ist nun, dass Ihr Baby nach jeder kurzen Aufwachphase auch schnell wieder allein einschläft. Und dieses Einschlafen kann es lernen – mit Ihrer Hilfe.

forscher haben aber festgestellt, dass der Babyschlaf etwas anders abläuft:

- Neugeborene fallen nach dem Einschlafen zuerst in den leichteren Traumschlaf. Dies erklärt auch, warum sie leichter aufwachen, wenn man sie schlafend in ihr Bettchen legen will.
- Frühchen erleben eine deutlich längere Traumschlafphase als voll ausgetragene Neugeborene.
- Ab dem dritten Monat fallen Babys dagegen zuerst in den Tiefschlaf. Dies erklärt, warum sich ältere Säuglinge schlafend aus dem Auto ins Bett tragen lassen – manche lassen sich sogar noch im Schlaf wickeln, ohne aufzuwachen.
- Bei Babys ab dem sechsten Lebensmonat ist Tiefschlaf nicht gleich Tiefschlaf. Er lässt sich noch in vier weitere Stufen unterteilen.
- Der Schlaf von Babys ist also nichts Gleichmäßiges und Einförmiges. Im Gegenteil – er findet in einzelnen Etappen oder Abschnitten statt, wobei ruhigere Phasen sich mit aktiveren abwechseln.
- Bei Babys sind Tief- und Traumschlafphasen gleich lang. Jeder Schlafzyklus – also eine Tief- und Traumschlafphase – dauert etwa 60 Minuten.

Der Schlaf eines Neugeborenen

Im Mutterleib schlief das Baby immer dann, wenn ihm danach war. Genauso verhält es sich nach der Geburt. Die gut 17 Stunden Schlaf, die ein Neugeborenes im ersten Monat täglich braucht, verteilen sich über 24 Stunden und wechseln sich mit kurzen Wachphasen ab. Dabei wacht der Säugling auf, weil er Hunger hat. Ob es gerade Tag oder Nacht ist, ist für ihn dabei unerheblich. Daraus ergibt sich schließlich der regelmäßige Ablauf von »trinken – wach sein – schlafen«, und zwar rund um die Uhr. In den ersten Lebenswochen eines Säuglings wiederholt sich dieser Zyklus meist im Drei-bis-vier-Stunden-Takt.

So schlafen Babys ab dem dritten Monat ...

Erst nach einigen Monaten lernt das Baby den Wechsel zwischen Tag und Nacht kennen. Je älter das Baby ist, desto mehr verschiebt sich der Wach-Schlaf-Zyklus zugunsten eines Tag-Nacht-Rhythmus. Bereits ab dem dritten Monat nimmt der Schlafanteil in der Nacht zu, während der Anteil der Wachphasen in der Nacht immer mehr abnimmt. Tagsüber verhält es sich genau umgekehrt – das Baby ist am Tag mehr Stunden wach, als es schläft.

... und ab dem sechsten Monat

Erfahrungsgemäß sind Babys bereits mit sechs Monaten in der Lage, mehrere Stunden am Stück zu schlafen (ohne vom Hunger geweckt zu werden). Wenn sie nachts zwischen den Schlafphasen aufwachen, können sie von selbst wieder einschlafen. Diesen Nachtschlaf behält ein Kind in der Regel bei, bis es fünf Jahre alt ist. Den Schlaf, den Babys darüber hinaus benötigen, holen sie sich am Tag: Normalerweise schlafen Babys bis zu ihrem ersten Geburtstag noch knapp zwei Stunden am Vormittag und ebenso lang am Nachmittag.

SCHLÄFCHEN AM TAG

Gönnen Sie Ihrem Baby die Nickerchen am Tag. Es wäre falsch, zu glauben, ein verpasstes Tagesschläfchen könnte Ihr Kind in der folgenden Nacht an den Nachtschlaf hängen. Im Gegenteil: An der Dauer des Nachtschlafs ändert sich nichts. Stattdessen können noch Einschlafprobleme am Abend hinzukommen, da das Kind vor Müdigkeit völlig überreizt ist.

Was brauchen Babys, um gut schlafen zu können?

Es sind zahlreiche Faktoren, die den Schlaf eines Babys beeinflussen. Neben den äußeren Bedingungen (wie zum Beispiel ein ruhiger, kindgerechter Schlafplatz) spielt vor allem die kindliche Psyche eine bedeutende Rolle. Denken Sie nur daran, dass das Einschlafen bereits eine Form der Trennung ist. Das Baby driftet in den Schlaf und träumt dort in seiner Welt. Um diesen Übergang in das Land der Träume allein schaffen zu können, hilft es einem Baby, wenn es Sicherheit erfahren darf. Im Idealfall kann es sich darauf verlassen, dass es – obwohl es sich trennt – nicht allein gelassen wird. Es muss wissen, dass seine Eltern da sind, wenn es sie braucht. Nur wer diese Sicherheit und Geborgenheit spürt, kann entspannt sein. Und nur wer entspannt in seinem Bett liegt, schläft gern und leicht ein.

Sicherheit und Geborgenheit

Sicherheit bedeutet, dass sich Ihr Kind darauf verlassen kann, dass Sie immer für es da sind und es jederzeit trösten, wenn es ihm nicht gut geht. Ein Baby fühlt sich geborgen, wenn es immer wieder liebevolle Zuwendung erfährt, wenn es spürt, dass es nicht allein gelassen, sondern dauerhaft umsorgt wird. Das bedeutet natürlich nicht, dass Sie Ihr Kind immer auf dem Arm herumtragen müssen. Aber viel körperliche Nähe vermittelt Ihrem Baby das Gefühl, dass es von Ihnen angenommen wird, dass Sie es beschützen, egal, was kommt. Und je mehr positive Gefühle dieser Art ein Kind tagsüber erleben darf, desto entspannter und beruhigter wird es abends einschlafen und nachts durchschlafen können, denn es ist sich der Liebe seiner Eltern sicher.

Ein fester Rhythmus

Babys sind Gewohnheitsmenschen.
Fest eingebaute Tagespunkte, eindeutige Regeln und Grenzen sind eine wichtige Orientierungshilfe für die Kleinen. Ein Baby, das weiß, was gerade auf dem Programm steht und was darauf folgen wird, kann weitgehend entspannt sein. Denn es erlebt kaum Überraschungen, die es erschrecken können.

Einfach zu realisieren

Eigentlich sind (gesunde) Babys leicht zufriedenzustellen. Ihre Bedürfnisse sind bekannt (nämlich Nahrung, Zuwendung, Pflege und Schlaf) und können relativ leicht befriedigt werden:

- Wenn Babys Hunger haben, müssen sie Milch bekommen.
- Wenn sie Zuwendung brauchen, sehnen sie sich nach Mamas (oder Papas) Arm und deren Streicheleinheiten.
- Wenn Babys müde sind, brauchen sie Ruhe und Schlaf.

Der Zeitrahmen macht's

Die Kunst liegt darin, dass Sie Ihrem Baby für seine Bedürfnisse den angemessenen Zeitrahmen bieten. Die meisten Babys finden ihren Rhythmus selbst. Aber es gibt immer wieder Babys, die dabei auf die Hilfe ihrer Eltern angewiesen sind.
So könnte der Rhythmus eines Babys bis zum dritten Monat aussehen:

- **Trinken:** In den ersten Tagen braucht Ihr Baby bis zu einer Stunde, um satt zu werden. Im Laufe weniger Wochen pendelt sich das Stillen/Flaschegeben auf etwa 30 Minuten ein.
- **Wach sein:** In den ersten Wochen schaffen es Babys, 30 bis 45 Minuten nach dem Trinken wach zu bleiben, sodass in dieser Zeit Wickeln, Anziehen und Schmusen auf dem Programm stehen können.
- **Schlafen:** Nach spätestens eineinhalb Stunden Wachsein sind Neugeborene im Alter von etwa vier Wochen wieder müde (Ältere schaffen auch eine halbe Stunde mehr). Gut möglich, dass die bisher gute Stimmung nun umschlägt. Jetzt heißt es, die Müdigkeitssignale erkennen.
  Ihr Baby hat mit Wahrscheinlichkeit jetzt keinen Hunger und muss dementsprechend auch nichts mehr zu trinken angeboten bekommen.

Mit zunehmendem Alter werden Babys beim Trinken bereits deutlich schneller und sie bringen auch mehr Durchhaltevermögen in der Wachphase mit. Auch hier ist es wichtig, dass Sie rechtzeitig erkennen, wenn Ihr Baby müde wird.

Das Einschlafen

Ein Neugeborenes kann zwar noch nicht sprechen, aber trotzdem kommunizieren. Wenn es müde ist, sendet es Signale aus, mit denen es mitteilen möchte, dass es nun gern schlafen würde.

Signale der Müdigkeit erkennen

- Neugeborene fangen nach einer Mahlzeit oder während sie spielen von jetzt auf gleich an zu quengeln. Manche Babys suchen mit ihrem Gesicht Schutz an der Brust, wenn man sie auf dem Arm herumträgt.
- Wenn ein Säugling seinen Kopf drehen kann, wendet er bei Müdigkeit sein Gesicht vom Geschehen ab. Sein Blick driftet weg, er fängt an zu gähnen.
- Ältere Babys reiben sich die Augen, zupfen an den Ohren, drehen an den Haaren oder legen den Kopf auf den Boden.

Sobald Ihr Baby Ihnen zeigt, dass es müde ist, sollten Sie es ins Bett oder in seine Wiege legen. In dieser Phase ist es wichtig, dass Sie seine Unzufriedenheit (vermutlich ausgelöst durch Müdigkeit) nicht durch lustiges Schaukeln, fröhliches Vorsingen oder Herumtragen noch steigern. Es könnte dann zu weinen anfangen, weil sein Bedürfnis nach Ruhe nicht erfüllt wird. Statt Ruhe bekommt es, wenn seine Müdigkeitszeichen falsch gedeutet werden, visuelle Reize (Baby soll sich etwas ansehen), vestibuläre Reize (Baby wird geschaukelt) und auditive Reize (Baby soll mal herhören). So kann es aber erst recht nicht einschlafen.

LIEBER NICHT!

Es ist manchmal schon erstaunlich, wie kreativ Eltern werden, wenn es darum geht, dem Baby das Einschlafen zu erleichtern. Die Palette der Maßnahmen reicht von nächtlichen Autofahrten über das Streicheln von Babys Rücken, dem Schlafen auf Mamas Bauch bis hin zum lautstarken Föhn, der unter dem Stubenwagen bläst.

Dabei sind die meisten (gesunden) Babys problemlos in der Lage, ohne Hilfe einzuschlafen. Warum das dann nur selten funktioniert? Weil die Eltern diese seltsamen »Einschlafhilfen« einführen und ihrem Baby damit das Gefühl geben, ohne diese nicht einschlafen zu können.

Hilf mir, es selbst zu schaffen

Am besten fangen Sie mit Einschlafhilfen, wie sie im Kasten beschrieben sind, erst gar nicht an. Aus diesen Aktionen können ganz schnell »Einschlafhindernisse« werden – weil Eltern auf diese Weise ein Ritual einbauen, das sie auch in Zukunft beibehalten müssen. Sinnvoller ist es, wenn Sie Ihrem Baby bereits in den ersten Wochen helfen, dass es lernt, allein einzuschlafen. Ihr Kind sollte das beruhigende Gefühl haben dürfen, dass es nicht ganz allein ist, denn es hat seine Eltern, die es im Notfall trösten.

Der Beginn der Spirale

Erfahrungsgemäß läuft es am Anfang noch ganz reibungslos: Das Neugeborene wird gestillt oder mit der Flasche gefüttert und schläft darüber ein. Auch nachts ist es praktisch, wenn das Baby nach der Mahlzeit gleich einschläft. Schlafende Babys sind hübsch anzusehen und auf jeden Fall pflegeleichter als schreiende. Doch immer wieder kommt es vor, dass das Baby mal nicht auf dem Arm einschläft, sondern schreit – obwohl es doch eben erst getrunken hat.

Also suchen seine Eltern nach einer Möglichkeit, es wieder zu beruhigen. Was könnte helfen? Auto fahren? Staubsauger anmachen? Auf dem Gymnastikball hüpfen? In die Wippe legen und etwas vorsingen? Gleichgültig, bei welcher Maßnahme das Baby irgendwann vor Müdigkeit die Augen zumacht und einschläft – wenn diese Maßnahme immer wieder parallel zum Einschlafen durchgeführt wird, gewöhnt sich das Baby daran. Wenn ihm solche Aktionen vor dem Einschlafen innerhalb kurzer Zeit lieb geworden sind, benötigt es diese auch in der Zukunft, um einschlafen zu können. Und schon sind sie da, die erst auf den zweiten Blick unbequemen »Einschlafhilfen«.

Kleine Einschlafhelfer

Wenn Sie die Signale Ihres Babys richtig deuten und es bei den ersten Anzeichen von Müdigkeit in sein Bett legen, sind besondere Einschlafhilfen gar nicht nötig. Es gibt aber Gegenstände (etwa Kuscheltiere) oder Rituale (etwa Singen, Schmusen), die durchaus sinnvolle Hilfen sein können. Die Maßnahmen, Ihr Baby in den Schlaf zu begleiten, sind dann geeignet, wenn sie bequem durchführbar sind, nicht zu viel Zeit erfordern, die anderen Familienmitglieder nicht sonderlich beeinträchtigen sowie personen- und ortsunabhängig ausgeübt werden können. Sinnvoll kann es zum Beispiel sein, vor dem Schlafen eine Spieluhr aufzuziehen, aus der eine beruhigende Melodie erklingt. Ebenso ist es ein schönes Ritual, wenn Sie Ihr Baby, bevor Sie es hinlegen, noch einmal auf den Schoß setzen oder legen und ihm ein Schlaflied vorsingen oder mit ihm ein bestimmtes Gute-Nacht-Bilderbuch anschauen. Nicht zuletzt können Kuscheltiere und Schmusetücher helfen, leichter den Weg in den Schlaf zu finden.

Die Kunst des guten Schlafes

In den ersten drei Monaten ist es völlig normal, dass ein Baby mehrmals nachts aufwacht und Hunger hat. Es ist noch zu klein, um seinen Wach-Schlaf-Rhythmus an Ihren Tag-Nacht-Rhythmus anzugleichen. Es ist auch normal, wenn ein wenige Wochen alter Säugling nach dem Trinken auf Ihrem Arm einschläft. Schließlich ist er satt, und das Saugen ist anstrengend. Gönnen Sie Ihrem Baby dieses Nickerchen auf dem Arm. Entscheidend ist nur Folgendes: Wenn das Baby nach einigen Minuten wieder aufwacht, bitte nicht wieder anlegen! Wenn es weint, dann mit Sicherheit nicht deshalb, weil es Hunger hat. Es möchte jetzt vielmehr für einige Momente die Liebe seiner Eltern und die Geborgenheit auf Ihrem Arm spüren. Beides ist notwendig, denn es schafft Vertrauen!

Nah an den Körper eines Elternteils gekuschelt, schlafen viele Babys leichter ein.

SCHRITT FÜR SCHRITT INS SCHLUMMERLAND

Wichtigstes Ziel sollte sein, dass Ihr Baby sich so schnell wie möglich in seinem Bett auch allein sicher und geborgen fühlt und ohne Ihre Hilfe einschlafen kann. Um dieses Ziel zu erreichen, müssen Sie als Eltern erst einmal in Vorleistung gehen. Sie sollten dafür sorgen, dass Ihr Baby weiß, dass es sich auf Sie verlassen kann und dass es jederzeit Trost und Zuwendung bekommt, wenn es ihm nicht gut geht.

- **Sinnvolle Einschlafhilfen wählen**
  Helfen Sie Ihrem Kind beim Einschlafen nur mit solchen Tricks, die Sie auch langfristig noch ausführen wollen. Schlagen Sie deshalb einen Weg ein, der für alle Beteiligten angenehm ist (siehe vorherige Seite).

- **Ein geborgener Schlafplatz**
  Ein Baby braucht stets dieselbe Schlafumgebung – zumindest für den Nachtschlaf. Oft genügt schon ein Schmusetuch, ein Lieblingsschmusetier oder eine vertraute Melodie, um dem Kind Sicherheit zu geben. Sorgen Sie für möglichst wenig Veränderung im Babybett. Ihr Kind benötigt nicht alle drei Tage frische Bettwäsche, ein anderes Mobile oder neues Spielzeug. Sicherheit und Beständigkeit helfen Babys, leichter Vertrauen zu gewinnen.

- **Das Baby wach zu Bett bringen**
  Nur wenn Sie Ihr Kind wach in sein Bettchen legen, kann es lernen, allein einzuschlafen. Irgendwann kommt der Punkt, an dem Ihr Baby schon sehr früh weiß, dass es nun bald ins Bett geht – und es sich darauf freut. Sorgen Sie dafür, dass nicht Sie zu einer Einschlafhilfe werden, sondern trauen Sie Ihrem Baby zu, ohne Sie einschlafen zu können.

- **Rituale einbauen**
  Babys lieben es, wenn Vorgänge nach einem immer gleichen Muster ablaufen – schließlich wollen sie wissen, was auf sie zukommt. Ziehen Sie Ihrem Baby vor dem Zubettgehen einen Schlafsack an, lernt Ihr Baby mit der Zeit: Sobald der Schlafsack kommt, ist es Zeit ins Bett zu gehen. Sinnvoll: jeden Abend dasselbe Gutenachtlied singen, ein Gutenachtgebet sprechen, eine Spieluhr aufziehen, einen Kuss geben ...

- **Essen und Schlafen trennen**
  Nach der letzten Mahlzeit sollte das Baby noch ein bisschen wach bleiben dürfen. Je nach Alter kann es sich dabei anfangs um zehn Minuten, später um eine Stunde handeln. Entscheidend ist der Lerneffekt, dass das Trinken an der Brust oder aus der Flasche nichts mit Einschlafen zu tun hat. Hunger und Schlaf sind völlig verschiedene Bedürfnisse!

- **Sich als Eltern zurückhalten**
  Wenn Ihr Baby anfangs im Bett weint und Trost sucht, warten Sie erst etwas ab und nehmen Sie es nicht sofort wieder aus dem Bett und auf den Arm. Sie müssen wissen, dass anfängliches (bisweilen heftiges) Weinen auch eine Möglichkeit für Babys ist, die Ereignisse des Tages zu verarbeiten und Stress abzubauen.

Vom richtigen Zeitpunkt

Neugeborene können Sie (allen Aussagen zum Trotz) in den ersten drei Monaten gar nicht verwöhnen. Denn gerade in dieser Zeit ist Ihr Baby nicht nur von Ihrer Pflege, sondern auch von Ihrer Liebe und Zuneigung abhängig. Genießen Sie deshalb möglichst viel Körperkontakt und Nähe. Es ist völlig in Ordnung, wenn das Baby zwischendurch auf Ihrem Arm oder im Tragetuch einschläft. Aber legen Sie Ihr Baby bereits jetzt immer mal wieder wach ins Bett, wenn es zeigt, dass es müde ist. Starten Sie in den ersten Wochen mit einem geeigneten Einschlafritual. Babys erkennen dies nach wenigen Tagen als Signal zum Einschlafen. Wenn das Baby nach kurzer Zeit anfängt zu weinen, können Sie es trösten. Sprechen Sie liebevoll mit ihm, streicheln Sie es, machen Sie die Spieluhr an. Aber nehmen Sie es nicht sofort auf den Arm. Ab dem vierten Lebensmonat sollten Sie versuchen, Ihr Kind möglichst jedes Mal wach ins Bett zu legen, wenn Schlafenszeit ist. Sollte es anschließend quengeln, nehmen Sie es lieber nicht sofort hoch, sondern geben Sie ihm die Möglichkeit, sich selbst zu trösten. Vielleicht mag es ja auch einfach nur mal schimpfen, weil ihm etwas an dem Tag nicht gefallen hat? In diesem Fall hilft es, wenn Sie ihm gut zureden und ihm das Gefühl geben, seine Situation zu verstehen.

Wenn es nicht klappt – woran kann es liegen?

Tatsächlich sind es nur einige wenige klassische Versehen, die dazu führen können, dass Babys, die normalerweise nach einer gewissen Lernphase gut allein einschlafen können, plötzlich Probleme mit dem Zubettgehen haben.

KLASSISCHE SCHWIERIGKEITEN

Tatsächlich treten die meisten Schlafprobleme auf, weil ...

- ... das Kind beim Trinken einschläft.
- ... das Kind auf dem Arm einschläft.
- ... die Eltern nicht möchten, dass das Kind weint, und deshalb um jeden Preis versuchen, es abzulenken.
- ... die Eltern bereits beim ersten Mucks zum Baby laufen.

Fall 1: Das Baby beim Trinken oder auf dem Arm einschlafen lassen

Das Baby war einige Zeit wach, dann begann es zu quengeln. Die Mutter gibt ihm zu trinken. Glücklich nuckelt es, trinkt ein paar Schlucke Milch und schläft zufrieden ein. Die Mutter nutzt die Gelegenheit, schleicht zum Babybett und legt ihr Kind behutsam ab – nur ja nicht aufwecken! Vorsichtig schleicht sie aus dem Zimmer. Doch noch bevor sich die Tür schließt, ist das Baby wach – und schreit. Ursache des Schreiens: Mama ist weg! Das Baby schreit zu Recht, denn man hat ihm seine Einschlafhilfe entzogen. Das bedeutet in seinen Augen eigentlich das Ende der Schlafenszeit, obwohl es noch müde ist und schlafen möchte. Um wieder einschlafen zu können, verlangt das Baby nach der alten Situation, sprich nach der Brust beziehungsweise der Flasche.

Legen Sie Ihr Baby gelegentlich wach ins Bett, so gewöhnt es sich ans allein Schlafen.

Versuch: Legen Sie Ihr Baby wach ins Bett und helfen Sie ihm, allein in den Schlaf zu finden. Wenn es ein sehr starkes Saugbedürfnis hat, können Sie ihm ein Schmusetuch oder einen Schnuller anbieten.

- Trick: Jedes Baby liebt den Geruch seiner Mutter. Damit es darauf nicht verzichten muss, legen Sie ihm ein von Ihnen getragenes T-Shirt unter sein Köpfchen.

Fall 2: Müdigkeitssignale nicht erkannt
Das Baby hat gut getrunken, ist versorgt und möchte spielen. Seine Mutter lässt sich darauf gern ein und macht ihm Fingerspiele vor, kitzelt es am ganzen Körper und erfreut sich an dem strahlenden Baby. Als ein Telefonanruf kommt, sitzt es ruhig und zufrieden auf dem Schoß. Doch kurz darauf schlägt die Stimmung rapide um: Das Baby quengelt, reibt sich die Augen, wirft sich nach hinten. »Es will spielen«, denkt die Mutter und setzt das vorherige Unterhaltungsprogramm fort mit dem Ergebnis, dass das Baby noch lauter schreit.
Ursache: Das Baby war müde und wollte schlafen. Dieses Bedürfnis drückte es zuerst mit Quengeln aus, dann steigerte es sich ins Schreien hinein. Die Mutter interpretierte das Schreien als Langeweile. Empfehlung: Achten Sie auf Ruhephasen! Geben Sie sich Mühe, die Signale der Müdigkeit zu erkennen. Sobald das Baby quengelt, ab ins Bett.

Das Durchschlafen

Die meisten Mütter möchten wissen, ab wann ihr Kind denn endlich das erste Mal durchschlafen kann. Erfahrungsgemäß ist dies in den ersten drei Monaten noch nicht der Fall. Denn dann ist ein Baby noch nicht in der Lage, den Tag von der Nacht zu unterscheiden. Es kann zuweilen vier bis sechs Monate dauern, bis sich die »innere Uhr« eingestellt hat. Wenn diese dann richtig tickt, sinkt nachts die Körpertemperatur des Babys ab, und der kindliche Organismus schaltet auf Schlaf um. Wissenschaftler bezeichnen es als Durchschlafen, wenn das Baby etwa von Mitternacht bis sechs Uhr morgens schläft, ohne einmal richtig wach geworden zu sein (also sechs Stunden Schlaf am Stück). In den allermeisten Fällen sind Babys nach einem halben Jahr dazu in der Lage. Es gibt aber auch hier Ausnahmen, also Babys, die schon deutlich früher und manchmal sogar schon länger als sechs Stunden am Stück schlafen konnten.

Leider ist dies erfahrungsgemäß kein Zustand von längerer Dauer, denn um den sechsten Monat herum machen viele Babys einen großen Entwicklungsschub durch, der sie unruhig werden lässt (mehr Informationen siehe Buchklappentext hinten).
In dieser Zeit haben die Babys vermehrt Hunger und verlangen dementsprechend wieder häufiger nach Essen, auch nachts. Diesen Entwicklungsschub sollten Sie einkalkulieren, damit Sie nicht auf alte, ungünstige Verhaltensmuster zurückgreifen.

Durchschlafen leichter gemacht

Die folgenden Faktoren tragen dazu bei, dass Ihr Baby leichter durchschlafen kann. Sie gelten für Babys ab sechs Monaten.

Die Nacht nicht zum Tag machen

Behalten Sie immer im Auge, wie viele Stunden Schlaf Ihr Kind seinem Alter entsprechend benötigt (siehe Seite 227). Der Großteil der Schlafenszeit sollte nachts stattfinden, sodass bei einem vier bis sechs Monate alten Kind tagsüber nicht mehr als zwei Nickerchen von jeweils etwa zwei Stunden nötig sind. Ein Kind, das tagsüber sechs bis neun Stunden schläft, ist nachts ausgeschlafen und topfit. Ab einem Alter von sechs Monaten sollten Sie die beiden Tagesnickerchen daher auf höchstens ein bis zwei Stunden begrenzen.

Satt schläft es sich am besten

Zuweilen wird empfohlen, Babys ab dem sechsten Monat spätabends noch eine (letzte) Nachtmahlzeit anzubieten, um sicherzugehen, dass das Baby nicht durch Hunger aufwachen muss. Idealerweise findet diese Mahlzeit etwa zu dem Zeitpunkt statt, an dem die Mutter selbst schlafen gehen möchte. Dafür können Sie Ihr Baby schlafend aus dem Bett nehmen und an die Brust anlegen beziehungsweise die Flasche anbieten. Im Normalfall fängt das Baby an zu saugen, sobald Sie seine Unterlippe berühren. Achten Sie darauf, dass Ihr Baby nicht komplett wach wird. Das heißt, Sie machen für diese Nachtmahlzeit kaum Licht und sprechen auch nicht mit dem Baby. Meist ist auch kein Bäuerchen notwendig, da Babys im Schlaf ruhig und entspannt trinken, sodass sie nur wenig Luft schlucken. Wenn die Windel nicht übermäßig nass oder voll ist, müssen Sie Ihr Baby auch nicht wickeln. Nachdem es satt ist, legen Sie es einfach wieder schlafend zurück ins Bett. Kinder, die spätabends noch eine Mahlzeit bekommen, haben in der Regel genug Kalorien im Bauch, um die kommenden Stunden gut schlafen zu können.

TIPP: FÜHREN SIE EIN SCHLAFPROTOKOLL

Manchmal kann es sinnvoll sein, ein Schlafprotokoll zu führen. Notieren Sie morgens, wann Ihr Baby aufwacht und wie seine Stimmungslage ist. Wann und wie lang schläft es tagsüber? Wann geht es abends zu Bett, wie viel Zeit benötigt es zum Einschlafen? Wann wacht es nachts auf? Das Protokollieren lohnt sich. Bereits nach vier bis fünf Tagen lässt sich ein individuelles Schlafmuster erkennen.

Nicht gleich aufspringen
Wenn Ihr Baby nachts aufwacht und vor sich hin quengelt, sollten Sie nicht gleich zu seinem Bettchen stürmen. Geben Sie Ihrem Kind die Chance, allein wieder in den Schlaf zu finden. Erst wenn es wirklich laut weint und ganz wach zu werden droht, sollten Sie zu ihm gehen und es trösten.

Schlafstörungen bei Babys

- Babys, die im ersten halben Jahr Schwierigkeiten beim Ein- und Durchschlafen haben, konnten meist einfach noch keinen geregelten Schlaf-wach-Rhythmus finden. Eine richtige Schlafstörung liegt in diesem Fall nicht vor. Von Schlafstörungen sprechen Experten dann, wenn ein Kind ab einem Alter von etwa sechs Monaten pro Nacht folgende Kriterien erfüllt: Es wacht häufiger als dreimal auf.
- Es ist dabei im Durchschnitt mehr als 20 Minuten wach.
- Es braucht immer seine Mama oder den Papa zum Einschlafen.
- Die Probleme treten seit mehreren Wochen immer wieder auf.
- Es liegen körperliche Ursachen vor (zum Beispiel eine Verengung der Atemwege).

»Schlafräuber«

Es ist für alle Eltern ein Glück, wenn Babys gelernt haben, allein einzuschlafen und die Nächte bis zum Morgen durchzuschlafen. Aber es ist gut möglich, dass Ihr Baby einige Nächte hervorragend schläft – und auf einmal klappt gar nichts mehr. Das kann ganz verschiedene Gründe haben, die Sie zuerst abklären sollten.

HILFE VON PROFIS

Wenn Sie glauben, dass Ihr Kind unter Schlafstörungen leidet, sollten Sie sich nicht scheuen, professionelle Hilfe in Anspruch zu nehmen. Fragen Sie Ihren Kinderarzt um Rat, er kann Sie an eine Beratungsstelle verweisen. Das ist vor allem dann wichtig, wenn Sie das Gefühl haben, dass Ihr Baby unter einer körperlich bedingten Schlafstörung leiden könnte, oder wenn Sie, Ihr Partner oder ein Geschwisterkind durch Babys Schlafstörung an Ihre Grenzen stoßen.

1. Macht Ihr Kind gerade einen Entwicklungsschub durch?
Wissenschaftler haben festgestellt, dass Babys in den ersten 14 Monaten acht Entwicklungsschübe durchmachen (siehe hintere Umschlagklappe). In dieser Zeit steht für die Babys ihre gewohnte Welt kopf, das Schlafen klappt nicht mehr richtig, und sie wollen nur noch zurück zum vertrautesten Ort der Welt – zu Mama. Wundern Sie sich also nicht, wenn Ihr Kind quengelt, immer wieder an die Brust möchte und nur noch bei Ihnen sein will. Ist der Wachstumsschub vorbei, klappt auch das Schlafen wieder.

2. Hat Ihr Baby durch den Entwicklungsschub besonders viel Hunger?
Viele Babys benötigen während eines Entwicklungsschubs so viel Energie, dass sie mehr Hunger haben als sonst. Bieten Sie Ihrem Baby deshalb tagsüber eine zusätzliche (Still-)Mahlzeit an.

3. Zahnt Ihr Baby?

Wir Erwachsenen können uns daran nicht mehr erinnern, aber Kinder zeigen es uns immer wieder: Das Zähnekriegen kann schmerzen und Babys ihren Schlaf rauben. Globuli und Gel für die Zahnleisten lindern den schlimmsten Zahnungsschmerz (mehr Informationen siehe Seite 273 f.) und lassen Ihr Baby wieder besser schlafen.

4. Hat Ihr Baby Blähungen?

Sobald Babys Verdauungssystem auf feste Kost umgestellt wird, können Blähungen auftreten. Diese sind mitunter so heftig, dass die Babys davon aufwachen. Ebenso ist es möglich, dass ein Baby auf eine andere Säuglingsmilchnahrung mit Verstopfung oder Blähungen reagiert.

STRUKTUR FÜR BABYS 24-STUNDEN-TAG

Durch Beständigkeit und Rituale lernt das Kind, wie sein Tag strukturiert ist.

- Sinnvoll vor dem Schlafengehen sind »Ruheinseln« wie ein abgedunkeltes Zimmer, leise Musik oder sanftes Wiegen auf dem Arm.
- Versuchen Sie, kritische Schreistunden am Abend zu überbrücken, etwa durch Spazierengehen.
- Timeout für die Mutter: Bei Erschöpfung oder aufsteigender Wut sollten Sie Ihr Baby an einem sicheren Platz ablegen und zunächst selbst zur Ruhe kommen. Spannen Sie den Vater, die Oma oder eine Freundin als Helfer ein.

Wenn Ihr Baby nicht schlafen kann, weil es Zähne bekommt, kann ein Beißring helfen.

5. Ist Babys Windel voll?

Manchen Babys ist in dieser Beziehung alles egal, andere sind sehr empfindlich: Es ist gut möglich, dass Ihr Kind wach wird, wenn seine Windel voll und nass ist. Dann sollten Sie die Windel wechseln – möglichst ohne viel Licht und ganz leise.

6. Hat Ihr Baby den Schnuller verloren?

Ihr Baby hat sich an den Schnuller als Einschlafhilfe gewöhnt? Erfahrungsgemäß ist es für Babys schwierig, im Schlaf über längere Zeit den Schnuller im Mund zu halten. Sollte er rausfallen, kann Ihr Kind ihn vielleicht im Dunkeln nicht finden.
Tipp: Wenn Ihr Baby den Schnuller selbst finden kann (dies ist in der Regel mit etwa zehn Monaten der Fall), können Sie ihm gleich mehrere Schnuller ins Bett legen.

TOD IM SCHLAF – DER PLÖTZLICHE KINDSTOD

Es ist das Schlimmste, was sich Eltern vorstellen können: morgens ins Kinderbett zu schauen und sein Kind tot vorzufinden. Zum Glück passiert dies hierzulande immer seltener. Während laut Gesundheitsberichterstattung des Bundes im Jahre 2000 noch 482 Babys am SIDS (Sudden Infant Death Syndrome) starben, waren es im Jahre 2015 127 Säuglinge. Tendenz weiterhin sinkend. Warum zuvor normal und gesund erscheinende Babys – übrigens gehäuft zwischen dem zweiten und vierten Lebensmonat, vor allem im Winter – daran sterben, ist noch unklar. SIDS tritt im Schlaf während des ersten Lebensjahrs auf. Eine Diagnose ist oft nur durch eine Obduktion möglich. Vieles deutet darauf hin, dass die Atmung der Babys im Schlaf versagt. Doch meist führen mehrere Faktoren zu dem fatalen Ergebnis.

Vorbeugen – aber wie?

Mit folgenden Maßnahmen können Sie dem plötzlichen Kindstod vorbeugen:

- Babys sollten im ersten Halbjahr unbedingt auf dem Rücken schlafen. Dafür sollten Babys im wachen Zustand unter Aufsicht immer mal wieder auf den Bauch gelegt werden, um Verformungen des Schädels zu vermeiden (siehe Seite 57).
- Die Umgebung eines Babys sollte unbedingt rauchfrei sein.
- Schlafsäcke für Babys sind sicherer als Decken, denn sie können nicht über den Kopf gezogen werden und lassen sich nicht wegstrampeln (siehe Seite 29).
- Verzichten Sie auf ein Kopfkissen und Kuscheltiere, damit Ihr Baby darunter nicht ersticken kann.
- Legen Sie kein Schaffell ins Babybettchen. Es könnte einen Wärmestau verursachen.
- Es scheint förderlich, das Baby im Elternschlafzimmer, allerdings im eigenen Bett schlafen zu lassen. Vermutlich wird das Kind durch die Schlafgeräusche der Eltern zum Atmen animiert. Bei Eltern, die rauchen, ist Schlafen im Elternbett definitiv nicht empfehlenswert. Auch gemeinsames Schlafen auf dem Sofa bitte unbedingt vermeiden!
- Die ideale Schlaftemperatur für Babys liegt am Tag bei 16 bis 20 °C, nachts bei 17 bis 18 °C. Stellen Sie das Kinderbett nie direkt neben die Heizung oder in die pralle Sonne.
- Vermeiden Sie alles, was zur Überhitzung führen könnte, wie dicke Decken, dicke Socken, eine dicke Mütze, dicke Handschuhe oder ähnlich warme Anziehsachen.
- Babys, die regelmäßig einen Schnuller nutzen, scheinen einem geringeren Risiko ausgesetzt zu sein. Die vorbeugende Wirkung wird mit einer Erweiterung der oberen Atemwege oder einer geringeren Schlaftiefe erklärt. Das frühe Nutzen eines Schnullers bedroht nicht unbedingt den Stillerfolg, allerdings gibt es andere Nebenwirkungen beim Schnullern (siehe Seite 24). Eltern müssen also zwischen Nutzen und möglichen Nebenwirkungen abwägen. Wichtig: Wenn Ihr Baby den Schnuller ablehnt, dann auch bitte nicht dazu zwingen.
- Stillen im gesamten ersten Lebensjahr.

Ist mein Kind ein »Risikobaby«?

Treffen auf Ihr Baby folgende Voraussetzungen zu, gilt es als besonders gefährdet:

- Es schläft auf dem Bauch oder in einer instabilen Seitenlage.
- Ein Geschwisterchen ist am plötzlichen Kindstod verstorben.
- Es hat immer wieder Atemaussetzer.
- Es ist ein Frühchen (vor der 32. Schwangerschaftswoche zur Welt gekommen) oder eine Mangelgeburt.
- sein Geburtsgewicht lag unter 2000 Gramm.
- Es wurde nicht gestillt oder früh abgestillt. Das Baby schläft auf weichen Unterlagen wie Decken oder Wasserbett oder im Elternbett.
- Untersuchungen haben gezeigt, dass Kinder von Eltern, die stark rauchen, viel Alkohol trinken oder Drogen nehmen, besonders häufig vom plötzlichen Kindstod betroffen sind.

Mütze – ja oder nein?

Um eine Überhitzung zu vermeiden, wird als vorbeugende Maßnahme gegen den plötzlichen Kindstod empfohlen, Babys zum Schlafen in der Nacht keine Mütze anzuziehen. Gleichzeitig sollte die Temperatur im Schlafzimmer aber unter 18 °C liegen. Da dies dazu führen kann, dass besonders Neugeborene einen hohen Wärmeverlust über den Kopf erleiden, gilt es, von Fall zu Fall abzuwägen. Beispiel: Ist Ihr Baby ein Frühchen, gehört es in die Risikogruppe für SIDS. Setzen Sie ihm im Winter ein ganz dünnes Mützchen auf.

BABYMONITORE

Im Handel erhältlich sind sogenannte Baby-Überwachungssysteme, mit deren Hilfe viele Eltern ihr Kind vor dem plötzlichen Kindstod schützen möchten. Dabei handelt es sich um hochsensible Sensormatten, die ins Babybett gelegt werden, genauer: unter die Matratze. Dort sollen sie die Bewegungen des Kindes, genauer gesagt die Druckunterschiede registrieren bzw. Alarm schlagen, falls keine Bewegungen stattfinden. Jede noch so geringe Bewegung sollen sie erfassen, sogar die Atembewegung.

Der Nachteil: Auch Bewegungen außerhalb des Babybetts werden registriert. Diese Nebengeräusche können die Bewegungen des Kindes überlagern und dazu führen, dass erst dann Alarm geschlagen wird, wenn überhaupt keine Bewegung mehr stattfindet. Unter Umständen ist es dann bereits zu spät. Da bei diesen Systemen die Atembewegungen des Kindes nicht direkt am Körper gemessen werden, sind sie für Risikokinder nicht zu empfehlen. Außerdem könnten Eltern von Risikokindern im Glauben sein, diese Matte reiche als Prophylaxe aus, und sich dadurch nicht mehr an die genannten Vorbeugungsmaßnahmen halten (siehe ab Seite 240). Davor ist dringend zu warnen!

Sollte Ihr Baby kein Risikokind sein und Sie eine risikoarme Schlafumgebung schaffen, dann spricht nichts gegen die Verwendung dieser zusätzlichen Kontrollmöglichkeit.

FRAGEN & ANTWORTEN

Woher kommt das eigentlich, dass man nach jeder REM-Phase (Traumschlafphase) kurz aufwacht?

Experten halten dieses kurze Wachwerden für eine Art Warnsystem und erklären sich das so: Zu Urzeiten war der Mensch Tag und Nacht gefährlichen Situationen ausgesetzt. Man hatte keine stabilen Häuser, sondern übernachtete in der Regel unter freiem Himmel und war damit immer den Feinden ausgesetzt. Hätte die Natur den Menschen ausschließlich mit dem Tiefschlaf ausgestattet, könnte er nicht so schnell auf Gefahren reagieren. Auch wenn wir heute noch nach jeder Traumschlafphase kurz wach werden, können wir blitzschnell auf Verdächtiges wie Brandgeruch oder ungewohnte Geräusche reagieren. Bei Kindern läuft das nicht anders. Wenn sie nachts aufwachen, überprüfen sie die Lage: Ist mein Schnuller greifbar? Liege ich richtig? Ist Mama da?

Darf ich unser Baby bei uns im Bett schlafen lassen?

Formulieren wir es mal so: Die Sorge, Sie könnten Ihr Baby im Schlaf erdrücken, ist eher unberechtigt. In der Regel ist der mütterliche Schlaf leicht genug, und Ihr Instinkt schützt Sie davor, sich auf das Baby zu legen. Das gilt allerdings nur, solange die Mutter nicht unter dem Einfluss von Medikamenten, Alkohol oder Drogen steht. Sollte das der Fall sein, ist das gemeinsame Schlafen im Familienbett auf keinen Fall empfehlenswert. Aus Sicht der Kinderärzte ist gemeinsames Schlafen generell problematisch: Oft meinen es die Eltern gut und decken das Baby mit ihrer Bettdecke zu. Dabei besteht die Gefahr, dass das Baby überhitzt oder unter die Decke rutscht und erstickt (siehe Seite 240).

Es könnte ein Kompromiss sein, dass Ihr Baby in Ihrem Bett schlafen darf, wenn es seinen eigenen Wärmespender hat, etwa einen Schlafsack. Bitte decken Sie Ihr Baby dann nicht noch extra mit einer Decke zu. Bedsharing sollten Eltern vermeiden, lautet der Rat der Arbeitsgemeinschaft der Wissenschaftlichen Medizinischen Fachgesellschaften, die erst 2018 erneut Empfehlungen zur Vorbeugung des plötzlichen Säuglingstods herausgegeben hat. Kinderärzte bemängeln, dass Eltern diese Empfehlung nicht ernst nehmen.

Wie kann ich meinem Baby helfen, schneller in den Tag-Nacht-Rhythmus zu kommen?

Leben Sie ihm vor, dass der Tag die aktive Hälfte ist. Hier wird gesprochen, gesungen, gelacht, gegessen, gearbeitet – das Baby darf spielen, bekommt vorgelesen und wird massiert, es kann ein Bad nehmen und so weiter. Wichtig: Zeigen Sie Ihrem Kind das Tageslicht. Gehen Sie möglichst jeden Tag spazieren und stellen Sie tagsüber den Stubenwagen ans Fenster (direkte Sonneneinstrahlung aber bitte vermeiden). Lassen Sie Ihr Baby die Nacht dagegen als die ruhigere Tageshälfte erleben. Nun gibt es keine großartigen Aktivitäten. Nächtliches Füttern findet im abgedunkelten Raum statt. Wenn Sie wickeln müssen, sollten Sie es bei minimaler Beleuchtung tun. Auch wichtig: Nachts nicht laut sprechen.

Stimmt es, dass es Matratzen gibt, aus denen giftige Gase austreten?

Der neuseeländische forensische Chemiker Dr. Tim Sprott und sein englischer Kollege A. Richardson fanden heraus, dass in den Matratzen der an SIDS verstorbenen Kinder giftige Gase entstanden sind (die Wasserstoffverbindungen von Phosphor, Antimon und Arsen). Außerdem fanden die beiden Forscher heraus, dass auf den Matratzen der SIDS-Opfer ein Pilz vorhanden war – allerdings nur an den Stellen, wo die Kinder gelegen und die Stelle durch Schweiß, Speichel oder Urin feucht und warm gehalten hatten. Diese toxischen Gase der Matratze (sie sind sehr viel giftiger als Kohlenmonoxid und schwerer als Luft) in Verbindung mit dem Pilz führten ihrer Untersuchung nach zu einer Atemlähmung der Kinder. Besonders gefährdet sind Kinder, die lang in ihren Betten bleiben, auf dem Bauch in Tragtaschen schlafen und mit Decken zugedeckt werden. Daraufhin wurden Matratzenumhüllungen entwickelt, welche den Austritt der giftigen Gase verhindern sollen. Diese Hüllen werden seit Jahren unter anderem in Neuseeland sehr erfolgreich gegen SIDS eingesetzt. Die Gemeinsame Elterninitiative Plötzlicher Säuglingstod (GEPS) Deutschland e. V. hält den Zusammenhang zwischen den toxischen Gasen und den tödlichen Atemaussetzern für möglich, allerdings nicht für die alleinige Ursache für SIDS. Sie sieht in den Gasen plus Pilz einen zusätzlichen Auslöser und warnt davor, so eine Matratzenumhüllung als einzige Prophylaxemaßnahme zur Vorbeugung des plötzlichen Kindstods einzusetzen. Achten Sie beim Kauf einer Babymatratze darauf, dass diese keine Flammschutzmittel und keine Weichmacher aus Arsen-, Antimon- oder organischen Phosphorverbindungen enthält, da sie bei Anwesenheit von Bakterien oder Pilzen in toxische Gase umgewandelt werden können.

Sobald ich mein Baby ins Bettchen lege, fängt es an zu schreien. Soll ich es dann gleich wieder herausnehmen?

Haben Sie Anzeichen von Müdigkeit wahrgenommen (Gähnen, Quengeln, Augenreiben) und Ihr Kind ins Bett gelegt, sollten Sie es nicht gleich wieder herausnehmen, wenn es anfängt zu schreien. Immer wieder kommt es vor, dass Schreien und Weinen bei vielen Kindern eine Art Einschlafhilfe darstellen. Die meisten Babys müssen erst einmal die Eindrücke des Tages verarbeiten, und dabei kann das Weinen eine hilfreiche Maßnahme sein.

Versuchen Sie, geduldig zu sein, und geben Sie Ihrem Baby einige Minuten Zeit für sich alleine. Sie können draußen vor der Zimmertür lauschen (oder mithilfe des Babyfons) und kurz abwarten, was geschieht. Viele Kinder schlafen nach einer Weile ein. Sollten Sie aber wegen des Weinens beunruhigt sein, können Sie sich einfach noch eine Weile neben das Bettchen setzen und leise summen oder mit dem Baby sprechen. Bitte in dieser Situation kein großes Programm veranstalten, Sie müssen nicht besonders aktiv sein. Manche Kinder schlafen einfach besser, wenn sie wissen, dass jemand Vertrautes in ihrer Nähe ist.

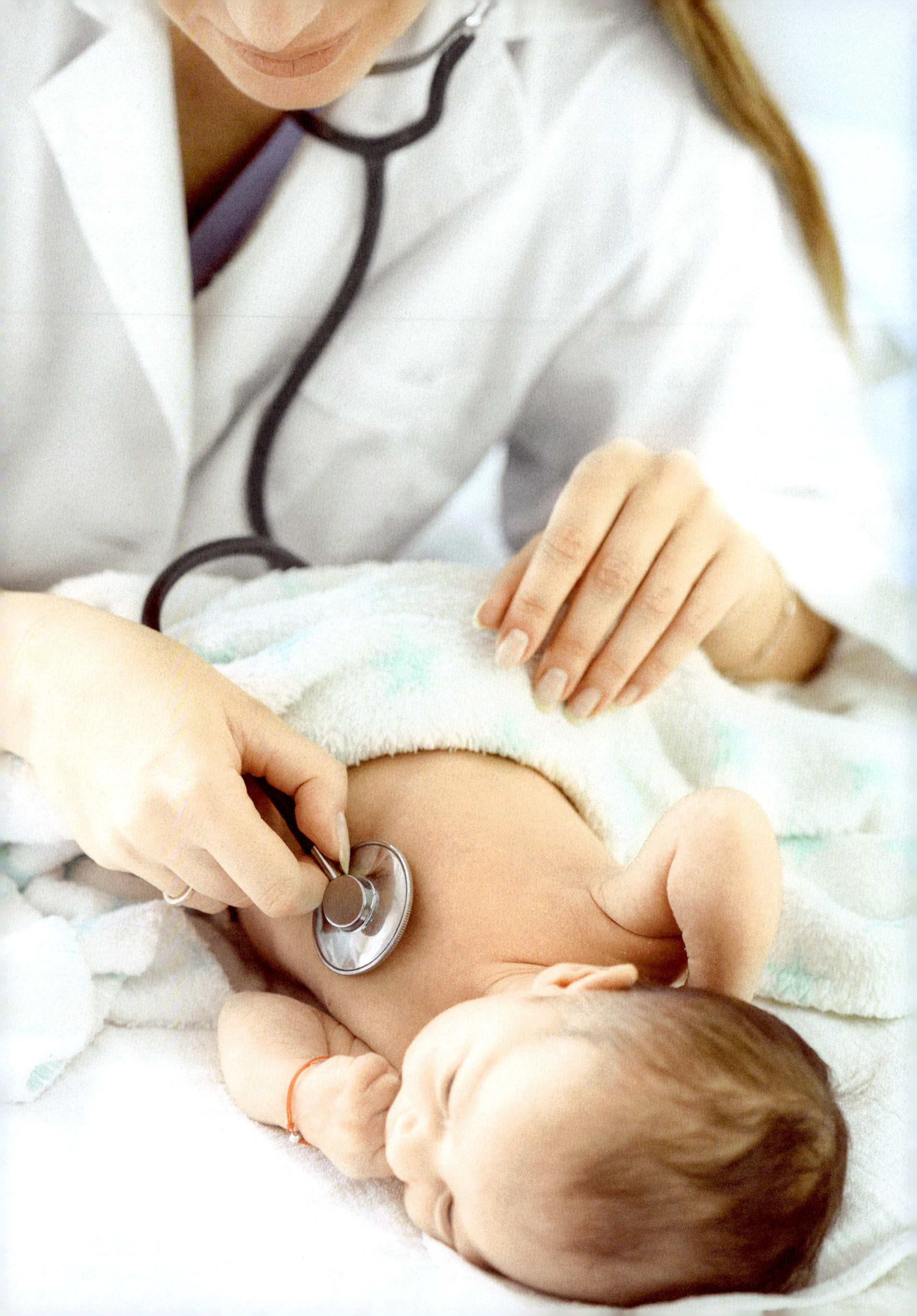

SOS – MEIN BABY IST KRANK

Eine gute Nachricht zu Beginn: Kinderärzte sagen, dass das erste Lebensjahr grundsätzlich eine gesundheitlich stabile Phase im Leben eines Menschen sei. Wenn Ihr Kind sich dann doch einmal unwohl fühlt oder krank ist, finden Sie hier Tipps und Informationen, wie Sie Ihren kleinen Liebling beim Gesundwerden unterstützen können.

GRÖSSERE UND KLEINERE WEHWEHCHEN **246**

GRÖSSERE UND KLEINERE WEHWEHCHEN

Für Eltern ist es immer schlimm, mitanzusehen, wie ihr Kind leidet. Dabei ist Kranksein etwas ganz Normales und in der Regel nicht weiter tragisch, denn Infektionskrankheiten verlaufen gerade im ersten Lebensjahr eher mild und bringen die Kinder in ihrer Entwicklung gleichzeitig auch einen Schritt nach vorn. Zusätzlich zum Arztbesuch können Sie Ihr Kind mit den hier vorgeschlagenen Maßnahmen bei der Genesung unterstützen.

WINDELDERMATITIS

So kann's gehen: Sie öffnen die Windel und sehen, dass Babys Po gerötet ist. Auch wenn die Pflege noch so gewissenhaft und gründlich ist – fast jedes Baby leidet irgendwann einmal darunter.

Wunder Po (Irritative Dermatitis)

Unter Windeldermatitis versteht man eine Hautentzündung im Windelbereich mit verschiedensten Ausprägungen, die jeweils speziell behandelt werden müssen.

Symptome

Der ganze Pobereich ist stark gerötet. Die Hautentzündung breitet sich auch oft auf Genitalien und Oberschenkelinnenseiten aus. Diese Rötung ist die erste Stufe – die zweite ist, dass der Po offene, blutige Stellen hat. Für Ihr Baby ist dies sehr schmerzhaft, vor allem wenn die kleineren und größeren »Geschäfte« in die Windel dazukommen.

Ursachen

- **Durchfall:** Wenn Stuhl und Urin zu lang in der Windel bleiben, werden Enzyme aktiviert, welche die sensible Babyhaut reizen können. Der nasse Windelinhalt führt zu einer vermehrten Wassereinlagerung in der Haut und schließlich zur Öffnung der Hautstellen (Wundwerden). Das feuchte Milieu in der Windel fördert eine Pilzinfektion (Candida).
- **Windeln:** Stoffwindeln mit rauem Höschenbund können an den Stellen, wo Plastik auf der Haut reibt, Hautreizungen verursachen. Das Gleiche gilt für Wegwerfwindeln, wenn der (nicht saugfähige) Windelrand eingeschlagen wird und auf die Haut kommt.
- **Pflegefehler:** Zu seltener Windelwechsel. Auch die übermäßige Verwendung von Cremes und Ölen kann Hautreizungen auslösen, zu fette Salben eine Salbenakne begünstigen. Daher starkes Cremen in den Hautfalten vermeiden.
- **Therapiefehler:** Immer wieder werden wässrige Lösungen mit Methylrosanilin verwendet (kann man in der Apotheke anmischen lassen), allerdings ist die richtige Konzentration wichtig: Auf der Haut sollte die Konzentration nicht über 0,25 Prozent liegen, im Schleimhautbereich nicht über 0,1 Prozent. Achten Sie auch aufs Verfallsdatum!

Zum Arzt

Sobald der Windelbereich extrem stark gerötet ist, spätestens aber wenn blutige Hautstellen sichtbar sind.

Behandlung

Ab jetzt heißt es: Wickeln, wickeln und nochmals wickeln – in den ersten Tagen möglichst im Stundentakt. In der Apotheke gibt es hilfreiche Mittel auf Zinkbasis gegen das Wundsein. Empfehlenswert ist eine entzündungshemmende und pflegende weiche Zinkpaste, die sich dünn auftragen lässt und sich wie ein schützender Film auf die erkrankte Haut legt. Auch Salben mit dem Wirkstoff Dexpanthenol bringen gute Erfolge. Bitte verwenden Sie jetzt keine parfümierte (Baby-)Creme oder Vaseline und keine Feuchttücher. Zum Reinigen reicht

ZINKSALBE

Zinkhaltige Pasten und Salben erhalten Sie rezeptfrei in der Apotheke. Bitte diese Präparate nicht dauerhaft zur Vorbeugung von Windeldermatitis benutzen, da die zarte Babyhaut keiner (Über-)Pflege bedarf, die zu unnötigen Hautirritationen führt.

klares Wasser aus. Aber auch Öltücher können helfen, den Windelbereich zu säubern. Lassen Sie das Baby so oft wie möglich ohne Windel strampeln. In den kälteren Jahreszeiten klappt das unter dem Heizstrahler im Bad. Auch wirkungsvoll: die Bestrahlung der wunden Stellen mit Rotlicht. (Achtung: Die Lampe nicht zu nah ans Baby stellen!) Bei sehr nässenden und offenen Hautstellen verordnet der Arzt spezielle Präparate. Manchmal halten Wegwerfwindeln Babys Po trockener als Stoffwindeln. Es kann auch sinnvoll sein, hin und wieder die Windelmarke zu wechseln.

WINDELSOOR

Bei Soor handelt es sich um einen Pilzbefall, der vorwiegend im Windelbereich, aber auch im Mund auftritt. Er kann von einem Körperbereich zum anderen übertragen werden. Ist bei einem Säugling ein Pilzbefall im Mund festgestellt worden und gleichzeitig eine Windeldermatitis nachweisbar, dann deutet dies darauf hin, dass auch der gesamte Magen-Darm-Bereich mit dem Pilz (Candida albicans) infiziert sein kann.

Symptome

Das Baby trinkt plötzlich schlechter und fühlt sich insgesamt unwohl. Es quengelt verstärkt und ist unzufrieden, wenn es an der Brust trinkt. Kein Wunder – Soor kann beim Saugen Schmerzen verursachen. Bei einem ausgedehntem Befall kann der gesamte Mundraum entzündet und wund sein und das Trinken dadurch erschweren. Im Mund bilden sich auf der Zunge, an der Lippen- oder Wangenschleimhaut weiße Beläge mit roten Umrandungen. Soor im Windelbereich zeigt sich durch scharf begrenzte rote, am Rand schuppende Punkte, die auch ineinander übergehen können. Häufig bilden sie sogenannte »Satelliten« an den Oberschenkeln und am Bauch. Die entzündeten Hautbereiche können nässende und offene Stellen aufweisen.

Ursachen

Soor ist eine harmlose Pilzinfektion, die sich rasch ausbreiten kann. Das Wachstum der Keime wird durch ein feuchtwarmes Windelmilieu gefördert und über ungewaschene Hände, abgeleckte Schnuller, von mehreren Menschen benutztes Besteck, Küsse auf Babys Mund oder infiziertes Spielzeug in Krabbelgruppen übertragen.

Zum Arzt

Bei Verdacht auf Soor bitte den Kinderarzt aufsuchen, der je nach Ausprägung unterschiedlich behandeln kann. Bei hartnäckigen Hauterscheinungen im Windelbereich (trotz Therapie), vor allem bei gestillten Kindern, sollte der Kinderarzt überprüfen, ob eventuell ein Zinkmangel beim Baby vorliegt.

FIEBER

Fieber ist keine Krankheit, sondern eine natürliche Schutzreaktion des Körpers. Sobald Bakterien oder Viren in den Organismus eindringen, arbeitet der Stoffwechsel auf Hochtouren, und die Körpertemperatur (durchschnittlich bei 36,7 °C) steigt. Dadurch sollen Eindringlinge abgetötet und beseitigt werden. Dies gelingt bei 39 °C.

Symptome

Das Kind macht bei Fieber einen kranken, geschwächten Eindruck und ist auffällig heiß. Seine Stirn fühlt sich warm an, Hände und Füße können warm oder kalt sein. Es gibt unterschiedliche Fiebertypen: Manche Babys fiebern trocken und heiß, andere kalt (Hände und Füße) und feucht (Schweiß) – aber an Rumpf und Kopf sind beide gleich heiß. Viele Kinder haben keinen Appetit und wollen nichts trinken. Andere dagegen haben großen Durst auf Kaltes.

Ursachen

Auslöser für Fieber sind in erster Linie Viren und Bakterien. Sie können zum Beispiel eine Erkältung, einen Magen-Darm-Infekt, eine Mandel-, Rachen- oder Ohrenentzündung verursachen. Auch eine Impfung kann Fieber nach sich ziehen, ebenso viele klassische Kinderkrankheiten wie Keuchhusten, Windpocken & Co. Zahnen wird dagegen häufig als Fieberursache fehlinterpretiert.

Behandlung

Das Kind braucht Bettruhe und Eltern, die jetzt nicht in Stress geraten.

Zum Arzt

Es gibt Fieberzustände, bei denen ein Arztbesuch nicht zwangsläufig erforderlich ist (Säuglinge unter drei Monaten sollten bei Fieber aber immer dem Arzt vorgestellt werden!). Etwa dann, wenn sich das Kind trotz erhöhter Temperatur wohlzufühlen scheint und ausreichend trinkt. Sehr hohes Fieber (über 39 °C), das ohne erkennbaren Grund auftaucht und sich nicht senken lässt, sowie jegliche Verschlechterung des Allgemeinzustands (Atemnot oder schneller Atem, blasse oder bläuliche Hautfarbe, Schreien, schlechtes Trinkverhalten bei Neugeborenen und Säuglingen) erfordern jedoch umgehend einen Arztbesuch.

Grundsätzlich gilt es, das Fieber durch sinnvolle Maßnahmen zu unterstützen, denn mit seiner Hilfe kann der kindliche Körper Bakterien und Viren von sich aus besiegen. Wer zu schnell mit Medikamenten das Fieber drosselt, unterbricht den natürlichen Heilungsprozess. Mit fiebersenkenden Mitteln sollten Sie erst dann eingreifen, wenn die Temperatur über 39 °C steigt, oder bei Schmerzen auch ohne Fieber. Bei Schmerz- und Fiebermitteln ist der klassische Wirkstoff für Säuglinge Paracetamol. Um eine

DIE TEMPERATUR DEUTEN

Das sagt die Körpertemperatur Ihres Babys aus (Messung im Po):

unter 36 °C	Untertemperatur
36–37,5 °C	Normaltemperatur
37,6–38 °C	Erhöhte Temperatur
über 38 °C	Fieber

ZÄPFCHEN ODER SAFT?

Sowohl Paracetamol als auch Ibuprofen zum Fiebersenken und zur Schmerzlinderung gibt es in zwei verschiedenen Darreichungsformen:

- **Zäpfchen:** Sie bestehen aus Hartfett, in das der Wirkstoff eingebettet ist. Nach etwa 30 bis 60 Minuten setzt der Effekt ein, denn das Arzneimittel geht über den Darm schnell ins Blut über (bei Durchfall ist die Zuverlässigkeit aber fraglich). Streichen Sie etwas Creme auf Babys After und führen Sie das Zäpfchen vorsichtig ein. Wichtig: Das Kind sollte entspannt sein, was am besten gelingt, wenn es auf dem Rükken liegt und Sie seine Beine hochhalten. Bleiben Sie ruhig und führen Sie das Zäpfchen nie mit Druck ein!
- **Saft:** Schmerzlindernde oder fiebersenkende Wirkstoffe können auch als Saft gegeben werden. Der Vorteil: Er ist leicht zu verabreichen und zu dosieren. Der Nachteil: Um den Saft schmackhaft und haltbar zu machen, enthält er Süßungsmittel sowie Konservierungsstoffe.

Überdosierung zu vermeiden, beachten Sie bitte die Dosierungsempfehlung von 75 Milligramm als Einzeldosis (ein Zäpfchen). Ab dem dritten Monat ist auch der Wirkstoff Ibuprofen zugelassen. Hier lautet die Dosierung 60 Milligramm (ein Zäpfchen), als Höchstgrenze gelten drei Zäpfchen in 24 Stunden. Bei Unklarheiten fragen Sie bitte den Kinderarzt.

- **Wadenwickel:** Sie entziehen dem Körper Wärme, dürfen aber nur angewendet werden, wenn der Körper komplett warm ist (auch Hände und Füße!). Sie brauchen: vier kleine Handtücher, ein Paar große Wollstrümpfe, ein großes Handtuch. So geht's: Zwei der kleinen Tücher in Wasser tauchen, das etwa 2 °C kälter ist als Babys Körpertemperatur, und auswringen. Beide Unterschenkel jeweils einzeln vom Fußgelenk bis zum Knie faltenfrei mit einem Handtuch umwickeln. Bitte behutsam anlegen, damit das Kind nicht erschrickt. Nun die zwei trockenen Handtücher darüberwickeln und mit den Socken fixieren. Nach zehn Minuten sollten Sie die Tücher abnehmen, erneut mit lauwarmem Wasser anfeuchten und wieder anlegen. Dieser Vorgang kann dreimal wiederholt werden. Wichtig: Bei kalten Füßen sofort abbrechen!
- **Abwaschungen:** Auch das Abreiben des fiebernden Körpers mit einem feuchten, aber nicht zu kalten Waschlappen kann die Heilung beschleunigen. Das Baby wird danach nicht abgetrocknet, sondern sofort angezogen.
- **Einlauf** (ab sechs Monaten): Ein Einlauf senkt bei hohem Fieber die Körpertempe-

DÜNNE KLEIDUNG

Oft sind fiebernde Kinder zu warm angezogen. Geeignet ist leichte Baumwollkleidung (etwa ein Langarm-Body oder Langarm-T-Shirt) und eine leichte Decke bei Zimmertemperaturen von 18 bis 20 °C.

ratur um etwa ein Grad, sodass die typischen Fieber-Begleiterscheinungen etwas gemildert werden. Füllen Sie ein Gummiklistier (oder einen Irrigator) mit 30 °C warmem Kamillentee (bei Säuglingen 50 bis 70 ml). Bestreichen Sie die Spitze mit Creme oder Vaseline und führen Sie das Klistier in den After ein. Leeren Sie den Ball mit kräftigem Druck. Diese Behandlung ist zwar wirkungsvoll, bei den Kindern aber nicht beliebt. Sie kann bis zu dreimal täglich wiederholt werden.

- **Homöopathie:** Es gibt klassische Fiebermittel, die jedoch exakt auf die individuelle Situation abgestimmt sein müssen und einer homöopathischen Anamnese bedürfen. Leicht zu handhaben sind dagegen homöopathische Fieberzäpfchen. Infos dazu erhalten Sie beim Kinderarzt oder in der Apotheke.

WICHTIG

Für die einen ist es Hokuspokus, für die anderen ist es das erste Mittel der Wahl: die Homöopathie. Vielleicht gehören Sie eher zu den Skeptikern, vielleicht sind Sie auch bereits begeistert von der Wirkung und versiert in der Homöopathie – alles darf sein. Viele kommen erstmals durch ihr Baby mit dem Thema in Kontakt. Dann tauchen Fragen auf wie »Der Griff zur Schulmedizin ist ganz leicht – gibt's vielleicht nebenwirkungsärmere Varianten?« Für alle Eltern, die sich bisher noch nicht mit der Homöopathie beschäftigt haben, möchten wir auf den folgenden Seiten einige Beispiele auflisten, bei denen sich die Behandlung mit Homöopathie durchaus bewährt hat. Uns Autoren ist bewusst, dass die Homöopathie viel komplexer ist, als wir es hier beschreiben können. Aber immerhin ...

TIPP: FIEBER MESSEN

Wenn Sie es genau wissen möchten, wie hoch die Temperatur Ihres Kindes ist, sollten Sie mit einem Thermometer mindestens eine Minute lang im Po des Babys messen.
Am leichtesten zu handhaben sind digitale Fieberthermometer. Tupfen Sie etwas Vaseline oder Creme auf die Spitze des Messfühlers. Legen Sie das Kind auf den Rücken, heben Sie seine Beine an und führen Sie das Thermometer vorsichtig etwa zwei Zentimeter tief in den After ein. Verweilen Sie so, bis ein Signal ankündigt, dass die Messung abgeschlossen ist.

Wer die exakte Temperatur wissen möchte, der sollte eine Messung rektal durchführen.

FIEBER*

wo oder warum	was	wie	wie noch	MITTEL
Fieber, Infekt nach trockenem, kaltem Wind	**Plötzlicher Beginn** Mit hohem Fieber und trockener Hitze, Ruhelosigkeit & Furcht	↓ nachts, Abkühlung durch Kälte, Zahnung ↑ im Freien, Ruhe	Anfangsmittel bei den ersten Zeichen eines Infekts, danach Folgemittel nötig	**ACONITUM D30** *1-mal 3 Globuli, bei Bed. noch 1-mal*
Fieber	**Plötzlicher Beginn** Kind schwitzt, roter, heißer Kopf, kühle Hände und Füße	↓ Hitze, nachmittags ↑ Überstrecken nach hinten	Häufiges Folgemittel nach Aconitum	**BELLADONNA D12** *3-mal täglich 3 Globuli*
Fieber/Infekt mit gutem Allgemeinzustand	**Langsamer Beginn** Fieber bei Erkältung, Schnupfen	↓ nachts, körperliche Anstrengung ↑ nach dem Aufstehen	Typisch ist das Fehlen von charakteristischen Symptomen	**FERRUM PHOSPHORICUM D12** *3-mal täglich 3 Globuli*

* VORSICHT: Jeder Säugling bis zu einem Alter von sechs Monaten ist bis zum Ausschluss einer bedrohlichen Erkrankung bei fehlender Besserung innerhalb von 24 Stunden auf die homöopathische Therapie einem Arzt vorzustellen!

Fiebermessgeräte

Es gibt unterschiedliche Modelle:

- Glas-Fieberthermometer messen präzise und ermitteln die genauesten Werte bei rektaler Anwendung (drei bis vier Minuten Messdauer). Preis: etwa 4 Euro.
- Digitalthermometer haben den Vorteil, dass die Messung nur eine Minute dauert. Preis: etwa 3 Euro.
- Ohr- und Stirnthermometer messen schnell, aber leider nicht immer präzise. Preis: 20 bis 50 Euro.
- Schnullerthermometer: Die Idee ist brillant, die Durchführung hat Tücken, denn nicht jeder Säugling mag diesen Schnuller. Preis: ab 7 Euro.

DAS HOMÖOPATHIESCHEMA

In der ersten Spalte steht die Art der Beschwerde (etwa Fieber), die in den Spalten »was«, »wie« (↓ = schlechter durch, ↑ = besser durch) und »wie noch« genauer beschrieben wird. Wenn Sie die Symptome Ihres Kindes genau beobachten, finden Sie mithilfe des Homöopathieschemas schnell zum richtigen Mittel, das in der rechten Spalte angegeben ist. Folgen Sie immer den Pfeilen!
Achtung: Beachten Sie bei Kindern unter drei Jahren die Grenzen der Selbstbehandlung. Bei unklaren Beschwerden und wenn keine Besserung eintritt, konsultieren Sie bitte einen Kinderarzt.

Der Fieberkrampf

Fieberkrämpfe sind epileptische Gelegenheitsanfälle, die bevorzugt im Alter von sechs Monaten bis fünf Jahren auftreten, und zwar nicht erst bei hohem Fieber, sondern bereits ab einer Körpertemperatur von 38,5 °C. Bei raschem Fieberanstieg kommt es zu diesen Krämpfen, für die meist auch eine familiäre Veranlagung (siehe Kasten rechts) verantwortlich ist.

Symptome

Das Kind atmet unregelmäßig, auffällig ist eine Blaufärbung der Lippen, hervorgerufen durch Sauerstoffmangel. Auf Ansprache oder Stimulation reagiert das Kind nicht, es ist bewusstlos. Hinzu kommt ein rhythmisches Zucken der Extremitäten: Arme und Beine werden ruckartig zusammengezogen und wieder ausgestreckt, ähnlich wie beim Rudern. 90 Prozent der Fieberkrämpfe betreffen den ganzen Körper. Meistens versteift das Kind seinen Kopf in den Nacken und verdreht die Augen nach oben. Es kommt zu vermehrtem Speichelfluss, eventuell auch zu Stuhl- und Urinabgang. Andere Kinder wiederum sind einfach nicht ansprechbar und weisen statt der Zuckungen eine erhöhte Muskelspannung auf. Ein Krampfanfall mit Fieber muss aber nicht zwangsläufig ein Fieberkrampf sein. Daher gilt: Bitte unbedingt sofort den Notarzt (Telefon 112) verständigen!

Ursache

Die Ursachen für einen Fieberkrampf sind wissenschaftlich noch nicht eindeutig geklärt. Es wird vermutet, dass nicht das Fieber selbst, sondern die Abwehrstoffe, die der Körper gegen die Fieber verursachenden Krankheitserreger bildet, für die plötzliche Funktionsstörung im Gehirn sorgen.

STATISTIK

In der Regel dauern Fieberkrämpfe maximal 15 Minuten und bleiben folgenlos. Etwa fünf Prozent aller Kinder zwischen sechs Monaten und fünf Jahren sind betroffen. Sie kommen häufig aus Familien mit entsprechender Veranlagung. Wenn es einen ersten Krampf im Babyalter gab, steigt das Risiko auf weitere Anfälle. 85 Prozent aller Krämpfe treten vor dem vierten Lebensjahr auf, 70 Prozent enden spontan nach weniger als fünf Minuten. 25 Prozent aller Kinder bekommen einen weiteren Anfall.

Behandlung

Wichtig: Bleiben Sie ruhig! Schützen Sie Ihr Kind vor Verletzungen. Legen Sie es auf keinen Fall auf die Wickelkommode. Ziehen Sie es aus, legen Sie es in die stabile Seitenlage. So kann es nicht an Erbrochenem ersticken. Legen Sie ihm ein kühles Tuch auf die Stirn. Wenn Ihr Kind sicher liegt, rufen Sie den Notarzt unter der Telefonnummer 112 – bundesweit ist für diese Nummer keine Vorwahl erforderlich. Sollte Ihr Kind noch fiebern, könnten Sie ihm ein Paracetamol- oder Ibuprofenzäpfchen (75/60 Milligramm) geben. Massieren Sie die großen Zehen oder die Achillessehnen, streichen Sie Ihrem Kind mit sanftem Druck über die Handinnenflächen. Oder halten Sie Ihr Kind einfach fest und passen auf, dass es sich nicht verletzt. In der Regel löst sich der Krampf nach ein bis fünf Minuten. Sollte dies nicht der Fall sein, wird der Notarzt den Krampf medikamentös unterbrechen.

Gut zu wissen

Hatte Ihr Kind einen Fieberkrampf, sollten Sie sich – für den Notfall – die geeigneten krampflösenden Medikamente verschreiben lassen. Diese sollten Sie auch auf Reisen mitnehmen und für den Notfall griffbereit haben. Bei »Fieberkrampf-Kindern« sollte in Zukunft das Fieber bereits ab 38,5 °C gesenkt werden, auch wenn dadurch ein Fieberkrampf nicht verhindert werden kann. Bitte besprechen Sie dies mit dem zuständigen Kinderarzt.

Dreitagefieber

Dreitagefieber wird durch zwei Herpesviren ausgelöst. Die meisten Infektionen treten in den ersten zwölf Monaten auf, daher handelt es sich bei diesem Fieber um eine typische Erkrankung im Säuglingsalter. Die Übertragung der Viren erfolgt in der Regel über den Speichel der Kontaktperson.

Symptome

Das Kind hat drei bis fünf Tage lang, manchmal auch zwei bis acht Tage, selten sogar über zehn Tage, deutlich erhöhte Temperatur (bis zu 40 °C), meist ohne weitere Krankheitszeichen. Wenn das Fieber verschwindet, erscheinen an Rücken, Brust und Bauch, Gesicht und Nacken, manchmal auch auf den Armen, kleine, unscharf begrenzte rosarote Flecken. Begleiterscheinungen können Durchfall, geschwollene Unterlider, Flecken am Gaumen, Husten, Lymphknotenschwellung und eine vorgewölbte Fontanelle sein. Acht Prozent aller Kinder erleiden in dieser Zeit auch einen Fieberkrampf (siehe Seite 253).

Ursache

Verantwortlich für das Dreitagefieber sind zwei Viren aus der Herpesgruppe, die durch Tröpfcheninfektion übertragen werden – das heißt, auch Ihr Baby ist ansteckend, aber nur so lang, bis der Ausschlag auftritt. Die Behandlung des Dreitagefiebers entspricht der des Fiebers (siehe Seite 250). Bis zum Ende des zweiten Lebensjahrs haben fast alle Kinder das Dreitagefieber durchgemacht. Danach sind sie in der Regel lebenslänglich immun gegen diese Viren.

Fieber ohne erkennbaren Grund

Wenn Ihr Kind ohne erkennbaren Grund fiebert (es hat keinen Husten, kein Erbrechen, keinen Durchfall oder Schnupfen), sollten Sie mit Ihrem Kind einen Arzt aufsuchen, der per Ausschlussverfahren die Infektionsquelle finden sollte. In der Regel wird dazu eine Urinprobe untersucht oder Blut abgenommen und eine Blutanalyse durchgeführt. Mögliche Ursache kann eine harmlose Virusinfektion sein, die keiner weiteren Therapie bedarf. Schwere Erkrankungen wie eine Gehirnhautentzündung (Meningitis) oder ein Infekt der ableitenden Harnwege sind bei gutem Allgemeinzustand zwar unwahrscheinlich, müssen aber gezielt behandelt werden.

WENN DER BAUCH PROBLEME MACHT

Manchmal ist es für Eltern gar nicht so einfach, Bauchschmerzen bei Babys zu diagnostizieren. Während ältere Kinder sagen können, dass ihr Bauch wehtut, zeigen Säuglinge dies eher durch Weinen, Schreien oder eine angespannte Körperhaltung.

Verstopfung

Harter, fester Stuhlgang kommt immer mal wieder bei Säuglingen vor, wobei gestillte Babys deutlich seltener darunter leiden als Flaschenkinder. Das liegt unter anderem an dem in der Muttermilch enthaltenen natürlichen Milchzucker, der eine abführende Wirkung hat und dementsprechend einer Verstopfung entgegenwirken kann.

Symptome

Kinderärzte sprechen von Verstopfung, wenn der Stuhl sehr hart ist. Dadurch kommt es häufig zu Schleimhauteinrissen des Afters. Mitunter hat das zur Folge, dass der Stuhl wegen der Schmerzen zurückgehalten wird. Auf diese Weise entsteht ein Teufelskreis: Der Stuhl wird noch härter und das Pressen noch schmerzhafter.

Ursachen

Für eine Verstopfung können etwa eine mangelnde Darmbewegung oder auch die Nahrung selbst verantwortlich sein. Häufiger sind Verstopfungen bei Babys festzustellen, wenn sie Fertigmilchnahrung bekommen. Es ist wichtig, dass Sie sich genau an die Dosierungsanleitung halten.

Behandlung

- Milchzucker hat eine abführende Wirkung. Geben Sie Ihrem Baby ein- bis dreimal täglich zwei bis vier Teelöffel, in Tee, Wasser oder Milch aufgelöst. Aber Vorsicht: Ein erhöhter Milchzuckergehalt im Darm kann zu Blähungen führen.
- Anusmuskelreizung: Betupfen Sie ein Wattestäbchen oder ein Fieberthermometer mit Creme und führen Sie die Spitze vorsichtig in den After ein. Dies unterstützt den Entleerungsreflex.
- Glyzerinzäpfchen erweichen harten Stuhl und erleichtern das Pressen.
- Milchnahrung mit Magnesium (Spezialmilch, gibt es in der Apotheke) kann die Verdauung beschleunigen.
- Minieinlauf: Er hilft, den harten Stuhl aus dem Körper zu bekommen. Ein Einlauf (erhältlich in der Apotheke) sollte aber eher selten gemacht werden.
- Bei Säuglingen ab dem vierten Monat, die nicht gestillt werden, kann es sinnvoll sein, etwa zwei Esslöffel Haferschleim zur Fertigmilchnahrung zu geben.

Homöopathie

- Sulfur D12 hilft bei erfolglosem Stuhldrang und Afterjucken und -brennen.
- Alumina D12 hat sich bei kleinkugeligem, trockenem Stuhl und sehr geringen Darmbewegungen bewährt.
- Opium D30 ist hilfreich bei fehlendem Stuhlgang, der vermutlich aufgrund psychischer Ereignisse ausbleibt.
- Mercurialis comp.: ½ bis 1 Zäpfchen abends wirkt heilend auf die Schleimhaut und fördert den Stuhlgang.

Durchfall

Durchfall kann – wie auch Erbrechen (siehe Seite 257) – als Begleiterscheinung vieler Krankheiten auftreten. Diese Körperreaktion ist eigentlich eine kluge und äußerst sinnvolle Maßnahme, denn sie dient der Reinigung des Körpers. Doch auch hier heißt es aufgepasst, denn es ist wichtig, darauf zu achten, dass das Baby nicht zu viel Flüssigkeit verliert. Ein Flüssigkeitsmangel zeigt sich normalerweise durch trockene, rissige Lippen, eine glanzlose Zunge, mangelnde Tränenflüssigkeit, konzentrierten (und daher dunkelgelben) Urin und/oder eine eingesunkene Fontanelle.

Symptome und Ursachen

Unter Durchfall versteht man einen sehr wässrigen Stuhlgang, der häufig in Verbindung mit Erbrechen steht. In schweren Fällen (der Säugling hat zehn Prozent seines Gewichts verloren) müssen Babys ins Krankenhaus.

Zum Arzt

Sobald ein Baby länger als zwei Tage Durchfall hat, sollte der Kinderarzt prüfen, wie groß der Flüssigkeitsverlust ist. Er bespricht mit Ihnen auch die Ernährung für die nächsten Tage.

Behandlung

Durchfall sollte erst einmal nicht gestoppt werden, denn die Verursacher (meist sind es Viren) sollen nach Möglichkeit samt ihren giftigen Ausscheidungsprodukten den Körper des Babys verlassen.

- **Kinder bis zum sechsten Lebensmonat:** Brustkinder sollten weiterhin Muttermilch bekommen. Auch Flaschenkinder sollten weiterhin ihre Milchnahrung oder – nach Absprache mit dem Arzt – eine Spezialnahrung erhalten. Für beide gilt aber: Der Flüssigkeitsverlust muss schnell ausgeglichen werden. Dafür sind kleine Mengen einer Elektrolytlösung (5 Milliliter alle zwei Minuten, aus der Apotheke), gemischt mit Tee und/oder der gewohnten Milchnahrung mit einer Gesamtmenge von etwa 50 ml/kg pro Tag, nötig. Das heißt, ein fünf Kilogramm schweres Kind benötigt 250 Milliliter Lösung zusätzlich. Normalerweise tritt nach einem halben Tag eine Besserung ein. Wenn nicht, muss die verlorene Flüssigkeit täglich wie beschrieben ausgeglichen werden (das kann vier bis fünf Tage dauern). Währenddessen sollte das Kind regelmäßig dem Kinderarzt vorgestellt werden. Flaschenkinder sollten allerdings von der Spezialnahrung schnell wieder auf herkömmliche Nahrung umsteigen. Das bedeutet: Sie erhalten 100 Milliliter ihrer gewohnten Säuglingsmilchnahrung pro Kilogramm Körpergewicht (bei einem 5-kg-Baby 500 ml/Tag) oder Muttermilch nach Bedarf. Zusätzlich muss der Flüssigkeitsverlust, der durch Fieber, Erbrechen und Durchfall zustande gekommen ist, wie oben beschrieben wieder ausgeglichen werden.
- **Kinder ab dem sechsten Lebensmonat:** An Beikost gewöhnte Babys können verschiedene Lebensmittel gereicht bekommen, die gegen Durchfall wirken. Reisschleim (siehe Seite 258), Karottenbrei, geriebene rohe Äpfel, in Wasser aufgeweichter Zwieback oder gekochte Kar-

toffeln werden am häufigsten eingesetzt. Bewährt haben sich außerdem fertige Reisschleim-Elektrolyt-Nahrungen (aus der Apotheke). Dazu erhalten Babys ihre Milch. Bitte fragen Sie hierzu auch Ihren Kinderarzt.

Erbrechen

Immer wieder kann es vorkommen, dass ein Säugling die gerade aufgenommene Nahrung wieder erbricht. Für diesen Fall sollten Sie Folgendes wissen:

STILLKINDER

Stillbabys sollen weiterhin Muttermilch bekommen – notfalls müssen sie immer wieder angelegt werden, um sicher zu sein, dass sie ausreichend Flüssigkeit zu sich nehmen. Im Extremfall bekommen auch gestillte Kinder die Elektrolytlösung, um den Elektrolytverlust auszugleichen. Das gelingt relativ gut, wenn die Lösung während des Stillens mit einer Spritze verabreicht wird.

Symptome und Ursachen

Wenn ein Baby zwischendurch einmal erbricht, ist das noch kein Grund zur Sorge. Sollte Ihr Kind jedoch immer wieder erbrechen und dieses Erbrechen deutlich im Zusammenhang mit der Nahrungsaufnahme stehen, sollte Fieber auftreten und/oder sich der Allgemeinzustand durch das häufige Erbrechen rapide verschlechtern, gehen Sie bitte mit Ihrem Kind zum Arzt.

Zum Arzt

Wenn das Baby länger anhaltend spuckt, sollten Sie umgehend den Arzt aufsuchen, denn dauerhaft starkes Erbrechen kann zu schweren Flüssigkeitsverlusten, Elektrolytentgleisungen bis hin zur Entzündung der Speiseröhre führen. Sollte Ihr Baby an einer Magen-Darm-Infektion oder einer Kuhmilchunverträglichkeit leiden, wird Ihr Kinderarzt eine entsprechende Therapie vorschlagen.

Behandlung

Solange ein Spuckkind weiterhin an Gewicht zunimmt und sich normal entwickelt, ist in der Regel keine Behandlung erforderlich. Das Hochlegen des Oberkörpers kann die Symptome jedoch vermindern. Studien haben gezeigt, dass für Spuckkinder sogar die Bauchlage vorteilhaft wäre, die wegen des Risikos des plötzlichen Kindstods jedoch nicht durchgeführt werden kann. Für Kinder, die Säuglingsmilchnahrung erhalten, gibt es in der Apotheke hilfreiche Spezialnahrungen (siehe auch Seite 199 f.). Geeignet zur Spuckreduzierung scheint auch das Andicken der Nahrung zu sein. In Ausnahmefällen können verschiedene medikamentöse Therapieversuche eine Verminderung der Refluxphasen bewirken, wobei Nebenwirkungen auftreten können. Sollte Ihr Baby durch das Spucken nicht zunehmen oder gar abnehmen, sind weitere Untersuchungen wie Blutanalyse, Ultraschall vom Oberbauch oder Röntgen unverzichtbar, um andere organische Ursachen (etwa eine Magenpförtner-Einengung) auszuschließen.

Spucken im Schwall (Reflux)

Eine Besonderheit liegt vor, wenn Babys häufig im Schwall erbrechen. Auslöser für dieses starke Erbrechen sind immer wiederkehrende Muskelkontraktionen von Zwerchfell-, Bauch- und Atemmuskulatur.

Symptome

Das Baby erbricht schwallartig nach jeder Mahlzeit. In diesem Fall sprechen Kinderärzte von einem Gastroösophagealen Reflux (GÖR). Als Reflux bezeichnet man das Zurückfließen von Nahrung über den Mageneingang bis in die Speiseröhre und letztendlich bis in den Mund. Das explosionsartige Erbrechen ist dagegen typisch für die Magenpförtner-Einengung.

TIPP: REISSCHLEIM

Besorgen Sie feine (Instant-)Reisflocken und Reismilch (im Bioladen). In 100 ml gekochte Reismilch so viel Reisflocken streuen, bis der Brei sämig wird. Vorsicht: Die Flocken quellen auf. Rühren Sie dann einen Teelöffel Traubenzucker und eine Prise Meersalz unter den Brei.

SPEI-GEDEIH-KINDER

»Speikinder sind Gedeihkinder«, sagt der Volksmund. Aber man muss unterscheiden. Nicht jedes spuckende Baby ist ein Speikind. Wenn Babys etwas zu viel oder zu schnell getrunken haben, kann es vorkommen, dass sie das Zuviel als kleine Menge Milch ausspucken. Ursache dafür ist eine verminderte Muskelspannung der unteren Speiseröhre. Da in Magen und Speiseröhre Druckgleichheit herrscht, bleibt der Speisebrei nicht im Magen, sondern fließt in den Mund zurück. Begünstigt wird das Spucken durch einen offenen Mageneingang, der im Säuglingsalter normal ist. Dieser Zustand bessert sich in den nächsten Wochen und Monaten von selbst. So lang heißt es: Geduld haben. Tatsächlich hat der Volksmund häufig recht, denn fast alle Speikinder entwickeln sich prächtig.

Ursachen

Die Ursachen können vielfältig sein. Neben einer Kuhmilcheiweiß-Allergie können gelegentlich auch Fehlbildungen des Zwerchfells oder des Magen-Darm-Trakts sowie einige andere (seltene) Krankheiten Auslöser für das schwallartige Erbrechen sein. Häufig tritt dieses Krankheitsbild bei Frühgeborenen oder sehr leichten Babys auf.

Zum Arzt

Suchen Sie Ihren Kinderarzt auf, wenn das Baby mehrmals täglich im Schwall erbricht. Er muss die Ursachen abklären.

ERBRECHEN/DURCHFALL*

wo oder warum	was	wie	wie noch	MITTEL
Magen-Darm-Infektion, Erbrechen	Kind erbricht jeden Schluck, sobald dieser im Magen warm wird, Durchfall wässrig, reizend, schmerzlos	↓ Liegen auf der schmerzhaften Seite ↑ schluckweise kalte Getränke, kurzfristig nach dem Erbrechen, kurzes Schlafen	Großer Durst, v. a. auf kaltes Wasser, heiße Hände, will nicht alleine sein	**PHOSPHOR D12** *3-mal täglich 3 Globuli*
Erbrechen	Erbrechen schwallartig direkt nach dem Trinken, danach sofort wieder hungrig	↓ heißes Wetter, Zahnung, nach dem Erbrechen ↑ Ruhe, an frischer Luft	Schläfrigkeit nach Erbrechen oder Durchfall, Kinder mit Milchunverträglichkeit, die öfter als alle drei Stunden gestillt werden	**AETHUSA D12** *3-mal täglich 3 Globuli*
Bauchschmerzen	Übelkeit und Würgen bis zum Erbrechen ohne Besserung danach, Erbrechen beim Stillen, durstlos	↓ geringste Bewegung, Hitze und Kälte ↑ im Freien	Kind ist quengelig und blass, Zunge sauber, vermehrter Speichelfluss	**IPECACUANHA D12** *3-mal täglich 3 Globuli*
Durchfall	Wässriger, heftiger Durchfall mit Schwäche und Blässe bis zum kalten Schweiß, großer Durst	↓ durch Anstrengung, Aufregung, Trinken ↑ warme Getränke	Erbrechen und Durchfall gleichzeitig	**VERATRUM ALBUM D12** *3-mal täglich 3 Globuli*
Durchfall	Häufige, wässrige Durchfälle mit Bauchkrämpfen, Kind wirkt sehr krank, unstillbarer Durst	↓ nachts, kalte Speisen und Getränke, Anstrengung ↑ warme Getränke (Milch), Wärme, Bewegung	Unruhe, Verlangen nach kaltem Wasser, plötzliche Schwäche durch geringste Anstrengung, fauliger Geruch der Absonderungen, kalter Körper – heißer Kopf	**ARSENICUM ALBUM D12** *3-mal täglich 3 Globuli*

* VORSICHT: Bei wässrigem Durchfall wegen der Gefahr des starken Flüssigkeitsverlusts unbedingt den Arzt aufsuchen!

Blähungen

Fast schon respektvoll sprechen junge Eltern von Blähungen und – noch schlimmer – von den berühmt-berüchtigten »Dreimonatskoliken«. Dann nämlich haben Babys so starke Verdauungsprobleme, dass sie nach jeder Mahlzeit heftig schreien – mitunter stundenlang. Jungen sind davon häufiger betroffen als Mädchen, Frühgeborene und Babys, die für ihr Alter zu klein und leicht sind, am häufigsten. Die Schwierigkeit für die Eltern besteht darin, herauszufinden, ob das Baby wirklich wegen der Blähungen schreit oder doch wegen etwas anderem.

Symptome

Nach einer Mahlzeit schreit das Baby und ist unruhig. Sein Bauch ist hart und prall, die Hände sind zu Fäusten geballt, der Kopf ist hochrot angelaufen. Der Säugling zieht die Beine an den Körper oder macht sich steif wie ein Brett und streckt den Kopf nach hinten. Bei Koliken rumort der Bauch. Andere Kinder mit starken Bauchschmerzen wiederum sind zwar sehr ruhig, atmen aber auffallend schnell und wirken plötzlich krank. Hier ist Vorsicht geboten!

Ursachen

Es gibt zahlreiche mögliche Auslöser: Es könnte sein, dass das kindliche Verdauungssystem noch nicht voll ausgereift ist. Oder das Baby trinkt zu hastig und schluckt dadurch viel Luft. Außerdem könnte eine Milcheiweißunverträglichkeit vorliegen. Manchmal sind auch Medikamente (etwa Wehenhemmer), die die Mutter unter der Geburt bekommen hat, für die Blähungen verantwortlich. Doch gleichgültig, woher die Blähungen kommen, sie treten immer unabhängig von der Tageszeit und meist nach einer Mahlzeit auf.

Zum Arzt

Wenn Ihre Selbstbehandlung (siehe »Behandlung«) keinen Erfolg bringt, sollten Sie den Kinderarzt einbeziehen. Treten die Blähungen rasch und heftig, mit starken Bauchschmerzen oder gar Blut im Stuhl auf, bitte sofort den Arzt aufsuchen, um eine Darmverschlingung oder Ähnliches auszuschließen.

Behandlung

Der Kinderarzt kann Ihnen eine Suspension verschreiben, die verschluckte Luft oder die Schaumbildung der Säuglingsnahrung im Magen reduziert, indem sie die Oberflächenspannung herabsetzt. Neuere Studienergebnisse stellen deren Wirkung allerdings infrage. Folgendes können Sie selbst tun:

- Babys Trinkverhalten: Achten Sie darauf, dass Ihr Baby ruhig trinkt, damit es nicht so viel Luft schluckt. Flaschenkindern können Anti-Kolik-Flaschen helfen.
- Die stillende Mutter sollte auf blähende Nahrungsmittel verzichten – wobei deren Wirkung häufig überschätzt wird. Finden Sie heraus, worauf Sie mit Blähungen rea-

GUT ZU WISSEN

Ein Baby, das unter Schmerzen leidet, braucht vor allem die Nähe und Zuwendung seiner Eltern. Nehmen Sie Ihr Baby auf den Arm, halten Sie Köperkontakt und tragen Sie es viel.

gieren, und verzichten Sie darauf (siehe auch Seite 193). Generell hilft es, wenn Stillende Anis-Fenchel-Kümmel-Tee trinken, denn diese Kräuter wirken beruhigend. Auch gut: die Flaschennahrung mit Fencheltee anrühren.

- Verdacht auf Kuhmilcheiweiß-Allergie: Fragen Sie Ihren Kinderarzt um Rat, verzichten Sie aber nicht selbst auf Milch, ohne das vorher mit dem Kinderarzt besprochen zu haben.
- Massage: Sanfte Streicheleinheiten mit Großmutters »Windsalbe« (aus der Apotheke), Kümmel-Fenchel-Öl oder anderen ätherischen Ölen (Apotheke) wirken Wunder. Malen Sie mit den Fingerspitzen im Uhrzeigersinn vom Nabel aus beginnend eine immer weiter werdende Spirale auf den Babybauch.
- Kümmelzäpfchen (aus der Apotheke) können den Darm unterstützen, damit Luft entweichen kann.
- Fliegerposition: Dabei liegt das Baby auf Mamas oder Papas Unterarm, der Kopf in Richtung Armbeuge, das Gesicht zeigt nach unten. Die Hand des Erwachsenen übt einen sanften Druck auf Babys Bauch aus (siehe Foto Seite 199).
- Fußreflexzonenmassage: Um den Bauch zu entspannen, können Sie nacheinander an den Füßen den Punkt zwischen Ferse und Fußmitte massieren.
- Äußerliche Wärmeanwendungen: Probieren Sie aus, ob Ihrem Baby Wärme guttut, und wenn ja, wo: entweder auf dem Bauch oder am Rücken. Als Wärmequelle kann Ihre warme Hand dienen, ein lauwarmes, für zwei bis drei Minuten im Backofen erwärmtes Kirschkernkissen oder auch eine kleine, nicht zu schwere, mit lauwarmem Wasser gefüllte Wärmflasche.

BERÜHMT UND BERÜCHTIGT: DIE DREIMONATSKOLIKEN

Der Begriff Dreimonatskolik ist keine befriedigende Beschreibung des momentanen Zustands des Kindes. Denn hinter dem massiven Unruhezustand können verschiedene Ursachen stecken: etwa eine Nahrungsmittelunverträglichkeit (auf Zucker oder Milcheiweiß). Oder eine Regulationsstörung aufgrund einer komplizierten Schwangerschaft, einer dramatischen Geburt, einer angespannten Eltern-Kind-Beziehung oder auch durch Elternkonflikte. Diese Gegebenheiten können dazu beitragen, dass sich das Baby unwohl fühlt. Ebenso können ein unreifes Verdauungssystem, zu viel geschluckte Luft oder auch eine mögliche Reizüberflutung zu den Unruhezuständen führen. Dabei ist zu unterscheiden, ob weitere körperliche Symptome vorliegen, wie auffälliger Stuhlgang (stinkend) und ein gespannter Bauch. In diesem Fall ist eine ärztliche Untersuchung dringend notwendig. Ist der Bauch des Kindes dagegen eher weich und es geht ihm sonst gut, kann meist Entwarnung gegeben werden. In dem Fall gelten die gleichen Maßnahmen wie bei Blähungen. Außerdem wichtig: **Achten Sie auf einen gleichmäßigen Tagesablauf ohne viele laute Reize und auf regelmäßige Schlafeinheiten.**

BLÄHUNGEN/BAUCHSCHMERZEN

wo oder warum	was	wie	wie noch	MITTEL
Bauchschmerzen, Zahnen, aufregende Ereignisse	**Plötzlicher Beginn** Stuhl sauer, gelbgrün, unverdaut, wie gehackt, heftige Bauchkoliken	↓ durch Aufregung, Wärme, nachts, Zahnen ↑ Getragenwerden	Kind weiß selber nicht, was es will, Schreien beim Zahnen	**CHAMOMILLA D12** *3-mal täglich 3 Globuli*
Bauchschmerzen	**Plötzlicher Beginn** Nach langer, schwerer Geburt, extreme Ruhelosigkeit	↓ geringste Bewegung, nachts	Kind schreit auffällig schrill, hat selten Stuhlgang (Obstipation)	**LATRODECTUS MACTANS D12** *3-mal täglich 3 Globuli*
Bauchschmerzen	**Plötzlicher Beginn** der Schmerzen aus dem Schlaf heraus	↓ Licht, Lärm, Erschütterung ↑ Beugen nach hinten	Kind schreit heftig mit rotem, heißem Kopf, überstreckt sich wie ein Bogen	**BELLADONNA D12** *3-mal täglich 3 Globuli*
Bauchschmerzen, Verdauungsstörungen	**Plötzlicher Beginn** der kolikartigen Bauchschmerzen, Kind krümmt sich	↓ nachts, durch Essen und Trinken ↑ durch Zusammenkrümmen, Wärme	Übel riechende Blähungen, oft Durchfall	**COLOCYNTHIS D12** *3-mal täglich 3 Globuli*
Bauchschmerzen, Blähungen	**Langsamer Beginn** Kind schreit heftig mit Pressen und Luftanhalten	↓ früher Morgen, Kälte ↑ Ruhe, heiße Getränke, Milch, nach Stuhlgang	Fester Stuhlgang mit Neigung zur Verstopfung, Kind ist ärgerlich und reizbar	**NUX VOMICA D12** *3-mal täglich 3 Globuli*
Bauchkrämpfe, Blähungen	**Langsamer Beginn** mit regen Darmgeräuschen und geblähtem Bauch mit viel Luft	↓ später Nachmittag ↑ warme Getränke, Bewegung, im Freien	Kind schreit vermehrt ab 16 Uhr	**LYCOPODIUM D12** *3-mal 3 Globuli im Abstand von 1 Std*
Bauchschmerzen nach Darminfekt oder antibiotischer Therapie	**Langsamer Beginn** Wechsel von Durchfall und Verstopfung	↑ durch Nahrungsverzicht	Weiche, evtl. schleimige Stühle	**OKOUBAKA D12** *3-mal täglich 3 Globuli*

WAS BABYS SONST NOCH PLAGT

Neben den größeren und kleineren Wehwehchen gibt es noch weitere Krankheiten, die Babys Wohlbefinden beeinträchtigen.

Husten/Bronchitis

Zum Glück leiden Säuglinge nur selten unter Husten. Doch wenn er da ist, kann er für die Kleinen wirklich unangenehm sein.

Symptome

Die Kinder haben meistens zuerst einen trockenen, abgehackten Reizhusten, der sie nachts aufwachen lässt und müde macht. Später wird der Husten feucht, sitzt lockerer und kann Schleim mit auswerfen. In vielen Fällen ist auch die Nase verstopft, wodurch die Babys nicht mehr richtig atmen und trinken können und daher zuweilen sogar an Gewicht verlieren.

Ursachen

Viren, seltener Bakterien, entzünden die Atemwege in unterschiedlichem Maße, meist durch Tröpfcheninfektion durch Familienmitglieder.

Zum Arzt

Wenn ein Säugling Husten hat, bitte zum Arzt gehen! Denn ein nicht behandelter Husten kann sich zu einer Bronchitis bis hin zur Lungenentzündung entwickeln.

Behandlung

Der Kinderarzt horcht die Lungen und Bronchien ab. Zusätzlich wird der Hals-Nasen-Ohren-Bereich untersucht.

- **Normaler Husten:** Das Baby hustet, die Nase ist frei, es trinkt weiterhin gut und ist nicht allzu stark in seinem Wohlbefinden beeinträchtigt: Hier helfen feuchte Luft, warmer Tee und warme Brustwickel (siehe Seite 264) – und viel Geduld. Entgegen der Meinung vieler Eltern helfen Hustensäfte und Hustenzäpfchen nicht.
- **Entzündung der oberen Atemwege:** Das Baby hustet und hat eine verstopfte Nase. Weil die Nase zu ist, läuft das Sekret nach hinten in den Rachen, wodurch es zu einem reflexartigen Husten kommt, vor allem nachts. Bitte keine hustenstillenden Medikamente verabreichen! Wichtig ist, zuerst einmal die Nase frei zu bekommen, etwa durch abschwellende und pflegende Nasentropfen. Stichwort Hustensaft: Zahlreiche Studien belegen, dass Hustenmedikamente wenig sinnvoll sind. Stattdessen bekommen Kinder Alkohol oder viel Zucker verabreicht. Mit Medikamenten bleibt der Husten sieben Tage, ohne Medikamente verschwindet er nach einer Woche. Manche Infekte heilen durch Zeit und Zuwendung statt Saft oder Tabletten.
- **Entzündung der mittleren Atemwege** (Rachen und Kehlkopfbereich): Die Entzündung verursacht Schmerzen beim Schlucken, darum lehnen es die kleinen Patienten in der Regel ab, zu trinken. Dabei wäre warmer Tee genau das Richtige. Die geeignete Heilpflanze ist Salbei – entweder als Tee oder zum Inhalieren. Sind Rachen und Kehlkopfbereich entzündet und hustet das Baby bereits Schleim ab, helfen alle Maßnahmen, die den Schleim lösen – also feuchtes Raumklima und Inhalieren.

- **Entzündung der unteren Atemwege** (Bronchien): Wenn Schleim in den großen Bronchien oder der Luftröhre steckt, können Sie das »Rasseln« richtiggehend spüren. Hier hilft vor allem eine Inhalationstherapie mit isotoner Kochsalzlösung. Darunter versteht man eine 0,9%ige Natriumchloridlösung (gibt's in der Apotheke), die mit einem speziellen Apparat vernebelt wird (Rezept für das Gerät kann der Kinderarzt verordnen). Ziel ist es, diese Kochsalzlösung so fein zu zerstäuben, dass sie durch das Einatmen in die unteren Atemwege gelangen kann. Gelegentlich kann dies auch mit bronchienerweiternden Arzneimitteln kombiniert werden. Sind dagegen die kleinen Bronchien entzündet, ohne dass Schleim vorhanden ist, spricht man von einer Bronchiolitis. Da dies bei Säuglingen sehr leicht zu Atemnot und Atemaussetzern führen kann, ist ein Klinikaufenthalt meist unumgänglich.

Was sonst noch hilft

- Viel trinken – am besten warmes Wasser oder Tee. Dadurch verflüssigt sich der Schleim und kann sich leichter lösen.
- Sorgen Sie für eine hohe Luftfeuchtigkeit, indem Sie feuchte Handtücher über die Heizkörper hängen oder einen Luftbefeuchter einschalten.
- Brustwickel bringen gute Erfolge, aber nur, wenn das Kind nicht hoch fiebert. Die Bandbreite ist groß und reicht vom warmen Ölwickel (bitte nur Bioöle verwenden, die zum Auftragen auf die Haut geeignet sind, etwa Lavendel oder Thymian) bis zum Quarkwickel (siehe Kasten oben). Der Quarkwickel lässt sich in der Regel leicht anwenden und ist sehr wirkungsvoll. Er hat sich als wohltuend, schleim- und krampflösend erwiesen.

BRUSTWICKEL – SO GEHT'S

- Falten Sie ein dünnes Frottiertuch einmal längs. Wichtig: Das Handtuch muss so groß sein, dass es Brustkorb und Rücken des Kindes vollständig bedeckt.
- Nun breiten Sie darauf eine Mullwindel aus und streichen den zimmerwarmen, frischen Magerquark (mit einem Messer) etwa 1 cm dick auf die Windel. Die Quarkfläche sollte mindestens so groß sein wie die Fläche der Brust des Kindes von der Achselhöhle bis zum untersten Rippenbogen. Ziel ist es, den Quark auf der gesamten Brust oder sogar auf Brust und Rücken zu positionieren.
- Schlagen Sie nun den nicht mit Quark bestrichenen Windelteil über die mit Quark bestrichene Fläche, sodass ein geschlossenes Quarkpaket entsteht.
- Legen Sie das Kind so auf den vorbereiteten Wickel, dass Sie die Quark-Stoffwindel samt dem Frottiertuch um seinen Oberkörper schlagen können.
- Anschließend den Wickel fixieren, beispielsweise mithilfe einer Mullbinde oder mit einem dünnen Tuch.
- Der Wickel sollte mindestens eine Stunde liegen bleiben, damit er seine volle Wirkung zeigen kann. Wird er am Abend angelegt, sollte er sogar die ganze Nacht durch auf Babys Brust bleiben.

TROCKENER HUSTEN

wo oder warum	was	wie	wie noch	MITTEL
Erkältung, an feuchtkalter Luft	Anfälle von trockenem Husten	↓ Geräusche, Licht, Berührung ↑ beim Hinlegen, durch Ruhe	Kopf heiß und rot mit kühlen Händen und Füßen	**BELLADONNA D12** *3-mal täglich 3 Globuli*
Überanstrengung, allgemeine Erschöpfung, Infekt, nach Erkrankungen	Trockener Reizhusten, Kind weint wegen brennender Schmerzen	↓ abends, nachts, durch emotionale Ereignisse ↑ durch Ruhe	raue, heisere Stimme, Nasenbluten durch Husten, Kind verlangt Kaltes zu trinken	**PHOSPHORUS D12** *3-mal täglich 3 Globuli*
Erkältung	Husten bis zum Erbrechen	↓ nachts, Wärme, Hinlegen ↑ durch Aufsetzen	zunehmend Heiserkeit	**DROSERA D12** *3-mal täglich 3 Globuli*
Erkältung, Fieber, Schmerzen	Schmerzhafter, trockener Husten	↓ Temperaturwechsel von kalt nach warm ↑ trinken	viel Durst, Kind weint beim Husten	**BRYONIA D12** *3-mal täglich 3 Globuli*
Kehlkopfhusten, Erkältung, Infekt, Pseudokrupp	Extrem trockener Kitzelhusten, Beginn mit Fließschnupfen und Niesreiz	↓ um Mitternacht, aus dem Schlaf, im Liegen ↑ durch Wärme, warmes Essen	Räuspern, Rachenschleim, Hals ist berührungsempfindlich und kratzt	**SPONGIA D12** *3-mal täglich 3 Globuli im Abstand von jeweils 1 Stunde*
Erkältung	Trockener Reizhusten	↓ Einatmen von kalter Luft ↑ durch Wärme	↑ morgens nach dem Aufstehen und abends nach dem Hinlegen	**RUMEX D12** *3-mal täglich 3 Globuli*
Husten im Liegen, Erkältung	Anhaltender Reizhusten, sobald das Kind liegt	↓ im Liegen ↑ durch Aufsetzen	krampfartiger Husten, ständiges Kitzeln, wenig Schleim	**HYOSCYAMUS D6** *abends und nachts 3 Globuli*

LOCKERER, SCHLEIMIGER HUSTEN

wo oder warum	was	wie	wie noch	MITTEL
Erkältung, Bronchitis mit Rasseln über der Lunge	Grobes Rasseln und Vibrieren vom Brustkorb	↓ nachts, Bewegung, Wärme ↑ Ruhe, frische Luft	Husten bis zum Würgen und Erbrechen, kein Zungenbelag, Speichelfluss	**IPECACUANHA D12** *3-mal täglich 3 Globuli*
	Feines Rasseln	↓ Ruhe	Husten bis zum Erbrechen, zäher Schleim, Zunge weiß belegt	**ANTIMON TARTARICUM D12** *3-mal täglich 3 Globuli*
Erkältung, Bronchitis ohne Rasseln über der Lunge	Schleimiges Sekret aus Nase und Augen, Husten wechselhaft bellend/schleimig	↓ im warmen Zimmer ↑ an frischer Luft	Husten anfallsweise und sporadisch, Kind weinerlich, anhänglich	**PULSATILLA D12** *3-mal täglich 3 Globuli*
	Schleimiges Sekret aus Nase und Augen, Husten wechselhaft bellend/schleimig	↓ nachts, Kälte ↑ Aufsetzen	Halsschmerzen und Schluckbeschwerden kommen und gehen	**STICTA D12** *3-mal täglich 3 Globuli*

STICHWORT PSEUDOKRUPP

Unter Pseudokrupp versteht man eine Infektion der mittleren Atemwege, die durch Viren verursacht wird. Selten sind auch bakterielle Infektionen oder allergische Reaktionen auf Katzenhaare oder Hausstaubmilben die Ursache. Wird in der Umgebung des Kindes geraucht, kann dies die Symptome verschlimmern.

Es kommt zu einer Schleimhautschwellung an der engsten Stelle der Atemwege, dem Übergang vom Kehlkopf zur Luftröhre. Das Kind bekommt in den Abend- und frühen Nachtstunden den charakteristischen bellenden Husten. Es wird heiser, keucht, und bei jedem Einatmen hört man ein lautes, eher ungewöhnliches Brummen. Pseudokrupp tritt vorwiegend im ersten bis dritten Lebensjahr auf, besonders im Herbst und Spätwinter, Jungen sind häufiger betroffen als Mädchen. In akuten Fällen bitte unbedingt den Notarzt rufen!

Rasche Linderung verschafft frische, feuchtkühle Luft. Setzen Sie sich mit Ihrem warm eingepackten Kind deswegen ans offene Fenster oder gehen Sie mit ihm ins Freie, bis die Hustenattacke abgeklungen ist.

Schnupfen

Bei einem Schnupfen ist das Luftholen durch die Nase beeinträchtigt, mitunter so stark, dass das Baby nur noch durch den Mund einatmen kann.

Symptome

Es gibt verschiedene Schnupfenarten:

- **Fließschnupfen:** Die Nase »läuft«, es fließt ständig ein wässriges Sekret heraus. Meist tritt dieser Schnupfen akut auf. Auch für Babys ist diese laufende Nase unangenehm, häufig weinen sie und fühlen sich krank. Vermutlich haben sie auch Halsschmerzen.
- **Stockschnupfen:** Man hört, dass die Atmung behindert ist, aber es kommt nichts aus der Nase. Das Baby bekommt schlechter Luft, ist aber nicht so stark beeinträchtigt wie mit einem Fließschnupfen.

Ursachen

Bei einem Fließschnupfen liegt in der Regel eine akute virale Infektion vor. Auslöser sind oft Rhinoviren. Auslöser für den Stockschnupfen sind etwa zu trockene Raumluft oder eine zu seltene Befeuchtung der Schleimhäute der Nase.

Zum Arzt

Sobald der Säugling Fieber bekommt, ist ein Arztbesuch notwendig. Ebenso dann, wenn das Baby aufgrund der reduzierten Nasenatmung in seinem Trinkverhalten eingeschränkt ist. Verhält sich das Baby auffallend unruhig und leidend, sollte der Kinderarzt untersuchen, ob möglicherweise eine Mittelohrentzündung vorliegt.

DIE NASENATMUNG IST WICHTIG FÜR BABYS

Die Atmung erfolgt in den ersten sechs Monaten überwiegend durch die Nase. Dadurch sind Babys in der Lage, im Liegen zu schlucken. Babys können atmen und schlucken gleichzeitig, ohne sich zu verschlucken. Dies gelingt, weil der kindliche Kehlkopf höher im Rachen liegt. Die Nasenatmung sorgt außerdem dafür, dass die Umgebungsluft erwärmt, gefiltert und angefeuchtet in den kindlichen Körper strömen kann. Wichtig: Ein Baby würde im Normalfall immer mit geschlossenem Mund schlafen.

Behandlung

Schnupfen ist nicht gleich Schnupfen – je nach Auslöser sind zum Teil unterschiedliche Behandlungsmethoden erforderlich.

Behandlung bei Fließschnupfen

Läuft die Nase, helfen dem Baby abschwellende Nasentropfen (Wirkstoff Xylomethazolin) 0,01 %, dreimal täglich einen Tropfen, nicht länger als fünf Tage. Idealerweise kurz vor dem Schlafengehen.
Die Nasenschleimhäute sollten befeuchtet werden, etwa durch salzhaltige Nasensprays (rezeptfrei in der Apotheke erhältlich), durch Nasensprays mit Hyaluronsäure und/oder durch einige Tropfen Muttermilch, die in die Nase geträufelt werden. Dies gelingt am besten mit einer kleinen Pipette (Apotheke), etwa ein bis zwei Tropfen pro Nasenloch. Auch hilfreich fürs Baby ist es, wenn die Luftfeuchtigkeit im Zimmer

erhöht wird, etwa durch feuchte Handtücher über dem Heizkörper.
Tipp: Bringen Sie Wasser in einem Topf zum Kochen, nehmen Sie ihn von der Herdplatte, geben einige Pfefferminzblätter oder ein paar Tropfen Pfefferminzöl zu und stellen dann den offenen Topf in den Raum. Der Wasserdampf erhöht die Luftfeuchtigkeit im Zimmer, die Pfefferminze wirkt kühlend und damit abschwellend auf die Schleimhäute. Achtung: Stellen Sie den Topf auf keinen Fall so in die Nähe Ihres Babys, dass es sich daran verbrühen kann! Dies gilt natürlich ganz besonders bei Babys, die bereits krabbeln können!

Behandlung bei Stockschnupfen

Hier ist die Nasenpflege wichtig! Eine isotonische Kochsalzlösung (0,9%ige Natriumchloridlösung, aus der Apotheke) feuchtet die Nase an. Nasensprays mit Dexpanthenol wirken entzündungshemmend und pflegend, sind aber teurer als Kochsalzlösung. Sinnvoll ist die Kombination aus beiden Varianten (gibt's frei verkäuflich in Apotheken). Auch gut: Ein bis zwei Tropfen Muttermilch in jedes Nasenloch träufeln. Muttermilch verflüssigt das zähe Nasensekret und pflegt die Schleimhäute. Die empfohlene Nasenpflege ist frei von Nebenwirkungen und kann bis zu zwei Wochen lang angewendet werden. Die Gabe abschwellender Nasentropfen ist nur dann notwendig, wenn die verstopfte Nase Ihr Baby beim Trinken, insbesondere beim Stillen, behindert.

NASENPUTZER

Manchmal kann es sinnvoll sein, dem Baby zu helfen, Nasensekret loszuwerden. Dazu gibt es verschiedene Möglichkeiten, etwa durch einen kleinen Gummiball, der am vorderen Ende eine kleine Tülle mit Loch hat (erhältlich in Apotheken und Drogeriemärkten). Den Ball mit der Hand fest zusammendrücken (eine Faust machen), dann vorsichtig die Tülle in Babys Nasenloch einführen und die Faust öffnen. Der Ball saugt sich wieder mit Luft voll, und durch den kleinen Sog kann das Sekret aus der Nase geholt werden. Neu sind elektrische Nasenputzgeräte, mit deren Hilfe die Nase gereinigt werden kann. Sie funktionieren mithilfe von Strom, indem sie (ähnlich wie ein Staubsauger) einen Unterdruck erzeugen und dabei trotzdem sanft das Sekret aus Babys Nase herausholen können. Diese Nasenputzer erleichtern bei erkälteten Babys die Nahrungsaufnahme, wenn die Nase vor der Mahlzeit abgesaugt wird. Mehr Informationen über solche hilfreichen Geräte finden Sie im Internet unter den Schlagwörtern »Nasenputzer« oder »Nasensauger«.

TIPP: BITTE KEINE NASENSALBE!

Bei Schnupfen gilt generell: Bitte keine Nasensalbe verwenden! Sie behindert die Flimmerhärchen in der Nase am Abtransport des Nasensekrets. Außerdem wird die Anfeuchtung der Atemluft beeinträchtigt.

SCHNUPFEN

wo oder warum	was	wie	wie noch	MITTEL
Erkältung	**Stockschnupfen** verstopfte Nase durch Schwellung der Schleimhäute	↓ nachts, trockene, kalte Luft, Liegen ↑ Aufsetzen	Schnorchelnde Atmung, Säuglingsschnupfen, Behinderung beim Saugen	**SAMBUCUS NIGRA D12** *3-mal täglich 3 Globuli*
	Stockschnupfen Neigung zu Erkältungen, bei nasskaltem Wetter, Folge von Zugluft	↓ nachts, Kälte ↑ Ruhe, heiße Getränke, Einhüllen des Kopfes	Tagsüber Fließschnupfen, Kind ist reizbar, ärgerlich	**NUX VOMICA D12** *3-mal täglich 3 Globuli*
	Übergangsphase von Stock- zu Fließschnupfen Schnupfen mit kalten Füßen, mit schleimigem, weiß-gelb-grünem Sekret	↓ nachts bei warmer Zimmerluft ↑ an frischer Luft	Wechsel zwischen Fließ- und Stockschnupfen, Nase verstopft im Liegen, Augen morgens oft verklebt, Kind ist weinerlich	**PULSATILLA D12** *3-mal täglich 3 Globuli*
Erkältung/ Infektion	**Fließschnupfen** wässrig, Sekret scharf und wund machend	↓ Wärme, im Zimmer ↑ im Freien, an der frischen Luft	Milde Absonderung aus den Augen und aus dem linken Nasenloch, Niesen, Tränenfluss	**ALLIUM CEPA D12** *3-mal täglich 3 Globuli*
	Fließschnupfen Nasensekret mild	↓ Wärme, im Zimmer ↑ im Freien, Hinlegen, nachts beim Schlafen	Reichlich beißender und brennender Tränenfluss, Lidränder gerötet und geschwollen, Husten nur tagsüber	**EUPHRASIA D12** *3-mal täglich 3 Globuli*
	Fließschnupfen extrem wässriges und wund machendes Sekret aus der Nase	↓ Kälte ↑ Wärme	Schmerzhafte Rötung um die Nase herum, Kind ist sehr unruhig	**ARSENICUM ALBUM D12** *3 Globuli, 1 bis 2 Einzelgaben*

Giemen

Immer wieder kommen Eltern in die Sprechstunde und sagen: »Mein Kind röchelt so komisch. Ich habe Angst, dass es keine Luft mehr bekommt!« Nicht selten denken Eltern dabei an Asthma. Die Eltern sehen, dass ihr Kind sichtbar schlecht Luft bekommt, und machen sich Sorgen. Was man im Englischen als »wheezing« bezeichnet, nennt man im Deutschen Giemen. Darunter versteht man eine Atemstörung, die sich durch leichtes Pfeifen oder Brummen beim Ausatmen bemerkbar macht. Frühgeborene sowie Babys, in deren unmittelbarer Umgebung geraucht wird, leiden häufiger unter dieser Atemstörung. Davon abzugrenzen sind diejenigen Kinder die neben Infekten durch Allergien und körperliche Anstrengung Giemen entwickeln.

Symptome

Das Atmen wirkt angestrengt, möglicherweise hat Ihr Kind auch einen trockenen Husten. Trotz der pfeifenden Atmung sind die Kinder meist wenig beeinträchtigt – sie trinken gut, sie haben keinen Husten, sie haben kein Fieber, und ihr Allgemeinbefinden ist kaum beeinträchtigt. Diese Kinder werden oft als »happy wheezer« bezeichnet. Andere Kinder sind sichtbar eingeschränkt in ihrem Wohlbefinden: Sie husten, trinken schlechter, haben unter Umständen Fieber. Selten leiden sie unter schwerer Atemnot.

Ursachen

Verengte Atemwege durch angeschwollene Schleimhäute (beispielsweise durch Virusinfekte, Umweltfaktoren oder eine anlagebedingte Anomalie der Atemwege) lassen die Nebengeräusche beim Ausatmen entstehen. Akute Virusinfekte können Auslöser für die Atemstörung sein. Am unangenehmsten ist das RS-Virus (Respiratory Syncytial Virus). Die Erkrankung an RS-Viren wird auch als Bronchiolitis bezeichnet, also eine Entzündung der kleinen Bronchien. In seltenen Fällen kann auch ein Fremdkörper in den Atemwegen zum hörbaren Pfeifen/Brummen führen. Dieser sollte schnellstmöglich entfernt werden.

Zum Arzt

Bitte gehen Sie bei jeder hörbaren Atemstörung mit Ihrem Kind zum Arzt. Durch eine gründliche Untersuchung und schmerzfreie Messung der Sauerstoffsättigung am Finger kann festgestellt werden, ob Ihr Kind gefährdet ist. Im Zweifelsfall kann man mithilfe der Sauerstoffsättigung den Schweregrad der Atemstörung ermitteln. Im Ernstfall ist ein Krankenhausaufenthalt notwendig.

Behandlung

Abhängig vom Zustand des Babys und vom Schweregrad der Atemstörung, reicht die Behandlung von »nichts tun« bis zur Maximaltherapie. »Happy wheezer« müssen in der Regel nicht behandelt werden. Bei Kindern, die husten, schlecht trinken oder gar fiebern, werden die jeweiligen Symptome behandelt, hinzu kommen bronchienerweiternde Maßnahmen. Dazu dienen entweder Inhalationen mit Feuchtverneblern (kann der Arzt verschreiben) oder Tropfen mit einem bronchienerweiternden Medikament.

Weinen/Schreien

Manchmal gibt es Babys, die nach wenigen Tagen, manchmal auch sofort nach der Geburt, auf dieser Welt so unglücklich sind, dass sie schreien. Egal, ob Mama oder Papa sie herumtragen, schaukeln oder mit ihnen kuscheln – nichts scheint sie davon abhalten zu können. Wenn ein Baby immer wieder schreit, kommt es schnell zu einer Stigmatisierung: »Mein Kind ist ein Schreibaby«, heißt es dann. Aber was ist das überhaupt? Experten haben dafür eine Definition: Ein Schreibaby ist ein Säugling, der mindestens drei Stunden täglich, an mindestens drei Abenden in der Woche, mehr als drei Wochen lang ausdauernd schreit.
Aber ein Schreibaby weint nicht anders als ein gesunder Säugling – sondern einfach nur mehr. Fakt ist: Viele Babys weinen stark in den ersten Tagen oder Wochen. Dabei kann es sich um Anpassungsstörungen handeln, aber auch um dauerhafte, auf mehrere Bereiche übergreifende Störungen. Schreien ist eigentlich normal – denn eine andere Möglichkeit haben Säuglinge nicht, um sich bemerkbar zu machen. Eltern müssen herausfinden: Schreit mein Kind vor Hunger? Ist es müde? Hat es Schmerzen? Ist ihm langweilig? Ist es reizüberflutet? Ist ihm zu kalt oder zu heiß? Schwitzt es? Das ist keine leichte Aufgabe. Schon gar nicht, wenn der Säugling satt, frisch gewickelt und ausgeschlafen auf Ihrem Arm ist und von Ihnen sanft hin und her gewiegt wird.

Ursache

Der Kinderarzt hat die Aufgabe, zwischen den verschiedenen Schreiarten zu unterscheiden. Liegt zum Beispiel eine Mittelohrentzündung vor, wird das Schreien nach einer Behandlung beendet sein. Das unspezifische Schreien ohne erkennbaren Grund kommt bei fast allen Säuglingen vor. Es beginnt in der zweiten Lebenswoche und erreicht seinen Höhepunkt im zweiten Lebensmonat. Mit Beginn des dritten Lebensmonats nimmt es erfahrungsgemäß wieder ab. Die Schreiphasen treten meist in den Abendstunden auf (zwischen 16 und 22 Uhr).
Manche Eltern machen die berüchtigten Dreimonatskoliken (siehe auch Seite 261) dafür verantwortlich, auch wenn keine Anzeichen für Blähungen vorliegen. Untersuchungen haben jedoch ergeben, dass exzessives Schreien nur in einem von 20 Fällen etwas mit Blähungen zu tun hat. Sehr starkes Schreien heißt also nicht zwangsläufig, dass ein Baby Schmerzen hat.

UNTERSCHIEDLICHE SCHREIARTEN

Experten unterscheiden drei Schreiarten:

- »Normales Schreien«, ausgelöst durch Hunger, eine nasse Windel oder Emotionen, wie Angst oder Langeweile.
- »Krankhaftes Schreien«, ausgelöst durch Schmerzen oder Erkrankungen.
- »Unspezifisches Schreien« ohne erkennbaren Grund.

Was kann es sonst sein?

Wissenschaftler vermuten vielmehr, dass Anpassungsschwierigkeiten des Babys dahinterstecken: Vielleicht verlief die

WICHTIG

Auch wenn Ihr Kind noch so viel schreit – Sie dürfen es nie, wirklich nie schütteln! Kinderärzte erleben immer wieder, dass es beim Säugling durch heftiges Schütteln zum »Shaken Head Syndrom« kommt. Das bedeutet, dass Gefäße im Schädel des Kindes gerissen sind. Die Folge kann eine Gehirnblutung sein. Jährlich erleiden allein in den USA 50 000 Kinder dieses Shaken Head Syndrom – jedes Vierte stirbt an den Folgen.

Schwangerschaft sehr turbulent, oder die Geburt war anstrengend? Vielleicht wollte das Baby noch gar nicht auf die Welt kommen oder wurde sehr schnell geboren (Sturzgeburt)? Vermisst es die alte Umgebung (Gebärmutter) und ist noch gar nicht auf dieser Welt »gelandet«? Vielleicht hat es schlecht geträumt oder hat einfach das Bedürfnis, an einem warmen, vertrauten Ort zu sein – etwa Mamas oder Papas Arm. Oder es will ausdrücken, dass es von den vielen Reizen um es herum überfordert ist: Es herrscht zu viel Trubel im Haus und zu wenig Ruhe.

Was können Sie tun?

Manchmal müssen Sie den Grund für das Schreien gar nicht kennen. Viel hilfreicher ist es, wenn Sie Ihrem Baby zuhören und verstehen, dass es einen Grund hat, im Moment so zu reagieren. Nehmen Sie es liebevoll auf den Arm und trösten Sie es mit beruhigenden Worten. Wenn Sie überhaupt keinen Rat mehr wissen, scheuen Sie sich nicht, Ihren Kinderarzt darauf anzusprechen. Er überprüft, ob möglicherweise organische Ursachen vorliegen, und kann Sie zur nächstgelegenen Schreiambulanz weiterleiten.

Was sonst noch wichtig ist

- Keine Reizüberflutung: Grelles Licht, bunte Mobiles über dem Bett, hektische Spieluhren, Einkaufsrummel, Verabredungen, Straßenlärm, laute Musik, viel Besuch, ständiges Telefonklingeln, Dauerfernsehen – all dies überfordert die sensible Wahrnehmung eines kleinen Babys. Gönnen Sie ihm Ruhe.
- Begrenzung schaffen: Haltloses Strampeln im Raum kann Angst machen. Begrenzungen (wie in der Gebärmutter) wirken vertraut. Schaffen Sie Ihrem Baby eine Umgebung ähnlich wie im Mutterleib, etwa durch Pucken (siehe Seite 43). Oder bauen Sie ihm im Bettchen eine Umrandung, beispielsweise durch das Stillkissen oder ein zusammengerolltes Handtuch. Der Nachtschlaf sollte allerdings möglichst ohne Stillkissen bzw. Umrandung erfolgen (SIDS, siehe Seite 240).
- Liebe ist die beste Medizin: Seien Sie sich bewusst, dass Ihr Baby nicht schreit, um Sie zu ärgern. Vermutlich würde es auch viel lieber mit Ihnen auf dem Sofa liegen und Spaß haben. Auch wenn Babys auf dem Arm schreien, wünschen sich die meisten nichts sehnlicher als Nähe. Schenken Sie ihm Geborgenheit und geben Sie ihm das Gefühl, dass Sie immer für Ihr Kind da sein werden.

Zahnen

Die meisten Babys bekommen um den achten Monat herum ihren ersten Zahn. Auch wenn der Zeitpunkt individuell ist – die Reihenfolge, in der die einzelnen Zähne auftauchen, ist in der Regel immer die gleiche: Zuerst kommen die Schneidezähne, erst unten, dann oben, von innen nach außen. Dann die Backenzähne und zuletzt die Eckzähne. Im Alter von etwa drei Jahren ist dann das Milchzahngebiss mit 20 Zähnen komplett (siehe Seite 143).

Symptome

Viele Babys haben überhaupt keine Probleme beim Zahnen, andere wiederum tun sich richtig schwer. Fast jedes Kind produziert während des Zahnens verstärkt Speichel. Außerdem wird vieles in den Mund gesteckt. Studien haben ergeben, dass die meisten Säuglinge während des Zahnens ihr Zahnfleisch reiben oder das Ohr, immer wieder unruhig sind, beim Schlafen häufiger aufwachen, weniger saugen und weniger Appetit haben. Der Stuhlgang ist oft weich, die Körpertemperatur kann leicht ansteigen. Sie erreicht aber nicht 39 bis 40 °C, wie häufig von den Eltern vermutet wird.

Ursache

Die Zähne brechen durch den Kiefer und können dabei starkes Unwohlsein oder gar Schmerzen verursachen.

Zum Arzt

Bei länger andauernden Problemen und wenn Sie keinen Rat mehr wissen, wie Sie Ihrem Kind helfen können.

MACHT ZAHNEN KRANK?

Immer wieder neigen Eltern und Großeltern dazu, Beschwerden wie Fieber, Durchfall, Erbrechen, Nahrungsverweigerung oder Husten mit dem Durchbruch der Milchzähne in Verbindung zu bringen. Studien haben jedoch gezeigt, dass dies nicht der Fall ist. Es gibt keinen Beweis, dass das Einschießen der Zähne solche Nebenwirkungen mit sich bringt.

Behandlung

Der Arzt kann dem Baby das Zahnen mit den passenden Mitteln erleichtern. Bei sehr starken Schmerzen kann er ein Schmerzmittel (Zäpfchen) verordnen. Auch sollen diverse frei verkäufliche Mittel das Zahnen erleichtern:

- **Zahngel:** »Dentinox« ist ein Lokalanästhetikum, welches mit dem Finger auf die Zahnleiste gestrichen wird. Wirkstoff: Kamillentinktur und Lidocain, Preis: etwa vier Euro für eine Zehngrammtube. Leider ist es in der Handhabung eher schwierig – ein Großteil der Menge wird einfach nur hinuntergeschluckt. Die betäubende Wirkung hält – je nach Einwirkzeit – nur kurz an (oftmals weniger als eine Stunde).
- **Globuli:** »Osanit« ist ebenfalls ein Klassiker bei Zahnungsbeschwerden. Wirkstoffe sind (unter anderem) Calcium carbonicum, Ferrum phosphoricum, Chamomilla und Calcium phosphoricum. Dieses Mittel (etwa sechs Euro für 7,5 Gramm) mag für einige Babys mit Zahnungsproblemen hilfreich sein – aber längst nicht für alle.

ZAHNUNGSBESCHWERDEN

wo oder warum	was	wie	wie noch	MITTEL
Zahndurchbruch	**Kind will herumgetragen werden** Kind weiß nicht, was es will, zornig	↓ nachts, Wärme ↑ Herumtragen	Eine Gesichtshälfte ist oft rot und heiß, die andere blass, Zahnungsdurchfall	**CHAMOMILLA D12** *3-mal täglich 3 Globuli*
	Kind will herumgetragen werden Kind extrem reizbar	↓ nachts, Bewegung ↑ Wärme, Bedecken	Zahnungsdurchfall, Stuhl ist sauer, das ganze Kind riecht	**RHEUM D12** *3-mal täglich 3 Globuli*
Zahndurchbruch	**Kind will nicht herumgetragen werden**	↓ Licht, Lärm, Erschütterung ↑ Beugen nach hinten, harte Unterlage	Kind schreit heftig mit rotem Kopf, überstreckt sich nach hinten, will ins eigene Bett	**BELLADONNA D12** *3-mal täglich 3 Globuli*
	Kind will nicht herumgetragen werden Rötung um Mund und Gesäß	↓ Kälte, Ruhe ↑ Wärme, Bewegung, heiße Speisen	Mundgeruch, entzündetes Zahnfleisch, starker, wund machender Speichel	**KREOSOTUM D12** *3-mal täglich 3 Globuli*

Es ist ratsam, für jedes Baby das für es geeignete homöopathische Einzelmittel zu finden (siehe oben).

Was sonst noch helfen kann

Wenn Ihrem Baby die durchbrechenden Zähne sehr zu schaffen machen, braucht es eine Extraportion Zuwendung in Form von Tragen und Halten. Haben Sie das Gefühl, Ihr Kind kommt durch das Zahnen gar nicht zur Ruhe, können Sie ihm abends ein schmerzlinderndes Zäpfchen geben. Das Kauen/Lutschen auf einer Veilchenwurzel (Apotheke) hilft auch bei Schmerzen, da der austretende Saft lokal betäubend wirkt. Kritiker verpönen die Wurzel allerdings als »Bakterienschleuder«, weil sie schnell schmutzig wird. Kühlbeißringe (Foto siehe Seite 239) können ebenfalls Linderung verschaffen.

IMPFUNGEN

Wenn ein Baby auf die Welt kommt, ist es noch vollkommen frei und unberührt von Krankheitserregern. Aber bereits von der ersten Minute an kommt es mit vielen Keimen in Kontakt. Sobald ein Keim in den menschlichen Organismus eindringt, werden die weißen Blutkörperchen aktiv und wehren den Eindringling ab – er wird abgetötet und verdaut.

Parallel dazu merken sich die weißen Blutkörperchen, um welchen Erreger es sich gehandelt hat, und bilden spezielle Abwehrstoffe (Antikörper) und sogenannte Helferzellen gegen diesen Erreger. Diese Reaktion des Körpers nennt man Immunantwort. Sollte der Erreger noch einmal eindringen, kann das Immunsystem sofort die passende Abwehr losschicken, um den erkannten Eindringling wirksam zu bekämpfen. Eine Billion solcher Körperzellen, die körperfremde Eindringlinge erkennen, sind in unserem Körper vorhanden – dies ist unser Immunsystem.

Was geschieht durch die Impfung?

Bei einer Impfung werden dem Körper Erreger in abgeschwächter oder toter Form beziehungsweise Teile des Erregers verabreicht. Sind sie einmal im Körper, läuft das Immunisierungsprogamm ab: Körpereigene Abwehrzellen (Antikörper) werden gebildet, der Eindringling wird bekämpft und entsorgt. Gleichzeitig wird der Erreger in seiner Charakteristik im Gedächtnis gespeichert. Bereits nach der ersten Impfung kommt es zu einer solchen Immunantwort. Taucht der gleiche Erreger erneut auf, werden die nach dem ersten Kontakt gebildeten Antikörper aktiv und reifen in ihrer Funktion weiter aus, bis sie schließlich nach Beendigung der Grundimmunisierung voll wirksam sind. Bei manchen Impfungen lässt allerdings die Schutzwirkung nach einer gewissen Zeit nach, sodass eine Auffrischung in regelmäßigen Abständen durch eine Wiederholungsimpfung empfohlen

WAS BEDEUTET »NESTSCHUTZ«?

In den ersten Lebensmonaten kann das Neugeborene auf den sogenannten Nestschutz zurückgreifen. Dabei handelt es sich um mütterliche Antikörper (Immunglobuline), die am Ende der Schwangerschaft über die Plazenta durch die Nabelschnur auf das Kind übertragen werden. Dabei bekommt das Baby alle Abwehrzellen geliefert, die der mütterliche Körper bisher gebildet hat. Dadurch ist das Kind zuerst einmal vor allen Erkrankungen geschützt, gegen die seine Mutter im Laufe ihres Lebens Antikörper gebildet hat. Ein wunderbares Geschenk! Das Problem: Einige Antikörper gelangen nur in geringem Umfang zum Ungeborenen, und außerdem ist die Lebensdauer der »geliehenen« Antikörper nur begrenzt. Nach etwa drei bis sechs Monaten (bei Masern spätestens nach zwölf Monaten) baut der kindliche Organismus die mütterlichen Antikörper ab und kann sie nicht mehr selbst produzieren. Nun muss das Baby eine eigene Immunabwehr ausbilden.

wird. Dies gilt speziell für Tetanus, Diphtherie und für Keuchhusten (Pertussis).

Wie läuft eine Impfung ab?

Sie vereinbaren einen Termin beim Kinderarzt, der den Impfstoff in der Regel vorrätig hat. Ihr Kind sollte vor dem Impfen untersucht werden, ob es gesund ist. Anschließend sticht der Arzt eine etwa zwei Zentimeter lange dünne Hohlnadel je nach Impfstoff entweder durch das Fettgewebe in den Muskel des Oberschenkels oder unter die Haut (= subkutan) und verabreicht den Impfstoff. Dies dauert normalerweise nicht länger als ein paar Sekunden.
Schmerzen, die beim Einstechen der Nadel entstehen können, lassen sich am besten reduzieren, wenn in entspannter Atmosphäre geimpft wird. Hilfreich ist das entspannte Sitzen auf Mamas Schoß, ein Spielzeug zum Ablenken, ein Schnuller oder überraschendes Geräusch.

Das Aufklärungsgespräch

In einem Gespräch mit Ihrem Kinderarzt sollten Sie sich ausführlich über den Nutzen der geplanten Impfung informieren. Hören Sie sich Pro und Kontra aufmerksam an. Wichtig: Lassen Sie sich auch über mögliche unerwünschte Folgen des Impfens oder Nicht-Impfens aufklären. Zudem sollten Sie über den Verlauf der Impfung, eventuelle Impfreaktionen und die möglichen Nebenwirkungen sprechen.

WAS WIRD GEIMPFT?

Üblich sind sogenannte Kombinationsimpfstoffe, bei denen gegen mehrere Krankheiten gleichzeitig geimpft wird. Es sind aber auch Einzelimpfungen möglich.

- **Kombinationsimpfstoffe:** Hier sind mehrere Impfungen in einer 0,5-ml-Lösung zusammengefasst. Sie enthält Wasser, Impf-Antigene, Stabilisatoren, Adjuvantien (Aluminiumverbindungen, das sind Wirkverstärker) und Konservierungsstoffe. Quecksilberverbindungen wie Thiomersal sind in den modernen Impfstoffen nicht mehr enthalten. Dagegen sind Aluminiumverbindungen überaus nützlich, da sie die Arbeit des Immunsystems unterstützen. Am häufigsten wird ein Sechsfach-Impfstoff gegen Diphtherie, Tetanus, Polio (Kinderlähmung), Hib (Haemophilus influenzae Typ b), Pertussis (Keuchhusten) und Hepatitis B gespritzt. Es gibt auch einen Fünffach-Impfstoff auf dem Markt (ohne Hepatitis B). Andere Kombinationen sind manchmal noch möglich – zum Beispiel Dreifach- oder Vierfach-Impfungen. Der Vorteil der Kombinationsimpfstoffe: Babys Körper werden mit einer Lösung weniger Konservierungsmittel verabreicht als bei den entsprechenden Einzelimpfungen.
- **Einzelimpfstoffe:** Hier wird nur ein Impfstoff gegen eine Krankheit verabreicht. Nachteil: Sie sind nur noch gegen wenige Erkrankungen verfügbar (Tetanus, Diphtherie, Polio). Außerdem: Unerwünschte Begleitstoffe, wie etwa Konservierungsmittel, werden pro Einzelimpfung in ähnlich hoher Dosierung wie im Kombinationsimpfstoff verabreicht.

Die Standardimpfungen

- **Wundstarrkrampf (Tetanus)** ist eine bakterielle Infektion. Die Bakterien dringen über Wunden in den Körper ein und bilden ein Gift, welches das Nervensystem schädigt und durch anhaltende Muskelkrämpfe (auch bei antibiotischer Therapie) zum Tod führen kann. Der Impfschutz muss lebenslang regelmäßig aufgefrischt werden.
- **Rotaviren:** Diese Viren sind eine der häufigsten Ursachen für Durchfälle und Erbrechen bei Kindern. Fast alle Kinder erkranken daran einmal bis zum fünften Geburtstag, da die Viren hochinfektiös sind. Tatsächlich erkrankt ein Großteil aller Kinder in den ersten zwei Lebensjahren. Besonders gefährlich ist die Ansteckung mit Rotaviren für Säuglinge, die durch den Brechdurchfall einen großen Flüssigkeits- und Salzverlust erleiden können. Dies wiederum kann schnell zu einer gefährlichen Austrocknung führen. Schätzungsweise 20 000 Kinder werden durch die Ansteckung mit Rotaviren im Krankenhaus behandelt, nicht wenige auf der Intensivstation.
- **Diphtherie** ist eine durch Bakterien ausgelöste Infektion, bei der die Bakterien ein Gift produzieren, das das Herz und andere Organe schädigt. Trotz antibiotischer Behandlung kann Diphtherie zum Tod führen. Lebenslange Auffrischung (alle zehn Jahre) ist notwendig.
- **Keuchhusten (Pertussis)** ist eine bakterielle Infektionserkrankung, die durch Tröpfcheninfektion übertragen wird. Die Bakterien produzieren Gifte, die die Schleimhaut schädigen können. Es kommt zu Hustenattacken mit Erbrechen. Für Säuglinge ist Keuchhusten durch mögliche Atemstillstände lebensbedrohlich. Keuchhusten beginnt harmlos. In den ersten Wochen klingt er wie normaler Husten, dann werden die Anfälle immer quälender. Die schlimmste Phase beginnt nach etwa vier Wochen: Die Anfälle beginnen mit einem pfeifenden Einatmen, dann hustet der Kranke bis zum Erbrechen und würgt am Ende klaren Schleim hervor. Aber am gefährlichsten ist Keuchhusten für Babys: Sie können nichts mehr bei sich behalten, sind völlig entkräftet und können sogar durch Atemstillstände lebensbedrohlich erkranken oder sterben.
- **Kinderlähmung (Poliomyelitis)** ist eine Virusinfektion, die durch Schmierinfektion (ungewaschene Hände/Gegenstände) übertragen wird. Meist verläuft sie als harmloser Durchfall, doch bei einem Prozent der Erkrankten zeigen sich Lähmungen, die bei wiederum zehn Prozent von ihnen bestehen bleiben. Eine Therapie ist nicht bekannt. Die Grundimmunisierung wird dringend empfohlen.
- **Haemophilus influenzae Typ b (Hib):** Das Bakterium kann, durch Tröpfcheninfektion übertragen, lebensgefährliche Erkrankungen auslösen. Meist verlaufen sie harmlos, doch in einem von 500 Fällen kommt es zu einer eitrigen Hirnhautentzündung, akuten Kehldeckelentzündung mit Erstickungsgefahr sowie Knochen- und Weichteilinfektionen und Blutvergiftung. Trotz Behandlung bleiben bei bis zu 20 Prozent Folgeschäden zurück.

- **Leberentzündung (Hepatitis B)** wird durch ein Virus ausgelöst. Je jünger das Kind bei der Erkrankung ist, umso häufiger kommt es zu chronischen Krankheitsverläufen. Eine medikamentöse Behandlung bringt nur ungenügenden Erfolg. Man rechnet in Deutschland mit bis zu 50 000 Neuinfektionen jährlich.
- **Pneumokokken** sind Bakterien, die durch Tröpfcheninfektion übertragen werden, also durch Husten oder Niesen. Sie können schwere Lungen-, Hirnhaut- und Mittelohrentzündungen auslösen.
- **Meningokokken B und C:** eine aggressive Form der Hirnhautentzündung mit Multiorganversagen. Die Impfung schützt in Deutschland gegen maximal 25 Prozent der Infektionen. Etwa 65 Prozent werden durch den Typ B ausgelöst, gegen den es mittlerweile auch eine Impfung gibt.
- **Masern-Mumps-Röteln** ist eine Dreifach-Impfung gegen die durch Viren (Tröpfcheninfektion) ausgelösten Kinderkrankheiten. Masern sind entgegen landläufiger Meinung als gefährliche Virusinfektion einzustufen. Neben Fieber, Husten und typischem Hautausschlag können Mittelohr- und Lungenentzündungen und sogar Hirnschädigungen auftreten. Je älter die Patienten, desto häufiger kommt es zu Komplikationen. Mumps geht mit Fieber, Kopfschmerzen und beidseitiger schmerzhafter Entzündung der Ohrspeicheldrüsen einher. Mögliche Spätfolgen: Gehirnhautentzündung, Diabetes mellitus, Beeinträchtigung des Hörvermögens sowie Unfruchtbarkeit bei Jungen (Hodenentzündung) und Mädchen (Eierstockentzündung). Röteln verlaufen meist ohne Probleme. Doch man fürchtet Infektionen bei nicht immunen Schwangeren mit erhöhten Fehlbildungsraten ihrer ungeborenen Kinder.
- **Windpocken (Varizellen)** sind eine häufige und meist komplikationslose Infektionskrankheit. Sie wird durch Tröpfcheninfektion sowie direkt aus den Bläschen auf der Haut von Mensch zu Mensch übertragen. Nach durchgemachter Krankheit kann sich das Virus in seltenen Fällen reaktivieren und eine Gürtelrose auslösen. Diese Impfung kann als Einzel- oder als Kombiimpfung zur Masern-Mumps-Röteln-Impfung verabreicht werden.

Impfen – nicht notwendig?

Tatsächlich hat das gezielte Impfen vor Jahrzehnten dafür gesorgt, dass wir heutzutage von vielen Erkrankungen verschont bleiben dürfen. Kein Wunder, dass nun immer wieder zahlreiche Eltern den Sinn von Impfungen infrage stellen, weil sie glauben, die Krankheiten wären vom Tisch. Diese Denkweise birgt mindestens einen Nachteil: Weil Eltern heutzutage keine Vorstellung vom Verlauf einer Kinderlähmung oder Diphtherie haben, halten sie die Erkrankung für harmlos. Doch dem ist nicht so: Die Impfbereitschaft sinkt, immer mehr Eltern werden impfmüde. Dies gilt auffällig häufig bei der zweiten Masern-, Mumps-, Rötelnimpfung, der Hepatitis-B- und der Keuchhustenimpfung. Sollten sich nach Jahren nicht geimpfte Personen damit infizieren, kann dadurch erneut eine Vielzahl ungeschützter Personen erkranken.

DER IMPFKALENDER

Der Impfkalender ist Teil der Empfehlungen der Ständigen Impfkommission (STIKO). Er gibt einen raschen Überblick über die empfohlenen Impfungen.

Impfung	Alter in Wochen	Alter in Monaten				
	6	2	3	4	11–14	15–23
Tetanus		G1	G2	G3	G4	N
Diphtherie		G1	G2	G3	G4	N
Pertussis		G1	G2	G3	G4	N
Hib H. influenzae Typ b		G1	G2	G3	G4	N
Poliomyelitis		G1	G2	G3	G4	N
Hepatitis B		G1	G2	G3	G4	N
Pneumokokken a		G1		G2	G3	N
Rotaviren	G1	G2	(G3)			
Meningokokken C					G1 (ab 12 Monaten)	
Masern					G1	G2
Mumps, Röteln					G1	G2
Varizellen					G1	G2

Erläuterungen

G Grundimmunisierung (in bis zu vier Teilimpfungen G1–G4)

N Nachholimpfung
(Grund- bzw. Erstimmunisierung aller noch nicht Geimpften bzw. Komplettierung einer unvollständigen Impfserie)

HAUSAPOTHEKE – FÜR ZU HAUSE UND UNTERWEGS

Das gehört in die Kinder-Hausapotheke:

- **Fiebersenkende Schmerzmittel (Zäpfchen).** Wichtig: Die Medikamente immer dem jeweiligen Alter des Kindes anpassen! Auch gut: Das homöopathische Fieberzäpfchen »Viburcol«
- **Mittel gegen Magen-Darm-Probleme:** Anis-Fenchel-Kümmel-Tee, Kamillen- und Fencheltee, Kümmelzäpfchen, Kümmelöl oder Windsalbe für eine Bauchmassage
- **Mittel gegen Durchfall und Erbrechen:** Elektrolytpräparat, um den Flüssigkeitsverlust auszugleichen (z. B. Reisschleim-Elektrolytmischung)
- **Mittel gegen Erkältungen:** Nasentropfen oder -spray mit abschwellendem Effekt, Nasenspray mit Kochsalzlösung (um den Schleim zu verflüssigen); Hustensaft oder Hustenzäpfchen, Lindenblütentee
- **Mittel gegen einen wunden Po:** Zinksalbe, Wund-und-Heil-Salbe
- **Hilfe bei kleineren Unfällen:** Nicht brennendes Wundspray, Gel gegen Insektenstiche und Sonnenbrand
- **Außerdem:** Kinderpflaster in verschiedenen Größen, Heftpflaster zum Befestigen von Verbänden, Mullbinden, eine elastische Binde, sterile Mullkompressen, ein digitales Fieberthermometer, Pinzette, Zeckenzange, Verbandsschere, Handschuhe aus Latex, Gummiklistier, eine Wärmflasche mit Überzug oder ein Kirschkernkissen

Kleine homöopathische Hausapotheke:

Die folgenden homöopathischen Mittel sind eine Art Grundausstattung, die auch von Ungeübten und Unerfahrenen eingesetzt werden kann.

Warum? Bei den aufgeführten Mitteln ist die Wahl relativ einfach, da sie für bestimmte Einsatzgebiete generell verwendet werden können. Wer tiefer ins Thema einsteigen möchte, findet Infos dazu in der Fachliteratur (siehe Seite 281). Für alle homöopathisch Interessierten empfehlen wir eine homöopathische Reiseapotheke, in der Sie eine Zusammenstellung der wichtigsten homöopathischen Mittel finden.

- **Aconitum C30** für Schock, Folgen von Schock oder Schreck, bei hohem Fieber
- **Apis D12** für Bienenstiche
- **Arnica C30** für Verletzungen und Unfälle
- **Arsenicum album D12** für Brechdurchfall
- **Calendulatinktur** zur Blutstillung, Wundsäuberung und -heilung
- **Ferrum phosphoricum D12** für Fieber
- **Hypericum D12** für Verletzungen von Nerven, Quetschungen von Fingern und Zehen
- **Ledum D12** für Stiche, Bisse, Stichwunden
- **Rhus toxicodendron D12** für Verstauchungen und Zerrungen

TIPP: DOSIERUNG DER HOMÖOPATHISCHEN MITTEL

Bei Gabe eines einzelnen Mittels erhalten Babys und Kleinkinder bis zu drei Jahren jeweils drei Globuli oder eine halbe Tablette. Für Säuglinge wird diese Menge in etwas Wasser aufgelöst und mit einem Plastiklöffel verabreicht. In besonders akuten Fällen kann das Mittel alle 30 Minuten gegeben werden, jedoch maximal zehnmal. Je mehr sich der Zustand Ihres Kindes bessert, umso seltener geben Sie das Mittel – im Normalfall dreimal täglich.

BÜCHER, DIE WEITERHELFEN

artgerecht – das andere Baby-Buch.
Nicola Schmidt, Claudia Meitert; Kösel Verlag, München

Babybauchzeit: Geborgen durch die Schwangerschaft und die Zeit danach.
Nora Imlau; Kösel Verlag, München

Das breifrei!-Kochbuch: So schmeckt es dem Baby und der ganzen Familie.
Loretta Stern, Anja Constance Gaca; Kösel Verlag, München

Die Hebammensprechstunde.
Ingeborg Stadelmann; Ingeborg-Stadelmann-Eigenverlag, Ermengerst

Lasst mir Zeit.
Emmi Pikler; Richard Pflaum Verlag, München

Mein kompetentes Baby: Wie Kinder zeigen, was sie brauchen.
Nora Imlau; Kösel Verlag, München

Oje, ich wachse.
Hetty van de Rijt, Frans X. Plooij; Mosaik Verlag, München

Impfen – Pro und Contra.
Martin Hirte; Droemer Knaur, München

BÜCHER AUS DEM GRÄFE UND UNZER VERLAG

Babyernährung.
Anja Constance Gaca

Babymassage.
Christina Voormann, Dr. med. Govin Dandekar

Das große GU Kochbuch für Babys & Kleinkinder.
Dagmar von Cramm

Das Großeltern-Handbuch.
Christiane von Grone

Das Kinder-Gesundheitsbuch.
Dr. med. Jan Vagedes, Georg Soldner

Das Papa-Handbuch.
Robert Richter, Eberhard Schäfer

Die ersten 3 Jahre meines Kindes.
Birgit Gebauer-Sesterhenn, Anne Pulkinnen, Dr. med. Katrin Edelmann

Die Mama-Trickkiste für die Babyzeit.
Ute Glaser

Homöopathie für Kinder.
Sven Sommer

Kinderkrankheiten.
Dr. med. Ursula Keicher

Mein Schreibaby verstehen und begleiten.
Anja Constance Gaca, Susanne Mierau

Papipedia
Christian Gaca

PEKiP: Babys spielerisch fördern.
Anne Pulkkinen

Quickfinder Homöopathie für Kinder.
Dr. med. Markus Wiesenauer

Schlaf gut, Baby!
Dr. med. Herbert Renz-Polster, Nora Imlau

Schüßler-Salze für Kinder.
Günther H. Heepen

Sing und spiel mit mir.
Sabine Bohlmann

Stillen.
Márta Guóth-Gumberger, Elizabeth Hormann

Wie unsere Kinder die Welt sehen. (e-book)
Cornelia Nitsch, Prof. Dr. Dr. Hartmut Kasten

ADRESSEN, DIE WEITERHELFEN

Dr. Manfred Praun
www.kinderarzt-gilching.de
drpraun@kinderarzt-gilching.de

Beratungsstelle für Vergiftungserscheinungen und Embryonaltoxikologie Berlin
Tel.: 0 30/1 92 40

Bundesministerium für Familie, Senioren, Frauen und Jugend
www.bmfsfj.de (Hier gibt es die gratis Infobroschüre »Erziehungsgeld, Erziehungsurlaub« sowie den »Leitfaden Mutterschutzgesetz«.)

Deutscher Hebammenverband e. V.
www.hebammenverband.de

Geburtshaus/Netzwerk der Geburtshäuser e. V.
www.netzwerk-geburtshaeuser.de

Gemeinsame Elterninitiative Plötzlicher Kindstod
GEPS-Deutschland e. V. www.geps.de
Hilfe bei Fragen rund ums Stillen. Hier findet man auch eine Stillberaterin in der Nähe:

La Leche Liga e. V.
www.lalecheliga.de
www.lalecheliga.at
www.lalecheleague.ch

Prager-Eltern-Kind-Programm (PEKiP)
www.pekip.de

pro familia
www.profamilia.de

Beratungsstellen und Praxen für Eltern von

Schreibabys
www.trostreich.de

Eine Beraterin zum Erlernen der Körperbeobachtungsmethode NFP nach Sensiplan in Ihrer Nähe finden Sie unter

www.sensiplan-im-netz.de

Hilfe und Unterstützung unter der Geburt gibt es bei
Doulas
www.doula-info.de

Für alle, die Hilfe im Alltag mit Baby benötigen:

Nachbarschaftshilfe wellcome GmbH
www.wellcome-online.de

Windeldienste
https://greenya.de

Österreich

Giftinformationszentrum Wien
Notfallnummer 01/4 06 43 43

Hebammenzentrum – Verein freier Hebammen Wien
www.hebammenzentrum.at

Hier wird fündig, wer finanzielle Hilfe braucht oder Infos zum

Kinderbetreuungsgeld
www.help.gv.at
www.kinderbetreuungsgeld.gv.at

Schweiz

Schweizerischer Hebammenverband
www.hebamme.ch

Schweizerisches Toxikologisches Informationszentrum
0 44/2 51 51 51
www.toxinfo.ch

Bundesamt für Sozialwirtschaft
www.bsv.admin.ch

SACHREGISTER

A
Abführmittel 77
Abnabeln 38
Abpumpen 185
Allergierisiko 183, 198, 199, 206, 207, 209, 210, 213, 215, 217, 219, 222
Anerkennung 17, 75
Anlegen
-, beidseitiges 185
-, frühes 175, 180
-, häufiges 72, 177, 180, 192
-, nach der Geburt 180
-, richtiges 180
Apgar-Kriterien 38
Apgar-Test 38, 39
Arnika 67, 71
Augen, verklebte 55, 107, 164
Augenprophylaxe 38
Ausschiebephase 36, 90

B
Babyausstattung 21
Babybad 39, 48, 49, 51, 62
Babybadeeimer 48, 49, 63
Baby-Blues 75, 76
Babybrei 200, 201, 202, 208–221
Babyfon 111, 243
Babyhopser 135
Babymassage 32, 33, 120
Babynagelschere 22, 51
Babypflege 30, 48
Babypflegeprodukte 48, 58
Babyschnupfen 153, 164
Babytragesack 21
Baby-Wellness 120
Baden 48, 51, 62
-, Badeeimer 48, 49, 62
-, Badethermometer 21
-, Badewanne 48
-, Badezusatz 49
-, Wassertemperatur 49
Bakterielle Brustentzündung 189
Bauchlage 98, 106, 108, 112, 124, 125, 127, 138, 141, 142, 257
Bauchmassage 65, 78
Bäuerchen 237
Beckenboden 65, 79, 82
-, Beanspruchung 81
-, Muskulatur 81, 82
-, Rückbildungsgymnastik 84
Beikost, Einführung 209, 210
Bernstein-Halsketten 159
Beruf 17, 31
Bettdecke 29
Bilirubinwert 56, 57
Bisphenol A 25, 201, 204
Blähungen 199, 239, 269, 261, 262, 271
Blitzgeburt 36
Blutgerinnungsvitamin K 40
Blutschwämmchen 58
Bonding 35
Brei 208–221
-, Fett 216
-, Fleischsorten 213
-, Gemüsesorten 213
-, Getreideflocken 197, 215, 218, 219
-, Obstsorten 215
Bronchitis 263, 266
Brustentzündung 189
Brustmassage 193
Brustpflege 177
Brustwarzen
-, rissige 188
-, wunde 188
Brustwarzenformer 187
Brustwickel 264

C
C-Griff 180, 181, 182
Chemische Verhütungsmittel 87, 88
Conchae / Quercus compositum 42

D
Dammheilung 64
-, Arnika 67
-, Badezusätze 68
-, Cremes 68
-, Kälte 67
-, Luft 67
-, Schwimm- / Sitzring 66
-, Sitzbad 67
-, Spülungen 68
Dammnaht 66, 68, 78, 90
Dammriss 66, 79, 90
Dammschnitt 66, 80, 90
Dammverletzung 15, 67, 68, 75, 78, 90
Darmträgheit 77
Dauer der Stillmahlzeit 184
Daumenlutschen 242
Dehnungsstreifen 65
Diaphragma 89
Drehhilfe 127
Dreimonatskoliken 260, 261, 271
Dreimonatsspritze 89
Dreitagefieber 254
Drüsengewebe 180, 182
Dura mater 53
Durchfall 247, 250, 254, 256 f., 259, 262
Durchschlafen 237 f.

E
Einführung von Beikost 192, 195, 209
-, Gemüse-Kartoffel-Fleisch-Brei (Mittagsbrei) 210, 213, 214, 216, 219, 220
-, Milch-Getreide-Brei (Abendbrei) 215, 217, 218, 219, 220, 223
-, Obst-Getreide-Brei (Nachmittagsbrei) 219, 220
Einlauf 77, 78, 250, 255
Einschlafen 105, 226–239
Einschlaffehler 235, 236
Einschlafhilfen 232–234
Eisenbedarf 214
Elterngeld 30, 280
Entwicklungssprung 189
Erbrechen 257
Ernährung
- der Mutter 78, 179, 190, 191
- des Kindes 174–179, 194–223
Essen am Familientisch 222

F
Fahrrad fahren 135

Familienplanung, natürliche 88, 89
Fertigmilchnahrung, herkömmliche 195 ff.
-, 1er-Nahrung 197
-, 2er-Nahrung 197
-, 3er-Nahrung 197
Fettmenge, benötigte 216, 219
Fettzugabe bei Gläschen 222
Fieber 249–252
-, Abwaschungen 250
-, Einlauf 250
-, Fiebermessgeräte 252
-, Fiebersaft 250
-, Fieberzäpfchen 249, 250
-, messen 251
- ohne erkennbaren Grund 254
-, Wadenwickel 250
Fieberkrampf 253
Fieberthermometer, digitales 21
Fingerspiele 99, 112, 115, 132
Flachwarzen 187
Fläschchen 201
- aus Glas 201
- aus Plastik 201, 204
-, Reinigung 205
Fleischsorten 213
Fluorid 41, 42, 141, 147
Fluorid-Vitamin-D-Präparat 98
Flüssigkeitsbedarf
- der Mutter 77, 78, 191, 193
- des Babys 56, 192, 212, 220
Folgenahrung 195, 197
Fontanelle 53, 110
Football-Haltung 182
Fototherapie 56, 57
Fremdeln 137, 140, 167
Frühwochenbett 65

G

Gebärmutterrückbildung 15, 72, 73, 78
Geburt 35
- durch Kaiserschnitt 35
- mit Saugglocke 36
- mit Zange 36
-, Verletzungen 66, 68
Geburtsbescheinigung 30
Geburtsurkunde 31
Gefühlschaos 17
Gemüsesorten 210, 211, 213, 214
Geschwollene Brustdrüsen (Hexenmilch) 55
Gestagen 88
Gesundheitsprophylaxe 40
Getränke fürs Baby 141, 220, 221, 222
Getreideflocken oder -grieße 197, 215, 218, 219
Gewichtszunahme 110, 134, 185, 204, 205
Giemen 270
Grundausstattung 21, 22

H

Haarausfall 76
-, Aufbaukalk 77
-, Kieselerde 77
Hämorrhoiden 79
-, Sitzbad 79
Handgelenksschmerzen 79
Haut, trockene 61
Hautprobleme bei Babys 58
Hebamme 180, 187, 203
Heizstrahler 22
Hexenmilch 55
Hintermilch 178, 185
Hirnhaut, harte 53
Hochstuhl 147
Hohlwarzen 187
Hormonelle Verhütungsmethoden 87, 88
Hormonspirale 88
Hormonumstellung 16, 76, 90
Hörtest (OAE-Messung) 106, 113
Hüftdysplasie 103
Hüftultraschall 102, 103, 106, 113
Hungerzeichen 184
Husten 263–266
Hustensäfte 263
Hypoallergene Nahrung 198 f.

I

Impfen 117, 275–279
Impfkalender 279
Impfkritik 279
Impfstoffe 276
Impfungen, Überblick 277 f.
-, Diphtherie 277
-, Hepatitis B (Leberentzündung) 277
-, HIB 277
-, Keuchhusten 277
-, Kinderlähmung 277
-, Masern-Mumps-Röteln 277 f.
-, Meningokokken C 277
-, Pneumokokken 277
-, Tetanus (Wundstarrkrampf) 277
-, Windpocken (Varizellen) 278
Irritative Dermatitis 247

K

Kaiserschnitt 35, 36, 37, 68, 69, 70, 80
-, sanfter 69
Kalium 78
Käseschmiere 39, 61
Kinderbett 28, 29
Kindergeld 15, 30
Kindersichere Wohnung 160, 164, 166
Kinderwagen 21, 23, 29
Kindspech (Mekonium) 54
Kindstod, plötzlicher 240 f., 242, 243, 257
Kirschkernsäckchen 33, 53
Klettern 168
Konakion 40
Kondom 87, 89
Kopfkissen 21
Körpertemperatur 248, 249, 250, 253
Kosten, Starterpaket 15
Krabbelgruppe 139, 171
Krabbeln 154, 156, 160
Kuhmilch 179, 195, 196, 207, 217, 218, 220
Kuhmilchunverträglichkeit / -allergie 198, 199, 200, 257
Kupferspirale 87, 89

L

Labiensynechie 152
Lächeln, erstes 105

Lattenrost 28
Laufstall 138, 170
LCP / LPUFA 196
Lea contraceptivum 89
Liebesleben 15, 16
Linea fusca 65, 90
Lochien 73
Luftfeuchtigkeit, optimale 29
Lustkiller 16

M

Magnesium 78, 200, 215
Matratze 28, 30, 243
Matratzenschoner 29
Mechanische Verhütungsmethoden 87, 89
Mekonium 54, 178
Milch ausstreichen 186
Milchalternativen 219
Milchbildung 176, 180, 185, 186, 187, 188, 191, 192
Milchbildungstee 193
Milchbläschen 176, 177
Milcheinschuss 180, 186, 187
Milchgänge 176, 177, 186
-, verstopfte 188
Milchpumpen 185, 188
Milchschorf 58
Milchspendereflex 176, 189
Milchstau 188, 189
Milien 59
Mittelohrentzündung 267, 271
Mongolenflecken 59
Müdigkeitssignale 231, 232 f., 236, 243
Muskelspannung, erhöhte 116, 253
Muttermilch 174–185
- als Medizin 56
-, Inhaltsstoffe 179
-, reife 178, 179
-, Schadstoffbelastung 192
Muttermilch-Gelbsucht 56
Muttermilchstuhl 54, 185

N

Nabelbruch 111
Nabelgranulom 50
Nabelpflege 50
Nabelschnur 37, 50, 94, 111
Nabelschnurrest 48, 50, 51
Nachgeburt 73
Nachwehen 69, 71, 72, 73
-, homöopathische Mittel 71
-, Kräutertees 72
-, Schmerzmittel 71
-, Wärme 71
Nagelbettentzündung 51, 153
Nagelpflege 51
Nährstoffbedarf des Babys 195, 197, 209, 219, 221
Nase, verstopfte 56
Nasensalbe 268
Nasentropfen 263, 267, 268, 275
Natürliche Familienplanung 86, 89
Nestschutz 279
Neugeborenenakne 59 f.
Neugeborenen-Exanthem 60
Neugeborenengelbsucht 56
Neurodermitis 129

O

OAE-Messung 113
O-Beine 171
Östrogen 60, 76, 88, 152
Oxytocin 13, 72, 176, 177, 186

P

Partnerschaft 16, 17, 32, 75, 76
Pearl-Index 87
PEKiP 107, 139, 151
pH-Wert-Messung 38
Pille 88
-, Kombinationspräparat 88
-, Monopräparat (Minipille) 88
Plazenta 38, 70, 71, 73, 91
Plötzlicher Kindstod 240 f., 242, 243, 257
Portiokappe 89
Pre-Nahrung 195, 196, 197, 206
Prolaktin 72, 177, 186
Pseudokrupp 266
Pucken 40, 43

Q

Quarkwickel 186, 264

R

Rachitisprophylaxe 41
Reflexe 94, 95, 98
Reife Muttermilch 178, 179
Reisschleim 258
REM (Rapid Eye Movements) 228, 242
Rezepte für Stillende
-, Kraftsuppe Hühnerbrühe 191
-, Stillkugeln 190
Rituale 101, 126
Robben 149, 154, 155
Roter Urin 55
Rückbildung 72, 73, 74, 78, 82, 84
Rückengriff 182

S

Sanfter Kaiserschnitt 69
Sauerstoffpartialdruck 38
Sauger 202 f.
-, Formen 203
-, Größen 202
-, Latex 202
-, Reinigung 205
-, Silikon 202
Saugglockengeburt 36, 37, 57, 63
Saugglocken-Hämatome 37, 63, 67
Säuglingsmilchnahrung 195, 196, 197
-, Alternativen 200
-, bei Kuhmilchallergie 198
-, bei Verdauungsproblemen 199
-, HA-Nahrung 199, 206
-, prebiotisch 196
-, probiotisch 196
-, selbst zubereitet 200
-, spezielle 198
-, Trinkmenge 204
-, von anderen Säugetieren 200
-, Zubereitung 203–205
Scheidenring 88
Schielen 135
Schlafanzug 20
Schlafbedürfnis 54, 227
Schlafmangel 14 ff.

Schlafphasen 37, 227, 228, 229, 230
Schlafplatz 28, 29, 30
Schlafprotokoll 237
Schlafrhythmus 231, 238
Schlafsack 21, 240, 241
Schlafstörungen 238 f.
Schlupfwarzen 187
Schmieraugen 55
Schmusetuch 100
Schnuller 24–28, 122, 135, 248
-, Form 25 f.
-, Größe 25
-, Material 24 f.
-, Pflege 26
Schnullerthermometer 252
Schnupfen 267 f.
Schuhe 19, 153, 165, 170, 171
Schwangerschaftsstreifen 65, 90
Schweißausbrüche 77
Schwimm- / Sitzring 66
Schwimmbad mit Baby 128
Seborrhoisches Ekzem 60
Secondhand-Kleidung 20
Seitenhaltung 182
Seitenlage 181, 184
Sex 16, 74, 88, 89
SGA-Kinder 53
Sinne des Babys 96, 97
Sinnestraining 95, 131, 132
Sitzen 125, 142, 143, 146, 148, 154, 160, 165
Spazieren gehen 102, 170
Speikinder 257 f.
Spieluhr 22
Spielzeit 133
Spreizhose 103, 113
Spucken im Schwall 258
Stillberaterin 183, 187, 188, 190
Stilldauer 185
Stilleinlagen 177, 181, 193
Stillen 78, 175–193
-, Probleme 186–189
-, Stillpositionen 180–182
- und Diät 47, 91, 192
- und Schmerzmittel 71
- und Verhütung 88, 89
- zur Rückbildung 72, 73
Stillhütchen 183, 187, 188
Stillkissen 22, 181, 182, 184
Stoffwechseltest 98
Stoffwindeln 44, 45, 47
Storchenbiss 61
Stubenwagen 21, 28, 29

T
Tag-Nacht-Rhythmus 20, 230, 233, 242
Temperatur
- Bade- 21, 48, 49
- des Babys prüfen 52
-, optimale im Raum 29
Thromboseprophylaxe 80
Tiefschlaf 228, 229, 242
Tragetuch 21, 23
Traumschlaf (REM-Phase) 228, 229, 242
Trinkmenge 204 f.
Trockene Haut 61

U
Übergangsmilch 178, 179
Übergewicht bei Babys 134
Umschläge, feuchtwarme 187, 189
Urin, roter 55

V
Verantwortung 17, 32, 75
Verdauung bei Babys 120, 129, 134
Verdauung nach der Geburt 77
Verhütung 86–89
Verhütungscomputer 89
Verhütungspflaster 88
Verhütungsstäbchen 89
Verstopfte Nase 56
Verstopfter Milchgang 188, 189
Verstopfung 129, 199, 203, 255, 262
Vierfüßlerstand 142, 148, 154, 155, 156, 167
Vitamin C 214 f., 219, 222
Vitamin D 41, 42, 98, 179
Vitamin K 40, 98, 106
Vorhautverengung 152
Vormilch 176, 178
Vorsorgeuntersuchungen 98
-, U1 39, 98
-, U2 30, 40, 98
-, U3 40, 106
-, U4 113
-, U5 125
-, U6 167

W
Wachstumsschübe 189
Wärmebedürfnis des Babys 40, 52, 53
Wegwerfwindeln 44, 45, 47
Weinen / Schreien 271
Weißkohlblätter-Umschlag 186
Weizen, Alternativen 219
Wickeln 22, 44, 46, 47, 50, 62
Wiegegriff 184
Windel 44, 45, 46, 47, 48, 50, 62
Windeldermatitis 247
Windeleimer 21
Windelsoor 248
Wochenbett 64, 65
Wochenbettdepression 76
Wochenbettgymnastik 80–83
Wochenfluss 15, 16, 65, 67, 69, 70, 72, 73, 74, 75, 90
Wortschatz 167
Wunde Brustwarzen 188

Z
Zähne 24, 27, 41, 42, 134, 143, 147
Zahnen 239, 249, 273
Zahnschutz 42, 176
Zahnungsbeschwerden 159, 273, 274
Zangengeburt 36, 37, 57, 63, 90
Zäpfchen 250, 251, 253, 273, 274
Zinkpasten / -salben 48, 60, 247, 248, 280
Zöliakie 218
Zufüttern 122, 131, 140, 141
Zungenbändchen, verkürztes 116, 188
Zwiemilchernährung 206

IMPRESSUM

Erweiterte und aktualisierte Neuausgabe von Das große GU Babybuch, GRÄFE UND UNZER VERLAG GmbH, 2014, ISBN 978-3-8338-3972-6

Projektleitung: Monika Rolle/ Petra Bradatsch

Lektorat: Margarethe Brunner

Korrektorat: Karin Leonhart

Bildredaktion: Angela Kotow

Umschlaggestaltung und Layout: independent MedienDesign, Horst Moser, München

Fotoproduktion: Christine Schneider

Illustration: Julia Hollweck

Herstellung: Petra Roth

Satz: griesbeckdesign, München

Reproduktion: Longo AG, Bozen

Druck und Bindung: F+W Druck- und Mediencenter, Kienberg

Printed in Germany

ISBN 978-3-8338-7219-8

1. Auflage 2019

Die GU-Homepage finden Sie unter www.gu.de

GRÄFE UND UNZER

Ein Unternehmen der
GANSKE VERLAGSGRUPPE

Bildnachweis

Adobe Stock: S. 59, 197, 204, 239, Klappe U2 innen; Stefanie Aumiller: S. 180, 181 (2), 182; Mona Binner: S. 213, 217, 219; Barbara Bonisolli: S. 190, Getty Images: 2, 8 (Wdh.), 23 (2), 43, 54, 99, 118, 120, 124, 126, 127, 139, 142, 144, 145, 148, 151, 154, 157, 166, 172, 178, 208, 215, 224, 226, 233, 236, 244, 251, Klappe U2 außen, U2 innen (4); GU Archiv: S. 163 Istock: 51, 160, Mauritius Images: S. 14; Millennium Images: S. 34; Anna Peisl: S. 257 Stocksy: S. 1, 4, 20, 37, 49, 53, 72, 94, 96, 101, 104, 106, 109, 112, 114, 130, 136, 174, 191, 199, 211, 228, Klappe U2 außen, U2 innen (2), U4; Unsplash: S. 18, Klappe U4; Westend61: S. 6 (Wdh.), 12, 39, 133, 150, 169, 246, Klappe U2 innen

Syndication: www.seasons.agency

Wichtiger Hinweis

Die Gedanken, Methoden und Anregungen in diesem Buch stellen die Meinung bzw. Erfahrung der Verfasser dar. Sie wurden von den Autoren nach bestem Wissen erstellt und mit größtmöglicher Sorgfalt geprüft. Sie bieten jedoch keinen Ersatz für persönlichen kompetenten medizinischen Rat. Jede Leserin, jeder Leser ist für das eigene Tun und Lassen auch weiterhin selbst verantwortlich. Weder Autoren noch Verlag können für eventuelle Nachteile oder Schäden, die aus den im Buch gegebenen praktischen Hinweisen resultieren, eine Haftung übernehmen.

Umwelthinweis

Dieses Buch wurde auf PEFC-zertifiziertem Papier aus nachhaltiger Waldwirtschaft gedruckt.

QUALITÄTS G|U GARANTIE

LIEBE LESERINNEN UND LESER,

wir wollen Ihnen mit diesem Buch Informationen und Anregungen geben, um Ihnen das Leben zu erleichtern oder Sie zu inspirieren, Neues auszuprobieren. Wir achten bei der Erstellung unserer Bücher auf Aktualität und stellen höchste Ansprüche an Inhalt und Gestaltung. Alle Anleitungen und Rezepte werden von unseren Autoren, jeweils Experten auf ihren Gebieten, gewissenhaft erstellt und von unseren Redakteuren/innen mit größter Sorgfalt ausgewählt und geprüft.

Haben wir Ihre Erwartungen erfüllt? Sind Sie mit diesem Buch und seinen Inhalten zufrieden? Haben Sie weitere Fragen zu diesem Thema? Wir freuen uns auf Ihre Rückmeldung, auf Lob, Kritik und Anregungen, damit wir für Sie immer besser werden können. Und wir freuen uns, wenn Sie diesen Titel weiterempfehlen, in Ihrem Freundeskreis oder bei Ihrem online-Kauf.

Sollten wir Ihre Erwartungen so gar nicht erfüllt haben, tauschen wir Ihnen Ihr Buch jederzeit gegen ein gleichwertiges zum gleichen oder ähnlichen Thema um.

KONTAKT

GRÄFE UND UNZER VERLAG
Leserservice
Postfach 86 03 13
81630 München
E-Mail: leserservice@graefe-und-unzer.de

Telefon: 00800 / 72 37 33 33*
Telefax: 00800 / 50 12 05 44*
Mo-Do: 9.00-17.00 Uhr
Fr: 9.00-16.00 Uhr
(*gebührenfrei in D,A,CH)

www.facebook.com/gu.verlag